suhrkamp taschenbuch
wissenschaft 392

AF130673

Die in diesem Band enthaltenen Studien des Pariser Analytikers Béla Grunberger gehören zu den gewichtigen psychoanalytischen Beiträgen zum Thema Narzißmus, zu dem im Suhrkamp Verlag außerdem vorliegen: Heinz Kohut, *Narzißmus. Eine Theorie der psychoanalytischen Behandlung narzißtischer Persönlichkeitsstörungen* und *Die Heilung des Selbst;* Edith Jacobson, *Das Selbst und die Welt der Objekte;* Otto F. Kenberg, *Borderline-Störungen und pathologischer Narzißmus;* Alice Miller, *Das Drama des begabten Kindes und die Suche nach dem wahren Selbst.*

Béla Grunberger
Vom Narzißmus zum Objekt

Übersetzt von Peter Canzler

Suhrkamp

Titel der Originalausgabe: *Le narcissisme. Essais de psychanalyse*
© Les Editions Payot, Paris 1971.

Bibliografische Information der Deutschen Nationalbibliothek
Die Deutsche Nationalbibliothek verzeichnet diese Publikation
in der Deutschen Nationalbibliografie;
detaillierte bibliografische Daten sind im Internet über
http://dnb.d-nb.de abrufbar.

3. Auflage 2016

Erste Auflage 1982
suhrkamp taschenbuch wissenschaft 392
© Suhrkamp Verlag Frankfurt am Main 1976
Suhrkamp Taschenbuch Verlag
Printed in Germany
Umschlag nach Entwürfen von
Willy Fleckhaus und Rolf Staudt
ISBN 978-3-518-27992-2

Inhalt

Vorwort des Übersetzers

Seit der Einführung des Begriffs Narzißmus durch J. Sadger (1908) in die Psychoanalyse und Freuds grundlegendem Artikel *Zur Einführung des Narzißmus* (1914) hat das Narzißmuskonzept vielfältige, ja verwirrende und oft widersprüchliche theoretische Formulierungen erfahren. Andererseits beobachten wir in den letzten Jahren zunehmendes Interesse der Analytiker an narzißtischen Phänomenen und Störungen bei ihren Patienten. Zur weiteren Erforschung haben unter anderen vor allem H. Kohut (*Narzißmus*, 1973) und H. Argelander (*Der Flieger*, 1972) beigetragen. B. Grunbergers Buch *Le narcissisme* (1971) stellt eine weitere wertvolle Untersuchung zur heutigen Narzißmusdiskussion dar und soll, einem häufig geäußerten Wunsch folgend, dem deutschsprachigen Publikum in dieser Übersetzung zugänglich gemacht werden.

In elf Artikeln, die im Zeitraum von 1956–1971 entstanden, versucht der Autor anhand psychoanalytischen Materials aber auch, unter Einbeziehung gesellschaftlicher, religiöser und literarischer Phänomene den Narzißmus zu »rehabilitieren«, der in einem Kulturkreis, in dem Eigenliebe als Sünde gilt, auch für manche Analytiker noch einen schlechten Ruf hat. Der Narzißmus äußert sich in erhebenden Gefühlen von Selbstwert, Sicherheit und Einzigartigkeit und in Phantasien von Allmacht und Grenzenlosigkeit. Seinen Ursprung sieht Grunberger im intrauterinen Pränatalleben, wo der Mensch aufgrund totaler Versorgung psychologisch gesehen allmächtig, einzigartig, grenzenlos und zeitlos ist. Narzißtische Wünsche entsprechen einer Regression auf dieses »verlorene Paradies« und begleiten die gesamte menschliche Entwicklung.

Nach der Geburt tritt der Narzißmus – von Natur aus unendlich und unveränderbar – mit den Trieben in eine dialektische Beziehung und muß auf jeder Entwicklungsstufe eine erneute Integration mit ihnen eingehen. Die Triebhandlung bekommt erst durch ihre narzißtische Besetzung einen Wert, und umgekehrt bedarf der Narzißmus zu seiner Äußerung der Triebe. Gelingt die Integration von narzißtischen und triebhaften Anteilen nicht, so öffnen sich die Pforten zu Neurose, Psychose und anderen psychischen Fehlentwicklungen. Seelisch krank ist, wer sich selbst wie auch andere schlecht liebt.

Die analytische Situation unterscheidet sich grundsätzlich von allen anderen Therapien dadurch, daß der Patient durch die wohlwollend neutrale Haltung des Analytikers angehalten wird, sich selbst zu geben und zu lieben, d. h. die gescheiterte Integration von Narzißmus und Triebwünschen wieder herzustellen, und seiner inneren und äußeren Realität anzupassen. Der energetische Motor des analytischen Prozesses ist der Narzißmus: Er trägt die Kur, verursacht die »analytischen Flitterwochen« und läßt den Patienten auch dann weiterhin an seiner Analyse festhalten, wenn er am Analytiker heftigste triebhafte Objektkonflikte durchstehen muß, vor denen er sonst immer davonzulaufen pflegte. Die analytische Kur ermöglicht damit die narzißtische Wiederherstellung auf der Grundlage einer Integration mit Triebansprüchen und Anerkennung der Realität – den Weg vom Narzißmus zum Objekt.

Heidelberg, im Dezember 1974 *Peter Canzler*

Vorwort

Wir haben in diesem Band verschiedene Artikel zusammengefaßt, die sich direkt oder indirekt mit dem Narzißmus beschäftigen und die größtenteils in der *Revue Française de Psychanalyse* (*R. F. P.*) erschienen sind. Die Arbeiten entstanden in einem Zeitraum von 15 Jahren (der erste Artikel erschien im Jahre 1956) und stellen den Versuch dar, diesen umstrittenen Begriff einzugrenzen aufgrund klinischer Erfahrungen, die uns dazu führten, dem Narzißmus einen qualitativ und quantitativ wichtigeren Platz einzuräumen, als dies gewöhnlich geschieht, wenn auch die psychoanalytische Bewegung gerade in jüngster Zeit in dieser Richtung einige Schritte getan hat. Sie rechtfertigt in mancherlei Hinsicht unsere Bemühungen, eine Hypothese zum Ursprung und Wesen des Narzißmus zu entwickeln. Diese Mühe wurde anfänglich nur durch einen heuristischen »Ertrag« hinsichtlich der psychoanalytischen Theorie und die wachsende Kohärenz der Deutungen belohnt, die wir angesichts bestimmter klinischer Beobachtungen vorgeschlagen haben, und deren Sinn sich früher unserem Verständnis entzog. Wenn wir bislang, abgesehen von einigen Anläufen, einer systematischen Darlegung unseres Konzepts des Narzißmus aus dem Weg gegangen sind, halten wir nun den Augenblick für gekommen, einen erneuten Versuch der Darstellung unter erweitertem Blickwinkel zu unternehmen. Dieses Vorhaben erscheint besonders dringlich, wenn man die oben erwähnte Entwicklung berücksichtigt, wie auch S. E. Pulver in einem kürzlich erschienenen Artikel ausführt: »Obwohl der Begriff des Narzißmus einerseits einer der wichtigsten Beiträge zur analytischen Theorie ist, ist er andererseits einer der verwirrendsten« (*American Journal of Psychoanalysis*, April 1970). Während die klinische Bedeutung des Narzißmus gegenwärtig immer stärker hervortritt – der zeitgenössische Beobachter kann diesbezüglich auf ein reiches Material zurückgreifen –, wird immer deutlicher, wie unzulänglich der entsprechende Begriff ist. Dies ist ein ursprünglicher Mangel, auf den Freud selbst bereits in einem Brief an Abraham hingewiesen hat: »Ich fühle mich tief verdrossen wegen seiner Unzulänglichkeit«.

Der Narzißmus als klinisches Phänomen ist einem Mißtrauen ausgesetzt, das sich in mancher Hinsicht auch auf den Begriff selbst erstreckt. Die schroffen Meinungen, die von einer zur anderen Analytikergeneration fortwirken – etwa: »Der Narzißmus ist ein Begriff, der unschädlich gemacht werden muß«, oder die kürzlich aufgetauchte Vorstellung, daß die Einführung des Todestriebs dem Narzißmus den »Totenschein« ausstellte, sowie andere bedauerliche *Irrtümer*, die sich sehr oft bei Kollegen, die über dieses Gebiet schreiben, einschleichen –, zeugen hinreichend von der Ambivalenz, die der Narzißmus weckt. Wir werden versuchen, die möglichen Ursachen dieser Zweideutigkeit näher zu umschreiben.

Erinnern wir uns zunächst daran, daß die Psychoanalyse ihrem Wesen nach eine Entmystifizierung darstellt (»Sie wissen nicht, daß wir ihnen die Pest gebracht haben«) und daß ihre Methode reduktiv ist, was an sich schon eine narzißtische Verletzung bedeutet (»Es ist nur...«). Ihr reduktiver Aspekt wird noch deutlicher, wenn sie sich dem Narzißmus selbst zuwendet, insofern ja bereits die Benennung des Narzißmus einer Einengung der Illusion narzißtischer Allmacht gleichkommt.

Und mehr noch: Jedes Mal, wenn die Psychoanalyse einen entscheidenden Schritt vorankommt, trifft sie notwendigerweise in dem Maß auf Widerstand, wie die Annahme einer Entdeckung geistige Anstrengung erfordert, besonders, wenn sie uns mit eigenen unbewußten Motivationen konfrontiert[1]. Solcher Widerstand ruft, ganz so wie im klinischen Bereich, eine Blockierung hervor. In der Wissenschaft führt es zu Stagnation oder, schlimmer noch, zu Regression.

Außerdem werden wir später Gelegenheit haben, uns mit dem antinarzißtischen Charakter des kollektiven Über-Ich, unter dem wir leben, und mit den Gründen eines spezifischen *Schuldgefühls* auseinanderzusetzen, das am Narzißmus haftet.

1 Wenn die Gegner einer neuen Entdeckung und das Publikum sich zumeist mittels Intellektualisierung oder Projektion verteidigen können (man denke nur an die Franzosen, die zwar gerne die klinischen Fakten der Psychoanalyse für die »dekadenten Juden Wiens« akzeptieren wollten, und an die Marxisten, die ebenfalls einverstanden waren mit ihrem Auftreten »bei den Mitgliedern der dekadenten und verfaulten Bourgeoisie«), so sind gerade die Analytiker dazu verpflichtet, ihre unbewußten Motive zu integrieren — und dies nicht bloß auf intellektuelle Art und Weise, oder auf allgemein menschlicher Ebene, sondern so, daß sie selbst wirklich davon betroffen sind.

Wir erinnern an den Widerstand gegen neue Erkenntnisse, den eine bereits ausgebildete Theorie entstehen lassen kann. Eine gewisse intellektuelle Bequemlichkeit neigt dazu, die mehr oder minder befriedigenden Aspekte der etablierten Theorie hervorzukehren und ihre Mängel schlicht zu vernachlässigen (ganz zu schweigen von jenen Theorievarianten, die in ihrer Pauschalität Ausdruck eines tiefsitzenden und massiven Widerstands gegen den Geist der Freudschen Entdeckungen darstellen). Mitunter widersetzt sich eine fertige Theorie der Einführung einer neuen Variablen ohne Rücksicht auf deren reale Wichtigkeit, weil sie das theoretische Gebäude erschüttern könnte. Wir müssen diese Schwierigkeit überwinden und können dem Leser versichern, daß die Einführung eines offensichtlich neuartigen Elements in eine theoretische Konstruktion für den Gesamtbau dieser Lehre wie auch für den neu eingeführten Faktor den Wert eines wirklichen Tests hat. Handelt es sich um einen wertvollen Beitrag, wird seine Einführung eine organische Ergänzung darstellen; anstatt die Theorie aus den Angeln zu heben, wird er sie im Gegenteil festigen.

Der Leser könnte sich nun fragen, warum wir von einem neuen Faktor sprechen, da der Narzißmus doch bereits seit mehr als einem halben Jahrhundert in die Psychoanalyse eingeführt ist (1914). Mittlerweile wird er jedoch erraten haben, daß sich das, was wir mit diesem Begriff meinen, in mancherlei Hinsicht von der klassischen Theorie unterscheidet, mit der wir uns zunächst kritisch auseinandersetzen werden. Bevor wir in Einzelheiten der Darstellung eintreten, möchten wir betonen, daß unsere Hypothese die klassische Trieblehre zum Ausgangspunkt nimmt. Aus der Tiefe des Trieblebens hervorbrechend, folgt der Narzißmus während seines ganzen Daseins einer Linie, die parallel zur Triebentwicklung verläuft. Indem er diese überlagert und verschiedenartig auf sie reagiert, geht er schließlich, jedenfalls im allgemeinen, in eine Synthese mit ihr über, in der die beiden Bestandteile nicht länger unabhängig voneinander bestehen bleiben. Zwischen Anfangs- und Endpunkt (Ursprung und Synthese) tritt der Narzißmus mit einer ihm eigenen Phänomenologie und funktionsmäßig verschieden von den Triebkomponenten auf – besonders in einschneidenden Momenten der psychosexuellen Entwicklung. Er bildet eine eigene psychische Dimension, die von anderen Gesetzen als denen des eigentlichen Trieblebens bestimmt wird. Während der Phase seiner Ausbildung als autonomer Faktor *tritt der Narzißmus zur Triebkomponente in eine spezifische dialektische Beziehung*. Das Studium dieser eigentümlichen Dialektik drängt sich uns als Schlüssel der psychosexuellen Entwicklung auf und verlangt eigentlich eine viel weitergehende Ausführung, die im Rahmen dieser Einleitung nicht gegeben werden kann. Wir hoffen indes, daß es die hier zusammengefaßten Beiträge dem Leser erlauben werden, die Bedeutung und Tragweite, die wir der Untersuchung dieser Zusammenhänge beimessen, zu begreifen. Wir nehmen uns also in diesem Buch folgendes vor:

1. Die Aufmerksamkeit des Lesers auf das Spezifische des narzißtischen Faktors zu lenken;
2. diesen Faktor in Beziehung zur Freudschen Trieblehre zu setzen;
3. wir wollen weiterhin den Vorteil dieser Betrachtungsweise für das Verständnis einiger Aspekte der Psychologie des Menschen aufweisen, und zwar nicht nur im Hinblick auf den eigentlich klinischen Bereich, sondern auch im Blick auf bestimmte geistige Strömungen in Gegenwart und Vergangenheit sowie auf den Ausdruck der Psyche im Bereich von Kunst, Wissenschaft, Religion, Moral und Ideologie.

Dieses Programm ist nur scheinbar unbescheiden; im übrigen folgt es einem Plan, der dem Begründer unserer Disziplin selbst überaus wichtig war[2].

2 Was die Reihenfolge angeht, so haben wir uns für die chronologische Wiedergabe der verschiedenen Artikel entschieden. Sie sind nicht verändert oder auf den neuesten Stand gebracht worden. Wiederholungen und Widersprüche sind also nicht ausgeschlossen, und wir bitten, sie zu entschuldigen; um sie zu vermeiden, hätten wir ein zweites Werk schreiben müssen, was im übrigen auch beabsichtigt ist.

Einleitung

I.

Der Begriff »Narzißmus«[1], zunächst in Zusammenhang mit der Psychiatrie 1898 von Havelock Ellis benutzt, wurde von Sadger 1908 in die Psychoanalyse eingeführt. In den *Minutes* der Wiener Psychoanalytischen Gesellschaft, herausgegeben von Nunberg und Federn (bei der *International Universities Press*, 1967), sind sowohl eine Bemerkung von Stekel über den Artikel Sadgers enthalten als auch die Bemerkung Freuds: »Die Überlegungen Sadgers über den Narzißmus erscheinen mir neu und wertvoll«.

Es ist interessant, sich daran zu erinnern, daß derselbe Autor den Narzißmus (für Freud eine *Perversion*, siehe die *Vorlesungen zur Einführung in die Psychoanalyse, Gesammelte Werke* Band 11, S. 431, ebenso die Arbeit über Leonardo da Vinci in *Eine Kindheitserinnerung des Leonardo da Vinci, Ges. Werke* 8, S. 170) mit einer weiteren Bedeutung ausstattete, nämlich mit der eines *normalen Entwicklungsstadiums* (»Wir sagen, er findet seine Liebesobjekte auf dem Wege des Narzißmus«, *Ges. Werke* 8, S. 170)[2].

Rank hat den Begriff um die Eitelkeit und die »Selbstbewun-

---

1 Der Psychoanalytiker, der wissenschaftlich absolut präzise Begriffe fordert, hat vollkommen Recht mit seinen Bedenken gegen einen Begriff, der solch strengen wissenschaftlichen Anforderungen nicht genügt. Dennoch ist bezeichnend, daß sich der Laie des schwer erfaßbaren Charakters dessen, was das Wort »Narzißmus« bedeutet, bewußt ist, und — obwohl viel anspruchsloser in der Frage der Wissenschaftlichkeit — genau den Sinn dieses Begriffs erfaßt, wie er es formuliert, und aus der Mythologie entliehen ist. Ganz gleich, wie er es formuliert, er weiß genau, daß ein Narzißt jemand ist, »der sich selbst liebt«. Dichtern und Geisteswissenschaftlern sind der Gehalt des Wortes und die von ihm bezeichneten Verhaltensweisen bis zu den ältesten Quellen vertraut, von den »Délices d'omphalopsychie« des Amiel bis hin zur jüngsten Formulierung Jean Divignaus, der bei Drieu la Rochelle von der »hochmütigen Selbstzuneigung« spricht.
2 Wir werden natürlich die Diskussion dieses wesentlichen Punktes aus unserer Sicht wieder aufnehmen, zitieren aber jetzt schon Chamfort: »Man findet das Glück selten in sich, niemals woanders« — eine Anspielung auf das Vorherrschen des Narzißmus in der Liebe und auf den pathologischen Narzißmus —, und Jacques Rigault (*Ecrits*), der uns näher steht: »Das schönste Mädchen der Welt kann mir nicht geben, was ich habe.«

derung« erweitert (*Ein Beitrag zum Narzißmus*, in: *Journal für psychoanalytische und psychopathologische Forschungen*, 1911).

Ebenfalls 1911 definiert ihn Freud im *Fall Schreber* (*Über einen autobiographischen Fall von Paranoia, Ges. Werke 8*, S. 239–320) als »zum Liebesobjekt genommenes Selbst« (*Ges. Werke 8*, S. 297), und fügt ihm 1913 (*Totem und Tabu, Ges. Werke 9*, S. 93–121) den Begriff des Animismus, die Magie und das *Gefühl der Allmacht* bei (*Ges. Werke 9*, S. 110 f.). 1914 schließlich (*Zur Einführung des Narzißmus, Ges. Werke 10*, S. 137–170) erörtert er die narzißtische Objektwahl und eine entsprechende Objektbeziehung und spricht auch von der »*Selbstschätzung*« als Quelle des »Ich-Ideals« (*Ges. Werke 10*, S. 160 f.). Nachdem er die Fundamente einer narzißtischen Theorie des *Schlafes, der Schizophrenie und der Hypochondrie* gelegt hat, definiert er den Narzißmus als »libidinöse Ergänzung des Egoismus« (Ich-Triebe). Diese Schlüsseldefinition wird uns später noch ausführlich beschäftigen.

Der kurze Rückblick auf dieses Thema zeigt uns schon, daß der Begriff »Narzißmus« sehr verschiedene Bedeutungen trägt: Zunächst bezeichnet er eine Perversion, dann ein libidinöses Stadium und schließlich einen regressiven Zustand (Schlaf, organische Krankheit, Psychose). Er kennzeichnet ebenfalls eine bestimmte Objektwahl und Objektbeziehung (siehe Freud: *Zur Einführung des Narzißmus, Ges. Werke 10*, S. 135–170). In *Trauer und Melancholie* (*Ges. Werke 10*, S. 428–446) wird derselbe Begriff für den Prozeß der »Verinnerlichung einer Beziehung« benutzt, und wir finden dort Abschnitte, die von »narzißtischen Interessen« handeln. Der Begriff »Narzißmus« ist im Wörterbuch der Amerikanischen Psychoanalytischen Gesellschaft (1967) folgendermaßen definiert: »Narzißmus: eine Konzentration psychologischer Interessen auf das Selbst«.

Alle diese Definitionen (man könnte noch folgende Definitionen hinzufügen: die »neutrale desexualisierte Libido« aus Freuds *Das Ich und das Es* (*Ges. Werke 13*, S. 273–276) und die »Richtung der Libido«, ohne von unserer Hypothese der »psychischen Instanz« zu sprechen – siehe den Artikel *Einleitung zur topischen Untersuchung des Narzißmus* in diesem Buch –, bilden offensichtlich ein facettenreiches und zuweilen widersprüchliches Ganzes. Wer immer sich dem Narzißmus-Problem zuwendet, stößt auf die paradoxe Vieldeutigkeit des Begriffs, deren wesentlicher Aspekt von Lou Andreas-Salomé unter dem Titel *Doppelte Orientierung des Narzißmus* untersucht wurde (in: *Psychoanalytic Quarterly*, 1962). Die Autorin versucht den Widerspruch zu klären zwischen der narzißtischen Neigung nach weitestgehender Individualität einerseits und der Unfähigkeit, außerhalb einer dauernden symbiotischen Beziehung zu leben, andererseits. Tatsächlich hat der *Narzißmus immer eine doppelte Orientierung*. Dieses Konzept entspricht auch unserem Gesichtspunkt und erlaubt es uns, überall dort, wo es sich um den Narzißmus handelt, den damit verbundenen Widerspruch aufzuheben. Der narzißtische Faktor ist nämlich höchst dialektisch, denn er kann, wie wir später sehen werden, nicht in reiner Form existieren und ist notwendig mit anderen Faktoren synthon oder konflikthaft verbunden. Wir werden es demnach mit einem zentrifugalen und zentripetalen Narzißmus zu tun haben, einem primären oder sekundären, einem positiven oder negativen (integrierten oder schuldhaften), einem gesunden oder pathologischen, einem reifen oder unreifen, einem mit der Triebkomponente verknüpften oder einem zu ihr im Gegensatz stehenden Antagonisten. Wir betonen die Wichtigkeit dieser dialektischen Positionen so sehr, weil sie uns die Rolle des narzißtischen Faktors in der Stellung der Instanzen innerhalb des Subjekts verdeutlichen, was wir später behandeln werden[3].

3 Diese dialektische Konzeption erlaubt uns, denselben narzißtischen Faktor in recht unterschiedlichen, ja sogar gegensätzlichen klinischen Bildern zu identifizieren, beispielsweise bei der Nymphomanin, die sich allen Männern aufgrund eines nicht zu sättigenden narzißtischen Liebesbedürfnisses hingeben muß, oder beim frigiden Vamp, der alle Männer aus dem gleichen Grund verführen muß, sich ihnen aber gleichzeitig auf Grund des Narzißmus versagt, oder auch bei der Frau, die sich herausputzt, und bei einer, die sich im Gegenteil vernachlässigt, weil sie sich vollkommen glaubt, was schließlich bis zum Wahn gehen kann. Ein Narzißt ist derjenige, der sich gut liebt, aber auch jemand, der sich schlecht oder auch überhaupt nicht liebt. Der Narzißt zieht sich von der Welt zurück oder bringt sie durch seine Heldentaten zum Erstaunen. Der Homosexuelle ist narzißtisch, ebenso der Heterosexuelle, der seine Männlichkeit zur Schau trägt, usw. Das dialektische Konzept des Narzißmus dient jedoch nicht nur der Vereinheitlichung ziemlich unterschiedlicher klinischer Bilder, die die verschiedenen Erscheinungen des pathologischen Narzißmus darstellen, sondern könnte auch Grundla-

Als Freud den Narzißmus in seine Theorie einführte, hatte diese einen dialektischen Charakter, an dem er mit voller Berechtigung festhielt (die Dualität von Ich-Trieben und Sexualtrieben). Er hob auch den *ökonomischen Gesichtspunkt*, den Angelpunkt seiner metapsychologischen Konstruktion hervor, der gewissermaßen eine Schlußfolgerung aus der Triebdualität darstellt. Denn, obwohl die Elemente des dialektischen Paares hinsichtlich ihrer Funktion homogen sind (beide sind Triebe), geht ihr quantitatives Verhältnis natürlich in eine dialektische Beziehung über. Um nun mit dem dialektischen Paar zu beginnen, hat die Einführung des Narzißmus dessen Funktionieren gestört, und tatsächlich hat Freud, wie wir wissen, die erste Triebdualität in Frage gestellt, indem er schrieb: »Der Zustand, in dem das *Ich* die Libido bei sich behält, heißen wir *Narzißmus*« (*Eine Schwierigkeit der Psychoanalyse, Ges. Werke* 12, S. 6). Diese narzißtische Libido war natürlich gleichzeitig eine sexuelle Triebäußerung im streng analytischen Sinne, wobei man gezwungen war, diese Triebe als »Selbsterhaltungstriebe«, deren Existenz bereits von Anfang an postuliert war, zu identifizieren. *Der ursprüngliche Gegensatz zwischen Ich-Trieben und sexuellen Trieben* war damit ungenügend geworden (Freud: *Jenseits des Lustprinzips, Ges. Werke* 13, S. 3–69). Die Folgen dieser für die geschichtliche Entwicklung der Freudschen Theorie entscheidenden Krise werden wir später ins Auge fassen und zunächst das Problem des ökonomischen Gesichtspunkts, wie es sich nach der Einführung des Narzißmus darstellte, wieder aufnehmen: Im Rahmen der Triebdualität ist das Ich libidinös besetzt, aber die Libido kann auf das Objekt verschoben werden, wobei ihre Quantität zwischen Subjekt und Objekt schwankt, so daß sich ein gewisses Gleichgewicht nach folgendem energetischen Prinzip herstellt: »Je mehr die eine verbraucht, desto mehr verarmt die andere« (*Zur Einführung des Narzißmus, Ges. Werke* 10, S. 141). Die Libido bleibt aber, ganz gleich, ob sie nun auf ein Objekt verschoben wird oder im Ich verharrt, immer triebhafter Natur.

ge einer rein analytischen Nosologie und insbesondere Nosographie werden, die die Stelle der bloß empirischen Nosographie, wie sie uns die Psychiatrie geboten hat, einnehmen könnte.

Wenn diese Regel sich auch allgemein zu bewähren scheint, erweist sie sich doch in einigen Fällen als unbrauchbar, und wenn es im großen und ganzen ein gewisses Gleichgewicht zwischen Objektliebe und narzißtischer Liebe gibt, kann man doch sehr häufig folgendes beobachten: *Je mehr ein Mensch auf bestimmte Art sein Ich zu besetzen vermag, um so mehr verfügt er über Libido für die Objektwelt.* Auf dem Gebiet der Psychose hat Freud, unter Anwendung seiner quantitativen Pseudopodientheorie, gewisse Erkrankungen durch Anhäufung von Libido erklärt, die dem Objekt oder der Objektwelt entzogen, im Ich gespeichert und so narzißtisch wird (sekundärer Narzißmus). Sein Schüler Federn hat jedoch diese Betrachtungsweise mit völlig entgegengesetzten Annahmen über die Schizophrenie erschüttert (für ihn sind die »Ich-Grenzen« des Schizophrenen narzißtisch *unterbesetzt*, anstatt mit Libido überhäuft zu sein; es handele sich vielmehr um eine Verarmung an narzißtischer Libido – ein Standpunkt, dem wir uns in dem Artikel *Der Selbstmord des Melancholikers* anschließen werden).

Ein Beispiel, das den Irrtum in der Sichtweise von Freuds Theorie deutlich macht, liefert uns seine Konzeption der »Verliebtheit«. Nach Freud (der, nebenbei bemerkt, nur von Sexualität, Libido, milder Übertragung und Verliebtheit spricht, aber selten von Liebe) verzichtet der Verliebte auf seine Libido zugunsten des Objekts, das dadurch narzißtisch *überschätzt* wird, während das Subjekt selbst klein und kümmerlich wird. Dieser Gesichtspunkt, der genau der quantitativen »Gleichgewichtstheorie« entspricht, hält jedoch einer tieferen Prüfung nicht stand, denn tatsächlich ist es so – und das kann jeder bestätigen –, daß der Verliebte weit davon entfernt ist, sich entwertet zu fühlen, wenn er das Objekt seiner Anbetung überbewertet: Die Liebe ist ein Gefühl, das emporhebt und nicht erniedrigt. Selbst der »in einen Stern verliebte Regenwurm« gefällt sich in den Strahlen des Sternenlichts. Der imaginäre Abstand zwischen Regenwurm und Stern ist in Wirklichkeit megalomaner Natur, selbst wenn die Allmacht sichtbar auf das Objekt projiziert wird. (Die Selbsterniedrigung des Bewunderers gegenüber seinem verehrten Objekt ist ein masochistischer Mechanismus, der dem Subjekt schließlich erlaubt, an der Größe des Objekts teilzunehmen, dies ebenso in den ekstatischen Zuständen der Mystiker wie in denen des Verliebtseins.) Bei einem verliebten Paar ist der eine die jeweilige narzißtische Projektion des anderen und nimmt damit an der höchst aufwertenden Begeisterung teil, die man der Liebe zuschreibt (Das Chanson, das von den »zwei Verliebten, die in ihren eigenen Kult verliebt sind« spricht, hat sehr genau diese narzißtische Nuance getroffen, die auch in einer Art von *»Souveränität«* durchschimmert; ein englisches Sprichwort sagt: »In der Liebe und im Krieg ist alles erlaubt«). Die Liebe verzeiht alles (selbst das leidenschaftliche Verbrechen), und man räumt den Verliebten gewisse Vorrechte ein, weil die Menschen beim Anblick eines glücklichen Paares die Projektion ihres eigenen megalomanen und allmächtigen Narzißmus wiederfinden. Unter diesem Gesichtspunkt kann die Liebe in die Nähe künstlerischer Schöpfungen gerückt werden, so wie man übrigens dazu neigen könnte, die großen bekannten Liebesgeschichten als Kunstwerke zu betrachten.

Das Sich-in-den-Schatten-Stellen des Verliebten ist ein Zurücktreten von seinem Objekt, das er nun, zumindest in der Vorstellung, als seinen narzißtischen Doppelgänger besitzt und das damit in doppelter Weise einen Spiegel seiner selbst darstellt. In diesem Augenblick kann er sich ruhig klein zeigen, um damit um so mehr die begeisterte Aufwertung seines eigenen Bildes hervortreten zu lassen, so wie es der Trödler macht, dem ein Kunde vorwirft, seine Ware rieche schlecht, und der darauf entrüstet antwortet: »Wie? Dies Kleidungsstück riecht schlecht? Ich bin es, der schlecht riecht!«

Die Eltern, die ihren Narzißmus auf ihr Kind projizieren, machen sich dadurch auch nicht kleiner. In dem Fall, in dem sie ihr eigenes körperliches Ich dem Kind opfern, tun sie dies zu *ihrer eigenen* narzißtischen Verlängerung.

Das Schwanken zwischen Objektlibido und narzißtischer Libido müßte demnach aus einem anderen Blickwinkel betrachtet werden: nicht als Gleichgewichtszustand zwischen Narzißmus und Objektlibido, sondern als eine *dialektische Beziehung zwischen triebhaften und narzißtischen Anteilen.*

Ob sich das Subjekt mehr oder weniger liebt, wird demnach nicht von der ihm zur Verfügung stehenden Objektlibido abhängen, sondern von der Beziehung seines Narzißmus zu seiner Trieblibido, wobei sein Narzißmus ihm erlaubt (oder auch nicht), gewisse meßbare libidinöse Mengen seines Es anzunehmen, während sich der Narzißmus einer solchen quantitativen Festlegung entzieht. Der Grad der libidinösen Besetzung (narzißtisch besetzt oder nicht) ist Schwankungen unterworfen, während der Narzißmus »unbeweglich« bleibt. Dieses Wort ist eigentlich unpassend, denn der Narzißmus hat kein Volumen, und die koenästhetische narzißtische *»Ausdehnung«* bezeichnet genau den exaltierten Zustand des Unendlichen und Unbegrenzten.

Wir müssen also eine Trennung zwischen Narzißmus und Triebfaktor vollziehen (siehe den Artikel *Betrachtungen über die Spaltung zwischen Narzißmus und Triebreifung*) und ersteren theoretisch unabhängig vom zweiten betrachten. Der Narzißmus hat seine eigene Dynamik hinsichtlich der Triebbesetzung, woraus die theoretischen Schwierigkeiten resultieren; es ist unmöglich, eine befriedigende Definition des Narzißmus zu geben, jedenfalls so lange man fortfährt, ihn innerhalb des Triebrahmens zu betrachten. Genau deshalb hatte Freud auch so große Schwierigkeiten mit seiner Lokalisierung und ordnete ihn einmal dem Ich, ein anderes Mal dem Es (*Kurzer Abriß der Psychoanalyse*, 1923, *Ges. Werke* 13, S. 404–430; besonders S. 420) und schließlich wieder dem Ich zu (*Abriß der Psychoanalyse*, 1939, *Ges. Werke* 17, S. 72 f.).

Die Formel: »Narzißmus = libidinöse Ergänzung des Egoismus« stößt sich ebenfalls an der klinischen Realität, denn wir beobachten häufig konflikthafte Situationen zwischen Narzißmus und Ich, in denen sich der Narzißmus anstatt das Ich zu unterstützen, sich diesem entgegensetzt. Wir stellen häufig fest, daß das Verfolgen eines hoch veranschlagten narzißtischen Ideals den Sieg über alle Ich-Interessen des Subjekts davonträgt, was über Zwischenstadien systematischer feindlicher Akte gegen das Ich schließlich bis zu dessen vollständiger Unterdrückung (im Tod) führen kann[4]. Das jugendliche Entwick-

---

[4] Jeder von uns kennt Jugendliche (die Adoleszenz ist *das* narzißtische Alter), die in einem dauernden Ausbruch wahnhafter Selbstüberschätzung leben und sich gleichzeitig sehr schlecht in ihrer Haut fühlen, d. h. ihr eigenes körperliches Ich verachten und sich seiner, z. B. durch Ek-stase (Außersich-Sein) und Drogen, zu entledigen versuchen.

lungsstadium, dessen spezifische Inhalte das gegenwärtige kollektive Überich der Erwachsenenwelt gerade tiefgehend durchdringen, begünstigt das allgemeine Übergewicht des Narzißmus über das Ich und die Verachtung dieser ängstlichen und kümmerlichen Zentrale, die die Aktivitäten des Subjekts organisieren sollte. Angesichts der Triebe und der Notwendigkeiten, die Realität und Außenwelt setzen, werden Bezüge zum Realitätsprinzip zurückgewiesen; die Realität selbst wird mit Hilfe einer nahezu wahnhaften narzißtischen Illusion verleugnet. Man könnte uns entgegnen, es handele sich hierbei um einen pathologischen Zustand, aber es geht doch um einen Fall, der der Formel »Narzißmus = libidinöse Ergänzung des Egoismus« (*Zur Einführung des Narzißmus, Ges. Werke* 10, S. 139) widerstrebt, denn gerade hier wird das Ich angegriffen[5].

Um auf die Krise zurückzukommen, die Freud bewog, seine erste Version der »Triebdualität« als ungenügend zu beurteilen, so wurde sie auch nicht durch die zweite Triebtheorie überwunden, durch die Theorie von Eros und Thanatos. Freud selbst stellt die Sackgasse fest, wenn er sagt: »Wären nicht die Überlegungen wie sie in ›Jenseits des Lustprinzips‹ entwickelt wurden, und schließlich die Beteiligungen des Sadismus beim Eros, könnten wir schwerlich unser grundlegendes dualistisches Konzept aufrecht erhalten (*Das Ich und das Es, Ges. Werke* 13, S. 268–270). Freud stellt also hier Betrachtungen an, deren Einbeziehung er sich bis dahin immer energisch versagt hatte, und die er übrigens auch weiterhin in der Studie, in der er sie ausarbeitet (*Jenseits des Lustprinzips, Ges. Werke* 13, S. 46 und 65 f.), als »reine Spekulationen« beurteilt. Bei der gleichen Gelegenheit spricht er von einer Anstrengung, sich über die reinen Fakten zu erheben, was in offenem Widerspruch zu den Prinzipien steht, die er immer vertreten hatte. Indessen beurteilt er selbst seine Theorie als »fremdartig« (»Die befremdende Hypothese des Todestriebes«) und fügt hinzu: »daß ich weder selbst überzeugt bin, noch bei anderen

---

5 Sicher, diese gegen das Ich gerichtete Haltung entspricht einem gewissen Gleichgewichtsbedürfnis, dient demnach in letzter Konsequenz dem Ich und müßte folglich als Ich-synthon betrachtet werden. Aber die Winkelzüge, mit denen das Ich zu dem erwünschten Ergebnis kommt, machen das Funktionieren dieser Grundinstanz doch problematisch (siehe André Stéphane: *L'univers contestationnaire*).

um Glauben für sie werbe« und »Richtiger: ich weiß nicht, wie weit ich an sie glaube. Es scheint mir, daß das affektive Moment der Überzeugung hier gar nicht in Betracht zu kommen braucht« (*Jenseits des Lustprinzips, Ges. Werke* 13, S. 64). Befremdende und sibyllinische Worte, die gleichzeitig eine Bestätigung durch Verneinung darstellen. Freud scheint sich mehr und mehr einem persönlichen Konflikt zu nähern und sagt: »Nur daß man leider selten unparteiisch ist, wo es sich um die letzten Dinge, die großen Probleme der Wissenschaft und des Lebens handelt« (*Jenseits des Lustprinzips, Ges. Werke* 13, S. 64). »Nur«, fährt er fort, »daß diese Auffassung von jeder Anschaulichkeit weit entfernt ist und einen *mystischen Eindruck* macht. Wir kommen in den Verdacht, um jeden Preis eine Auskunft aus einer großen Verlegenheit gesucht zu haben« (*Jenseits des Lustprinzips, Ges. Werke* 13, S. 58).
Seltsamerweise hat Freud trotz dieser Bemerkung, die eindeutig seine Zweifel und seine Verwirrung darlegen, in *Das Ich und das Es* (*Ges. Werke* 13, S. 237–289) die gleiche Theorie verfolgt, als ob es sich um eine Hypothese handele, die sich wissenschaftlich bewährt hat und durchaus wertvoll ist. Diese Spekulationen hatten sich ihm aufgedrängt: »Die Durchführung dieser Idee ist jedenfalls nicht anders möglich« (*Jenseits des Lustprinzips, Ges. Werke* 13, S. 64). Ohne hier Freuds Analyse wieder aufnehmen zu wollen, kommen wir doch an diesem Satz nicht ohne die Feststellung vorbei, er trage den Stempel einer affektiven, konflikthaften, inneren Beengung. Zwar macht eine solche offensichtliche Einengung das davon betroffene wissenschaftliche Denken nicht automatisch hinfällig, sie muß uns jedoch in diesem Zusammenhang zu denken geben.
Auf jeden Fall handelt es sich um eine Hypothese ohne klinische Beweise, die selbst ihr Autor so beurteilt hat. Nachdem wir sie aus Gründen ausgeklammert haben, die wir sogleich noch genauer umreißen werden, stellen wir ihr zunächst ein Argument entgegen, das unserer Meinung nach noch nicht in der reichhaltigen Literatur erwähnt wurde, die diesem leidenschaftlich diskutierten Thema gewidmet ist: Der Todestrieb ist der Wunsch des Lebens, zum Tod, d. h. zum unbelebten Zustand der anorganischen Materie zurückzukehren, einem Zu-

stand, wie er vor dem Erwachen des Lebens auf der Erde vorherrschte. Nach dem gegenwärtigen Stand der Wissenschaft und im Licht der jüngsten Untersuchungen hinsichtlich der Organisation der Materie als Sitz und Quelle verschiedenartiger energetischer Bewegungen ist es schwierig, eine scharfe Trennung zwischen belebter und unbelebter Materie aufrechtzuerhalten (genauso ungebräuchlich ist seit der Entdeckung des Nervensystems der Pflanzen durch Bose die scharfe Trennung zwischen Tierwelt einerseits und Pflanzenwelt andererseits). Außerdem beruft sich Freud zur Stützung seiner Hypothese auf den Wiederholungszwang, den primären Masochismus, das Schuldgefühl und die negative therapeutische Reaktion. Nun, die beiden letzten Probleme haben seitdem – und dies trotz der Hypothese des Todestriebs – befriedigendere Erklärungen erhalten, dagegen konnte die Existenz eines primären Masochismus niemals bewiesen werden; die Hypothese des Todestriebs zu seiner Erklärung heranzuziehen, bedeutet auf jeden Fall, sein Verständnis auf den Sankt-Nimmerleins-Tag hinauszuschieben. Was den Wiederholungszwang betrifft, so bleibt er in gewisser Weise ein Rätsel, es sei denn, man akzeptiert das Wirksamwerden der narzißtischen Instanz ungefähr so, wie J. Chasseguet-Smirgel den Mechanismus des Examenstraums verstanden hat (*Klinische Bemerkung über die Examensträume*, in: *Pour une psychanalyse de l'art et de la créativité*): Das Ich nimmt die Handlung oder das Verhalten in dem Maße wieder auf, in dem seine Verwirklichung zu wünschen übrigläßt oder weil es zuvor versagt hat; es wiederholt also ein mit einem verstrichenen Entwicklungszustand des Ich verbundenes Trauma und berührt damit den Kern einer nicht wieder gut zu machenden narzißtischen Wunde – die Vergeblichkeit der Anstrengungen des Subjekts beruht darauf, daß es den zeitlichen Abstand unmöglich aufzuheben vermag, während doch eine solche Aufhebung allein die Identität von Handlung und Bessermachen bewerkstelligen könnte.

Das Erlebnis (und nicht das »Unbelebte«), das der Mensch zu wiederholen versucht, ist seine pränatale Existenz, eine Situation, aus der er auf traumatische Weise vertrieben wurde und die er sein Leben lang wiederzufinden versucht. Dieser fundamentale Wunsch ist die Basis unserer Narzißmus-Hypothese.

Aber solch tief erlebter Wunsch betrifft nicht den Tod, sondern das Leben, selbst wenn er tatsächlich manchmal im Tod
endet; das Unbewußte hat keine Kenntnis vom Tod, und es ist
daher nur allzu verständlich, daß der Tod als Tor zum (ewigen) Leben betrachtet wird – z. B. von den Gläubigen mancher
Religionen, darunter auch der wichtigsten unserer Zeit[6].
Daß die Suche nach dem vorgeburtlichen Leben mit der Triebangst verbunden sein kann, ist eine unbestrittene klinische Tatsache; dabei jedoch die Triebangst, die in manchen Fällen bis
zum Wunsch des Todes der Triebe gehen kann, als *»Todestrieb«* zu bezeichnen, hieße unsere Furcht auf eine psychische
Kategorie zu projizieren, die uns als Individuen überfordert,
kurz gesagt, auf eine Art »Göttlichkeit« (wir folgen dabei einer
Anregung von Janine Chasseguet-Smirgel). Es handelt sich
hier um einen »salto mortale« aus der Klinik in die Metaphysik.
Was uns nun aber wirklich problematisch an der Theorie des
Todestriebs erscheint, ist nicht so sehr ihr spekulativer Charakter, als vielmehr die überraschende Tatsache, daß sie in ihrer
ganzen Grundlosigkeit mit Eifer gerade von all jenen akzeptiert wird, Nicht-Analytikern wie Analytikern (Melanie Klein
stellt eine Ausnahme dar, denn sie versteht den »Todestrieb«
nicht im Freudschen Sinne), die die Analyse immer streng ablehnten, soweit diese auf triebhaften Inhalten insistierte.
Außerdem ist es recht bezeichnend, daß viele unter diesen
»Neofreudianern« ihren Freudianismus auf die abstrakte
Theorie Lebenstrieb–Todestrieb beschränken, die Instanzentheorie (Ich, Es, Überich) jedoch systematisch zurückweisen,
obwohl doch beide Konzepte gleichzeitig erarbeitet wurden.
Liegt es wohl daran, daß die Instanzentheorie eine klinische
Realität beinhaltet, die es zu ignorieren gilt? (Dafür wirft man
sich auf die reine Spekulation, die, abgerichtet gegen jeglichen

6 Wie wir später sehen werden, hat die Phantasie der *Ewigkeit* (und der
Unendlichkeit) ihre Wurzeln in der eigenartigen Koenästhesie, die an die
Zeitlosigkeit des fötalen Lebens gebunden ist, und es ist wahrscheinlich, daß
die narzißtische Phantasie der *Unverletzbarkeit* (»Man kann mir nichts
tun!«) auf dem gleichen Fundament ruht. Genauso sahen wir gerade hinsichtlich des Wiederholungszwangs, daß Handeln nur in erhebender Weise erlebt
werden kann, wenn die Spanne zwischen Wunsch und Verwirklichung nach
dem Motto »Alles und sofort« aufgehoben wird.

Bezug auf Realität, Klinik, Biologie und besonders gegen unbewußte Motivationen, zu einer rein intellektuellen Bearbeitung geeignet ist, die narzißtisch doch so befriedigend ist).

Aber wir begeben uns da auf eine Ebene oberflächlicher Betrachtungen, die trotzdem aufgedeckt werden sollte; wir können hier, natürlich nur auf rein hypothetischer Basis, noch weitere Überlegungen anstellen. So fragen wir uns, ob der subjektive Wert der Eros-Thanatos-Hypothese nicht darin besteht, daß sie gegen die narzißtische Wunde des Todes schützt, des Todes im Sinne der organischen Zerstörung (wobei die Angst vor der Zerstückelung geweckt wird) als unerbittlichem und tückischem Prozeß, dem sich jeder unterwerfen muß? Wenn nun der Trieb tötet, *unser* Trieb (der so den Zerstörungsprozeß selbst leiten würde), sind wir nicht mehr die Opfer von etwas Fremdem, das uns schmählich in Abfall verwandelt. Noch mehr, dieser unser Trieb, mit dem wir uns identifizieren, wird nun zur gewaltigen, kosmischen Macht, und vermag uns einen wundervollen narzißtischen Phallus zu liefern, so wie für die Anhänger Lacans und die Christen die »Annahme der Kastration« selbst zum triumphierenden Phallus wird.

Die Dialektik Eros-Thanatos stellt ein geschlossenes System dar (und nicht ein offenes, wie manche gerne wollten), da nämlich alles darin enthalten ist, ganz gleich, ob tot oder lebendig, ob teilweise tot oder teilweise lebendig; und jedes dieser Phänomene hat Aspekte, die man entweder der einen oder der anderen Seite der in Frage sethenden Dialektik zuordnen könnte. So kann eigentlich gar nichts durch dieses bequeme Schema erfaßt werden, und eine trickreiche Dialektik gibt Antwort auf alle Fragen, die nichts desto weniger ungelöst bleiben. Die Antwort ist nämlich rein intellektuell, denn ihr Bezugssystem entnimmt seine Kriterien dem eigenen Postulat und dreht sich um die eigene Achse. Gewisse vulgäre Freudo-Marxisten und andere politische Manipulatoren der Freudschen Theorie verfügen damit über ein oberflächliches und bequemes Schema, dessen harmloser, aber Eindruck machender Gebrauch sie zum Analytiker ausstaffiert und ihnen eine Perspektive anbietet, sich gleichzeitig vom Erlebnis der Analyse und jeglicher tiefen Erforschung ihres Unbewußten zu distanzieren. Diese sicherheitschaffende Illusion stützt sich auf eine im Umkreis der Psychoanalyse wuchernde und diese entstellende Literatur, ein Hindernis, das den Weg einer authentischen psychoanalytischen Forschung zu verstellen droht.

II.

> »Keiner liebt einen anderen so wie sich selbst, noch verehrt er so seinen Nächsten; sein Denken wüßte nichts zu erfassen, das größer wäre als er selbst.« Blake

Wie wir hervorgehoben haben, beruht unsere Hypothese auf dem Postulat eines erhebenden pränatalen Zustands als Quelle aller Varianten des Narzißmus. Obwohl diese häufig sehr verschieden in ihren Erscheinungsformen sind, haben sie einen gemeinsamen Nenner, der immer wieder auf diesen vorgeburtlichen Ursprung zurückweist[7].

Die Verbindung zwischen pränatalem Zustand und Narzißmus scheint Freud geläufig zu sein; selbst wenn er sie nicht ausdrücklich formuliert, kommt er doch diesem Ausdruck offensichtlich ganz nah, wenn er vom *»ursprünglichen Narzißmus«* (*Massenpsychologie und Ich-Analyse, Ges. Werke* 13, S. 121) und später von *»Narzißmus der Keimzelle«* (*Jenseits des Lustprinzips, Ges. Werke* 13, S. 54) spricht[8].

7 Die Verwendung des Begriffs »Narzißmus« zur Bezeichnung von offenbar disparaten Elementen, die nicht in den Rahmen des klassischen Begriffs hineinpassen, hat uns von einigen Seiten Kritik eingetragen: Wir täten gut daran, einen wissenschaftlich besser geeigneten Begriff zu wählen. Wir gedenken jedoch, ihn zu bewahren, weil er sich bis jetzt als fruchtbar erwiesen hat, selbst wenn das, was er beinhaltet, unsicher bleibt, sich einer genauen Definition entzieht und erst im Werden begriffen ist. Ist es nicht das Schicksal jedes Begriffs, sich nach seiner eigenen Dynamik zu entwickeln? Was die eigentliche Benennung betrifft, so ist sie ein Detail ohne Wichtigkeit: Die Wissenschaft der Elektrizität hat niemals darunter gelitten, ihren Namen von »Bernstein« (elektron) herzuleiten.

8 Übrigens vermutet er: »Es scheint plausibel, daß diese wohl im Ich und im Es tätige, verschiebbare und indifferente Energie dem narzißtischen Libidovorrat entstammt, also desexualisierter Eros ist. Die erotischen Triebe erscheinen uns ja überhaupt plastischer, ablenkbarer und verschiebbarer als die Destruktionstriebe« (*Das Ich und das Es, Ges. Werke* 13, S. 273). In diesem Text scheint Freud, obwohl er innerhalb des Rahmens der Trieb-

Diese Formulierungen zielen somit auf einen undifferenzierten Urzustand ab, der dem Ich zugewiesen wird, während das Freudsche Konzept des Ich sich nur auf eine ursprünglich konflikthafte Formation anwenden läßt und damit zeitlich später wirksam wird, es sei denn, man übernimmt Hartmanns Begriff eines »autonomen Ich«, was jedoch zu einigen Unstimmigkeiten führen würde[9]. Es kann sich also nur um den ursprünglichen narzißtischen Faktor handeln, wie er sich auch in Federns Buch (*Ich-Psychologie und Psychosen*) findet, für den »das Ich von Anfang an vorhanden ist, denn man kann ein Ich-Gefühl ohne Inhalt beobachten«, das »die wichtigste Empfindung der lebenden Natur fortwährend erhält«. Federn spricht ebenfalls von einem »Wohlbefinden«, um einen zumindest minimal erhebenden Zustand zu benennen, den Joffe und Sandler ebenfalls beschreiben (*Some conceptual problems*, in: *J. Child Psycho-*

dualität bleibt, in gewissem Maß eine dritte Kraft, nämlich den Narzißmus, anzuerkennen. Sie enthält die Vorstellung einer neutralen Energie (narzißtisch indifferent, außerhalb von Sexualität und Aggressivität), die sich einer erotischen oder destruktiven Strebung zugesellen kann, was wir nun in der narzißtischen Terminologie als »narzißtische Besetzung der Sexualität« (Besetzung und Integration) oder der »anal-sadistischen Komponente« bezeichnen können. Das Zitat enthält gleichfalls eine Anspielung auf den unabhängigen Charakter des Narzißmus hinsichtlich der eigentlichen Triebkräfte.

W. A. Greene (*Early object relations*, in: *J. Nerv. Ment. Diss.*, 1958) betrachtet den Narzißmus als »exclusively intrauterine«. Für Bing, McLaughlin und Marburg (*Psychoanalytical Study of the Child*, XIV) ist der Narzißmus »ein diffuser und indifferenter Zustand, der verschiedene Teile des Organismus besetzt«. Dies setzt die Existenz eines primitiven Narzißmus voraus, und zwar lange vor dem Augenblick, von dem an sich eine eigentlich psychologische Perspektive denken läßt. Wo er von »der Existenz libidinöser Elemente in den Ich-Trieben« spricht, bezeichnet Freud diesen primitiven Zustand als »Urzustand«: »Die narzißtische oder Ichlibido erscheint uns als das große Reservoir, aus welchem die Objektbesetzungen ausgeschickt und in welches sie wieder einbezogen werden, die narzißtische Libidobesetzung des Ichs als der in der ersten Kindheit realisierte Urzustand, welcher durch die späteren Aussendungen der Libido nur verdeckt wird, im Grund hinter denselben erhalten geblieben ist« (*Drei Abhandlungen zur Sexualtheorie, Ges. Werke* 5, S. 119).

9 Die Annahme eines »autonomen Ich« würde unserer Meinung nach der psychoanalytischen Theorie — wegen der Negation der konflikthaften Entstehung des Ich — die ganze ursprüngliche Triebdialektik nehmen, wie auch die rückhaltlose Anerkennung des Unbewußten, und würde (wie es sich tatsächlich schon zeigt) zu einer oberflächlichen, ausschließlich die Ich-Funktionen berücksichtigenden Untersuchung führen. Dieser Richtung folgen heißt, sich vom Freudschen Denken entfernen und auf eine akademische Psychologie zurückfallen.

therapy, 1967), die beim Kind die Suche eines »idealen Zustandes von Wohlbefinden« annehmen. Joffe und Sandler sind sich außerdem der Sackgasse bewußt, in der sich das klassische Konzept des Narzißmus befindet, und würden gerne »den Narzißmus in anderen als Triebbegriffen neu definieren«, denn sie stellen fest – und das ist wesentlich –, daß »die auf den Narzißmus bezogenen Zustände nicht vollständig durch die Triebe bestimmt sind und daher auch nicht in Begriffen einer hypothetischen Verteilung energetischer Besetzungen verstanden werden können«[10].

Wie wir mehrfach wiederholt haben, lebt der Fötus in einem erhebenden Zustand vollkommener Homöostase ohne Bedürfnisse, denn diese werden automatisch befriedigt und können sich als solche noch gar nicht entwickeln. Wegen der parasitären Art seines Stoffwechsels kennt er weder Wunsch noch mit Entspannung verbundene Befriedigung, sondern lediglich ein vollkommenes Gleichgewicht. Dieses Gleichgewicht bildet nicht nur die Quelle des Wohlbefindens an und für sich, sondern kann auch die Grundlage für gewisse Verarbeitungen liefern, die dann später als typisch narzißtische Zustände erscheinen, wenn sie auch nur selten »rein«, d. h. nicht gestört (oder mit Schuldgefühlen verbunden) erlebt werden.

Wir werden die Untersuchung über das typisch Narzißtische in verschiedenen Verhaltensweisen, deren narzißtischer Charakter für den Beobachter nicht sofort erkennbar ist, wieder aufnehmen, denn die Trennung zwischen dem zur narzißtischen Komponente Gehörenden und dem triebhaften Anteil ist schwierig, weil ersterer sich weniger lärmend und weniger sichtbar als letzterer äußert. Die menschlichen Verhaltensweisen sind jedoch so tiefgreifend wie unmerklich vom Narzißmus durchzogen: Wenn Freud das Unbewußte mit dem unsichtbaren Teil des Eisbergs verglichen hat (und das macht $^6/_7$ seines Gesamtvolumens aus), kann man bezüglich des Narzißmus sagen, man sehe den Wald vor lauter Bäumen nicht. Die Auffassung eines erhebenden pränatalen Zustands erlaubt uns, die narzißtischen Züge, so wie sie uns in der Realität erscheinen,

10 Im Gegensatz zu uns führt der Ansatz dieser Autoren zu Annäherungen an das Konzept eines »autonomen Ich«.

aus den Bedingungen des pränatalen Zustandes selbst herzuleiten.

Wir haben schon die magische Allmacht, die Suche nach Autonomie und die Selbstwertschätzung (in positiver und negativer Form) als charakteristisch für den narzißtischen Menschen erwähnt. Der Fötus ist wirklich allmächtig und souverän (in seinem Universum, das für ihn mit dem Universum schlechthin verschwimmt); er ist autonom und kennt nichts anderes als sich selbst (alle psychologischen Begriffe, die wir für ihn verwenden, wie Erinnerung, Wissen usw. müssen natürlich umgestellt werden, wobei uns bislang die Charakteristika seines begrifflichen »Registers« unbekannt sind). Sein *Wertgefühl* kommt wahrscheinlich von einer *Übersetzung*, d. h. einer narzißtischen Hypertrophie, die sich anschließend als eine Art Megalomanie strukturiert und deren ganz natürliche Umformung darstellt (die mikromane Entsprechung dieser Megalomanie finden wir beim Melancholiker; das umgekehrte Vorzeichen zeigt sich in einer entgegengesetzten affektiven Bewegung). Der »Wert« hat eine Schlüsselstellung im Verständnis des Narzißmus; es handelt sich dabei nicht um einen objektiven Wert, der gemessen werden könnte, sondern ganz im Gegenteil um den »Wert an sich« ohne irgendeine mit Verdienst oder besonderen Eigenschaften verbundene Grundlage. Der Fötus kennt weder das eine noch das andere: »Ich bin, der ich bin!« In jedem von uns lebt ein Narzißt, der u m seiner selbst willen und nicht seiner Verdienste und besonderer Eigenschaften wegen geliebt werden will, auf die er dennoch (obendrein) stolz sein kann. In der analytischen Praxis begegnen uns immer wieder Narzißten, die *trotz* ihrer Fehler geliebt werden wollen, und die, nach einem Ausdruck von Germaine Guex (*La nevrose d'abandon*), »die Probe machen, um den Beweis des eigenen Wertes zu erhalten«. Der Versuch, sich auf solche Art und Weise Liebe zu verschaffen, d. h. das Bedürfnis nach narzißtischer Zufuhr von außen, ist wahrscheinlich schon ein Anzeichen für ein gestörtes narzißtisches Gleichgewicht, denn der »reine Narzißt« befindet sich in einem vollkommenen Gleichgewicht mit sich selbst und hat das nicht nötig. Es handelt sich hier wohlverstanden um einen typisch narzißtischen Mechanismus, den man nicht mit der genitalen Objektsuche verwechseln darf, weil sich diese auf der Triebebene abspielt.

Jeder hat einen natürlichen Hang zur Selbstüberschätzung (oder nach masochistischer Manier zur Selbstunterschätzung, was lediglich eine Umkehrung des Narzißmus ist). Dieser Mangel an Objektivität sich selbst gegenüber, dessen klinische Erscheinungsformen wir mit umgekehrtem Vorzeichen auch außerhalb des Masochismus kennen – wenn er wahnhaft wird –, ist keineswegs pathologisch, denn er stellt für das Individuum eine Lebensnotwendigkeit dar und ist überall verbreitet.

Wir finden Spuren desselben »psychischen Wahns« im Glauben an die *Unsterblichkeit* wieder; unabhängig von den Religionen, die ihn formuliert haben, und anderen Oberflächen narzißtischer Projektion existiert tatsächlich in gewissem Maße bei jedem Menschen dieser Glaube, und ein Leben ohne ihn wäre unmöglich. Meist tritt er nur in solcher Form zutage, daß er der bewußten Wahrnehmung völlig entgeht; er kann übrigens mit einer intellektuell entgegengesetzten Überzeugung übereinstimmen. Dieser Wahn ist ein fötales Erbe, denn der Fötus ist unsterblich, die Zeit existiert nicht für ihn. Wir verdanken ihm ebenfalls das Gefühl der *Unverwundbarkeit* (»Mir kann nichts geschehen!«), ein Gefühl, das bei manchen Menschen Formen annehmen kann, die für sie selbst und die Gesellschaft gefährlich sind. Der Fötus ist tatsächlich durch das Stöße abdämpfende Schutzgewebe des Mutterleibes unverletzbar, und falls ihm dennoch einmal etwas passiert, treffen die Auswirkungen wahrscheinlich auf einen primitiven Verdrängungsmechanismus, der – ebenfalls narzißtischen Ursprungs – auch beim Erwachsenen zu finden ist. Aber das Gefühl der Unverletzbarkeit ist vor allem an die fötale Zeitlosigkeit gebunden, wie wir es schon oben dargestellt haben.

Das Gefühl der *Unendlichkeit* schließlich mit all seinen mystischen, kosmischen und geistigen Ausdrucksformen (auch das bekannte »ozeanische Gefühl«, dessen Name ja direkt vom Fruchtwasser hergeleitet ist) erscheint schließlich nur noch als Ausprägung einer biologischen Grundtatsache des Fötallebens. Vasarely spricht von der künstlerischen Emotion und bemerkt, daß »man dieses Phänomen als eine Erhebung auf ein geistiges

Gefühl deutet«. Aber wahrscheinlich bewegen wir uns dabei doch immer auf psychischen Gebieten[11].

Wir sagten, der Narzißmus sei von Anfang an im Individuum gegenwärtig, und es sei zum befriedigenden Verständnis der psycho-physiologischen Entwicklung des Kindes (und des Erwachsenen) eine Trennung zwischen dem Ich (im Freudschen Sinne als Koordinierungszentrale) und dem narzißtischen Faktor oder dem »Selbst« erforderlich. Was entspricht diesem Begriff, und welches sind die Quellen der psychischen Realität, die er beinhaltet?

Der Fötus lebt unter bestimmten Bedingungen, deren wichtigste, mit seiner Existenzweise verbundene Merkmale von uns bereits aufgezeigt wurden. Die biologische Grundlage nun, auf der diese fußen, ist ein für allemal gegeben. So bewahrt der durch seinen fötalen Ursprung bedingte Prozeß während der gesamten Entwicklung eine gewisse Grundkontinuität, auch wenn auf der Triebebene verschiedene Entwicklungsstadien durchlaufen werden müssen.

Woraus besteht aber diese biologische Grundlage? Es handelt sich hier um Bildungselemente des zukünftigen Ich, die jedoch in der Fötalzeit nur eine primitive, undifferenzierte und damit konfliktlose Triebgrundlage bilden. Diese Grundlage enthält in Ansätzen die Triebe, wie sie später in Erscheinung treten werden, und wir können sie ohne Gefahr eines Irrtums mit Freud als Sexualität einerseits und Aggressivität oder Ich-Triebe andererseits identifizieren. Diese Annahme scheint uns um so mehr berechtigt, als man diese Triebe in voller Aktivität während des pränatalen Lebens zweifelsfrei feststellen kann. Die Zellproliferation etwa ist eine sexuelle Aktivität des Fötus[12]. Dieser stark beschleunigte Prozeß vollzieht sich um ein

---

11 Wir sind mit Francis Pasches Ansichten (*A partir de Freud*) nicht völlig einverstanden, denn wir beabsichtigen nicht, bei der Analyse einen »Rest« zu unterschlagen, etwa »die Tugend, die Schönheit und die Wahrheit, dieses unvergleichliche und freie Thema«. Warum soll denn der Analytiker in seinen Untersuchungen verzagter sein als Taine, für den Laster und Tugend Produkte wie Zucker und Essig waren? Versagten wir uns die Analyse der Schönheit, so würden wir uns den Zugang zur Erkenntnis der Ästhetik und zur Untersuchung der Sublimierung versperren, den doch schon Freud und andere weit geöffnet haben. Und die Wahrheit? Dürfen wir uns für Wissenschaftler halten, wenn wir sie aus unseren Untersuchungen ausschließen?

12 Greenacre (*Trauma, Growth and Personality*) betrachtet den Narzißmus als die »libidinöse Komponente des Wachstums«.

Vielfaches intensiver als beim Neugeborenen und später beim Kind. Die *Aggressivität* ihrerseits manifestiert sich im Stoffwechsel – ebenfalls überaktiv im Fötalleben –, da der Fötus die Substanz, die sein Wirt (die Mutter) ihm zur Verfügung stellt, benutzt, wobei sich beide übrigens vermischen. Um nicht mißverstanden zu werden: wir unterschieben dem Fötus keine wie immer geartete Absicht (Aggression oder anderes); das wäre Unsinn. Aber wir erinnern bei dieser Gelegenheit daran, daß für uns die Verdauung mit ihren verschiedenen Phasen das primitive Urbild von Aggressivität in ihren Grunderscheinungen darstellt: Das Ergreifen und die Kontrolle des Verdauungsstoffwechsels drücken in gewissem Sinne den Trieb aus, der das Verdauungssystem bis hin zum muskulären, phonischen etc. System umfaßt.

Diese Auffassung der Aggressivität ist klinisch viel leichter zu belegen[13] als beispielsweise der »Todestrieb«, und sie ermöglicht uns außerdem, über zahlreiche Bestätigungen den Gegensatz »Analität – Narzißmus« herauszuarbeiten, dessen Untersuchung von großem heuristischen Interesse ist.

Wir haben hier, zumindest aus unserer Perspektive, die Rudimente des zukünftigen Ich. Aber welchen Platz nimmt nun der Narzißmus in diesem Zusammenhang ein? Untersuchen wir zunächst die Art, wie die Urtriebe funktionieren. Wir erinnern daran, daß der Fötus als *Parasit* lebt und seine primitiven Triebe (oder das, was in diesem undifferenzierten Zustand an deren Stelle steht) in einem ökonomischen Rahmen ablaufen, der ihm nicht gehört, weil er von seinem Wirt, der Mutter, geliefert wird. Daraus ergibt sich zunächst, daß seine Triebaktivitäten ohne *spezifische körperliche Grundlage ablaufen*. Da sich der Fötus nicht mit Hilfe eines eigenen Verdauungstrakts ernährt, sondern durch Osmose, erhält er auf demselben Weg die Energie, die er zu seiner sexuellen Aktivität benötigt. Nicht nur ist diese »entliehene« Ökonomie völlig einseitig: Der Fötus bekommt alles, und zwar umsonst, und das ist wichtig, selbst wenn er es offensichtlich *nicht* schätzen kann; dieses Merkmal findet man später bei einer bestimmten Gruppe von

13 Das Neugeborene *fährt* unbestreitbar *fort*, sich auf Kosten der mütterlichen Substanz zu ernähren; und an der Existenz *sadistischer Impulse*, die gegen die Mutterbrust gerichtet sind, ist nicht zu zweifeln.

Narzißten wieder, die alles haben müssen – alles und sofort; dabei spielt die Zeitlosigkeit gleichfalls eine Rolle. Hinzu kommt noch, daß sich der Fötus die *Triebregulierung* erspart, da ja auch dieser Mechanismus unter der Regie seines Wirts steht[14]. Die genannten Regulationsmechanismen funktionieren vollkommen von selbst und – im Prinzip – ohne Störung, wenigstens dort, wo der fötale Organismus ihr Resultat automatisch empfängt. Der Zustand muß ein bestimmtes Wohlbefinden hervorrufen. Zur reinen Funktionslust (»Gott sprach: ›Es werde Licht‹, und es ward Licht; Gott sah, daß das Licht gut war...«) gesellt sich die triebhafte Undifferenziertheit und erzeugt so das Urbild tiefer Harmonie, nach der der Mensch später ruhelos suchen wird, und die sich mit dem prägenitalen Triebbündel vermischen und unter dem *Primat der Genitalität* vereinen wird. Es handelt sich um jenen »Idealzustand des von Grund auf affektiven Wohlseins, der normalerweise das harmonische und integrierte Funktionieren aller biologischen und geistigen Strukturen begleitet« (Joffe und Sandler). Diese Autoren lokalisieren den Narzißmus in der postnatalen Zeit; wir finden ihn jedoch bereits im Fötalalter, weil die Erinnerungen des Menschen daran (Schlaraffenland, Paradies, Goldenes Zeitalter usw.) sehr deutlich den typischen Stempel pränataler Lebensbedingungen tragen[15]. Diese Erinnerungen beweisen, daß das pränatale Leben eine tiefe Spur im Neugeborenen hinterlassen hat, denn es hört nicht auf, davon zu träumen und es auf verschiedene Arten wiedergewinnen zu wollen (siehe Artikel *Das phallische Bild* in diesem Buch). Die erhebende und megalomane Spur, deren Erinnerung an höchste Harmonie und

14 Diese ökonomische Regulierung stellt ebenfalls eine Quelle von *Sicherheit* dar. Wir werden diesem Faktor besonderes Gewicht beimessen, wenn wir etwa die Angst feststellen, mit der das Kind seinen Trieben begegnet und seiner Schwierigkeit, geringste Triebüberbesetzungen mit Rücksicht auf seinen Reifestand zu integrieren. Wir kennen zudem auch die Wichtigkeit, die Freud der Homöostase innerhalb seiner Libidotheorie zugeteilt hat.
15 Was dem paradiesischen Glück des Menschen ein für allemal ein Ende setzt, ist — nach der Bibel — das Auftreten des Apfels, d. h. der mütterlichen Brust, die die eingetretene Veränderung im Stoffwechsel und den Übergang von einer automatischen Versorgung zu der durch die Mutterbrust symbolisiert und damit den Neugeborenen schrittweise an die Merkmale der Objekthaftigkeit und der Außenwelt heranbringt (natürlich ist dieses Symbol überdeterminiert und enthält — unter anderem — die ödipale Situation, das Schuldgefühl und die Kastration).

Allmacht nie mehr ausgelöscht wird, bildet als solche den *narzißtischen Kern,* eine spezifische psychische Energiequelle, die sehr früh und definitiv erworben wird und von Geburt an bis zum Tod aktiv bleibt und – wenn wir uns in eine mystische Perspektive hineinbegeben – schließlich bis ins Jenseits geht. Unter Berücksichtigung des Wesens des Narzißmus und seiner verschiedenen Erscheinungsformen können wir vorläufig sagen, der Narzißmus sei gleichzeitig:

– die *Erinnerung* an einen privilegierten, einzigartigen, erhaben-erhebenden Zustand;

– das *Wohlbefinden,* verbunden mit dem Gefühl der Vollkommenheit und Allmacht; der *Stolz* auf dieses Erlebnis, übrigens gekoppelt an die Illusion der Einzigartigkeit, wie sie im Fötalleben tatsächlich vorhanden war, und an eine megalomane Position, an die sich die Vorstellung des Werts heftet, der das psychische Äquivalent der entsprechenden koenästhetischen Empfindung ist;

– eine *bestimmte Objektbeziehung,* die gleichzeitig positiv und negativ ist, sowohl »splendid isolation« als auch die hektische Suche nach symbiotischen Verbindungen und Spiegelbeziehungen, deren Paradoxon uns später beschäftigen wird;

– der *Wunsch, das verlorene Paradies wiederzufinden,* und die Zurückweisung dieses Wunsches durch das Über-Ich (das Wiederfinden bedeutet für den Menschen seine Identifikation mit Gott);

– die *gelungene Integration* des narzißtischen Faktors in das Triebleben im Laufe einer Entwicklung und Reifung, wie auch die verschiedenen Techniken, mit denen die narzißtische Libidofindung auf künstliche Weise realisiert werden sollen;

– die *Festlegung* auf ein Prinzip *zur Wahl der narzißtischen Lösung* und die Schwierigkeit, es durch andere ökonomisch befriedigendere Lösungen zu ersetzen (wobei jeder Realitätsbezug verachtet und zurückgewiesen wird);

– die Vorstellungen über den »*narzißtischen Verlust*«, wenn der narzißtische Faktor wesentlich in Frage gestellt wird.

– die *narzißtische Wunde,* die dem Ich durch ein enttäuschtes (narzißtisches) Ich-Ideal aufgezwungen ist;

– die »narzißtische Kränkung«, die nach Eidelberg (*The*

Psychiatric Quarterly, Juli 1960) in der Scham des Ich besteht, etwas nicht aktiv gemeistert, sondern passiv ertragen zu haben usw.[16].

Das Schicksal des Narzißmus ist somit an das pränatale Triebleben gebunden, und seine wesentlichen Charakteristika scheinen in der Tatsache begründet, daß der Fötus den Boden, auf dem er wächst, ebenso wie die objektiven Bedingungen seiner Entwicklung gar nicht kennt. Er scheint in einem Kosmos zu leben, der einzig und allein durch seine Existenz erfüllt und genauso megaloman wie immateriell ist, und verwechselt sich mit seiner eigenen Glückseligkeit. Er wird davon eine bleibende Prägung zurückbehalten, eine Form, in der sich dann seine spezifischen Eigenheiten strukturieren und später Zustände und Affekte bilden, wie etwa das Gefühl der Einmaligkeit, Selbstliebe, Megalomanie, Allmacht, Unsterblichkeit, Allwissenheit, Unverletzbarkeit, Autonomie usw. Alle diese Charakteristika sind nun gleichzeitig Eigenschaften der Gottheit, und man könnte sagen, daß, *wenn Gott den Menschen nach seinem Bild formte, der Mensch Gott nach seinem pränatalen Bild schuf.* Wenn wir das genetische Prinzip auf die spätere Entwicklung des Kindes anwenden, können wir ebenfalls feststellen, daß man die Position, die wir gerade aufgezeigt haben, auch beim narzißtischen Charakter wiederfindet, der sich als Gipfel der Perfektion betrachtet, als gänzlich unabhängig, und jedes Abstammungsverhältnis und sogar jedes Bedingungsverhältnis ablehnt. Er nährt sich aus eigenen Quellen und leitet seinen Wert einfach aus seinem Dasein, wie es nun einmal ist, ab.

Nach der Geburt behält das Kind zunächst die protonarziß-

---

16 Daß der Stolz (narzißtische Selbstbesetzung) der Abkömmling einer *narzißtischen überbesetzten Koenästhesie* ohne Inhalt und Grundlage ist, ist dadurch bewiesen, daß ihm alles und jedes als Unterstützung und Inhalt dienen kann. Man kann narzißtisch besetzen, worauf man objektiv nicht stolz ist, und umgekehrt über etwas nicht stolz sein, was eigentlich objektiv zur narzißtischen Besetzung berechtigt. Wichtig ist lediglich die Erinnerung an eine narzißtische Überbesetzung im »Selbst«, wobei der Inhalt — an und für sich indifferent — nur eine oberflächliche und auswechselbare Rationalisierung darstellt. Man kann stolz sein über das, was man ist, und über das, was man nicht ist, auf das, was man hat, und auf das, was man nicht hat, ganz gleich, unter welchem Vorwand: Das beste Beispiel lieferte uns ein Mann, der sehr stolz darauf war, niemals Kartoffeln zu essen.

tische Lebensweise bei, die aus ökonomischer Sicht mit der der pränatalen Phase identisch ist. Die Aufrechterhaltung dieses Zustands wird zunächst durch einen kaum unterbrochenen Schlaf ermöglicht. Darüber hinaus bemühen sich die Erzieher, für das Kind noch eine Zeitlang die Milieubedingungen zu schaffen, die es gerade verlassen hat, wie es Ferenczi in seiner Arbeit über *Entwicklungsstufen des Wirklichkeitssinnes* (in: *Bausteine zur Psychoanalyse*, Bd. I, S. 62–83) gezeigt hat. Wir haben Grund anzunehmen, daß das Kind seinen homöo-statischen narzißtischen Zustand eine Zeitlang durch den Me-chanismus, der als »halluzinatorische Wunscherfüllung« be-schrieben wurde und eine natürliche Folge der narzißtischen pränatalen Koenästhesie ist, aufrechterhalten kann (auf die gleiche Art behalten die Kastraten noch einige Zeit ihre Erek-tionsfähigkeit).

Die Aufrechterhaltung dieser Täuschung ist jedoch begrenzt, denn die notwendig folgenden Versagungen stürzen das Kind in ein doppeltes Trauma: Einerseits ist sein erhaben-erheben-des Universum bis in die Grundfesten erschüttert, andererseits steht es nun vor der Aufgabe, seine Ökonomie auf einer ob-jekt- und triebhaften Basis wieder aufzubauen. Zur Einschät-zung der Schwierigkeiten, die für das Kind aus dieser wesent-lichen Veränderung entstehen, müssen wir uns die unterschied-lichen und geradezu gegensätzlichen Eigentümlichkeiten der narzißtischen Ökonomie einerseits und der Triebökonomie an-dererseits ins Gedächtnis zurückrufen. Aus dem ehemaligen narzißtischen Parasiten muß nun ein aktives Individuum wer-den, das künftig die Last seiner Existenz selber trägt (das Kind ist aus dem Paradies vertrieben und muß »im Schweiße seines Angesichts« für seine Bedürfnisse aufkommen). Außerdem muß es sich nun eines noch unvollkommenen Apparats mit vielfältigen Funktionen (seines Organismus) bedienen. Vor der Geburt lebte das Kind in einem festen und bewegungslo-sen Glück, jetzt wird es hingegen von Erregungen über-schwemmt und muß, wohl oder übel, verschiedene Mechanismen zur Kontrolle der ständigen Umwälzungen, die sein Gleichge-wicht stören, bereitstellen, entwickeln und unterhalten.

Angesichts dieser Schwierigkeiten verzichtet das Kind – wie auch sonst – nicht ohne weiteres auf die narzißtischen Kom-

ponenten seiner Ökonomie; der abrupte Übergang von einem
zum anderen System ist ihm unmöglich. Es braucht deshalb
zur Bewältigung dieses Übergangs die Hilfe der Erzieher, die
– als Notbehelf gegen den Einsturz seines autonomen narzißtischen Universums – die nötige narzißtische Bestätigung *von
außen* herantragen. In den Augen seiner Mutter liest das Kind
die Bestätigung seiner Einmaligkeit und Wertschätzung. Die
gleiche narzißtische Strömung wird ihm von innen und außen
geliefert, was ihm – parallel zu einer gewissen Anpassung an
sein neues Universum – sozusagen die Erhaltung seines All-
machtsgefühls und seiner narzißtischen Integrität erlaubt, die
durch die gerade erlebte Krise erschüttert ist.
Wir wissen, daß das Kind große Schwierigkeiten und Angst
vor der Bewältigung des libidinösen Drucks hat. Das ist selbstverständlich, wenn man an all die Mühe des ökonomischen
Wiederaufbaus denkt, den es leisten muß. Für Freud liefert der
Ich-Trieb dem Kind die Energie zur Bewältigung seiner Sexualität, denn wenn es durch seine triebhaften Impulse erregt
wird, kann es sich einer traumatischen Situation nicht entziehen, weil es für seine Triebe noch unreif ist und ihm die angemessene Ausrüstung zu ihrer Befriedigung fehlt. Es gerät daher
infolge heftiger Gefühlswallungen in Spannungen, die ihm
gleichzeitig Angst machen. »Als ganz kleines Kind«, schreibt
Baudelaire, »habe ich in meinem Herzen zwei widersprüchliche
Gefühle erlebt: den Schrecken vor dem Leben und die Ekstase
des Lebens«. Angesichts dieser Angst versucht das Kind seine
erhaben-erhebende Lebensart zu bewahren und seine Triebe in
diesem Sinne zu bändigen; es integriert sie in sein erhaben-
erhebendes Leben, indem es sie mit Narzißmus anhäuft, wodurch sich die Wichtigkeit seines Phantasielebens herleitet. Auf
diese Art und Weise steht es in dauerndem Konflikt zwischen
seinen Trieben einerseits und dem narzißtischen Aspekt andererseits. Um eine Stütze in diesem Kampf zu gewinnen, projiziert es schließlich einen Teil seines Narzißmus, auf eine ad hoc
errichtete Stellung, die die Bedeutung einer Instanz hat, auf
das Ich-Ideal[17].

17 Durch den stark beschleunigten technischen Fortschritt hat unsere Gesellschaft eine Überflußzivilisation entwickelt, in der eine Diskrepanz zwischen
der Geschwindigkeit dieses Fortschritts und unseren Integrationsmöglichkei-

Lou Andreas-Salomé schrieb (*The Freud-Journal of Lou Andreas-Salomé*, 1965): »Der Narzißmus begleitet alle Schichten unserer Erfahrung, und dies unabhängig von ihnen. Er ist nicht nur ein unreifes Stadium, das es zu überwinden gilt, sondern auch ein Lebensbegleiter, der sich immer wieder erneuert.« Tatsächlich ist der Narzißmus unveränderbar; was sich entwickelt, ist das Ich, das bei jedem Entwicklungsschritt ein narzißtisches Etikett bekommt, um erst danach – und verändert – seinen Platz im globalen Ich wieder einzunehmen. Die Rolle des Narzißmus in dieser ständigen Restrukturierung ist stumm und schwer auszumachen, denn er kann nur über andere Instanzen wirken (da ihm eine spezifische somatische Grundlage fehlt) und muß sich, um sich auszudrücken, ihrer als Werkzeug bedienen. Der Narzißmus benutzt zwar die Libido, vermischt sich aber nicht mit ihr. Diese narzisierende und aufwertende Bewegung des »Selbst« besetzt die Objekte libidinös, aber auch das Ich, sein Werden, seine Handlungen und seine Triebbefriedigungen. Diesen Vorgang bezeichnen wir als »nar-

ten besteht. Wir spüren nicht nur die Schwierigkeit, die Triebbefriedigungen zu akzeptieren, die das materielle Wohl infolge der Technik mit sich bringt, sondern auch eine Hemmung vor der Technik als solcher, da sie ihrem Wesen nach die *anal-sadistische Libidokomponente* berührt. Ein bestätigender Hinweis scheint darin zu liegen, daß man die Nachteile der *Konsumgesellschaft* (man nannte sie zunächst Überfluß-Gesellschaft, aber dieses Paradoxon wäre zu auffällig gewesen) anprangert und zugleich ihre Gefahren bewußt übertreibt, beispielsweise die der Umweltverschmutzung. Obwohl einerseits berechtigt, ist diese Panik eindeutig übertrieben, solange man die Reaktion der Menschen nicht als Antwort auf eine typisch anale Phantasie (die Verschmutzung), die ihnen Angst macht, betrachtet; eine Angst, die an den Widerstand denken läßt, den die Menschen wahrscheinlich aus dem gleichen Grund gegenüber jeder neuen technischen Erfindung entwickelt haben. Erinnern wir uns nur an jene medizinische Kommission, die befürchtete, die Eisenbahn — damals mit einer Geschwindigkeit von 12 Kilometern pro Stunde — könnte eine Gefahr für die geistige und physische Integrität der Reisenden darstellen.

Narziß hatte sich von den Versuchungen der fleischlichen Liebe abgewandt; er wies die verliebte Sehnsucht der Geschlechter zurück, und man vermutet, daß unter den zurückgewiesenen Objekten die Nymphe Echo (nach der Version Pausanias' seine Schwester), seine Mutter, war, ebenfalls eine Nymphe. Was ihn an der Wasseroberfläche so faszinierte, war — hinter seinem eigenen Bild — die Rückkehr in das Fruchtwasser, also eine tiefe narzißtische Regression. Man kann noch hinzufügen, daß er glücklich war, solange er im Wasser sein eigenes Spiegelbild betrachtete, und daß sein Tod an die wiederholten Angriffe einer Objektsexualität gebunden war, deren Quelle er nach außen projizierte.

zißtische Besetzung«. Er ist eine notwendige Ergänzung zu allem, was sich innerhalb des Ich abspielt, und der Schlüssel zur Entwicklung des Ich-Systems im positiven wie auch im negativen Sinn, denn die Libido kommt vom Es, und das Ich kann – dank der narzißtischen Besetzung – gewissermaßen davon profitieren. In diesem Sinne verstehen wir den Text in *Das Ich und das Es*, in dem Freud sagt: »Wenn das Ich die Züge des Objektes annimmt, drängt es sich sozusagen selbst dem Es als Liebesobjekt auf, sucht ihm seinen Verlust zu ersetzen« (*Das Ich und das Es, Ges. Werke* 13, S. 258).

Vom narzißtischen Gesichtspunkt aus geschieht in der *analytischen Behandlung* das gleiche: Der analytische Prozeß erlaubt dem Subjekt eine wachsende Selbstbesetzung, sein Ich kann über immer mehr Libido verfügen, wodurch sich seine Positionen gegenüber seinen Konflikten und seinem Überich verändern. Anders ausgedrückt: Das Ich hängt weniger stark vom Überich und dessen Liebe ab und kann, anstatt diese Instanz zu besetzen, sich selbst mehr lieben; die Es-Libido geht ins Ich über: »Wo Es war, soll Ich werden«. Dieser Prozeß strebt einem Idealzustand zu, in dem sich das Ich aufgrund der Integration seiner Triebe und der narzißtischen Besetzung seiner Inhalte in einer Lage befindet, die ihrem Wesen nach dem pränatalen erhaben-erhebenden Zustand analog ist; dabei gestaltet sich dieser Zustand mit jeder Entwicklungsphase reifer. Wenn wir in diesem Fall von *narzißtischer Vollständigkeit* sprechen, meinen wir damit die gelungene Synthese von Trieben und Narzißmus innerhalb des Ich, einen Zustand, der im Unbewußten durch das Zeichen des Phallus dargestellt wird (»Das phallische Bild«).

Die ständige Dialektik zwischen triebhaftem Ich und narzißtischem Selbst – eine Dialektik von klinisch recht unterschiedlichen Erscheinungen, die jeweils im Einzelfall untersucht werden müssen – darf man während der analytischen Behandlung niemals aus den Augen verlieren, woran van der Waals in seinem Bericht über den Narzißmus erinnert (*R. F. P.*, 1949): »Wir alle haben es in der psychoanalytischen Praxis mit den wechselseitigen Einflüssen zwischen Realitätsdeutung und Anstrengungen zur Aufrechterhaltung des Selbstgefühls zu tun; darin besteht das ganze Problem des Narzißmus«. Federn

(*Einige Variationen des Ichgefühls,* in: *Internationale Zeit-schrift für (ärztliche) Psychoanalyse,* 12, 1926) spricht von demselben Ich-Gefühl, das wir schon mit dem Narzißmus iden-tifiziert haben, »dessen Fehlen das Subjekt außer Stand setzt, irgend etwas zu genießen« (es narzißtisch zu integrieren), und zitiert Goethe: »Er verfügt über alle Schätze, aber ist unfähig, sie zu besitzen«. Wir erinnern in diesem Zusammenhang an die einzigartige und entscheidende Rolle, die der analsadisti-schen Komponente in diesem Integrationsprozeß zukommt. Damit ergeben sich weitreichende Probleme, weil eine grund-sätzliche Antinomie zwischen diesen beiden Faktoren (Narziß-mus und Analität) besteht.

III.

Als Freud den Narzißmus-Begriff in die psychoanalytische Theorie einführte, stützte er sich im wesentlichen auf Unter-suchungen des Schlafs, der Hypochondrie und der Psychosen; unserer Meinung nach wäre es nützlich, einmal unsere Sicht-weise zur Untersuchung dieser Erscheinungen anzuwenden. Werfen wir zunächst einen Blick auf den Schlaf unter dem Licht des dialektischen Spiels zwischen Narzißmus und anal-sadistischer Komponente.

Im Schlaf entzieht das Subjekt seine Libido der Umwelt, aber vor allem auch seinem Körper-Ich als Träger der anal-sadisti-schen Komponente, die hier vor allem betroffen ist: Der Wunsch nach Schlaf deckt sich mit einem Moment energetischer Erschöpfung oder mit dem Wunsch, aus der Realität zu flüch-ten. Vor allem die *Motorik* hängt von dieser Komponente ab, und wir wissen, daß der Schläfer in eine *narzißtische Regres-sion eintaucht,* nachdem er zuvor die Zugangswege zu seiner Motorik (zugleich mit seinen Augen) geschlossen hat.

Der Traum hängt von der narzißtischen Regression ab, und um die Dialektik von narzißtischer Dimension und Analität zu untersuchen, wenden wir uns dem Übergang vom Traum zum Alptraum (und später zum Erwachen) zu.

Der Traum ist Wunscherfüllung, nicht nur wegen der Anwen-dung typischer Traummechanismen des Primärprozesses (Vi-

sualisierung, Symbolisierung, Verschiebung, Verdichtung usw.),
sondern auch, weil es sich bei ihm nicht um einen wirklichen
energetischen Akt mit Mobilisierung der Motorik handelt, da
sich alles lediglich auf der Ebene der Phantasie abspielt. Diese
Niveauverschiebung erlaubt mit Hilfe der Traumtätigkeit die
Befriedigung (jedoch nur in gewissem Maße und mit den entsprechenden Verkleidungen des Wunsches, denn vergessen wir
nicht die Zensur und ihre partielle Wirksamkeit). Die Aus-
klammerung der analen Komponente begünstigt die Phantasiebildung, die narzißtisch regressiv abläuft: »Es ist ja nur ein
Traum«, ein Freibrief, der häufig sogar innerhalb des Traumes
mehr oder weniger bewußt wird. Das Ich – verführt von immer lebhafteren und immer weniger verschleierten sexuell-in-
zestuösen Phantasien – befindet sich in der Gewalt der Triebspannung und muß sich unter dem Überich-Druck verteidigen.
Der Träumer wehrt sich gegen die Einmischung dieses fremden
Elements und möchte die Integrität der Traumdimension aufrechterhalten (und sei es nur, um weiterschlafen zu können, wie
Freud sagt); er projiziert aus diesem Grunde auf die Gestalten
des Traums, der nun zum Alptraum wird, seine immer stärker
drängenden Triebe, die zur Aufgabe des narzißtischen Niveaus
zwingen. Dabei geht der Trieb über den oral-narzißtischen
Phantasiebereich hinaus und versucht, das folgende Stadium,
das anal-sadistische, zu mobilisieren, also auf die Motorik zu-
rückzugreifen, deren Integration zur Triebbefriedigung unerläßlich ist. Der Träumer kann zwar noch versuchen, seinem
projizierten Trieb, der ihn verfolgt, zu entfliehen, und kann
sogar von dieser Flucht träumen. Da dieser Druck aber ständig zunimmt, tendiert der Träumer dazu, den eigentlichen
Traumbereich in Richtung Realität zu verlassen (wir beobachten, daß er sich unruhig bewegt). Dies geschieht also unter tat-
sächlichem Einsatz von Motorik und Sprechapparat, indem der
Träumer beispielsweise versucht, Laute zu formulieren. Gegen
diesen Wunsch – der auf dieser Ebene verboten ist – wehrt
sich der Schläfer durch die typische motorische Hemmung des
Alptraums. Diese jedoch wird vom Trieb erschüttert, der sich
trotz aller Projektionsversuche durch die anale Komponente
zunehmend verstärkt. Die dabei auftretende Angst ergibt sich
aus der immer noch bedrohlich ansteigenden Triebspannung,

dem Zusammenbrechen der Abwehr als Folge der Flucht und des Konflikts zwischen dem Wunsch, im Traumbereich zu bleiben, und dem Einbruch der analen Komponente. Dies ist logisch, denn bis zum Erwachen, das sich ja dann bald einstellt, befindet sich der Schläfer unter dem Gesetz der spezifischen narzißtischen Regression, die von einem Besetzungsabzug der Motorik begleitet ist.

Die erschreckenden, grimassenschneidenden Gestalten, die der Träumer im Alptraum sieht, sind Projektionen seiner eigenen Analität, die ihm nun zwangsläufig in dieser Weise erscheint, weil ihm die narzißtische Besetzung entzogen wurde (die Aufhebung der narzißtischen Besetzung mündet in einen Prozeß, in dem alle Elemente in einen analen Bezugsrahmen gestellt werden [Analisation] und den wir in unserem Artikel *Der Selbstmord des Melancholikers* beschrieben haben). Der Träumer sieht ein *fremdes Ich*, das nun verfremdet als Träger seiner zurückgewiesenen und verachteten Triebe zum Verfolger wird. In dem Moment, da die projizierten und in einen analen Kontext gestellten Anteile seines Ich in Form von Ungeheuern zurückkommen, in einer Bewegung, die den Projektionsversuch wieder aufhebt, wird die Spannung unerträglich, und er wacht auf.

Was den *Schizophrenen* betrifft, so erlebt er eine narzißtische Regression besonderen Grades. Worin besteht diese Regression und auf was bezieht sie sich? Nach der klassischen Theorie zieht der Schizophrene seine Libido, die dadurch narzißtische (sekundäre) Libido wird, von der Objektwelt ab und führt sie seinem Ich zu. Sein Ich ist damit Ort einer libidinösen Überbesetzung. Wie sind dann aber seine Klagen zu verstehen, er sei entleert, »von einem Vampir ausgesaugt«, man habe ihm seine Männlichkeit, seine Gedanken gestohlen?

Tatsächlich leistet der Schizophrene eine Regression, die von einem »Ich-Zustand« in einen anderen übergeht. Jeder dieser »Ich-Zustände« ist nun wegen seines unterschiedlichen Reifegrades narzißtisch verschieden besetzt. Der Kranke hat seinen erwachsenen »Ich-Zustand« aufgegeben und ist auf einen entwicklungsmäßig viel früheren »Ich-Zustand« regrediert, der dem Ich des kleinen Kindes entspricht, einer fragmentarischen und zersplitterten Ich-Organisation, die noch keine globale narzißtische Besetzung hinsichtlich des Körper-Ich erhalten hat. Dieses *infantile Ich* bekommt seine narzißtische Versorgung prinzipiell *von außen,* und zwar von seiner Mutter. Von den Müttern Schizophrener wissen wir jedoch, daß sie »ihre Kinder nicht absolut und bedingungslos lieben, mit ihren Kindern nur eine ›äußerliche‹ Beziehung haben und völlig gleichgültig sind hinsichtlich dessen, was sich im Kinde abspielt«[18].

Sie sind ihnen insgesamt fremd. Man versteht nun den Schizophrenen, der sich – auf diese Stufe regrediert – völlig leer fühlt. Sein Körper-Ich ist zwar physiologisch erwachsen und wurde zum Ort einer starken libidinösen Erregung, sieht sich aber – wegen seiner Regression – im Verhältnis zu seiner Triebladung narzißtisch unterbesetzt. Dieses Fehlen narzißtischer Besetzung macht ihn unfähig, auf ihn zukommende Erregungen zu bewältigen, da seine narzißtische Ökonomie in der vorhergehenden Phase (derjenigen des Partialobjekts und des fragmentarischen Ich) konfliktualisiert war. (Siehe Tausk: *Die Beeinflussungsmaschine der Schizophrenen.*) Der Schizophrene erlebt diese libidinöse Ladung als *ihm fremd* und als Gefahr, die sein Ich nicht mehr integrieren kann; dieses endet schließlich in einem Angstanfall, wie ihn auch der Träumer im Alptraum erleidet. Das kann bis zur sexuellen Verstümmelung gehen, weil er meint, die Erregungsquelle damit zum Schweigen zu bringen, derer er sich um jeden Preis entledigen will (es handelt sich natürlich, wie im Alptraum, um eine ödipale Phantasie, und man ist versucht, den Akt der Selbstverstümmelung als Bestrafung zu deuten; tatsächlich aber stört den Schizophrenen sein Ödipus als solcher nicht, und er versucht, ihn sogar manchmal zu verwirklichen).

Heute wissen wir, im Gegensatz zur Ansicht der klassischen Theorie, daß dem Schizophrenen die analytische Behandlung unter gewissen Umständen helfen kann. Um zu erfassen, was in diesen Fällen geschieht, erinnern wir an die Bemerkung über die Mutter des Schizophrenen, die dem Kind während eines bestimmten Lebensabschnitts in ihrer Funktion fehlte. Der Schizophrene leidet darunter, daß ihn eine pathologische Regression immer wieder in *den* »Ich-Zustand« zurückführt, der diesem Defizit entspricht. Wenn nun der Therapeut diese Situa-

18 Hill, Lewis B.: *Psychotherapeutic Intervention in Schizophrenia,* 1955.

tion in der Gegenübertragung erfaßt und diesen Mangel durch sein Verhalten ausgleicht, kann er seinem Patienten helfen, die Fixierung aufzugeben.

Bevor wir diese Einführung abschließen, werden wir noch einige Betrachtungen über das *mit dem Narzißmus verbundene spezifische Schuldgefühl* anfügen; es handelt sich dabei nur um einen einfachen Orientierungsversuch, dem wir einen Text von Cioran aus *Angst und Schrecken des Ruhms* (*Nouvelle Revue Française*, 1963) voranstellen wollen: »Wenn jeder von uns seinen geheimsten Wunsch gestände, der alle seine Pläne und Handlungen erfüllt, würde er sagen: ›Ich will gelobt werden!‹ Niemand wird sich zu diesen Worten entschließen, denn es ist weniger entehrend, eine Schandtat einzugestehen, als eine derart bedauerliche und erniedrigende Schwäche zu äußern, die einem Gefühl der Einsamkeit und Unsicherheit entspringt, an dem die Zukurzgekommenen und die Erfolgreichen in gleicher Weise leiden. Niemand ist sich dessen sicher, was er ist, noch dessen, was er macht. So sehr wir auch von unseren Verdiensten eingenommen sein mögen, wir werden doch von Unruhe gequält, und lassen uns zu ihrer Beruhigung von jedermann und überall bestätigen und täuschen. Diese Schwäche ist allgemein verbreitet, und wenn Gott davon unberührt erscheint, so liegt das daran, daß er nach Vollendung seiner Schöpfung mangels Zeugen nicht auf Lob hoffen konnte. Tatsächlich erkannte er es sich selbst zu, und zwar am Ende eines jeden Tages.«

Der angeführte Text drückt einen Seelenzustand aus, dessen einzelne Elemente wir noch einmal durchgehen sollten: Es handelt sich um den Ausdruck eines unendlichen Wunsches nach narzißtischer Bestätigung, wobei Anspielungen auf den elenden und beklagenswerten Zustand gemacht werden, der ihn hervorruft. Es ist erniedrigend, auf die Liebe und Aufwertung anderer angewiesen zu sein. Dieses Bedürfnis geht zurück bis auf das erste Schreien des einsamen und verunsicherten, schwachen Säuglings, der wir auch sind (und dennoch schimmert durch diese verzweifelte Klage des Deprimierten die Identifikation mit Gott, denn der Autor stellt fest: Auch Gott braucht Lob, und zwar am Ende jedes der sechs Schöpfungstage).

Das Wichtigste an dieser Klage ist jedoch das Schuldgefühl darüber, daß man solches Lob sucht, d. h. seinem Narzißmus nachgibt. Man wagt nicht, ihn einzugestehen, denn dies ist schuldhaft und vor allem beschämend. Genauer betrachtet handelt es sich um eine Mischung aus Schuldgefühl und Scham, wobei die Scham manifest ist (»unsere schwache Stelle«), während das Schuldgefühl nur indirekt hinter seiner Bestrafung erscheint (Gebrechlichkeit) und im Wiedergutmachungsversuch durchschimmert (die Bestätigung von jedermann und überall her). Die Stimmung dieses Textes lehrt uns gleichzeitig, daß der »reine Narzißmus« nur eine Abstraktion sein kann, ein Idealzustand, eine Annäherung. Denn der Säugling kann nicht ewig in seiner ursprünglichen regressiven Glückseligkeit leben, die ihn allein narzißtisch befriedigt. Er ist dazu verurteilt, früher oder später auf die harte Wirklichkeit zu stoßen, d. h. auf die narzißtische Wunde. Deshalb beinhaltet der Narzißmus immer einen gewissen Anteil »physiologischen Wahns«, eine Verzerrung zwischen Selbstbewertung und Realität: »Händler, wenn du leichten Gewinn machen möchtest«, sagt ein lateinisches Sprichwort, »dann kaufe einen Menschen für das, was er wert ist, und verkaufe ihn so teuer, wie er sich selbst einschätzt.«
Selbstverständlich öffnet diese narzißtische Wunde gleichzeitig den Weg zur Ich- und Triebreifung und erlaubt es dem Subjekt, die Triebbefriedigungen, die das Leben ihm bietet, zu genießen. Aber das *»Triebreich«* steht anfänglich im Gegensatz zum *»narzißtischen Reich«*, und es müssen zunächst eine Reihe von Bedingungen erworben werden, damit das Subjekt auf eine neue (triebhafte) Art ein Äquivalent des pränatalen erhaben-erhebenden Zustandes wieder herstellen kann (siehe den Artikel *Die analytische Situation und der Heilungsprozeß*, ebenso *Das phallische Bild*). In gleicher Weise findet sich der ursprüngliche Antagonismus zwischen Narzißmus und Trieben in vielen pathologischen Fällen wieder (siehe diesbezüglich insbesondere den Artikel *Der Selbstmord des Melancholikers*).
Der Mensch verdrängt dieses Mißverhältnis, ebenso wie den Narzißmus selbst, als Konfliktquelle, hat dabei aber nur teilweise Erfolg. Denn die zur Behebung dieses Mangels verwendeten Methoden, ganz gleich um welche es sich handelt, zeugen schon vom Klaffen der narzißtischen Wunde. Ein Mensch, für

den seine ideale Bewertung kein Problem ist, stellt sich häufig als Debiler oder Psychotiker heraus, und all diejenigen, die narzißtische Befriedigung in Form von Liebe, Verdiensten, Schöpfung, Ruhm usw. suchen, zeigen schon dadurch, daß ihr Narzißmus schuldhaft ist. Aber es gibt Abstufungen, Nuancen und Möglichkeiten der Triebintegration, die dem Subjekt helfen, seinen Narzißmus zu integrieren, sei es indem sie ihm erlauben, sich trotz seiner Unvollkommenheit zu lieben, sei es, indem sie tatsächlich die Spanne zwischen seinem Ich und seinem narzißtischen Ideal verringern. Ohne dies wäre die Analyse nutzlos, denn die Menschen, die wir auf unserer Couch haben, gehören zu denen, die sich einerseits schlecht lieben, aber andererseits besser lieben wollen, und die sich in dieser Hinsicht zu ändern versuchen – aus der Perspektive des Unbewußten heißt das, sie wollen ihr Ich durch ein anderes, narzißtisch befriedigenderes ersetzen.

Wir wissen eigentlich immer noch nicht, warum der Narzißmus »eine schlechte Presse« hat, warum er Schuldgefühle weckt (ich denke jetzt an den narzißtischen Wunsch als solchen, realisiert, realisierbar oder auch nicht). Darauf können wir antworten, wir seien in gewissem Ausmaß von einem christlichen Überich geleitet, das uns die Nächstenliebe befiehlt und dadurch erkennen läßt, die Selbstliebe stehe im Gegensatz zur Nächstenliebe und sei ihr Antagonist[19], so als ob es sich hierbei um ein Gleichgewicht zwischen beiden handele, eine Kräftebeziehung, wie wir sie hinsichtlich der anal-sadistischen Objektbeziehung beschrieben haben (vgl. den Artikel darüber in diesem Band); dies ist übrigens eine verbreitete Auffassung. Man kann vermuten, daß die Menschen den Narzißten beschuldigen, mit der Selbstliebe behalte er einen Teil der Liebe für sich, der doch für

19 Der *Stolz* (eine übertriebene narzißtische Selbsteinschätzung, die vor anderen zur Schau getragen und ihnen entgegengesetzt wird) ist für den Christen eine Todsünde, ja *die* Sünde schlechthin, und man kann feststellen, daß das *Christentum* im Prinzip eine Religion des Gegenteils des Stolzes, nämlich der Demut, ist und demnach auf der *Untersagung des Narzißmus* beruht. Tatsächlich aber umgeht der Narzißmus des Christen diese Hauptschwierigkeiten und macht aus eben dieser Erniedrigung durch die Aufwertung der Tatsache, Christ zu sein, eine Tugend, einen schwingenden Phallus. In Wirklichkeit identifiziert sich der Christ mit Gott (Paulus: »Nicht ich lebe, sondern Gott in mir«), und er wird durch die Introjektion bei der Kommunion selber Gott.

die anderen bestimmt sei; wurde nicht auch Narziß selbst von den Göttern mit dem Tod bestraft, weil er all seine Libido für sich behielt, ohne sich an die zu verlieren, die seine Liebe erwarteten, was – nebenbei gesagt – genau die Definition des Narzißten ist, die Freud gibt (siehe *Das Ich und das Es, Ges. Werke 13, S. 275*: »*Der Narzißmus des Ichs* ist so ein sekundärer, den Objekten *entzogener*«; Hervorhebung des Autors).

In Wirklichkeit bleibt diese Erklärung jedoch recht oberflächlich und entspricht zweifellos einem Rationalisierungsversuch; um die tiefen Motive des narzißtischen Schuldgefühls zu finden, müssen wir noch einmal zum Pränatalleben zurückkehren. Man befindet sich da an einem zum Studium der Grundlagenpsychologie besonders geeigneten »Ort«, einer Kreuzung, von der ein Weg zur narzißtischen Regression führt, während ein zweiter über die narzißtische Projektion zum Ich-Ideal führt und auf die Gottheit verschoben werden kann, und von der schließlich ein dritter zum Inzest und zum Kastrationskomplex führt.

Wenn Cioran eine Annäherung zwischen Gott und dem ruhmsüchtigen Menschen herstellt, so weist er damit auf die psychologische Gleichwertigkeit von Gottesvorstellung und dem Wunsch nach narzißtischer Erfüllung hin. Das kann man verschiedenartig formulieren, etwa so, daß der Mensch sein Ideal vollkommener narzißtischer Integrität auf Gott projiziert, oder auch so, daß er in der Verwirklichung seiner narzißtischen Vollkommenheit selbst Gott wird. Auf jeden Fall ist der Mensch vor seinem narzißtischen Ideal gleichzeitig Fötus und ideales, allmächtiges Wesen, wobei die Eigenschaften beider aus der Perspektive einer Tiefenpsychologie vollkommen identisch sind. Die narzißtische Vervollkommnung besitzt für das Unbewußte den Wert einer Vergöttlichung. Unabhängig vom Grad der wirklichen Vollkommenheit kann die geringste narzißtische Befriedigung diese Bedeutung erlangen. Wenn im Unbewußten die Erreichung der narzißtischen Vollkommenheit mit der Rückkehr an die Mutterbrust verschmilzt – wobei diese Rückkehr notwendigerweise den Koitus mit der Mutter bedeutet –, wird sie gleichzeitig eine Verwirklichung des Inzestes. Es ist in diesem Zusammenhang wohl überflüssig, an die

Verbindungen zwischen dem Inzest und den königlichen Vorrechten aus der Zeit zu erinnern, als die Könige noch Götter waren, oder an die Entwicklung, die Rank in seiner Studie über den Heldenmythos den *Inkastos* und die göttliche Person gegeben hat.

Diese Vergleiche sind bezeichnend und werfen ein wenig Licht auf das Inzestverbot und ebenso auf *die Verbindung zwischen Inzest und dem schuldhaften Narzißmus.* Aber warum?

Unserer Meinung nach ist die Ursache für dieses Schuldgefühl nicht in der Tatsache zu suchen, daß sich jede narzißtische Erfüllung in gewissem Maße sowohl mit dem christlichen Gebot als auch mit der Verwirklichung des Ödipus vermischt (denn wer mit der Mutter schläft, tötet seinen Vater), sondern im Gegenteil in dem Umstand, daß diese Verwirklichung einfach deshalb unmöglich ist, weil der narzißtische Wunsch auf einen sehr frühen, fast absoluten narzißtischen Zustand zurückgeht. Dieser entspricht zwar einem »Wunsch an sich« (James Jones: »Auf diesem Planeten leben ohne Wunsch und ohne Körper«), ist aber schon traumatisiert, weil frustriert und damit schuldhaft. Der infantile Wunsch entsteht in einem Alter, in dem die prägenitale Komponente (und besonders die anal-sadistische) gar nicht genügend integriert sein kann, um ihm auf einer gefestigten Triebunterlage Nachdruck zu verleihen. Wenn es nicht so wäre (Diderot: »Wenn das Kind mit drei Jahren die Kraft des Erwachsenen hätte, würde es seinen Vater töten und mit seiner Mutter schlafen«), gäbe es weder den Ödipus noch den Narzißmus als zentrale Konflikte, und nicht einmal die Entwicklung zum Menschen, wenigstens nicht in dem Sinne, wie wir es in unserer gegenwärtigen Gesellschaft kennen. Seine Menschlichkeit und ebenso seine Göttlichkeit verdankt der Mensch somit seiner anfänglichen Kleinheit und seinem Elend. Mit diesem Grunderlebnis im Gepäck ist es nur allzu verständlich, daß der Mensch nur leben kann, wenn er seine inneren Fehler in von außen kommende Kastration umformt und seine angeborene Schwäche in äußere Verbote und die Bestrafung seiner Maßlosigkeit verwandelt.

Paris, Januar 1971

1. Analytische Situation und Heilungsprozeß (Die Dynamik)[1]

1.1 Einleitung

>»Der Mensch weiß nicht, auf welchen Platz
er sich stellen soll. Er ist sichtlich verwirrt
und von seinem wahren Ort vertrieben, ohne
ihn wiederfinden zu können. Unruhig und
ohne Erfolg sucht er ihn überall in der un-
durchdringbaren Finsternis.«   Pascal

Das Thema unserer Arbeit erlaubt uns, das Problem der analytischen Situation in seiner Gesamtheit von vornherein auszuklammern, da diese Frage von unserem geschätzten Kollegen Dr. Saussure behandelt wird. Was nun unser Thema betrifft, sieht es so aus, als müßten wir uns zunächst einmal dafür
rechtfertigen, es gewählt zu haben. Allgemein trennt man nämlich das Studium der Dynamik der analytischen Situation nicht
von der analytischen Praxis in ihrer Gesamtheit, und man
untersucht getrennt von der Dynamik die Faktoren, derer sich
der Analytiker während seiner Arbeit bedient, beispielsweise
Übertragung, Deutung, verschiedene Komplexe usw. Die
Frage einer spezifischen analytischen Dynamik wird nicht ins
Auge gefaßt, und es versteht sich von selbst, daß der Analytiker durch »Übertragungsanalyse« der verschiedenen Konflikte
des Analysanden diesen *ipso facto* von seiner Neurose befreit,
und der Kranke nach dem Abreagieren seiner Konflikte »sich
gleichzeitig ihres irrationalen und anachronistischen Charakters bewußt wird«.

Man kann diese Auffassung als Theorie des analytischen »Inhalts«[2] bezeichnen, des verdrängten historischen Inhalts, der

---

1 Vortrag, gehalten auf dem Congrès des Psychanalystes de Langues Romanes, Paris, 10. November 1956. Erschienen in: *R. F. P.*, Mai/Juni 1957).
2 Einige haben nicht gezögert, diese Theorie gänzlich zu opfern. L. S. Pen-
rose denkt, daß »es vielleicht bedauerlich ist, daß die psychoanalytische
Lehre ›Psychoanalyse‹ genannt wurde und nicht ›Übertragungsanalyse‹.«
(*Psychoanalysis and Experimental Science*, in: *The International Journal of
Psychoanalysis*, Supplement 1953).

nach Verringerung der Widerstände in der Übertragung wiedererlebt, analysiert und gedeutet werden kann. Schwierigkeiten bereitet jedoch die Tatsache, daß manche Analysen beginnen, vorankommen, zu einem guten Ende geführt werden, ohne daß der Analytiker einen nennenswerten Inhalt analysiert hätte. Einige Kranke sprechen zwar, aber ohne daß man das oberflächliche Material, das sie liefern, gebrauchen könnte, andere sprechen überhaupt nicht. Trotzdem werden beide Patientengruppen gesund. Etliche Autoren haben sich bereits fälschlicherweise gegen die klassische Theorie gewandt (übrigens formell nicht deutlich ausgedrückt), weil sie den deutlichen Eindruck hatten, daß neben dem, was analysiert wird und analysierbar ist, noch ein anderer, unbekannter, aber nicht weniger wirksamer Faktor in der analytischen Situation relevant ist, der es wert wäre, präzisiert zu werden. Oberndorf[3] nennt in diesem Zusammenhang »subtile, nicht beobachtbare und undefinierbare Phänomene, die zwischen Analytiker und Analysand auftreten«.

P. Luquet[4] spricht von einem »unterirdischen Geschehen« und von »sehr grundlegenden Mechanismen, die im Laufe der analytischen Behandlung als Hintergrund der Erfahrung auftreten, wie sie allgemein definiert, verbalisiert und bewußt gemacht wird«.

Silverberg[5] schätzt, daß »von der verbalisierten und der nicht verbalisierten Kategorie letztere die größere therapeutische Wichtigkeit besitzt«, und Zilboorg[6] stellt in der Analyse die Wirkung von »Elementen, die noch niemals bewußt gewesen sind«, fest.

Andere stört die historische Auffassung der Übertragung, und sie betonen ihre Unzulänglichkeit.

Lagache[7] ist beispielsweise davon überzeugt, daß »die psycho-

3 Oberndorf: *Insatisfactory Results of Psychoanalytic Theory*, in: *Psychoan. Quarterly*, 1950.
4 Luquet, P.: *A propos des facteurs de guérison non verbalisables de la cure analytique*, in: *R. F. P.*, 1957.
5 Silverberg: *The Concept of Transference*, in: *Psychoan. Quarterly*, 1948.
6 Zilboorg: *The Emotional Problem and the Therapeutic Role of the Insight*, in: *Psychoan. Quarterly*, 1952.
7 Lagache: *La doctrine freudienne et la théorie du transfert*, Congrès internat. de Psychothérapie, Zürich 1954.

analytische Beziehung einmalige Qualität und einen Wert besitzt, die auf frühere Erfahrungen nicht zurückzuführen sind«.

Der analytische Prozeß leistet mehr, als nur konflikthaftes Material in Bewegung zu bringen, und erlangt damit eine gewisse *Autonomie*.

Glover[8] sagt, daß »der analytische Prozeß in der Auslösung einer dynamischen Situation besteht, die sich nach einer im allgemeinen gleichbleibenden Linie entwickelt, aber dennoch individuelle Form annimmt«.

Es geht also um einen tiefgründigen, spezifischen, von konflikthaftem Material und von der analytischen Nosologie unabhängigen Prozeß, der in gewissem Maße auch unabhängig vom dramatischen Ablauf der Behandlung ist, mit der er nicht zur Deckung gebracht werden kann. Manche Analysen bringen nur geringfügige Besserungen, obwohl sie sehr reichhaltig an Material, Aufhebung der Verdrängungen und intensiven Übertragungserlebnissen waren, während andere, trotz geringer Dynamik und scheinbarem Scheitern, den Analytiker durch eine sehr befriedigende und dabei völlig unerwartete Entwicklung, überraschen. Zu Beginn seiner Laufbahn macht jeder Analytiker Analysen, indem er dem Kranken eher folgt als ihm vorausgeht, und dabei tappt er ziemlich im Dunkeln. Diese Analysen sind aber trotzdem wirksam, manchmal sogar hervorragend. Sie laufen zwar etwas holprig, aber sie laufen auf alle Fälle, so als ob sie Kraftlinien folgten und, falls nötig, gewissen Klippen ausweichen könnten. Dies gilt übrigens allgemein für die Psychoanalyse. Glover[9] erinnert uns daran, daß die ersten Analytiker manche Phantasien nicht kannten, die seither entdeckt wurden. Dieses Unwissen verhinderte jedoch keineswegs großartige Heilerfolge.

Die Theorie der Übertragung ist in diese Meinungsverschiedenheiten mit einbezogen, und von dem Augenblick an, wo die analytische Situation nicht zur Übertragung gehörige Elemente enthält (die sich nicht in der Übertragung *ausdrücken können*), wird die Umarbeitung der bestehenden Vorstellungen über die Rolle der Übertragung nötig.

8 Glover: *The Technics of Psychoanalysis.*
9 Loc. cit.

Einige Autoren wollten der »*analytischen Atmosphäre*« *als dynamischem Faktor der Analyse* Rechnung tragen. Bibring[10] hat z. B. auf die Unterscheidung zwischen der eigentlichen Übertragung und der »analytischen Atmosphäre« gedrungen, wobei er letzterer die eigentlichen analytischen Veränderungen zuschreibt.

Silverberg[11] führt die Auffassung einer Übertragungspluralität ein und widersetzt sich so der Vorstellung der Übertragung als allgemeinem und ausschließlichem Rahmen des analytischen Prozesses. Phyllis Greenacre verwendet in gleichem Sinne den Begriff der *Basisübertragung* (»basic transference«), die ihrer Meinung nach auf der Mutter-Kind-Beziehung gründet. Dieser präödipalen mütterlichen Übertragung möchte sie die wichtigere und ausschließliche Bedeutung der Übertragung reservieren, womit diese ihre fast absolute Vormachtstellung in der analytischen Situation behält.

Der entscheidende Schritt im Sinne einer klaren Trennung zwischen dem, was in der analytischen Situation zur Übertragung gehört und was nicht, wurde unserer Meinung nach von Baudouin[12] gemacht. Der Autor erinnert an die Fälle, bei denen »streng genommen gar keine richtige Wiederholung, und demnach auch keine echte Übertragung, vorliegt, da das entsprechende Erlebnis niemals wirklich erlebt wurde«. An anderer Stelle[13] unterscheidet er zwischen der *analytischen Übertragung* und dem *analytischen Verhältnis*[14], »wobei erstere im strikten Sinne eine Wiederholung des Erlebten ist, letzteres eine ursprüngliche Beziehung; das eine ist gewissermaßen zum anderen umgekehrt proportional«.

Das »analytische Verhältnis« von Baudouin führt uns zu einem Konzept der analytischen Situation, das wir für unabhängig von der Übertragung halten. Die Fälle »ohne Inhalt« (und

10 Bibring: *The Conception of the Repetition Conpulsion*, in: *Psychoan. Quarterly*, 1943.
11 Loc. cit.
12 Baudouin: *Transfert et projection en situation analytique*, Congrès International de Psychothérapie, Zürich 1954.
13 Baudouin: *La réactivation du passée*, in: *R. F. P.*, 1950.
14 Die »analytische Übertragung« analysieren, d. h. den Widerstand, und das »analytische Verhältnis« wirken lassen, ist sicher eine gute Formel, bei der man den zweiten Faktor jedoch genau erforschen müßte und ihn gut vom ersten trennen sollte.

auch die anderen), die wir oben angesprochen haben, entwik-
keln sich vor allen Dingen im Zusammenhang mit der *analyti-*
schen Situation, deren technische Grundlagen durch einen
gediegenen Empirismus erarbeitet wurden, der auf fünfzigjäh-
riger Erfahrung fußt. Dieser Faktor löst den analytischen
Prozeß aus, der wiederum seinerseits durch die ihm eigene
Dynamik die unbewußten Phantasieprozesse und Übertra-
gungsmechanismen in Schwung bringt. Wir werden versuchen,
die energetische Grundlage dieser Dynamik zu untersuchen;
dabei handelt es sich um einen doppelten Prozeß, dessen Kraftlinien parallel verlaufen. Unsere Untersuchung wird sich auf
den *Narzißmus* als wichtigen energetischen Faktor des analytischen Prozesses konzentrieren; wir werden gleichzeitig versuchen, die Zusammenarbeit zwischen Narzißmus und Objektbeziehung, ebenso ihre spezifischen Rollen, herauszuarbeiten.
Im Verlauf unserer Untersuchung werden wir einige analytische Konzepte nur kurz streifen, auch wenn sie in direkter
Verbindung mit unserem Thema stehen, und darüber hinaus
manche offene Tür einrennen. Unser Blickwinkel reicht über
den eigentlichen psychopathologischen Rahmen hinaus, insofern wir ständig die genetischen und klinischen Faktoren im
weitesten Sinne im Auge behalten[15].

1.2 Narzißtische Gesichtspunkte der analytischen Situation

>»Im Grase sitzend, die Arme um die Knie ge-
schlungen, betrachtete Pierre den Fluß, die
Angelschnur und den Kork. Ihm geschah etwas Neues: Er hatte das Vergnügen entdeckt,
zu sich selber zu sprechen. Die Erinnerung an
die Kindheit war ihm ganz natürlich über die

15 Freud kam über das Studium der Dementia praecox zum Narzißmus und
hatte dabei besonders die narzißtisch-regressive Form im Auge. Daher betrachtete er den Narzißmus (*Zur Einführung des Narzißmus*) als ein Hindernis der Analyse, was er in einigen noch zu bestimmenden Fällen auch
wirklich ist. Bei dem Narzißmus, den wir im Auge haben, denken wir an
eine spätere Definition Freuds (*Vorlesungen zur Einführung in die Psychoanalyse, Ges. Werke* 11, S. 432): »der volle Narzißmus, bei dem Libido und
Ichinteresse noch vereint und ununterscheidbar in dem sich selbst genügenden
Ich wohnen«.

Lippen gekommen, ohne jeglichen Zweifel,
denn es waren keine glücklichen Erinnerungen.
Ein solches Sich-gehen-Lassen verlief nicht ganz
ohne Ironie: So zu sprechen war angenehm,
sicherlich, aber vor allem war es lustig, nicht
verstanden zu werden, zu diesem Mann zu
sprechen, als hätte man zum Fluß oder zum
Echo gesprochen, denn es zählte allein der Laut
seiner eigenen Stimme. Die Worte, die sie formulierte, wollten nicht verstanden werden.
›Wenn ich eines Tages‹, dachte Pierre, ›einen
Freund entdecken soll, so muß es sich auf diese
Art und Weise abspielen. In einer zufälligen
Begegnung, in der ein Mann mir sein Ohr ge-
fällig leiht. Alles würde ich ihm sagen, auch
was ich sonst keinem, der mich kennt, zu sagen wagte. Wenn ich geendet hätte, ging ich
weg mit dem Wissen, ihn niemals wiederzu-
sehen. Jede neue Begegnung wäre dann nur
noch enttäuschend, denn mit einem Schlage
war alles vollkommen gewesen.‹«
Jean Bloch-Michel, *Le trottoir de droite*

Die meisten Kranken finden sich auf Anhieb – diese Erfahrung haben wir alle gemacht – in die analytische Situation ein
und reden stundenlang viel und leicht, und dies, je nach Fall,
während einer mehr oder minder langen Zeit der Analyse. Sie
sprechen mit Leichtigkeit und schöpfen aus solchem Wort-
schwall ein authentisches und sichtbares Vergnügen. Ich habe
bemerkt, daß diese Patienten – von den anderen werden wir
später sprechen – im Leben Briefwechsel mit Partnern unterhalten, deren Rolle sich auf eine Briefkastenfunktion beschränkt. Ich hatte einen Patienten in Analyse, der mich wegen
einer Angstneurose und hypochondrischen Symptomen auf-
suchte; er sprach die ganze Stunde lang, ohne daß ich ihn
unterbrechen konnte. Dieser Kranke, der keinem intellektuellen Beruf nachging, unterhielt in verliebter Weise einen Briefwechsel, dessen Inhalt – auch subjektiv – sicher keinesfalls
die Sorgfalt rechtfertigte, die er ihm widmete. Andere wiederum führen ein Tagebuch, das für sie eindeutig ein *Äquivalent*
zur Analyse darstellt. Ich hatte eine Schriftstellerin in Behand-

lung, die ohne Umschweife, als handele es sich um das Klarste auf der Welt, erklärte: »Schreiben oder in die Analyse kommen, das ist dasselbe.«

Das Vergnügen, das solche Menschen aus der Analyse schöpfen, ist zweifelsohne narzißtisch; es entspringt – in der spezifischen Konfrontation mit seinem »Alter-Ego«, dem Analytiker – der narzißtischen Betrachtung seiner selbst, der sich das Subjekt überläßt[16]. Die Rolle des Analytikers ist dabei – nach Freuds klassischem, immer noch gültigem Vergleich – die eines Spiegels. Dieser Spiegel muß, um seinen Dienst erfüllen zu können, eine reine Funktion ohne materielle Basis sein und unsichtbar bleiben[17] (der Analytiker hinter dem Analysanden muß unsichtbar bleiben, denn sonst würde dieser durch die Gegenwart eines Objektes aus seiner narzißtischen Position vertrieben). In der analytischen Situation ist der Patient allein, allerdings nicht völlig allein; virtuell schließt die Position eine andere, nämlich die Objektbeziehung, ein. Letztere wird sich erst allmählich ausprägen, wobei verschiedene Reifungsphasen durchlaufen werden müssen. Sie wird sich langsam und unter Schwierigkeiten bilden, denen zu begegnen der Analysand lernen muß. Die analytische Situation ist eine Zwischenposition. Hierin besteht ihre einzigartige Besonderheit (verglichen mit anderen Psychotherapien und abweichenden »Psychoanalysen«)[18].

Eine andere Beobachtung, die wir machen können, bezieht sich auf das spezifische Verhalten des Kranken am Ende der Stunden, besonders während der Anfangsphase der Analyse. In dem Augenblick, da sich der Patient von der Couch erhebt, blickt er unsicher umher, erscheint desorientiert und zögert, als

16 Die narzißtischen »Äquivalente«, von denen wir sprachen, etwa ein Tagebuch oder ein egoistischer Briefwechsel (um den Ausdruck des großen Narzißten Stendhal zu benutzen), findet man vor allem in der Adoleszenz, dem eigentlichen narzißtischen Alter (Rank).

17 Einer meiner Analysanden kannte nach zwei Jahren die Form meines Sessels nicht, kurz gesagt, er hatte mich noch nie gesehen. Trotz meiner Gegenwart hatte die analytische Situation für ihn ihren narzißtischen Charakter niemals verloren.

18 Es handelt sich um die Position des Narziß, der sich im Wasser betrachtet, im Hintergrund (wie der Analytiker) die Nymphe Echo (noch ein Spiegel); so stellen es die pompejanischen Maler dar, deren Werke im Museum von Neapel aufbewahrt werden.

ob ihm schwindelig sei. Manche schwanken und streichen sich mit der Hand über die Stirn, als müßten sie ihre Gedanken wieder sammeln. Diese Desorientierung ist nicht nur räumlich, denn die Analysanden verlieren auch das Zeitgefühl und sagen dann häufig beim Aufstehen: »Seltsam, die Zeit ist schon vorbei? Ich könnte schwören, es hat nur einige Minuten gedauert!« Das alles ist völlig unabhängig vom Inhalt der Stunde, der sie erst später stark ermüdet. »Das berührt mich schrecklich«, sagte eine Patientin, »ich könnte in Ohnmacht fallen, und doch habe ich Ihnen nur Dinge erzählt, die ich schon anderen erzählt habe, ohne daß mir das im mindesten etwas ausgemacht hätte.« Nach dieser kleinen Krise ging es ihr übrigens recht gut, sie fühlte sich euphorisch und unternahm einen Stadtbummel, um sich hübsche Sachen zu kaufen. Eine andere Analysandin (ebenfalls eine Frau; bei Männern ist dieser Augenblick weniger deutlich markiert und manchmal kaum erkennbar) sagte mir: »Nach der Stunde bin ich tot, fertig, erschöpft«, und dieser Eindruck entsprach auch einem wirklichen Übelsein, so daß sie dann in ein Café gehen mußte, um sich zu erfrischen; der Ober, der sie bediente, fragte: »Fühlen Sie sich nicht wohl, Mademoiselle?«

Diese Empfindungen *nach* der Stunde, die häufig euphorisch verlaufen ist[19], beschreiben die Kranken unterschiedlich: »Ich hatte einen seltsamen Eindruck, so als ob meine Knochen zitterten« – »Es war, als ob ich getrunken hätte« – »Ich war wie verändert, die Luft drang viel besser in meine Lungen ein«.

Ein Kranker, den ich nur einmal sah – es handelte sich um einen Hypochonder mit paranoid-wahnhaften Grundzügen –, produzierte dieses *Stundenende-Syndrom* mit ganz besonderer Heftigkeit[20]. Als er von der Couch aufstand (ich hatte ihn sich nach einer Viertelstunde aufsetzen lassen), begann er hin und her zu taumeln und drohte auf der Stelle zusammenzusacken,

---

19 Lagache (*La doctrine freudienne et la théorie du transfert*, Congrès international de Psychothérapie, Zürich 1954) spricht von der »Erhabenheit, die mit einem neuen Gefühl innerer Freiheit und dem Vermögen zur Selbstverwirklichung einhergeht«; damit könnte man Anklänge an den Narzißmus sehen, der Autor schreibt diese Empfindungen jedoch der Übertragung zu.
20 Nach einem kurzen Vorgespräch ließ ich den Kranken sich hinlegen, da er mit der Diagnose einer harmlosen Neurose überwiesen worden war.

so daß ich ihn stützen und buchstäblich ins Vorzimmer schleppen mußte. Erst nach zehn Minuten in stuporösem Zustand konnte er den Raum verlassen und sich in ein Taxi zwängen. Während dieser zehn Minuten drückte sein Blick keinerlei Leiden aus, sondern zeigte im Gegenteil jene leicht libidinöse Stumpfsinnigkeit, die man an den starren Mienen mancher psychiatrischer Patienten beobachten kann.

Wir sehen also, daß das in Frage stehende Phänomen bei den Übertragungsneurosen und den *narzißtischen* Neurosen, wie Freud sie nannte, das gleiche ist, wobei dieser Begriff von den Psychiatern mehr oder weniger aufgegeben wurde. In solchen Fällen spricht man heute einfach von »Psychotikern«. Wie Freud bereits bemerkte, ist der Unterschied zwischen den »gesunden Individuen und den Neurotikern« rein quantitativ (*Über neurotische Erkrankungstypen, Ges. Werke 8, S. 329; Hemmung, Angst, Symptom, Ges. Werke 14, S. 180*). Grundsätzlich handelt es sich in beiden Fällen um eine *narzißtische Regression*[21].

Die Regression während der analytischen Behandlung geht zurück auf die klassische Auffassung, daß der Kranke sich während der Analyse seiner Vergangenheit zuwendet, um seine ödipalen und präödipalen Konflikte wieder zu erleben. Diese Vorstellung verbindet also die Regression mit der (ödipalen und präödipalen) Objektbeziehung, während wir gerade festgestellt haben, daß der Patient eine narzißtische Position einnimmt, zumindest in *der* Phase und *der* analytischen Situation, die wir betrachtet haben. Die Regression ist nach der klassischen Theorie eine Objekt- und Konfliktregression; die Verfechter dieser These vernachlässigen also den Faktor »Euphorie«, die *erhebende Erhabenheit*[*,22], obwohl diese doch in

---

21 Aus praktischen Gründen und um keine Verwirrung zu schaffen, werden wir jedoch von narzißtischer Position und Beziehung oder von narzißtischem Zustand bzw. Verhältnis sprechen, wenn es sich dabei um Phänomene der Analyse handelt, und den Begriff »narzißtische Regression« den schweren Fällen, den Psychotikern, vorbehalten.

* Anmerkung des Übersetzers: Ich habe das französische Wort »elation« im Original, für das man auch ›Herausgetragen-Sein‹, ›Hochgefühl‹, ›Hochstimmung‹ sagen könnte, absichtlich mit »erhebender Erhabenheit« übersetzt, um damit den schwingenden, objektlosen, narzißtischen Charakter zum Ausdruck zu bringen. Die Objektlosigkeit kommt sehr gut in Grunbergers Begriff »elation« zum Ausdruck, weil das ›r‹, der Konsonant — das Objekt —

ihrer ganzen Erscheinungsweise deutlich erkennbar ist. Das alles ist typisch narzißtisch[23], und damit eben nicht-objekthaft und konfliktlos.

Dieser »narzißtische Zustand« und seine verschiedenartigen Erscheinungen[24] manifestieren sich zu Beginn der Analyse, lange vor und im Gegensatz zur Übertragung, die besonders in dieser Phase der Analyse eher ein Hindernis darstellen würde[25]; er offenbart sich als das *primum movens* des analy-

fehlt, das erst die »r-elation«, die Objektbeziehung möglich macht. Der vokalartige Beginn von »elation« und »erhebende Erhabenheit« deutet auf ihren oralen Charakter hin, wohingegen die Konsonanten ›r‹ in »relation« und ›b‹ in »Beziehung« etwas Trennendes, Abschließendes enthalten, also analer Natur sind (vgl. Grunbergers Antagonismus Narzißmus — Analität).
22 Allgemein wird dieser Aspekt auch der Übertragung zugeordnet, deren Begriff damit — nach unserer Meinung — eigentlich überdehnt wird (denn tatsächlich verlangt die Übertragung die Existenz eines Objektkonflikts, der von einem Objekt auf ein anderes »übertragen« wird). Die Übertragung wird dadurch zu einem »Mädchen für alles« der analytischen Theorie, zu einem Begriff, in den alles hineinpaßt, was sich zwischen Analytiker und Analysand abspielt, d. h. »alles, was sich in der Analyse ereignet«.
23 Ida Macalpine (*The Developement of the Transference*, in: *Psychoan. Quarterly*, 1950) ist darüber verwundert, daß die Übertragung in der analytischen Situation derartige Heftigkeit annehmen kann und sie damit als ein allgemeines Phänomen betrachtet werden muß. Für die Autorin »ist die Übertragungsregression durch den Analytiker und die analytische Situation bedingt, in der sie sich nach und nach entwickelt«. Die echte Übertragung entwickelt sich tatsächlich nach und nach, während *die fraglichen narzißtischen Phänomene sich sofort in der ersten Stunde einstellen: Das ist das Charakteristische an ihnen.* Es handelt sich hierbei um eine spezifische narzißtische Regression, die der analytischen Situation als solcher eigen ist, und nicht der Übertragung, die sich erst viel später einstellt.
Das narzißtische Vergnügen, das der Kranke *während* der Stunde empfindet, hat, verbunden mit dem »Stundenende-Syndrom«, seine Parallele in der sexuellen Lust und der darauf folgenden Mattigkeit und Regression. Innerhalb einer gewissen Schicht des Unbewußten haben beide sicherlich die gleiche Bedeutung, natürlich angesichts ihrer reichhaltigen Überdeterminierung auch noch andere. In der analytischen Situation — wie wir sie in diesem Abschnitt betrachtet haben — ist dieses Vergnügen typisch narzißtisch und gehört deshalb per definitionem nicht zur Übertragung.
24 Es kommt manchmal vor, daß sich der Patient während der Stunde einer unbewußten Masturbationsphantasie überläßt, sei es nun einer mehr oder weniger unbewußten masturbatorischen Handlung direkter oder indirekter Form oder einem Äquivalent, und daß er diese beispielsweise auf den Analytiker projiziert: »Sie masturbieren gerade«. Wenn der Analysand diese Projektion *auszudrücken* wagt, so befindet er sich schon in einem fortgeschrittenen Zustand der Analyse, und die Projektion dient ihm gleichzeitig zur Annullierung der aggressiven Seite des Masturbationsaktes, die in diesem Augenblick dem Bewußtsein sehr nahe ist.
25 Beispielsweise die Neigung, seine Konflikte statt zu erinnern zu agieren, als Quelle des »Übertragungswiderstandes«.

tischen Prozesses. Die die analytische Situation begleitende erhebende Erhabenheit ermöglicht ein langsames, zunächst oberflächliches und sporadisches[26], später jedoch deutliches Eindringen ödipaler Elemente[27] ins Bewußtsein. Die narzißtische Erhebung wirkt auf den Kranken ähnlich enthemmend wie Alkohol und hebt die Zensur auf[28] [29]. Die ödipalen Anteile scheinen sich übrigens mit dem narzißtischen Hintergrund zu vermischen und nehmen dann dessen Eigenheiten an, d. h. ihnen fehlt die Beständigkeit.

In dieser Phase sind die Objekte phantomähnlich, und die Analyse des Ödipus stellt – von seltenen Fällen abgesehen – zu Beginn der Kur generell bloß eine Vorarbeit dar. Der Ödipus wird erst dann wirkungsvoll analysierbar, wenn die Analyse vorher mit präödipalem Material angereichert worden ist. Alexander (*Die Psychoanalyse der Gesamtpersönlichkeit*) erwähnt Fälle, bei denen eine oberflächliche und ausschließlich

26 Der Widerstand wirkt dabei immer als Bremse der Bewegung.
27 Das beweist nebenbei, daß die Regression nichts mit der Übertragung gemein hat. Die Übertragung zu Beginn der Analyse (Bouvet zitiert in *La cure-type* W. Reich, »der den positiven Übertragungsäußerungen am Beginn der Analyse jegliche Echtheit abspricht«), diese »analytischen Flitterwochen« werden allgemein als *prägenitale mütterliche Übertragung* gedeutet (siehe z. B. Phyllis Greenacre: *Trauma, Growth and Personality*), obwohl der reale »Inhalt« dieser »Übertragung« eindeutig *ödipaler Natur* ist. Unseres Wissens wurde danach sogar die Regel aufgestellt: »Man beginnt mit der oberflächlichen ödipalen Analyse usw.«. Die Kranken sind sich der Wichtigkeit narzißtischer Anteile hinsichtlich des Ödipus bewußt, und eine sehr intelligente hysterisch erkrankte Frau sagte mir: »Es scheint mir, daß ich Sie immer mehr liebe. Und dennoch weiß ich nichts von Ihnen, ich liebe Sie schließlich nur in Bezug auf mich (Sie sind nett, verständnisvoll usw.), *also liebe ich mich durch Sie.*« Dazu könnte man noch anmerken, daß allgemein in der Liebe viel Narzißmus zu finden ist; dies kann als sicher gelten und dem stimmen viele Autoren zu, z. B. Jekels und Bergler in *Transference and love* (in· *Psychoan. Quarterly*, 1949).
28 Andererseits behält diese Erhebung ihre Eigentümlichkeit und volle Gültigkeit, während sie von einem Reifungsprozeß abhängt, der mehr oder weniger parallel zur Entwicklung der Objektbeziehung verläuft. Daher hat es überhaupt keinen Sinn, den Prozeß beschleunigen zu wollen; das würde nur Schaden anrichten (Narkoanalyse oder Hypnose). Die Hypnose ist eine außerhalb der genitalen Reifung und Ich-Bildung künstlich hervorgerufene narzißtische Fusion. Ebenfalls *außerhalb* der gleichen normalen Entwicklung steht die Narkoanalyse als künstliche Regression.
29 Selbstverständlich muß man streng darauf achten, daß diese narzißtische Regression (je nach dem, wie sie aussieht) keine pathologische Form annimmt, dies schon aus Gründen der weiteren analytischen Entwicklung (narzißtische Fixierung).

ödipale Analyse zu sehr befriedigenden Ergebnissen geführt habe; dem Autor zufolge handelte es sich dabei um »aktuelle Traumen«, bei denen eine einfache Klarlegung genügte. Außerdem ist noch zu diskutieren, ob man nicht bei der scheinbar bloß den Ödipus betreffenden Analyse auch indirekt prägenitale Konflikte bearbeitet.

Freud sagte, die Analyse müsse sich im Zeichen der Versagung vollziehen und der Patient dürfe keine Befriedigung aus der analytischen Situation ziehen. Gewiß, aus dem ödipalen Blickwinkel gilt, daß dem Patienten während der gesamten Analyse die Versagung auferlegt wird, aus narzißtischer Sicht ist das jedoch ganz anders[30]. Die narzißtische Freude, die der Patient aus der analytischen Situation zieht, stellt eine wichtige Bedingung für ihre zuverlässige Entstehung und den Erfolg der Behandlung dar, wobei die Schicksale beider forthin miteinander verknüpft sind. Dieses Vergnügen darf dem Analysanden nicht verwehrt werden, es sei denn, es wird nach einer gewissen Zeit deutlich, daß die Regression immer auf dem gleichen Niveau bleibt, der Kranke sich in ihr einrichtet und sie nach dem Motto »Kunst um der Kunst willen« kultiviert; aber auch da muß man vorsichtig sein, denn es gibt Situationen, in denen der Kranke Gründe zu ihrer Aufrechterhaltung hat, die er erst später enthüllen kann[31]. Was nun das Eindringen ödipaler Elemente in das Bewußtsein betrifft, so kann dies recht frühzeitig, ja sogar simultan zur narzißtischen Regression geschehen. An ihre Eigenheit haben wir bereits erinnert. Häufig haben wir Gelegenheit, gewisse ödipale Träume unserer Patienten, die ihre ganze Konfliktkonstellation enthalten, schon in der ersten Behandlungsstunde zu erhalten; sie bedürfen zumeist einer mehrjährigen Analyse. Betrachtet man diese Träume genau, so findet man oft ein kleines Detail, das von der Anwesenheit einer starken narzißtischen Komponente zeugt.

30 Eine ähnliche Feststellung, jedoch unter dem Gesichtspunkt des Objekts und der Übertragung, macht P. Luquet (*A propos des facteurs de guérison non verbalisables de la cure analytique*). Er spricht von einer »menschlichen Beziehung, die bezüglich relativ reifer Objektbeziehungen frustrierend, aber auf einem extrem primitiven Niveau befriedigend ist«.
31 »Das Funktionieren des Ich ist ohne Narzißmus unvorstellbar« (Nunberg), und der analytische Prozeß, dessen eines Ziel in der Heilung des Ich besteht, braucht ihn besonders stark.

So erzählt uns beispielsweise eine stark hysterische Patientin mit zwanghaften Abwehrmechanismen in der ersten Stunde folgenden Traum: »Ich bin in meinem Bett. Mein Vater und die Reinmachefrau (die Mutter) sitzen in einer Ecke der Decke und reinigen sie mit einer großen schwarzen Bürste; ich warte ungeduldig, daß mein Vater mir die Bürste zuwirft.« Sie fügt das berühmte Wort des Sonnenkönigs bei, was sie sofort bemerkt: »*Endlich! Beinahe hätte ich warten müssen*« (narzißtische Allmacht).

Eine historisch ödipale Übertragung kann sich als narzißtische Beziehung herausstellen: »Ich liebe Sie, weil Sie so blaue Augen haben wie mein Vater; eigentlich bin ich es, die blaue Augen hat, mein Vater hat ja schwarze.« Die »Übertragung«, die man mit der Liebe verglichen hatte, ist viel blinder als diese und gewissermaßen *wahnhaft*; schon Freud staunte über groteske Situationen zwischen Analysand und Analytiker, die sich daraus ergeben können. Das Fehlen des »Realitätssinns« zeigt, daß wir es mit einer tiefen Regression unter der Regie des Primärprozesses und des Lustprinzips zu tun haben und daß dabei nichts *übertragen* wird, d. h. es gibt keinen Objektkonflikt.

Es ist kein Zufall, daß die analytische Technik, die unter allen Psychotherapien und Heilbehandlungen am zurückhaltendsten und passivsten ist, zugleich auch diejenige ist, die am stärksten die narzißtische Besetzung der Patienten begünstigt. Sie finden in der Haltung des Analytikers, der nie störend eingreift, die idealen Bedingungen zur Entfaltung ihres Narzißmus. Man macht eine *Übertragung*[32] auf seinen Zahnarzt oder seinen Kardiologen, denn dort handelt es sich um eine echte Beziehung, eine Objektbeziehung. Im Laufe der Analyse wird zunächst die analytische Situation besetzt. Diese Besetzung widersteht allem Wechsel der Objektübertragung, die später zwischen Analysand und Analytiker auftritt[33]. Sie wird zudem

32 Freud hat gezeigt, daß die Übertragung ein allgemeines Phänomen ist und daß man im Leben überall und immer überträgt (Wiederholungszwang).
33 Im Fall der »negativen Übertragung« nimmt der Analysand eine feindliche, abwertende Haltung gegenüber dem Analytiker ein, aber nur gegenüber dem Analytiker als Objekt; die *analytische Situation selbst bleibt davon unberührt und positiv besetzt.* So sucht sich der Kranke einen anderen Analytiker, wenn er beispielsweise die Analyse aufgrund unerträglicher

sehr intensiv sein, und die Wichtigkeit, die *seine Analyse* im Leben des Kranken einnimmt, enthüllt die primitiv-archaische Quelle seiner Besetzung. Nur die Analyse kann – unter allen sonstigen medizinischen Methoden – die Bedeutung einer *Einweihung*, einer *Verwandlung*, einer *Erlösung* oder einer *ersten Liebe* annehmen. Der Kranke wählt nicht nur seinen Analytiker, sondern vor allem die Analyse als solche, und sein Narzißmus darf durch diese positive oder negative Wahl nicht verletzt werden. Wir wissen, daß man jemanden nur dann analysieren kann, wenn er damit voll einverstanden ist; und wenn die Analyse objektiv auch noch so notwendig erscheint, sie kann scheitern (und scheitert übrigens auch meistens), wenn sie dem Analysanden aufgezwungen ist.

Der Analysand leitet die Analyse, regelt das Öffnen der Schleusen seines Unbewußten, um Material herauszulassen, erleichtert ihren Gang, bereitet Deutungen vor und macht manchmal sogar selbst Entdeckungen. Jones berichtet, wie Freud, dank einer Patientin, das Gesetz der freien Assoziation entdeckte: Als Freud sie wieder einmal mit einer Deutung unterbrechen wollte, rief die Patientin: »Unterbrechen Sie mich nicht!«

Was die Wahl des Analytikers anbelangt, so trifft der Kranke *seine* Wahl, was z. B. im Fall der Lehranalyse ganz besonders wichtig ist. Man kann schon eine fest umrissene Vorstellung davon mitbringen, bevor man seinen Analytiker kennt. Aber müßte man nicht in diesem Fall von einer »Übertragung auf Distanz« sprechen? Sicherlich nicht! Man kann allerdings sagen, daß der Analysand einem Analytiker mit einem *günstigen Vorurteil* begegnet, wodurch dieser schließlich *sein Analytiker* wird, den er von nun an überbewerten und mit einer mächtigen narzißtischen Besetzung ausstatten wird. Sein Analytiker wird der beste sein und bleiben, ganz gleich, was er macht. Alles, was der Analytiker tun oder lassen, sagen oder nicht sagen wird, wird vom Patienten günstig gedeutet, *als handele es sich*

Schuldgefühle gegenüber dem Analytiker als Objekt abbrechen mußte. Er wird von einem zum anderen gehen, genau wie jene Patienten, die durch eine Behandlung ihre narzißtische Regression aufrechterhalten müssen, aber immer den Arzt wechseln, weil sie keine stabile Objektbeziehung ertragen können.

um ihn selber. Das ist tatsächlich ja auch der Fall, da die Besetzung narzißtisch ist. Auf die gleiche Weise besetzt das Kind seinen Vater, *dem es seine eigene verlorene narzißtische Allmacht zuschreibt* (Freud) und sie auf diese Art wiedergewinnt. (Dies erinnert an die narzißtische Formel der Verliebten: »Mit dir wäre mir alles möglich«, oder an die der Eltern: »Mein Kind wird da Erfolg haben, wo ich versagt habe.«)

Der Narzißt liebt sich selbst, weil er sich selbst Lust bereitet und dadurch allmächtig und einzigartig ist. Er findet all diese Gefühle durch die Vermittlung seines Analytikers wieder, nicht weil er sich mit ihm identifiziert – die Identifikation gehört zu einem anderen Prozeß, nämlich zu dem der Objektbeziehung –, sondern *weil er auf den Analytiker sein Ich-Ideal projiziert.* Wenn »das Subjekt ununterbrochen eine Naturgemeinschaft zwischen dem Analytiker und sich selbst wahrnimmt« (Bouvet: *La cure type*), so kann dies nur durch seine Projektion geschehen. Bei der fraglichen Natur handelt es sich um seine eigene: Die Rolle des Analytikers ist mit der des Priesters vergleichbar, des Mittlers (Spiegel) zwischen dem Subjekt und seiner eigenen idealisierten, großartigen und ruhmreichen oder gehaßten, verachteten und verhöhnten Projektion. Allem Anschein zum Trotz ist die Rolle des Analytikers theoretisch kontingent, was keineswegs der Wichtigkeit widerspricht, die er offenbar für die Analyse hat; der Gläubige lebt angenehm im Schatten und der totalen Abhängigkeit von demjenigen (Gott oder Teufel), der nur die Projektion seines eigenen Ich-Ideals und seiner »Allmacht« ist[34].

Nacht hat gesagt (*La technique psychanalytique*), daß »die Wirkung der Rückversicherung weniger dem zuzuschreiben ist, was der Analytiker sagt, als vielmehr dem, was er ist«. Aus der soeben entwickelten Perspektive kann der Analytiker, als bloßes Spiegelbild des Analysanden, nur so sein, wie dieser ist

34 Der Neurotiker braucht diese narzißtische Projektion. Anna Freud (*The Widening Scope of Psychoanalysis*, in: *Journal of the Amer. Psychoan. Assoc.*, Okt. 1954) hat die beängstigende Wirkung des Hitler-Regimes auf ihre Kranken feststellen können, für die plötzlich der Analytiker-Gott ein Elender und Ausgestoßener wurde. Freilich ließ sich der »Glaube« einiger Patienten nicht so leicht erschüttern; ein Patient betrachtete sie weiterhin als genauso stark oder sogar noch stärker als Hitler und die englische Regierung zusammen. Es handelte sich bei ihm um einen Beamten.

oder sein möchte. Übrigens kennt der Patient den Analytiker nicht und darf ihn auch gar nicht kennen. Denn wie könnte er sonst seine idealisierenden und perfektionistischen oder feindlichen und gleichsam paranoiden Projektionen aufrechterhalten[35]? Der Analytiker bildet die Grundlage für Triebe und Abwehr des Analysanden, mehr nicht. Wenn der Kranke gegen seine Triebe kämpft, ist der Analytiker für ihn eine Stütze, auf die er sein strenges Überich projiziert; wenn er dem Trieb nachzugeben bereit ist, wird der Analytiker »permissiv«, ja zum Verführer. Ich habe einmal einen jungen Perversen analysiert, der mir zu Beginn sagte: »Ich bin zu Ihnen gekommen, weil ich Trinker, Spieler, Homosexueller und Zuhälter bin, aber ich möchte mich ändern.« Einige Stunden nach Beginn seiner Analyse sagte er mir: »Wissen Sie, Doktor, jetzt spiele ich nicht mehr, trinke nicht mehr und führe ein ganz anderes Leben, *so wie Sie es mir gesagt hatten.*« Dabei hatte ich ihm – natürlich – gar nichts gesagt, zumindest nichts in diesem Sinne. Ein anderer Kranker hatte alle meine (tatsächlichen und eingebildeten) Gesten in zutiefst wahnhaftem, narzißtischem Sinn aufgefaßt. Was ich auch machte: Es hing irgendwie mit seiner Behandlung zusammen, alle Gesten hatte ich in seinen Augen feinsinnig und wissentlich für sein Wohl vorausberechnet. Was die negative Übertragung angeht, so fallen die Deutungen des Analysanden durchgängig paranoid aus – eine Projektion, die regelmäßig korrigiert, d. h. als solche interpretiert werden muß.

Der Narzißmus des Analysanden ist immer wach, man darf ihn nicht durch Diskussion oder Kritik verletzen; selbst wenn er es nicht offen zeigt, wird er mit der Produktion neuer unbewußter sadistischer Phantasien reagieren, die dann seine Schuldgefühle weiter erhöhen. Die narzißtische Freiheit des Kranken muß in dem Sinn total sein, *daß immer nur er der aktive Teil ist.* Hingegen hat der Analytiker keine eigene Existenz für den Analysanden. Er hat weder gut noch schlecht zu sein, er hat überhaupt nicht zu *sein*[36]. Wenn der Analytiker

<hr />

35 Paranoid im interpretierenden Sinn — in der französischen Psychiatrie würde man »paranoïaque« sagen.

36 Es handelt sich da — wohlverstanden — um ein schwer erreichbares Ideal, bei dem die Schwierigkeiten aus der Gegenübertragung kommen. Ge-

anfinge, sich selbst in der Analyse »einzurichten«, würde er nur die freie Phantasieentwicklung des Analysanden stören, so wie der Erwachsene Kinder in ihrem Spiel stört, die ja auch in einer narzißtischen Welt leben. Daher hat die Analyse nichts mit einem Dialog zu tun; sie ist vielmehr ein Monolog für zwei Stimmen, bei dem die eine spricht und die andere widerhallt, wiederholt, hervorhebt und zuverlässig deutet: Ein Spiegel ohne Trübung[37][38].

Ein Vorkommnis, das sich in manchen Analysen ereignet und auf das wir noch zurückkommen werden, speist sich aus dieser selben narzißtischen Quelle: Ich denke an Patienten, die sofort eine ganz euphorische, ja leidenschaftliche »Übertragung« entwickeln. Man macht die Analyse »mit Pauken und Trompeten«, der Analysand gerät vor bewunderndem Entzücken in Ekstase, fühlt sich glücklich und erfüllt und macht aus der Kur das zentrale Ereignis seines Lebens. Dann, zumeist nach einigen Wochen Analyse, erklärt er plötzlich, er sei geheilt, ja mehr als geheilt, und teilt demzufolge dem Analytiker mit, er wolle die Behandlung aufgeben. Das ist ein schwieriger Augenblick, der die Kunst des Analytikers auf die Probe stellt angesichts des Problems, das eine derartige »Heilung« darstellt und das man der Übertragung zurechnet. Paradox ist nun, diesen Fluchtimpuls ebenfalls der Übertragung (Übertragungsangst) anzulasten. Aber die Krise geht vorüber und macht bald einer veränderten analytischen Situation Platz, wovon das wesentlich veränderte Verhalten des Kranken zeugt. Was ist aber geschehen?

Der Kranke hat sich sofort und ohne Vorbehalte in einem spe-

wisse Ausnahmen von dieser Regel werden im folgenden noch zu betrachten sein.

37 Da der Prozeß, der Analysand und Analytiker verbindet, im wesentlichen narzißtischer Natur ist, verstehen wir auch, warum der Analytiker keine sichtbare Schwäche aufweisen darf, da deren Vorhandensein die Projektionen des Analysanden behindern kann. Der Analytiker ist in der Hand des Analysanden ein Spiegel und muß ihn, wenn er sich im Spiegel betrachtet, durch den Anblick seiner Perfektion befriedigen; im verkrüppelten Analytiker wird er seine eigene Kastration erblicken. Dabei dient doch der gesamte Prozeß nur dazu, diese Kastration zu annullieren.

38 Der analytische Spiegel kann auch mit einer Sammellinse verglichen werden, in deren Fokus sich der Analysand befindet; bei jedem Versuch, ihm zu entweichen, wird der Analytiker — unbestechlich — ihm diesen Spiegel immer wieder vorhalten.

zifischen Zustand, der die Quelle befriedigender narzißtischer Gefühle ist, eingerichtet. Diese »erhebende Erhabenheit« erlaubt ihm, gewisse Hemmungen zu überwinden; aber der Widerstand bleibt intakt und unangegriffen. Der Beweis dafür ist, daß Deutungen, die in diesem Stadium der Analyse gegeben werden, keinerlei strukturelle Veränderungen hervorrufen. Wenn der Kranke jetzt seine euphorischen Gefühle deutet – ein Zustand, den man in gewissem Sinne mit der Manie vergleichen könnte –, ist er davon überzeugt, geheilt zu sein. Tatsächlich aber handelt es sich bloß um eine narzißtische Pseudoheilung, die der archaischen narzißtischen Befriedigung des Kindes entspricht, das sie mit Hilfe der halluzinatorischen Wuncherfüllung zu verwirklichen trachtet, die der Analysand in der Analyse ebenfalls sucht. Wie wir noch sehen werden, *besteht die Originalität der Freudschen analytischen Therapie genau in der Weigerung, diese narzißtische Allmachtsillusion aufrechtzuerhalten, und darin, ganz im Gegenteil den Kranken zur Entwicklung einer reiferen Beziehung, nämlich einer Objektbeziehung zu bringen. Denn genau darum geht es.*

Der Kranke erhält in diesem erhebenden Zustand vom Analytiker lediglich die Möglichkeit, sich in ihm zu spiegeln und dadurch Freude aus der analytischen Situation zu ziehen, soweit sie es ihm erlaubt (die Situation enthält – in Ansätzen – alle Elemente der therapeutischen Entwicklung). Der Betroffene merkt jedoch schon in diesem Augenblick, daß ihn die analytische Situation, jenseits einer konfliktlosen (präambivalenten) Befriedigung, langsam in eine andere Position, in die Objektbeziehung, gleiten läßt. Diese Position fürchtet er, und die Furcht drückt und zwingt ihn manchmal dazu, die Analyse abzubrechen. Mit einem Wort: Was sich bis dahin ereignet hat, war eine Art Spiel, während es jetzt gilt, sich in eine Übertragungssituation einzulassen und die Analyse anzufangen, wobei beide Positionen nichts miteinander gemein haben. In diesem Sinne kann man also von Übertragungsangst sprechen; falsch aber wäre es, die Flucht einer *Intensivierung* der Furcht zuzuschreiben. Tatsächlich ist es der *Anfang* der Übertragung, der Angst auslöst, weil der vorhergehende Abschnitt außerhalb der Übertragungssituation verlief. Nebenbei zeigt dies, daß von beiden Faktoren der Narzißmus die analytische Situation mit Energie versorgt, während die Übertragung in den Dienst des Widerstands tritt (»Übertragungswiderstand«)[39].

Der Narzißmus drängt den Analysanden dazu und gibt ihm die Möglichkeit, mit Hilfe des Analytikers ein doppeltes Bild von sich selbst (Spiegel) herzustellen. Das meinte man wahrscheinlich mit »Übertragungstendenz«[40] oder »Übertragungsleidenschaft«[41], während die echte Übertragungsbeziehung viel später auftritt und mit der »Objektbeziehung« in Verbindung gebracht werden muß. Tatsächlich handelt es sich um einen im wesentlichen oberflächlichen, unbeständigen und flüchtigen Prozeß[42], der seinerseits – aus Gründen, die wir später darlegen werden – nur in der Analyse verändert wird. Der Narzißt ist immer auf der Suche nach einem Spiegel und stürzt sich auf immer neue Möglichkeiten narzißtischer Befriedigung, weil er diese Position gern überwinden möchte (es sei denn, es handelt sich um einen perversen oder total regredierten Narzißten) und eine Objektbeziehung herstellen will, wozu er sich aber nicht fähig fühlt. Da der Narzißmus am Anfang dieses Prozesses steht und ihn in Gang bringt, setzt dieser wieder und wieder an, ohne über einen bestimmten Punkt hinauszukommen. Wenn wir von Identifikation reden, müssen wir uns klar darüber sein, daß es verschiedene Arten von Identifikationen, und sogar Pseudoidentifikationen gibt; die Pseudobeziehung des Narzißten ist eine solche. Man sieht das sehr deutlich bei großen Narzißten (Künstlern, Politikern usw.), die sich sehr leicht mit jemandem verbinden, ohne eine Gemeinsamkeit mit der betreffenden Person einzugehen; Hauptsache ist, sie liefert ihnen eine Möglichkeit narzißtischer

---

39 Balint (*Das Endziel der psychoanalytischen Behandlung*, in: *Internat. Zeitschrift*, 1935) hat eine ähnliche analytische Abfolge beschrieben, die sich jedoch erst gegen Ende der Analyse ereignet, und hat daraus andere Folgerungen gezogen (»Neubeginn«). Er hat aber ebenfalls die narzißtische Tönung unterstrichen, die die in Frage stehende Zwischensituation charakterisiert.

40 Nunberg: »transference readiness« (*Transference and Realiy*, in: *Internat. Journal of Psychoanalysis*, 1951.

41 »Übertragungssucht«, Ferenczi und Rank (*Die Entwicklungsziele der Psychoanalyse*).

42 Wir sprechen von dem Prozeß im allgemeinen; der Narzißmus geht über den psychopathologischen Rahmen weit hinaus und begleitet das Individuum von der Geburt bis zum Tod.

Befriedigung, derer sie ständig bedürfen. Diese Verbindungen sind jedoch im wesentlichen oberflächlich; es stellt sich keine Objektbeziehung her; der Narzißt liebt nicht, sondern will bloß geliebt werden.

In der narzißtischen analytischen Beziehung zu Beginn der Kur geschieht folgendes: Der Analysand taucht in eine narzißtische Trunkenheit ein. Um seine Position gegenüber dem Analytiker zu stabilisieren, setzt er auf Identifikation, und dies nur, um sich das Wohlwollen des Analytikers zu sichern. Daß dies notwendig ist, liegt daran, daß der Analysand objektiv nichts vom Analytiker weiß; höchstens in einer Lehranalyse könnte das der Fall sein, was sich dort freilich durchaus nachteilig auswirken kann[43].

1.3 Narzißmus und Ödipus

Ich hatte einen 45jährigen Mann wegen Charakterschwierigkeiten und Impotenz in Analyse; es handelte sich bei ihm um eine *phobische Impotenz*. Der Patient konnte bis zu fünfmal hintereinander an einem Nachmittag sexuell verkehren, was für sein Alter außergewöhnlich ist. Der Anlaß, mich zu konsultieren, war ein Besuch bei einer Prostituierten, bei der er gewesen war, um zu erfahren, »wie es mit ihm stehe«, und wo er dann tatsächlich impotent war. Jean gehört, wie man leicht sieht, in die Kategorie der Don Juans, die starke Befürchtungen haben, ihre Virilität zu verlieren, und die sich daher unaufhörlich das Gegenteil beweisen müssen, um ihrer Angst zu entgehen.

In zwei Punkten verdient Jeans Analyse unsere Aufmerksamkeit:

43 Wenn »das Subjekt unaufhörlich eine Naturgemeinschaft zwischen dem Analytiker und sich wahrnimmt« (Bouvet: *La cure-type*), so kann dies nur aufgrund einer projektiv wahnhaften, halluzinatorischen Wahrnehmung geschehen. Der Autor, der diese Phase an das Ende der Kur stellt und die Heilung von ihr abhängig macht (»Man spricht dann die gleiche Sprache und der Analytiker wird ›das gute Objekt‹, dessen dauernder Besitz nötiger Anfang einer Entwicklung ist, die ich das Ich-Wachstum nennen möchte«), scheint sich zu widersprechen, denn er macht damit den *Ausgangspunkt* einer Entwicklung (des Ich-Wachstums), die er betrachtet, zum Wesentlichen des analytischen Prozesses.

1. Jean erlebte seinen Ödipus sowohl im Leben als auch in der Analyse mit großer Heftigkeit. Er erinnerte sich, seine etwas älteren Schwestern im Alter von 2–3 Jahren »verführt« zu haben, wobei er mit ihnen die verschiedensten sexuellen Spiele erfand. Als einziger Sohn schlief er neben der Mutter, und trotz väterlicher Verbote konnte er es nicht lassen, mit ihren Brüsten zu spielen. Auf den Vater hatte er einen ungezähmten Haß, den er übrigens mit seinen drei Schwestern und der Mutter teilte. Der Vater war von seinen Kindern für verrückt erklärt worden, als »ein Schädling, den man entmannen sollte«, wie die kleine Versammlung entschied, die Jean in seiner Eigenschaft als Mann »leitete«. Seit Beginn der Adoleszenz war er zum Familienoberhaupt avanciert und hatte die damit verbundene Verantwortung noch zu Lebzeiten des Vaters übernommen. Wenig später starb dieser. Jean entwickelte sich zu einem entschlossenen Mann, der selbstbeherrscht und aus eigener Initiative Verantwortung übernahm. Er übte auf die, die er zu führen hatte, eine große Anziehungskraft aus. Dennoch: Im letzten Augenblick zieht er sich zurück und verschanzt sich hinter der Rolle einer Grauen Eminenz, die er – seltsamerweise – hervorhebt. Besondere politische Verhältnisse (Jean kommt aus einem Balkanland) erlaubten es ihm, seine großen moralischen und physischen Fähigkeiten unter Beweis zu stellen, z. B. dadurch, daß er mit Geschick und Mut gefährliche Situationen meisterte. Solche Situationen forderten von ihm häufig Selbstverzicht, da er es liebte, die väterliche Rolle des Verteidigers und Beschützers der Schwachen zu übernehmen. Zweimal verwitwet lebt er gegenwärtig mit seinem 5jährigen Sohn in der Nähe von Paris, wo er an der Leitung eines Handelsunternehmens beteiligt ist. Er erzieht seinen Sohn mit einer Mischung aus Autorität und Liebe, die augenscheinlich erfolgreich ist. Dennoch fühlte sich Jean in seinen Beziehungen zu Frauen immer ängstlich, ja manchmal sogar ohnmächtig, außer wenn er sich zweifelsfrei davon überzeugte, daß seine Partnerin ihm absolut und *vor allem selbstlos* zugetan war. Trotz der bruchstückhaften Darstellung sieht man, daß Jeans Verhalten insgesamt eine gewisse ödipale Reife erkennen läßt, die er freilich *betont und unter-*

streicht. Seine Haltung hat etwas Steifes, als ob er sich ständig überwachen würde. Man könnte zusammenfassend sagen, daß er einen falschen Ödipus lebt, um sich mit ihm gegen den richtigen zu verteidigen. Aber es ist noch etwas anderes.

2. In seinem Leben versucht Jean ein moralisches und vor allem ästhetisches Ideal zu erreichen; einem hedonistischen Ich-Ideal steht ein nicht allzu strenges Überich gegenüber. Auf dieses Ideal ist er stolz, ebenso auf seine Erfolge, seine Leistungen, seinen Lebensstil und sein Äußeres, das er mit sicherem Geschmack pflegt. Jean ist sehr narzißtisch, und genau das ist der Knotenpunkt seines Problems. Er war der »kleine Nachkömmling« eines starken, brutalen und mächtigen Vaters. Er war der »Benjamin«, den man zwar verwöhnte, dem aber die drei Schwestern keineswegs das Recht der Älteren zu opfern bereit waren. Sein Kleinsein hatte Jean in ohnmächtiger Wut erfahren; daher hatte er nur einen Wunsch gehabt: groß zu werden. Dies aber nicht, um den Platz des Vaters einzunehmen, was ihm ja gewissermaßen schon gelungen war. Die Mutter haßte den Vater und unterhielt mit ihrem vergötterten Sohn eine sozusagen inzestuöse Verbindung. Sie behielt ihn in ihrem Bett, küßte ihn leidenschaftlich, zog sich vor ihm aus und ließ sich von ihm bei der Intimtoilette helfen. Weil er sich der Liebe seiner Mutter sicher war, konnte er gegen den Vater antreten. Dieser verprügelte ihn zwar häufig, erreichte damit aber niemals, daß Jean sich wegen irgend etwas entschuldigte. Als Erwachsener zogen ihn ödipale Situationen besonders an. In ihnen erwies er sich dann als überaus mächtig, sobald er bestimmte, für seinen Narzißmus befriedigende Bedingungen darin verwirklicht fand. In der Analyse offenbarte er relativ schnell seine ödipalen Phantasien, die den Koitus mit der Mutter und seinen Schwestern zum Inhalt hatten. Dieselben Phantasien begleiteten den Geschlechtsverkehr und die Masturbation, wohingegen er äußerst selten sexuelle Träume hatte, die sich außerdem regelmäßig auflösten, sobald kleinste Erregungen einen gewissen Grad erreichten. Er zeigte also ein *paradoxes Verhalten*. In der Regel erlauben Träume Befriedigungen, die im Wachzustand die Verbotsschwelle nicht

überschreiten können; bei Jean verhielt es sich genau umgekehrt. Es war deutlich, daß seine Schwierigkeiten nicht direkt vom Ödipus kamen, sondern aus tieferen und verdrängteren Schichten seines Unbewußten, die sonst dem Ödipus vorbehalten sind. Außerdem zeugte das analytische Material von einem sehr zufriedenstellenden Reifegrad seiner prägenitalen »Partialtriebe«.

Wir können uns also zwei Fragen vorlegen:

a) Wenn der Ödipus überwunden war, warum erlebte Jean ihn immer noch, und vor allem mit derartiger Heftigkeit?

b) Wo liegt die Quelle seiner Störung?

Jean war, wie gesagt, Narzißt. Er fürchtete nicht, wie andere seiner Leidensgenossen, die Impotenz als solche, die er sich wegen einer latenten homosexuellen Komponente und des unbewußten Hasses gegen Frauen ja eigentlich wünschte, sondern vielmehr das *Fiasko*, die narzißtische Wunde: »Wie stünde ich denn da?« (Die Ärzte haben nicht unrecht, wenn sie Impotenten in der Sprechstunde sagen: »Sie haben Angst, impotent zu sein, deswegen sind Sie es auch.«)

Wir haben gerade von der homosexuellen Komponente und dem Frauenhaß gesprochen. Jean wurde, wie wir wissen, von seiner Mutter »verführt«. Hätte ihn nun das Objekt frustriert, wäre er dann, um dieses zu ersetzen, narzißtisch geworden, wie es der – klassische – Fall bei manchen Homosexuellen ist? Aber Jean war weder homosexuell noch hatte seine Beziehung zur Mutter einen höheren Grad von Ambivalenz, als man es bei durchschnittlichen Neurosen beobachtet. Die homosexuelle Komponente und auch sein Konflikt mit der Mutter entsprangen seinem Narzißmus, der davor entstanden war und eine andere Genese aufweist. Jeans analytisches Material bewies klar, *daß seine narzißtische Wunde in seiner infantilen Orgasmusunfähigkeit bestand.* Die sexuelle Frühreife, begünstigt durch die überhitzte Atmosphäre eines fast ausschließlich weiblichen Milieus, in dem der Vater für die restlichen Familienangehörigen die Rolle eines Eindringlings spielte, sowie durch die völlige Promiskuität, hatte sich *nicht an den Inzestschranken gestoßen, sondern an der physischen Unzulänglichkeit, den Inzest verwirklichen zu können.* Jeans Problem bestand weder im »Kann-ich-es-machen-oder-nicht?« (äußerer

Faktor), noch im »Darf-ich-es-machen-oder-nicht?« (äußerer, aber verinnerlichter Faktor), sondern im »Bin-ich-dazu-fähig-oder-nicht« (energetischer Faktor). Da die Antwort negativ ausfiel, resultierte für ihn daraus eine narzißtische Wunde[44].

Diese narzißtische Wunde, die Jeans Ich als unerträglich empfinden mußte, wurde mit aller Macht verdrängt; und *die ödipale Situation betonte er, um die Verdrängung aufrecht erhalten zu können.* Es war, als ob er sich sagte: »Ich bin potent. Die einzige Hürde, die mir meine Befriedigung erschwert, ist mein Vater, also eine äußere Behinderung. Dafür kann ich aber nichts, es ist höhere Gewalt; damit ist meine narzißtische Vollkommenheit gerettet.« Als Erwachsener hätte sich die Frage für ihn nicht notwendig stellen müssen, aber sein Unbewußtes hatte die Erinnerung an dieses wahrscheinlich sehr frühe narzißtische Trauma bewahrt, und er wehrte sich nun dagegen, indem er es verdrängte und seinen ödipalen Konflikt auf intellektuelle Weise immer wieder neu belebte.

(Der Ödipus als intellektuelle Abwehr der narzißtischen Wunde läßt uns an Kafka denken, der seinem Vater (vgl. *Brief an den Vater*) einen offenen und direkten Brief schrieb, in dem er seine resignierte Auflehnung gegen ihn auf ähnlich intellektuelle und klarsichtige Weise ausdrückte; Kafkas wirkliches Problem, gegen das er diese Abwehr vergeblich mobilisierte, besteht – wie eine oberflächliche Analyse seines Werkes zeigt – in seiner tiefen, über die Grenzen der Sexualität hinausgehenden Ohnmacht (vgl. seine Erzählung *Die Verwandlung*), die dann sozusagen die »conditio humana« definiert (*Der Prozeß*, *Das Schloß* usw.). Unter diesen Umständen drängt sich der Gedanke, daß der Ödipuskomplex als Abwehr benutzt wird, geradezu auf.

Es sei noch ein ähnlicher Fall von Phobie erwähnt, der nicht

---

44 Die von Freud erwähnten Fälle von Patienten, die nicht lieben können, wen sie begehren, und nicht begehren können, wen sie lieben, finden unserer Meinung nach im Licht des oben Gesagten eine Erklärung: Wenn sich das Subjekt in einer Beziehung zu einem geliebten Menschen befindet, d. h. mit ihm ein narzißtisches Paar zu bilden bereit ist, indem es sein Ich-Ideal auf ihn projiziert, begreift man seine merkwürdige Angst vor einem Mißerfolg, mithin vor einer narzißtischen Wunde, die die Beziehung in Frage stellen würde. Wenn ihm aber der Partner affektiv gleichgültig ist, wird ihn diese Möglichkeit in viel geringerem Maße oder überhaupt nicht beeinträchtigen.

minder lehrreich ist. Achille ist ein gutgebauter, athletischer Mann. Nach vielversprechendem Start im Immobiliengeschäft muß er schließlich Verluste hinnehmen, die er persönlichem Pech zuschreibt; zum Zeitpunkt der Analyse steht er am Rande des Ruins. Seine Phobie hindert ihn daran, allein im Wagen oder in einem geschlossenen Eisenbahnabteil zu fahren. Man könnte von einer kombinierten Agora- und Klaustrophobie sprechen. Dieses Symptom war um so erstaunlicher, als Achille andererseits kühn und todesmutig war: ein Held der »Résistance«, der sich im Widerstandskampf außergewöhnliche Meriten erworben hatte.

Außerdem überrascht an diesem Fall die unbekümmerte und freie Art, mit der Achille in seinem Leben, aber auch in der Analyse den Ödipus anging. Als Kind und später als Jugendlicher befand er sich ständig in offener Opposition zu seinem Vater, wie übrigens zu jeder Autorität. Das Übertragungsmaterial nach einigen Monaten Analyse förderte unverschleierte Aggressivität und Verachtung im Hinblick auf meine Person zutage, jedoch keinen Hinweis auf eine paranoid projektive Tönung. Ansonsten ist Achille ein hervorragender Familienvater, und seine Kinder haben ein sehr gutes Verhältnis zu ihm.

Sein Vater – er starb, als Achille 21 Jahre alt war – muß ein imponierender, auf Distanz und Strenge bedachter Mann gewesen sein. Vater und Sohn befanden sich in ständigem Kriegszustand. Als einzigem Sohn, von der Mutter verwöhnt, gelang es ihm, im Alter von 14 Jahren die ihn beunruhigenden ödipalen Gefühle auf seine 3 Jahre ältere Schwester zu lenken, die er ohne Zögern entjungferte.

Achilles zwei Ehen waren getreue Abbilder seiner Beziehungen zu Schwester und Mutter: Als junger Mann warb er um ein Mädchen namens Elise, die, bevor er sich entschließen konnte, um ihre Hand anzuhalten, einen anderen Mann »in den besten Jahren« heiratete, der sie lange umworben hatte und den wir im folgenden Henri nennen wollen. Er war ein Freund von Achilles Vater und wurde in der Familie als »Onkel« betrachtet. Auf diese Enttäuschung hin heiratete Achille ein anderes, jüngeres Mädchen, Charlotte. Es wurde keine glückliche Ehe daraus, und sie ließen sich wieder scheiden. Elises Ehe erging es nicht besser; Achille heiratete sie schließlich in zweiter

Ehe, nachdem er sie »Onkel« Henri (als Vaterersatz) ausgespannt hatte. Letzterer heiratete dann Charlotte. Jetzt bemerkte Achille, daß er nun endlich seinen alten Traum verwirklicht hatte und daß seine erste Ehe (mit einem Schwesterersatz) eigentlich von Anfang an unbefriedigend gewesen war.

Achilles Narzißmus äußert sich etwas anders als bei Jean. Achill zog schon immer große narzißtische Befriedigung aus seiner manuellen Geschicklichkeit, seinen Talenten (er malt) und seiner körperlichen Kraft. Er ist ein ausgezeichneter Sportler und hat sich in allen Bereichen, in denen er sich versuchte, bestätigen können. Seine große Leidenschaft ist jedoch das Segeln. Diesem Sport wird die ganze Freizeit geopfert und alles andere untergeordnet. Man kann behaupten, daß er diese Beschäftigung stark libidinös besetzt hat. Die Besetzung ist rein narzißtischer Natur, da er sich – wie seine Träume und das sonstige analytische Material zeigen – mit seinem Boot verwechselt, wodurch es ihm möglich ist, aus sich selbst heraus vollkommenes Vergnügen und Allmacht zu schöpfen. Es handelt sich um eine narzißtische Besetzung seines Penis, der symbolisch durch sein Boot dargestellt wird.

Die Eigenart seiner Phobie deutet darauf hin, daß es sich bei ihr um die Furcht vor der narzißtischen Wunde handelt, ähnlich wie bei Jean. Bei Eisenbahnfahrten hat Achille Angst davor, den Zug nicht verlassen zu können – und hier schiebt sich die Rationalisierung dazwischen –, »wenn sich beispielsweise ein Unfall ereignen würde«. Das ist die klassische Aussage der Klaustrophoben. Hingegen ist seine Furcht beim Betreten einer Brücke komplizierter. Sie beginnt in dem Augenblick, in dem er die Brücke betritt, und wird zunehmend stärker, bis sie einen anfallartigen Höhepunkt mitten auf der Brücke erreicht. Die von Anfang und Ende der Brücke gleichweit entfernte Stelle entspricht genau dem Augenblick höchster Angst. Das gleiche geschieht, wenn er sich mit seinem Boot aus dem Hafen entfernt: Die Angst wächst stetig bis zu dem Punkt, wo er sich in gleicher Entfernung von Start- und Zielhafen befindet; sobald er sich letzterem nähert, nimmt die Angst wieder ab. Die Analyse hat gezeigt, daß diese Kurve: Spannungserhöhung, beängstigender Gipfel und Angstabfall genau der sexuellen Spannung entspricht, d. h. einer *Verschiebung des energetischen Schemas vom Sexualakt auf einen motorischen Akt*[45].

Die Angst entsteht also nicht beim Geschlechtsverkehr selbst, sondern sie resultiert aus der schmerzlichen Spannung, die das Kind in dem Augenblick ertragen mußte, da seine sexuelle Erregung bis zu einem extremen Grad anschwoll, ohne daß es die ersehnte Entspannung, d. h. die sexuelle Befriedigung, erreichen konnte. Der Vorteil einer Substitution des Geschlechtsverkehrs durch eine motorische Handlung liegt darin, daß letz-

45 Diese Verschiebung erklärt auch, warum seine Phobie mit einem motorischen Akt verbunden ist. Die erfolglose sexuelle Erregung und die damit verbundene sexuelle Versagung des Kindes fanden — nach unserer Meinung — sehr früh statt. Der Zeitpunkt, von dem an Kinderanalytiker Erektionen bei kleinen Jungen beobachten und von sexueller Erregung sprechen, wird immer weiter vorverlegt, sicher vor das Alter von 6 Monaten. Die kindliche Körperohnmacht bleibt an die Unfähigkeit, sich fortzubewegen, gebunden (und beides evoziert die narzißtische Wunde). Diesbezügliche Anstrengungen, die das Kind unternimmt, werden erst in einem neuromuskulär weiterentwickelten Zustand sichtbar, was aber nicht bedeutet, daß die lokomotorische Ohnmacht vom Kind nicht als bedrückend empfunden wird. Ganz im Gegenteil. Ist nicht einer der häufigsten Träume gerade der »Ohnmachtstraum«, die Erinnerung an eine Aufgabe, vor der man wie gelähmt resignieren muß? Das Kind verwechselt später die beiden Potenzen miteinander, wie auch der Erwachsene diesem Wort in seiner Sprache zwei Bedeutungen gibt, ähnlich wie es bei dem Wort »Verkehr« der Fall ist. Der Traum bedient sich zum Ausdruck der Sexualität ebenso wie die Sprache verschiedenartiger und reichhaltiger Vorstellungen aus dem Bereich des Verkehrs. Dabei handelt es sich nicht so sehr um Tarnung als vielmehr um Regression.

Theodor fürchtet das plötzliche Auftreten von »Pin-up-girls« im Kino, die ganz nah, verführerisch und riesig sind. Er bekommt Angst, muß weglaufen oder die Augen schließen. Dieses Bild — das kleine Kind gegenüber seiner riesigen Mutter — läßt natürlich sofort an den Ödipus denken. Wir fragen uns jedoch, warum der Anblick und der Kontakt mit bekleideten Frauen unseren Patienten in keiner Weise stört; er ist bei Frauen unternehmungsfreudig und erfolgreich, vorausgesetzt, er kann sich an ihre Gegenwart gewöhnen. Seine Analyse gibt die Antwort: Theodor fürchtet nicht die Frau als solche, sondern den erdrückenden und für seine Verhältnisse unproportionalen Genuß, den er durch seine eigene sexuelle Erregung erfährt, eine Erregung, die er (um sie sich vom Hals zu schaffen) auf die Frau projiziert, welche ihm dann unmäßig vergrößert als Riesin, als gigantisches farbiges und schillerndes Spiegelbild erscheint. Er spricht von einer *»unlösbaren* und schmerzlichen Erregung«. Wenn er jenem Anblick oder dem Kontakt mit einer sehr schönen Frau entflieht, deren plötzliche Verführung ihn berührt, so schöpft er daraus, daß er sich körperlich von ihr entfernt, nicht nur Erleichterung, sondern wirkliche Lust. Die narzißtisch-erotische Kontrolle wird damit auf ziemlich tragikomische Weise auf die Motorik (und deren privatives sadistisches Äquivalent) verschoben.

tere sich zum Abreagieren der *gesamten* Erregungskurve eignet, wenn man bedenkt, daß der Höhepunkt des Geschlechtsverkehrs, theoretisch gesehen, nur sehr kurz ist und sogleich wieder abfällt. Das erklärt auch, warum unser Phobiker dennoch über Brücken geht und Küstenschiffahrt betreibt: Er wiederholt es nicht nur immer wieder, sondern zieht daraus selbstverständlich auch große Lust, da es eine Ersatzhandlung ist. Genau dieses Trauma, das der Kranke in seinen Angstkrisen wiedererlebt, scheint er mit solcher Heftigkeit und tiefster Not gefühlt zu haben, daß er es vorzog, das Trauma zunächst einmal zu verschieben und dann durch das ödipale Trauma zu tarnen, das ja – wie wir bei Jean sahen – sehr viel leichter zu ertragen ist.

Wenn wir zwei Phobien als Beispiele gewählt haben, dann darum, weil der Mechanismus, den wir klarmachen wollten, bei diesen Störungen besonders deutlich hervortritt. Wir wollen uns nicht dabei aufhalten, daß es in beiden Fällen um Männer ging. Bei Frauen liegt eine andere Form vor, da sie nicht das gleiche »Fiasko« zu befürchten haben; bei ihnen ist die narzißtische Wunde doch noch viel tiefer und stärker verdrängt, zumal deren ödipale Verkleidung aus Gründen, wie wir später sehen werden, weniger leicht möglich ist. Lampl de Groot[46] hat mit Beziehung auf den weiblichen Masochismus von einer narzißtischen Wunde gesprochen. Offenbar sind die Rückwirkungen der narzißtischen Wunde auf die Entwicklung der weiblichen Psyche ungleich wichtiger, indem sie diese sozusagen beherrschen; es genügt, dabei an den Penisneid und den Kastrationskomplex zu denken.

Wir haben bei Jean gesehen, wie wichtig ihm die *selbstlose Liebe* seiner Partnerin war; aber sind nicht dieselben narzißtischen Skrupel bei den Frauen extrem verbreitet, die immer darum zittern, nicht um ihrer selbst willen geliebt zu werden? Was den Einsatz des Ödipus als narzißtische Abwehr betrifft,

---

46 Lampl de Groot (in: *Internat. Zeitschrift*, 1936): »Angst, Gewissensbisse und Selbstpeinigung können in gewissen Fällen offenbar leichter ertragen werden als das Eingeständnis der eigenen Unzulänglichkeit. Die Phantasie ›Man hat mir meinen Penis genommen, weil ich masturbiert habe‹ wird viel leichter vom Ich des kleinen Mädchens akzeptiert als die Vorstellung: ›Ich habe nie einen Penis besessen und werde auch nie einen bekommen‹.«

so können sich die Frauen dieses Mechanismus nicht mit der gleichen Leichtigkeit bedienen wie die Männer[47]. Dieses Manko stößt sie noch tiefer in den Masochismus hinein[48], da sie zudem viel eher die Schuldgefühle der väterlichen Kastration ertragen als die Männer, die ja zum *wirklichen* Besitz der väterlichen Männlichkeit gelangen, die Frauen hingegen nicht. Diese besetzen vielmehr ihren ganzen Körper, der für sie Penisbedeutung annimmt (Fenichel), und suchen ihren Narzißmus durch »narzißtische Zufuhr« von außen oder durch andere Möglichkeiten, auf die wir hier nicht näher eingehen können, wiederherzustellen. Das erklärt, warum die Frau vor allem geliebt werden will und warum ihre Liebe immer stark narzißtisch gefärbt ist.

Wir haben bereits gesehen, daß der Narzißmus stets stark mit anderen genitalen oder prägenitalen Komponenten vermischt ist und daß die Versagung, ganz gleich, unter welchen Bedingungen sie sich zeigt, immer irgendwo auch narzißtischen Charakter hat. So sagt der Ödipale im Grunde: »Warum er und nicht ich?« Hinter der oralen Versagung steckt der bittere Vorwurf: »Mir das zuzumuten!« Für die anale Komponente, per definitionem zu jeglicher Verwirklichung unentbehrlich, drückt sich jede Versagung in heftigsten Reaktionen aus; sie setzt damit eine außerordentlich explosive Kraft frei, die dem Subjekt entsprechende narzißtische Befriedigungen zuteil werden läßt. Aggressivität, Sadismus, Stolz, Exhibitionismus, Homosexualität und Freude am Exkrementellen bündeln sich zu einem Instrument, das der anale Narzißt am liebsten »mitten in den Erdball rammen würde, um alles in die Luft zu sprengen«. Manchmal gelingt es ihm fast.

<hr />

47 »Ich bin von meinem Vater behindert, aber nicht von Natur aus kastriert«; »Ich habe meinen Vater besiegt, also bin ich nicht kastriert«.

48 »Ich gewinne meinen verlorenen Penis wieder, indem ich mich ›kastrieren lasse‹ (entspricht der Besitznahme des Penis)«; siehe B. Grunberger: *Esquisse d'une théorie psychodynamique du masochisme*, in: *R. F. P.*, 1954.

>Mit einer schönen Wunde kam ich auf die
Welt; das war meine ganze Ausstattung.«
Kafka, *Der Landarzt*

Wir haben gesehen, daß die für das Ich unerträgliche narzißtische Wunde bestimmte Abwehrmechanismen in Bewegung
setzt, beispielsweise den der ödipalen Maskerade. Nach Freuds
Auffassung stellt der Narzißmus nicht nur die Liebe des Subjekts zu sich selber dar, sondern auch das Gefühl der *Allmacht*[49]. Das Kind lebt zu Beginn seines Daseins mit der Illusion einer narzißtischen Allmacht, einer Illusion, welche durch
die Lebensumstände des Säuglings noch bestätigt wird; diese
bilden dank der Pflegepersonen, und solange das möglich ist,
eine Art Fortsetzung des pränatalen Lebens. Für eine bestimmte Zeit erhält das Kind diesen Zustand mittels halluzinatorischer Erfüllung seiner Bedürfnisse aufrecht. Ferenczi[50] hat
auf der Basis jener verschiedenen Modalitäten, deren sich das
Kind zur Aufrechterhaltung seiner Allmachtsillusion bedient,
eine ganze Psychopathologie aufgebaut.
Früher oder später wird sich das Kind trotzdem mit den »har-
ten Realitäten des Lebens« auseinandersetzen müssen, was
dann den Zusammenbruch dieser Illusion nach sich zieht. Es
wird in doppelter Hinsicht auf diese Bedrohung seines Narzißmus reagieren: Einerseits bedient es sich der Verdrängung,
andererseits (Freud) versucht es, seine Allmacht wiederzugewinnen, indem es sie den Eltern – vor allem dem Vater – zuschreibt[51] und so auf Umwegen an ihr teilnimmt, als besäße es
diese Allmacht selbst. Später wird das Kind die gleiche Projektion mit all den impliziten narzißtisch-libidinösen Besetzungen

---

49 »Das Großartige liegt offenbar im Triumph des Narzißmus, in der siegreich behaupteten Unverletzlichkeit des Ich« (Freud: *Der Humor, Ges.
Werke* 14, S. 385) oder »Für die uneingeschränkte Eigenliebe (den Narziß-
muß) des Kindes ist jede Störung ein crimen laesae majestatis« (Freud: *Die
Traumdeutung, Ges. Werke* 2/3, S. 261, Fußnote 1).
50 Ferenczi: *Entwicklungsstadien des Wirklichkeitssinnes*, in: *Bausteine der
Psychoanalyse*, Bd. 1, S. 62—83.
51 Der »ödipale Familienroman« kann leicht unter diesem Gesichtspunkt
verstanden werden: Das Kind, enttäuscht von seinen Eltern, weil ihnen diese
Allmacht, an der es teilnehmen möchte, fehlt, schafft sich Phantasieeltern
(König, Helden), deren Allmacht über jeden Zweifel erhaben ist.

auf idealisierte, ja vergötterte Elternimagines vornehmen (übrigens immer auf ambivalente Weise). Trotzdem wird die narzißtische Wunde im Schatten der Verdrängung »weiterbluten« und diverse Abwehrreaktionen hervorrufen. Jeanne Lampl de Groot[52] spricht von der narzißtischen Wunde, die durch das Gefühl der Machtlosigkeit erzeugt wird, und unterstreicht den libidinösen Aspekt des Allmachtswunsches im Gegensatz zum »Willen zur Macht«, einem Begriff Adlers, dem diese typisch narzißtische Komponente fehlt.

Jekels und Bergler[53] betrachten die kindliche Masturbation als Antwort auf die Entwöhnung; für diese Autoren stellt sie einen Beweis für die Tendenz des kindlichen Ich dar, das Objekt zu verleugnen und nur mit Zögern eine Objektbeziehung einzugehen, um (an ihrer Stelle) den verlorenen Zustand der narzißtischen Allmacht wiederherzustellen.

Silverberg nimmt an, daß sich »der Neurotiker in wachsenden Schwierigkeiten befindet, die äußeren Konflikte zu kontrollieren, und die Mittel nicht kennt, die ihm solche Kontrolle erlauben. Er erwirbt so schließlich die unbewußte Überzeugung, daß der Fehler bei ihm liegt und daß er deswegen *den anderen unterliegt* (»an underling«)«. Derselbe Autor betrachtet die Übertragung als »eine ständige Manifestation der Rebellion des Menschen gegen die Realität und seines hartnäckigen Beharrens im Zustand der Unreife; die normale Entwicklung zwingt den Menschen dazu, von der infantilen Allmacht zur Objektbeziehung überzuwechseln, während er in der Übertragung diesen Vorgang annulliert, und ihn rückgängig zu machen versucht«. Es handelt sich also in der Analyse um einen Versuch, *die infantile Allmacht wiederzufinden und damit eine traumatische Grundsituation* (narzißtische Wunde) *zu heilen.*

Daß das Subjekt in der Analyse seine narzißtische Allmacht wiederzugewinnen sucht, ist durch eine Untersuchung von Nunberg[54] über den *Heilungswunsch*[55] bestätigt; in seiner

---

52 Lampl de Groot: *On the Development of the Ego and Super-Ego,* in: *International Journal of Psycho-Analysis,* 1947.
53 Loc. cit.
54 Nunberg: *The Will to Recovering,* in: *International Journal of Psychoanalysis,* 1926.
55 Von diesem Heilungswunsch sagte Freud: »Die Übertragung ersetzt sehr bald im Geist des Patienten den Heilungswunsch.«

Untersuchung ging Nunberg dem unbewußten Inhalt des Wunsches nach, der die Patienten in die Analyse treibt. Dabei fand er heraus, daß man stets zu einem wie immer gearteten narzißtischen Wunsch gelangt. Nunberg entdeckte, daß auch Patienten, die in die Behandlung kamen, um beispielsweise ihre Schwächegefühle, Ängste und hypochondrischen Symptome loszuwerden, auf viel tieferer Ebene »das magische Gefühl der Allmacht unter Wiederbelebung der Phase, in der das Kind einen mächtigen Impuls zur ›Aktivität‹ und eine wahnhafte Megalomanie fühlt, wiederzugewinnen versuchen« (narzißtische Regression). Dieser narzißtische Wunsch kann in deutlichen Gegensatz zum »*Heilungswunsch*« treten, wenn es sich dabei um einen infantilen Wunsch nach eindeutig regressiver Befriedigung handelt; dazu gibt Nunberg einige illustrative Beispiele. Ein junges Mädchen kam mit der Überzeugung in die Analyse, »am Ende der Behandlung alles zu wissen, alle Probleme leicht lösen, alles aus allem herstellen zu können und sich nie mehr dem Willen anderer unterwerfen zu müssen usw.«

Allgemein wird angenommen, daß Frauen – wie auch die Männer – in der Analyse einen Penis suchen, der unter anderem die narzißtische Allmacht symbolisiert. Gemeinhin erwartet man von der Analyse, daß sie den Graben zuschütte, der sich zwischen narzißtischem Wunsch und Realität aufgetan hat. Der Kranke verspricht sich alles von der Analyse. Melitta Schmideberg[56] spricht von »einer Sorte von Patienten, für die die Analyse sozusagen eine neue Religion geworden ist, ganz gleich, welcher Grund sie in die Analyse geführt hat. Sie werden sich weder mit der Auflösung oder Besserung ihrer Symptome zufriedengeben noch mit irgendeinem anderen therapeutisch faßbaren Ergebnis. Wenn sie erst einmal ›vollständig analysiert‹ sind, so meinen sie, hätten sie keinerlei Schwierigkeit mehr im Leben oder irgendwelche Enttäuschungen und kennten weder Angst noch Gewissensbisse. Außerdem sind sie sicher, daß sie dann hervorragende künstlerische oder intellektuelle Fähigkeiten besäßen, vielleicht sogar würden sie sich als Genie zu erkennen geben. Von nun an würden sie glücklich,

56 Schmideberg, M.: *After the Analysis*, in: *Psychoan. Quarterly*, 1938.

völlig ausgeglichen, frei wie ein Übermensch leben, ohne neurotische Symptome, Charakterfehler oder schlechte Angewohnheiten«.

Unter den französischen Autoren spricht Marc Schlumberger[57] von der »narzißtischen Übertragung«: »Die Patienten werden nicht nur überzeugte Proselyten, sondern erfahren auch etwas, das einem mystischen Erlebnis ähnelt. Die Psychoanalyse ist ihr Glaube: Sie hat den Platz ihres Ich-Ideals eingenommen und leitet sie ganz . . .«

Die Erfahrung lehrt, daß wir gegenüber manchen Patienten[58] unter bestimmten Umständen unsere absolut neutrale Haltung aufgeben und ihnen sozusagen ein »Geschenk« machen müssen, das sie brauchen. Dieses »Geschenk« muß freilich dem Analysanden spontan gewährt werden, also *nicht dann, wenn er es fordert, sondern in einem Augenblick, in dem er es nicht erwartet* (allgemein versuchen die Patienten, solche Geschenke, etwa durch Fragenstellen oder durch hartnäckiges Fragen nach Deutungen, zu bekommen). In solchen Fällen dürfen wir den Wunsch nach einem Geschenk prinzipiell nicht befriedigen, höchstens in einer für den Patienten besonders beängstigenden Situation, und dies auch nur unter Vorbehalt. Derartige *spontane Gratifikationen* haben in dynamischer Hinsicht großen Wert und spielen eine wichtige Rolle in der Anfangszeit der Analyse, die sich im Zeichen des Narzißmus abspielt. Sie haben jedoch einen gegenteiligen Effekt, wenn sie dem ausdrücklichen Wunsch des Analysanden entgegenkommen. (Übrigens klammern wir hierbei die fürs erste beruhigende Wirkung aus, die freilich am Ende zur Verschlimmerung der Angst des Analysanden führt; ebenso lassen wir die Gegenübertragungsangst des jungen Analytikers außer acht, der sein eigenes Schweigen mit Schuldgefühlen und als eine Versagung, die er dem Kranken zumutet, erlebt.)

Im Leben begegnen uns auch Individuen, *die zufriedengestellt werden wollen, ohne ihre Wünsche formulieren zu müssen.* Müssen sie es doch einmal (meist können sie es übrigens nicht), so fühlen sich diese Menschen allein durch die Tatsache ver-

57 Schlumberger, M.: *Introduction à l'étude du transfert*, in: *R. F. P.*, 1952.
58 Grunberger, B.: *Introduction à un colloque sur l'interprétation prégenitale*, in: *R. F. P.*, 1953.

letzt, daß ihre Wünsche nicht erraten wurden – eine Versagung, die vor allem ihren *Narzißmus* berührt. Die Befriedigung akzeptieren sie nur – sofern sie sie nicht überhaupt zurückweisen –, indem sie ungehalten sind, sich bitten lassen und so eine Wiedergutmachung der ihnen beigebrachten narzißtischen Wunde provozieren; indem sie vor allem den Partner spüren lassen, daß sie weit davon entfernt sind, sich als befriedigt zu betrachten.

Die Haltung dieser Individuen beurteilen wir als oral-regressives Verhalten, und zwar in durchaus negativer Hinsicht. Die Situation »Kind mit Mutter« entspricht kaum unserer Beschreibung. Denn diese Situation ist – wie Melanie Klein (*Die Psychoanalyse des Kindes*) gezeigt hat – regelmäßig traumatisierend, selbst wenn sie unter optimalen Bedingungen erlebt wird. Das Kind *äußert* stets seinen »Bedürfniszustand«, *fordert* die Befriedigung, und wenn es nichts fordert, gibt es auch keinen Grund, sein Bedürfnis zu befriedigen. Aber es braucht diese ständige Traumatisierung – wenn dabei bestimmte Grenzen in beiden Richtungen nicht überschritten werden –, denn sie ist im Interesse seiner Triebreifung unentbehrlich. Was nun unsere Patienten mit dieser »spontanen Gratifikation« suchen, ist eine *passiv-konfliktlose Befriedigung, die unvermittelt und total in einem Augenblick gewährt wird, in dem der Wunsch danach nicht ausgedrückt und oft auch gar nicht klar gefühlt wurde.* Diese Art der Befriedigung[59] entspricht der Wiederbelebung der *narzißtischen Allmacht* und damit einer tiefen narzißtischen Regression. Sie ist derjenigen des Fötus sehr ähnlich, der außer bei pathologischen Unfällen eine automatische Befriedigung seiner Bedürfnisse erfährt, noch bevor sich diese als solche äußern. Man kann daraus schließen, daß es sich tatsächlich um den Versuch handelt, diese Art der Wuncherfüllung zu verewigen, die sich hinsichtlich ihrer wesentlichen Merkmale deutlich von der oralen Befriedigung unterscheidet.

»Die analytische Kur«, sagt Freud, »soll soweit es möglich ist, in der Entbehrung – Abstinenz – durchgeführt werden« (*Wege*

---

59 Nicht zu verwechseln mit der »magischen Befriedigung«, wobei der Begriff »Magie« eine bestimmte *Technik* beinhaltet, also einen aktiven motorischen, noch dazu regressiven und unangepaßten Impuls, eine Technik, die sowohl das Ausdrücken als auch die Befriedigung des Wunsches betrifft.

der psychoanalytischen Therapie, Ges. Werke 12, S. 187). Was bezeichnen wir als »Abstinenz« in der Analyse? Nun, das, was in der analytischen Situation selbst enthalten ist, denn die Analyse stellt, zumindest objektiv und von außen gesehen, eine Triebversagung im Sinne der Objektbeziehung dar. Der Patient ist trotz seiner diesbezüglichen Wünsche unfähig, eine energetisch voll befriedigende Objektbeziehung herzustellen, deshalb ist er ja in Therapie. Die Kur wird ihn nach und nach lehren, auf Versagungen entsprechend zu reagieren, und ihn nach Erreichen der Reife zu einer Objektbeziehung befähigen.

Wenn wir die narzißtische Regression als energetische Quelle der analytischen Situation anerkennen, warum muß dann der Analytiker die Neutralitätsregel respektieren oder – wenn es die Situation verlangt – diese aufgeben und dem Analysanden auf regressive Weise ein »Geschenk« machen? Weil der Analytiker, indem er auf den ausdrücklichen Wunsch des Patienten *antwortet,* so oder so die Ebene der narzißtischen Beziehung verlassen und in die Dimension der Objektbeziehung eintreten würde, die der Kranke, obwohl er sie fordert, gerade nicht verkraften kann. Anstatt ihn zu belohnen, hätte der Analytiker ihn frustriert, und zwar in einem Sinn, der im Gegensatz zur Analyse steht. Wenn der Analytiker dem Analysanden hingegen einen Wunsch abschlägt oder verbietet, übernimmt er auch die Initiative zu einer Objektbeziehung mit ihm und tritt somit in sein Spiel ein. Er frustriert ihn, indem er ihm eine Gratifikation zukommen läßt. Die narzißtische Regression muß nur deshalb aufrechterhalten werden, damit sie der Kranke schließlich überwindet und aus ihr die nötige Energie schöpft, um eine Objektbeziehung herzustellen. Der Elan muß jedoch vom Patienten selbst ausgehen, der Analytiker darf nicht der Vorstellung zum Opfer fallen, er könnte ihm diese Energie liefern. Die Integration vollzieht sich Schritt für Schritt. Wenn der Analytiker interveniert, um den Prozeß zu beschleunigen, verlangsamt er ihn in Wirklichkeit; es entsteht dann eine sadomasochistische Fixierung, der eine besonders mühevolle und schwierige Übertragungsneurose folgt (von der Möglichkeit einer schwer zu Ende zu bringenden, ja sogar überhaupt nicht zu beendenden Analyse gar nicht zu reden).

Das Schweigen des Analytikers, so unangenehm es auch für den Analysanden zu sein scheint, ist im Grunde – von Ausnahmen abgesehen – niemals traumatisierend. Der Analytiker bleibt – in seinem Schweigen – tatsächlich auf dem narzißtischen Boden, der *per definitionem konfliktlos ist*. Im Prinzip weiterführende und zunächst konstruktiv erscheinende Interventionen können sich dagegen als ganz unangebracht herausstellen. Explizit formulierte oder vom Patienten als solche erlebte Verbote und Einschränkungen (was ja das gleiche ist) stürzen ihn nicht nur in einen *realen* Konflikt mit dem Analytiker – in einen Konflikt, der sich der Analyse entzieht –, sondern haben für ihn auch die Qualität einer *Kastration* mit all jenen Konsequenzen, die diese aus therapeutischer Sicht impliziert. Jede echte Frustration vertreibt also das analytische Paar aus seinem narzißtischen Paradies, es sei denn, der Patient erlege sie sich selber auf mit dem Ziel, dorthin zurückzukehren, beispielsweise dann, wenn eine zukünftige und schuldhaft erlebte Objektbeziehung, als Vorwegnahme des Kommenden, ihre Schatten auf den Beginn der Analyse wirft. Schon die Kürzung der üblichen Stundendauer um einige Minuten kann eine ernsthafte Frustration bedeuten, genauso wie die zu kurzfristig angekündigten Ferien des Analytikers.

Die einzige Versagung, die dem Narzißmus des Analysanden wirklich einen Schlag versetzt und vom Patienten auch so erlebt wird, ergibt sich aus seinem Verhältnis zum Analytiker. Wir haben gesehen, daß eine Interferenz zwischen dem narzißtischen Wunsch des Kranken und dem Realverhalten des Analytikers die Analyse aus der Bahn geraten lassen, ihr das Profil einer Objektbeziehung geben und damit ihren Charakter und Inhalt unendlich von dem Niveau entfernen kann, das die momentane analytische Beziehung verlangt.

Wenn der Analysand beispielsweise den typisch narzißtischen Wunsch hat, vom Analytiker heterosexuell oder homosexuell geliebt zu werden, gibt es keinerlei Hindernis, diesen Wunsch zu analysieren. Ganz im Gegenteil. Wenn aber der Analytiker dem Kranken andeutet, daß er ihm unmöglich diese Befriedigung gewähren kann, so hat er die Situation auf eine Realebene, d. h. auf die Ebene des *Verbots* der Befriedigung übertragen. Da aber der Wunsch gerade – zu diesem Zeitpunkt

bzw. in der Art, wie er sich äußert – das angestrebte narzißtische Ziel an und für sich *darstellt*, kann das Verbot nicht
wiedergutzumachende Folgen haben.

Deshalb kann eine übertrieben neutrale und starre Haltung zu
Beginn der Analyse ein Wagnis bedeuten, weil sie eine reale
narzißtische Frustration darstellt, deren Spuren sich durch die
ganze Analyse hindurchziehen können. Narzißtische Überschwenglichkeit des Analytikers könnte jedoch ebenso störend,
wenn nicht ganz schädlich sein, da der Analysand leichter eine
masochistische Objektbeziehung als eine Verführung akzeptiert. Angesichts der beiden möglichen Haltungen »absolute
Neutralität« oder gelegentliche »spontane Zuwendung« entsteht
das Problem der »Dosierung«, dem man eine wissenschaftliche
Grundlage geben sollte, ohne dabei auf »Flair« und Intuition
zu verzichten, die für die Psychoanalyse unentbehrlich bleiben.

1.5 Die »narzißtische Zufuhr«

Wir müssen uns darüber klar werden, daß wir dem Kranken
in der Analyse etwas schenken; jede Deutung (unabhängig von
ihrem Inhalt bzw. ihrer Richtigkeit oder Fehlerhaftigkeit) ist
zunächst einmal ein »Geschenk«. Der Kranke zeigt das sehr
deutlich, indem er wie versessen darauf ist und ohne Rücksicht
auf ihre Beschaffenheit danach verlangt. Das ist ein außerordentlich wichtiger Punkt, und wir wissen gut, daß wir uns in
manchen Phasen der Analyse und in bestimmten analytischen
Situationen in Schweigen hüllen müssen und darauf zu verzichten haben, Deutungen zu liefern, seien sie auch noch so klar und
deutlich. Was ist nun der Sinn dieses »Geschenks« und dieser
Versagung? Was steckt dahinter? Wann gibt und wann verweigert man sie? Und in welchem Umfang? Man muß noch
erwähnen, daß der Analytiker niemals etwas von sich selbst
gibt, daß er als Person nicht in diesen Akt verwickelt ist, der
deshalb auch kein echter Austausch ist. Er wird immer *sein*
Spiel spielen, nicht dasjenige des Patienten. Selbst wenn der
Analytiker einmal von sich spricht, tut er dies nur in bezug auf
das Material, das der Kranke im Rahmen der analytischen Situation liefert. Er bleibt also eine wirkliche Abstraktion.

Wir haben gesehen, daß der Fötus in einem regressiven narzißtischen Zustand mit automatischer Befriedigung lebt, der per definitionem präambivalent und konfliktlos ist. Nach der Geburt wird das Kind dank äußerer Umstände und halluzinatorischer Wunscherfüllung noch in einer ähnlichen Lage belassen. Sie wird dann (plötzlich oder allmählich) durch die Niederlage seines Narzißmus, die ein schwer zu ertragendes Trauma darstellt, unterbrochen. Nur die Verdrängung erlaubt ihm – und dies auch nur unvollständig – die narzißtische Wunde zu überwinden. Was können wir tun, um ihm das Umschiffen dieser schwierigen Klippe zu erleichtern? Während er vorher eine Einheit mit seiner Befriedigungsquelle bildete und sich damit Lust durch sich selber verschaffte (das Wort »Glückseligkeit« würde besser passen), hilft ihm nun seine Umgebung, die narzißtische Einheit durch Liebe wiederherzustellen, d. h. sie wird als narzißtischer Reflex seiner selbst durch eine *jetzt von außen kommende narzißtische Befriedigung ersetzt*. Es handelt sich also um eine »narzißtische Zufuhr«. Gleichzeitig erlaubt ihm dieser Prozeß, sich nun den neuen Bedingungen (in Anbetracht der Tatsache, daß aus dem Inhalt jetzt eine Form geworden ist) anzupassen und seine Triebökonomie auf einer anderen Basis, nämlich auf der der Objektbeherrschung, zu reorganisieren.

Wir wollen hier nicht die Frage der Objektbeziehung in aller Breite wieder aufnehmen; diese Frage wird häufig diskutiert, und die Auseinandersetzung darum wird dadurch verwirrt, daß man versucht, die analytische mit der biologischen Ebene in Einklang zu bringen. Dabei sind beide doch ihrem Wesen nach verschieden und gehören zwei unterschiedlichen Dimensionen an. So diskutiert man beispielsweise den Augenblick, von dem an das Kind zur Herstellung von Objektbeziehungen fähig wird. Dieser Moment ist sicherlich zunächst von einem neurobiologischen Reifungsprozeß abhängig, aber nur (im Idealfall), wenn der parallel und unendlich komplizierte und subtile Prozeß der affektiven Reifung ebenfalls und ohne irgendwelche Komplikationen abgelaufen ist. Menschen, die uns aufsuchen, sind per definitionem solche, die einerseits diesen Verwicklungen nicht entfliehen konnten und andererseits als Erwachsene seit langem ihre eigentliche neurobiologische

Reifung beendet haben (ausgenommen einige Fälle, die zwischen beiden Systemen stehen).

Wir möchten die Wichtigkeit der narzißtischen Regression unterstreichen, einer Regression, die im Leben des Kindes gerade dem Stadium entspricht, das sich genau als Zwischenphase zwischen dem Verlust des pränatalen Narzißmus und dem wirklichen Erwerb dessen befindet, was diesen Verlust ersetzen muß, nämlich der Objektbeherrschung. Dieses Stadium steht formal zwischen dem Autoerotismus und den prägenitalen Stufen; tatsächlich überschreitet es diese Stufen jedoch, weil sein Ursprung im pränatalen Leben liegt[60] und – wie Freud gezeigt hat – das ganze Leben lang dauert[61].

Der Neurotiker ist ein Mensch, dessen affektive Entwicklung nicht befriedigend verlaufen ist und der diese Entwicklung *noch einmal* vor uns auf der analytischen Couch *beginnt*[62]. Wir sahen bereits, daß er zunächst einmal mit einer narzißtischen Regression[63] beginnt, aber nach und nach den Wunsch verspürt, aus der regressiven Situation herauszukommen und mit dem Analytiker eine neue Beziehung, die Objektbeziehung, anzuknüpfen. Diese Tendenz auf Kosten der ersteren verwirklichen zu wollen, bedeutet für ihn eine schwer zu ertragende Versagung, und dies um so mehr, als die Herstellung der neuen Situation ihn in Schwierigkeiten bringt, denen er – diesmal – nicht mehr entfliehen kann. Dieser Verzicht auf Regression ist einerseits in der analytischen Situation verankert (Wiederholung des geistigen Reifungsprozesses), wird andererseits aber erschwert durch die ständige Triebfrustration, die die Analyse mit sich bringt. Es handelt sich um die gleiche traumatisierende Situation, wie wir sie gerade beim Kind beschrieben haben; das, *was der Analytiker dem Patienten gibt, ist dieselbe »nar-*

---

60 »Die Absicht, jene Selbstzufriedenheit wiederherzustellen, die mit dem primären infantilen Narzißmus verbunden war« (*Vorlesungen zur Einführung in die Psychoanalyse, Ges. Werke* 11, S. 444).
61 ». . . daß die narzißtische Organisation nie mehr völlig aufgegeben wird« (*Totem und Tabu, Ges. Werke* 9, S. 110).
62 Vgl. diesbezüglich den Begriff »Neubeginn« bei Balint: *Das Endziel der psychoanalytischen Behandlung*, in: *Internationale Zeitschrift für Psychoanalyse*, 1935, und *Frühe Entwicklungsstadien des Ich*, in: *Imago*, 1937.
63 Auf psychobiologischer Ebene kann man sagen, der Analysand absorbiere kontinuierlich den Analytiker, der trotzdem weiter existiert: eine Situation, die mit der zwischen Fötus und Mutter identisch ist.

*zißtische Zufuhr« von außen, die dem Analysanden hilft, diese
Situation zu ertragen.*

Die narzißtische Zufuhr seitens des Analytikers besteht nicht
nur in Deutungen und wohlwollender Neutralität, sondern
auch in der Herstellung und Aufrechterhaltung einer besonders
befriedigenden Atmosphäre (narzißtische Einheit zu zweit):
eine Atmosphäre des Interesses, der ausschließlichen und zu-
verlässigen Aufmerksamkeit und der Möglichkeit zu unbegrenzten Phantasiebildungen. Ganz zu schweigen von der absoluten Freiheit, die der Analysand in der Behandlung genießt,
und von der Straflosigkeit, wobei diese potentielle und phantasiehafte Freiheit die einzige Form der Freiheit ist, an der
dem Narzißten gelegen ist. Die von *außen* kommende narzißtische Zufuhr entspricht dem unpersönlichen Charakter des
oben erwähnten »Geschenks«, das nicht vom Objekt kommt,
sondern auf das Subjekt zugeht, *als käme es von ihm selber,
genauso wie früher im pränatalen Zustand.* Der Analytiker ist
der unsichtbare Schatten des Subjekts; dieses existiert in dem
Augenblick für sich, der Analytiker dagegen bloß als unpersön-
licher Entwurf, als Phantasma[64]. Die Geschichte der Objektbeziehung, die gleichwohl zum Durchbruch kommt, ist die
Geschichte der Kur selbst; trotzdem wird die energetische
Quelle des Prozesses immer die narzißtische Regression sein,
die in der Analyse in der einen oder anderen Form ständig
gegenwärtig ist.

Da wir nun die wichtigsten Tatsachen kennen, ist es möglich,
die Kurve des therapeutischen Verhaltens zumindest im Hinblick auf Versagung und Belohnung zu erstellen; als Abszisse
fungiert dabei das *narzißtische Gleichgewicht,* das natürlich
nur relativ ist, da es sich um einen Neurotiker handelt, und als
Ordinate das Ausmaß der *Objektbeziehung* unter dem Gesichtspunkt der prägenitalen Entwicklung, wobei diese beiden
Faktoren sich reziprok ergänzen[65].

---

64 Dies ist tatsächlich bei manchen Patienten der Fall, die den gesamten
analytischen Prozeß in Form unbewußter Phantasien erleben, ohne daß
der Analytiker sie irgendwie frustriert oder belohnt, da sich für sie die
Analyse gewissermaßen unterhalb ihrer Wahrnehmungsschwelle abspielt.
65 Hinsichtlich des narzißtischen Gleichgewichts, das einer speziellen Arbeit vorbehalten bleiben soll, erlauben wir uns, vorweg eine Konzeption
des Narzißmus als einem autonomen Trieb mit einer »hedonistischen«

Der Wunsch nach der narzißtischen Belohnung kann äußerst dringend, heftig und tatsächlich unanalysierbar sein, d. h. daß ihm keine historische Übertragungsdeutung gerecht werden kann. Durch Versagung des Wunsches kann man beim Patienten eine Wiederbelebung der *letalen narzißtischen Komponente* begünstigen, die ihn in Extremfällen regelrecht töten kann, z. B. in Gestalt einer auftretenden Krankheit, eines Unfalls, eines Selbstmordversuchs usw., es sei denn, der Analytiker bemerkt die Notsituation und schafft Abhilfe, was im allgemeinen ziemlich leicht ist, da eine kleine Geste schon genügt. Zwischen dieser Situation und derjenigen des Säuglings können wir eine Parallele herstellen, wenn dieser lieblos und ohne narzißtische Zufuhr aufgezogen wird und schließlich daran stirbt. Es handelt sich hierbei um einen echten analytischen *Hospitalismus,* um den Begriff von R. Spitz[66] zu verwenden.

1.6 Die »narzißtische Vereinigung«

Wir haben dem Ursprung der narzißtischen Zufuhr erhebliches Gewicht beigemessen, um zu unterstreichen, daß es sich um

(Selbstliebe) und einer »letalen« (Objektkontrolle, Aggressivität, Allmacht) Komponente zu umreißen, die wir deshalb so genannt haben, weil sie bestimmte, rein psychische oder psychosomatische pathologische Veränderungen erzeugen kann, die in besonders schweren Fällen zum Tod führen. Diese Auffassung des Narzißmus fügt sich an der Stelle ein, wo Freud (loc. cit.) den Narzißmus als ein Stadium definierte, in dem die psychischen Energien noch nicht unterschieden sind (d. h. es bestehen noch keine Spannungen zwischen den erotischen Trieben und den Ich-Trieben; *Das Ich und das Es, Ges. Werke* 13, S. 268 ff.). Diese Triebe sind eingeengt und gewissermaßen in »nacktem« Zustand, weil der Weg ihrer adäquaten Integration über die Objektbeziehung laufen muß.

Diese Auffassung des Narzißmus ähnelt im ersten Augenblick dem Freudschen Paar Eros — Thanatos. Einerseits scheint aber Freud nicht diese Zwei-Teilung innerhalb des Narzißmus ins Auge gefaßt zu haben, andererseits weisen wir der letalen Komponente einen Platz zu, der gut definiert und im prägenitalen Reifungsprozeß angesiedelt ist; damit gelangt diese narzißtische Komponente wieder in einen klar begrenzten klinischen Rahmen.

Dagegen ist unserer Meinung nach die Gleichsetzung von letaler Komponente und Masochismus unzulässig. Der Masochismus kann sich tatsächlich als relativ entwickelte Form der Objektbeziehung dem Narzißmus entgegenstellen. Er ist außerdem ein Abwehrmechanismus, der vom Ich geleitet wird und eher zum Leben als zum Tod führt.

66 R. Spitz: *Hospitalism, The Psychoanalytic Study of the Child,* 1945.

eine besondere Beziehung oder besser: eigentlich um überhaupt keine Beziehung handelt. Zu Beginn vergrößert sich das Ich tatsächlich automatisch und kennt dabei keine Grenzen zwischen sich selbst und der Umwelt, da beide Faktoren eine Einheit bilden[67]. Die Welt befindet sich in ihm, aber es ist auch gleichzeitig die Welt, die es auf narzißtische Weise reflektiert. In dieser Entwicklungsphase ist das Kind nicht im Zentrum des Universums, sondern es *ist* dieses Universum selbst. Der *Einschluß* dessen, was es nicht ist, bedeutet in diesem Stadium lediglich eine theoretische Möglichkeit. Es handelt sich um eine tatsächliche Verschmelzung von Subjekt und Objekt: um »die narzißtische Vereinigung«. Bouvet[68] spricht von der Verbindung zwischen Analytiker und Analysand als von einer »konsubstantiellen Einheit«, ein Begriff, der noch stärker die Verschmelzung der beiden, die also nicht mehr getrennt bestehen, unterstreicht, wobei das Objekt völlig im Subjekt aufgegangen ist.

Der narzißtische Ursprung der analytischen Situation wird auch von Bertram Lewin[69] unterstrichen, der ihn mit dem *Traum* vergleicht. Er betrachtet beispielsweise die freie Assoziation als Ersatz für den Schlaf. Sicherlich ähneln sich Traum und analytische Situation in gewisser Weise, aber gewiß nicht

---

67 Nunberg (loc. cit.) spricht von der Neigung des Ich, seine Grenzen unter dem Schutz der positiven Übertragung, d. h. unter dem Schutz seiner »Allianz« mit dem Therapeuten zu erweitern. Uns scheint, daß diese automatische und konfliktlose Ich-Erweiterung *auf Kosten* des Therapeuten erfolgt, und zwar unter den Bedingungen, die wir oben beschrieben haben und die zu seiner Absorption als narzißtische Imago führt. Das Ich verfremdet sich nicht, sondern erweitert sich. Siehe ebenfalls die gelungene Untersuchung von Federn über die »Ich-Grenzen« (*Einige Variationen des Ichgefühls,* in: *Internationale Zeitschrift für ärztliche Psychoanalyse,* 12, 1926).
68 Bouvet: *Le moi dans la névrose obsessionnelle.*
69 Lewin, B.: *Dream Psychology and the Analytic Situation,* in: *Psychoan. Quarterly,* 1955.
Wenn die Psychoanalyse historisch aus der *Hypnose* hervorgegangen ist, hat sie auf diese verzichten und gewissermaßen etwas ihr Entgegengesetztes werden müssen. Diese Veränderung spiegelt sich in der Kehrtwendung wider, die Freud vornahm, als er nicht mehr direkt auf den Patienten *einwirkte,* sich vielmehr als Objekt und aus dem Gesichtsfeld des Patienten zurückzog. Der Kranke konnte nun frei in die narzißtische Phantasiebildung eintauchen.

nur wegen der Ruhelage[70]. Die Kranken schlafen nicht nur leicht ein während der Analyse, sondern – und hier liegt der positive Aspekt dieses Vergleichs – sie erzählen auch oft, daß sie sogar außerhalb der Analysestunden im Dämmerzustand die Analyse sozusagen wieder aufnehmen und *richtige Stunden machen*. Dabei verwirklichen sie die »ideale« Stunde, denn sie verbinden dabei die narzißtische Regression mit der Abwesenheit des Analytikers (wobei natürlich die Objektbeziehung schon im Durchbruch begriffen ist). Freilich existiert der Analytiker irgendwie dennoch, aber seine »Gegenwart« ist einzig und allein von der narzißtischen Allmacht des Patienten gelenkt, der dabei vor jeglicher Überraschung geschützt ist. Übrigens weist uns der Traum wieder auf die narzißtische Vereinigung hin, die der Fötus mit seiner Mutter eingeht – eine Ähnlichkeit, die häufig von Autoren erwähnt wird, die sich mit dieser Frage beschäftigt haben[71].

Edith Jacobson[72] schreibt über eine ihrer Patientinnen folgendes: »Ihre Übertragungsphantasien spiegelten die Idealisierung ihrer Analytikerin und die intime Vereinigung (closeness) mit ihr wider, *die zum wertvollsten Teil ihres Selbst geworden war*«[73].

Léon Grinberg[74] beschreibt die Absicht eines seiner Patienten, mit ihm eine Vereinigung auf narzißtisch-omnipotenter Grundlage zu verwirklichen.

---

70 Solch oberflächliche Ähnlichkeit ist der Grund für angeblich »rationale« und auf dem gesunden Menschenverstand beruhende Erklärungen, nach denen genau darin die Heilwirkung der Analyse besteht. Man erinnert dann in diesem Zusammenhang an die wohltuende »Spannungslösung« in der liegenden Position. Dagegen befindet sich der Analysand in einem Zustand extremer Anspannung, selbst wenn deren unmittelbare Auswirkungen durch das sie begleitende narzißtische Vergnügen maskiert sind und sich erst — wie wir gesehen haben — danach äußern. Der Analysand nimmt die kleinste Geste des Analytikers wahr, lauert auf jede seiner Bewegungen, vergißt absolut nicht, was dieser gesagt hat — nichts entgeht ihm. Wäre er in einem Entspannungszustand dazu fähig?
71 Wir denken natürlich vor allem an das klassische, jedoch sehr umstrittene Werk von O. Rank: *Das Geburtstrauma*.
72 Jacobson, Edith: *Transference Problems with Depressives*, in: *Journal of the American Psychoanalytic Association*, 1954.
73 Hervorhebung durch den Autor.
74 Grinberg, Léon: *Omnipotence, Magic and Depersonalisation in Transference*, Congrès de Genève, 1955.

Für Léo Stone[75] gibt es eine besondere Form der Übertragungsneurose, in der »der Therapeut sich mit dem Selbst des Subjekts verschmolzen findet, als ob er in allen Punkten dessen ›Selbst‹ sei«. Diese Verschmelzung ist rein narzißtisch: »Der Therapeut muß allmächtig, allwissend, Gott sein; ja, Therapeut und Patient sind gleichsam – alternierend – jeweils Teil des anderen«[76]. Diese Vereinigung ist Ausgangspunkt für zwei Reifungsprozesse: den der äußeren Objektkontrolle und den der narzißtischen Objektbeziehung[77]. Eine derartige Subjekt-Objekt-Verschmelzung, ein typisch narzißtisches Phänomen, sollte man nicht mit der Identifikation verwechseln, denn dort gibt es eine *Koexistenz*: Das Subjekt behält das Objekt gewissermaßen ständig als Identifikationsmodell, und das Objekt wird nach einem komplizierten Introjektions- und Inkorporationsprozeß als solches verinnerlicht.

Manche Analytiker glaubten, man könne die narzißtische Subjekt-Objekt-Verschmelzung in bestimmten analytischen Situationen als Hebel verwenden. So kennen wir den »Charakteriellen« bei W. Reich[78], der allen therapeutischen Versuchen widerstand, bis der Autor seine Blockierung auflösen konnte, indem er einfach alles, was dieser tat, *nachahmte*. Bei der Behandlung Schizophrener wird diese Methode gegenwärtig offenbar allgemein angewandt[79] [80].

75 Stone, Léo: *The Widening Score of Psychoanalysis*, in: *Journal of the American Psychoanalytic Association*, 1954.

76 Stern, A.: *Psychoanalytic Investigation and Therapy in the Borderline Group of Neuroses*, in: *Psychoan. Quarterly*, 1938.

77 Alice Balint: »Unsere Beziehung zu uns selbst entwickelt sich genau in der gleichen Weise wie diejenige zwischen dem Ich und der Außenwelt« (*Identification*, in: *Int. Journal of Psychoanalysis*, 1943).

78 Reich, W.: *Charakteranalyse*.

79 Rosen: *Direct Analysis*.

80 Die »Kommunion« ist hinsichtlich der Liebe typisch narzißtisch (es ist öfters an die Tatsache erinnert worden, daß der Gläubige die Hostie, ohne zu kauen, herunterschlucken muß; also keine Objektidentifikation, sondern narzißtische Kommunion).
Vertrauter und Geliebter spielen nicht die gleiche Rolle. Narzißtische Frauen vertrauen sich gerne Personen an, die für ihre Körperpflege zuständig sind (Autoerotismus); man vertraut sich ohne Übertragung an, ohne sich dabei um die Person des Gesprächspartners zu kümmern. Manche sprechen mit ihrem Hund oder sogar mit sich selbst (eine ziemlich direkte Form von Narzißmus). In Amerika kann man an der Tür eines beruflichen »Zuhörers« anklopfen, ihm eine halbe Stunde lang erzählen und dann wieder

Die »narzißtische Vereinigung« kann natürlich vom Patienten als Mittel des Widerstands benutzt werden, und zwar in einem klinisch strengeren Sinne, als er der allgemeinen Bedeutung der narzißtischen Regression zukommt. Ein Patient, der mit seiner eigenen Aggressivität zu kämpfen hat, diese aber nicht zu äußern wagt, wodurch seine Objektentwicklung verzögert wird, hat folgenden Traum:

»Ich liege, zusammen mit Ihnen, unter einer Sauerstoffglocke; wir bilden eine absolute Einheit.« Die Einfälle aus seinem Berufsbereich (der Patient ist Krankenpfleger) sowie der Umstand, daß er sich beim Bezahlen zu meinem Nachteil geirrt hatte, erlaubten mir, ihm die ganze Aggressivität zu demonstrieren, die sein Traum verbarg[81].

Im narzißtischen Stadium ist das Streben nach etwas gleichbedeutend damit, es zu sein. So wird die narzißtische Vereinigung Ausgangspunkt einer Selbstexpansion, die von einem großen Glücksgefühl (erhebende Erhabenheit) begleitet ist; da der Analysand gleichzeitig seine Allmacht auf den Arzt projiziert, gibt ihm die Vereinnahmung dieser Imago ein Gefühl des Anwachsens seiner Kräfte, das wir alle gut kennen. Diese Empfindung erlaubt es ihm beispielsweise, sich von bestimmten masochistischen Fesseln zu befreien, die er nun nicht mehr nötig hat. Dies kommt allgemein seinem Sozialverhalten zugute, und die Wirkung wird uns vielfach bestätigt. Diese Wirkung ist um so stärker, als sie unter Bedingungen der Triebversagung erreicht wird, einer Versagung, die gleichzeitig die narzißtische Reifung, die sich auf tieferer Ebene abspielt, begünstigt. Der Patient ist sich offenbar der Existenz dieser wechselseitigen

---

weggehen. Die Liebe (ebenso die Übertragung) birgt Geheimnisse, die man vor dem Partner versteckt, da eine positive oder negative Objektbeziehung zu einem außerhalb des Ich sich befindenden Objekt das Mißtrauen fördert.

81 Die narzißtische Vereinigung des Subjekts mit seinem *alter ego* könnte man besser als bisher durch die Untersuchung des Mythos vom Doppelgänger analysieren, eines Problemkomplexes, den O. Rank aufgeworfen hat. Rank legt anhand wichtigen Materials dar, wie der Mensch am Besitz seines Schattens festhält, dessen Verlust für ihn eine tatsächliche Kastration bedeuten würde. In der Analyse wird diese Rolle entweder vom Therapeuten oder von der analytischen Situation als solcher übernommen. Wie wir vorher gesehen haben, kann das Subjekt einen Objektkonflikt in der Übertragung wiedererleben, ohne dabei seine positive narzißtische Besetzung des Ich-Ideals, repräsentiert durch die analytische Situation, aufzugeben.

Abhängigkeit bewußt. Schritt für Schritt wird sich die Situation verändern, bis es die Ich-Reifung dem Subjekt erlaubt, sich immer beherzter in die Objektdimension zu wagen.

Man könnte versuchen, das Wesentliche des bisher Gesagten in die Kleinsche Perspektive zu übertragen:

Nachdem wir die narzißtische Wunde als Ursprung der Neurose erkannt haben, können wir sagen, daß der Konflikt des Kindes zwischen dem narzißtischen Allmachtsgefühl und der Realität ausgetragen wird. Bevor es sich an dem Trauma stößt, das den Zusammenbruch seiner Allmacht bewirkt, geht das Kind so vor, daß es den Trieb narzißtisch in sein »Selbst« und später in sein Ich einschließt; das gleiche geschieht mit dessen materieller Basis, die als Objekt noch nicht existiert. Diese seine Ich-Expansion liefert ihm so eine ideale narzißtische Befriedigung.

Nachdem es die narzißtische Wunde erlitten hat, versucht das Kind, sie durch Projektion oder vielmehr Extrajektion des fraglichen Triebes zu heilen; dieser ist an die Imago seiner materiellen Grundlage gebunden (die später Objekt wird), und die sich darüber hinaus an der energetischen narzißtischen Komponente orientiert. Letztere wird aufgrund der Versagung sadistisch aufgeladen: Die daraus resultierende Imago hat einen Zug ins Schreckenerregende.

Solche Projektion entspricht der

– *paranoiden Phase,* wie Melanie Klein sie nennt. Da andererseits das Kind – parallel dazu – das Phantasiebild zusammen mit dem befriedigenden, guten Objekt aufrechterhält, mündet seine Furcht, es (angesichts der Versagung einer sexuellen Befriedigung) zu verlieren in die

– *depressive Phase.*

1.7 Die narzißtische »Wiederherstellung« und das Überich

Die Relevanz der archaischen und quasi biologischen Beziehung, die die narzißtische Vereinigung von Analytiker und Analysand darstellt, unterstreichen heißt, der Analyse einen qualitativ anderen Stellenwert einzuräumen als den übrigen psychiatrischen und medizinischen Methoden. Die narzißtische

Regression spielt zwar in allen Behandlungsmethoden eine bestimmte Rolle, aber was die Analyse so einzigartig macht, ist die Art, wie sich der Patient in der therapeutischen Situation engagiert. Der Weg, den der Kranke in der analytischen Situation durchläuft, ist von eigener Art und steht unter einem besonderen Aspekt, er führt in andere Dimensionen und zielt vor allem auf Vollkommenheit, die den eigentlichen klinischen Rahmen sprengt und von zentraler Bedeutung für das Individuum ist. Alle diese Merkmale gehören der analytischen Methode als solcher zu und machen ihre besonderen Charakteristika aus.

Die Erfahrung zeigt uns zunächst, daß eine recht beachtliche Spanne besteht zwischen den Leuten, die von der Analyse profitieren könnten, und solchen, die tatsächlich auf sie zurückgreifen. Hier geschieht eine Auslese, die sich unserer Beobachtung entzieht, da wir immer nur ihre Ergebnisse sehen. Die Praxis hat außerdem gelehrt, daß es sich hier nicht allein um einen sozioökonomischen Auslesefaktor handelt, wie man vielleicht annehmen könnte. Denn trotz absoluter nosographischer Gleichheit begeben sich die einen in Analyse, während andere, eine zahlenmäßig viel größere Gruppe, diese niemals akzeptieren würden. Außerdem kann man niemanden gegen seinen Willen analysieren; man kann ihn nicht behandeln, wenn er sich nicht selbst behandeln will. Zur Analyse kommt nicht der, der will, und schon gar nicht der, der nicht will, auch nicht jeder, den man gerne nehmen möchte. Letzterer würde vermutlich eine oberflächliche Untersuchung erlauben, jedoch ohne sich strukturell verändern, also heilen zu lassen. In Begriffen der Übertragung ausgedrückt: Um die Übertragung auf den Analytiker und die Veränderungen, die sich daraus ergeben, anzunehmen, muß man zunächst eine »Übertragung« auf die Methode selbst machen wollen und können.

Der Analytiker führt, zumindest teilweise, eine gesellschaftliche Randexistenz. Das gleiche gilt für den Analysanden für die Dauer der Kur, manchmal noch für die Zeit danach (in diesem Fall ist die Analyse vermutlich nicht richtig zu Ende geführt worden). Ob man nun Analytiker und Analysand dafür verantwortlich macht, ändert nichts an den Tatsachen, auch wenn sich so mancher Analytiker vehement dagegen wehrt.

Man kann natürlich Analytiker sein oder sich »analysieren lassen«, wie man eine beliebige andere Sache macht; dabei ist es nicht leicht, das Phänomen, um das es uns geht, zu umschreiben, handelt es sich hier doch um etwas, das man nur durch unmittelbare Erfahrung kennenlernen kann und das sich nicht kodifizieren läßt.

Eine andere Eigentümlichkeit, die die gleiche Problematik berührt, besteht darin, daß der Analysand häufig in die Position des Analytikers überwechselt (und vice versa), da letzterer ja, bevor er seinen Beruf ausüben kann, selber eine Lehranalyse durchgemacht haben muß. Gerade in diesem Punkt unterscheidet sich die Ausbildung der Analytiker wesentlich von der anderer Fachärzte.

Neue Krankheiten treten auf, da die biologischen Grundlagen der Individuen wie auch die pathogenen Bedingungen unaufhaltsamen Veränderungen unterworfen sind. Was die Neurosen betrifft, so verändern sie sich ebenfalls; unsere »Vorfahren« behandelten in erster Linie Zwangsneurosen, Hysterien und Phobien, während wir sicher weniger mit Phobien zu tun haben. Auch die klassischen Formen der Zwangsneurosen sind seltener geworden, und an die »großen Hysterien« kann man sich kaum noch erinnern. Außerdem unterscheidet sich die Struktur der Neurosen von einer Gesellschaft zur anderen, wobei es sich nicht, wie manche glauben, nur um eine Frage der Nosographie handelt[82]. Ich weiß, daß das Problem viel komplexer ist und daß man zahlreiche andere Faktoren dabei ins Auge fassen muß, wie meistens in der Pathologie. Manche Krankheiten ändern sich, andere entstehen oder sterben aus; dabei kann man die Wichtigkeit außerbiologischer Faktoren bei derartigen Veränderungen nicht leugnen. Im Hinblick auf die Neurose spricht man z. B. von der veränderten Sexualmoral, d. h. von einer Modifikation des Überich. Derartige

82 Man weiß, daß die »amerikanischen« Neurosen anders aussehen als unsere; eine analoge Feststellung habe ich bei deutschen Analysanden machen können. Was mich jedoch am meisten überraschte, war die Tatsache, daß ich beim Umgang mit ungarischen Analysanden ein ganz ähnliches Material fand, wie es Ferenczi, der in Budapest praktizierte, an seinen Fällen beschrieben hat. Seine klinischen Beobachtungen sind bereits ein Vierteljahrhundert alt und durchaus anders als jene Analysen, von denen beispielsweise meine französischen Landsleute berichten.

Modifikationen hängen davon ab, in welcher Weise eine Gesellschaft jeweils ihre moralischen, politischen, ästhetischen, sozialen etc. Strukturen ausbildet, kurz gesagt: Sie hängen ab von ihrer *Kultur*. Der Kulturprozeß verläuft aber – wie Freud sagte[83] – *jenseits* der individuellen Entwicklung. Dies ist ein Faktor, der gesondert betrachtet werden muß, und zwar um so mehr, als er für unser Problem offenbar eine entscheidende Bedeutung hat.

Wir haben gesehen, welche wichtige Rolle das Trauma der verlorenen narzißtischen Allmacht in der kindlichen Entwicklung spielt. Wir haben hinzugefügt, daß das Kind trotz der Verdrängung des Traumas eine bittere Erinnerung daran behält und daß es dieses zu kompensieren und ungeschehen zu machen versucht. Man könnte alle Erscheinungen der Kultur[84] als eine Reihe von Versuchen ansehen, die narzißtisch vollkommene Situation wiederherzustellen. Diese Auffassung eröffnet weite Interpretationsmöglichkeiten, was hier jedoch unseren Rahmen sprengen würde. Wir wollen solche Versuche der »narzißtischen Wiederherstellung« vernachlässigen mit Ausnahme eines im übrigen mißlungenen Kompensationsversuchs: Ich meine die Neurose[85] [86]. Wir sagten »mißlungen«, weil sie gelingen kann, und richtig diagnostizierte und als solche eingestufte Neurotiker können die Analyse gerade aus diesem Grund sehr wohl ablehnen[87]. Man sollte jedoch nicht vergessen, daß ein Symptom – wie wir wissen – noch keine Neurose macht; die Neurose beginnt erst dort, wo das Individuum leidet. So kennen wir beispielsweise Hysteriker und Zwangscharaktere, denen es

83 Freud, S.: *Das Unbehagen in der Kultur, Ges. Werke* 14, S. 500.
84 Unter einem speziellen Gesichtspunkt und unter Vernachlässigung anderer; alles taucht tief ins Unbewußte ein und ist überdeterminiert.
85 P. Luquet (loc. cit.): »Die analytische Erfahrung wäre nichts als einer der vielen entsprechenden Versuche des neurotischen Ich, aus dem Konflikt mit seinem Imagines herauszukommen.«
86 Freud (*Die Frage der Laienanalyse, Ges. Werke* 14, S. 207–286) betrachtete die Psychoanalyse, d. h. die Annahme der Tatsache, vom Unbewußten geleitet zu sein, als eine der großen narzißtischen Wunden, die der Menschheit zugefügt wurden; der Neurotiker, so scheint uns, hat diese Erniedrigung sehr gut in ihr Gegenteil umkehren können, er hat die Situation sozusagen ganz auf Kosten des Analytikers umgedreht, der nun den Gegenschlag hinzunehmen hat.
87 Wir sollten uns in solchen Fällen hüten, diesen Menschen eine Analyse aufzudrängen, weil das ernsthafte Schwierigkeiten bewirken könnte.

hervorragend oder doch relativ gut geht[88]; deshalb sollten wir den Begriff »Neurotiker« Hysterikern und Zwanghaften vorbehalten, die unter ihrem Zustand leiden. Wer in diesem Sinne kein Neurotiker ist, versucht zunächst mit anderen Methoden, die narzißtische Wiederherstellung zu ermöglichen, Methoden, denen gemeinsam ist, daß sie auf einer Objektbeziehung gründen und dadurch per definitionem zum Mißerfolg verurteilt sind; erst nachdem diese Methoden gescheitert sind, wird der Kranke – und dies auch nicht immer – in die Analyse gehen, d. h. er wird eine völlig andere, narzißtische Wiederherstellung erproben[89]. Die Widerstände, die er aufbaut (der Wunsch, nicht gesund zu werden), resultieren aus der Tatsache, daß – *wie sein Unbewußtes ihm signalisiert* – diesmal eine Behandlung heilversprechend sein könnte, bzw. daraus, daß er in die Enge getrieben wird und einen schwierigen Kampf zu bestehen hat, dessen Ausgang zu wichtigen und grundlegenden Änderungen seiner Struktur führen wird. Anders ausgedrückt: Durch seinen Verzicht auf die Neurose muß er auf die narzißtische Wiederherstellung verzichten, die jene ihm, wenn auch unzureichend und mit Schwierigkeiten und Leiden verbunden, bot. Nun muß er sich für eine neue narzißtische Abwehr entscheiden, die voller Ungewißheit und Unberechenbarkeit und, aus energetischer Sicht, ganz neuartig ist. Der Kranke befindet sich also an einem Scheideweg, vor einem Dilemma, das – um die Situation in eigenartiger Weise zu komplizieren[90] – durch einen hinzutretenden Faktor noch vergrößert wird: durch das Überich.

Der Neurotiker könnte außer diesen beiden Abwehrmaßnah-

88 Es handelt sich entweder um die hysterische »narzißtische Wiederherstellung«, d. h. um die somatische Wiedergewinnung der Allmacht auf regressiver Ebene, oder um die zwanghafte Wiedergewinnung derselben Allmacht durch Verschiebung; im ersten Fall überwiegt das oral-regressive Moment (hedonistischer Anteil), im anderen das anale (letaler Anteil).
89 Die passive Haltung des Analysanden ist an sich schon Garantie gegen eine mögliche narzißtische Verwundung. Paradoxerweise schützt tatsächlich Passivität vor der Gefahr eines narzißtischen Traumas: »Wenn ich die Initiative an andere abgebe, kann ich durch die Feststellung meiner Unfähigkeit nicht mehr schmerzlich überrascht werden.«
90 Der Widerstand gegen die Analyse ist aus der Sicht des Kranken durchaus gerechtfertigt, was uns noch besser die Art der strengen Auswahl verstehen läßt, die zur klaren Trennung zwischen Neurotikern, die die Analyse akzeptieren, und anderen, die sie verweigern, führt.

men[91] (Neurose und Analyse, denn diese ist im Augenblick nichts als eine Abwehr) noch andere mit mehr oder weniger Glück probieren, je nach seinen Möglichkeiten, seiner relativen Ich-Stärke und der Mentalität, die er im Hinblick auf sein Milieu entwickelt[92]: Es könnte sich dabei um Anstrengungen im Sinne einer Sublimierung, einer sekundären Betätigung, einer perversen Regression, um die Bildung eines Charakterpanzers, oder um eine Verschiebung der Objektbeherrschung, der Liebe, mystischer oder okkulter Dinge, des Spiels usw. handeln. Meistens jedoch fühlt sich der Neurotiker bei der Wahl dieser Möglichkeiten und ihrer Verwirklichung eigenartig behindert; diese Wahl ist nämlich einem wichtigen Faktor, der die Bewegung leitet, unterworfen: dem *Überich*. Der Neurotiker, der seine Verletzung zu kompensieren sucht, wird von seinem Überich angehalten, solche narzißtischen Abwehrmechanismen auszuwählen und zusammenzustellen, die dessen Forderungen entsprechen. Wenn also seine normale Abwehr schlecht funktioniert, dann wegen eines Überich-Konflikts[93]; *und falls der Neurotiker sich für eine neue Abwehr samt Annahme eines neuen Überich entscheidet, signalisiert er damit eine regelrechte Revolte gegen sein altes Überich*[94], mit dem er sich in Konflikt befindet[95].

91 Wir verwenden von jetzt an diesen Begriff anstelle von »Wiederherstellung«, weil letzterer uns etwas schwerfällig erscheint.
92 Hier wird der kulturelle Faktor wirksam.
93 Die Abwehr — wie das Symptom — muß sowohl das narzißtische Trauma *als auch* seine Wiederherstellung vereinen: die narzißtische Abwehr, durch die beide auf angemessene Art im Überich zur Übereinstimmung gebracht sind.
94 Uns scheint, daß man es im gleichen überichhaften Sinn verstehen muß, wenn Freud von der Tendenz des Ich spricht, auf seinen libidinösen Positionen zu beharren und sie nicht gegen andere, befriedigendere, einzutauschen.
95 In der Ehe des Neurotikers wird das Überich — eine zusammengesetzte Imago — durch den Partner repräsentiert. Der Beginn einer Analyse fördert dann häufig eine unerwartete und heftige Aktualisierung eines latenten Ich-Konflikts zutage, und der Patient wagt mit Unterstützung des neuen Überich, das alte anzugreifen.
Diese Frage spielt überhaupt eine wichtige Rolle im Eheleben. Die Frauen sind häufig eifersüchtig, nicht nur auf die Freundschaften ihrer Männer, sondern auch auf deren Interessen und Lieblingsbeschäftigungen. Es handelt sich um einen Konflikt zwischen zwei verschiedenen Überichs, wobei dasjenige des Mannes Elemente enthält, die dem der Frau fehlen. Der Mann ist jedoch im allgemeinen nicht auf das weibliche Überich eifersüch-

Um eine Analyse auf sich zu nehmen, muß man schon zu Beginn psychisch relativ stabil sein, einen gefestigten Willen und eine gewisse Ich-Stärke besitzen[96] [97]. Der Neurotiker steht in ständigem Konflikt mit seinem Überich. Aber das ist noch nicht das gleiche, wie dem Überich »zu kündigen«. Damit es diesen Punkt erreicht, werden vom Ich des Patienten zusätzliche Mutleistungen verlangt. Daher steht die Analyse nicht jedem offen, und der Grund, warum sie oft ziemlich lange dauert, ist der, daß ihr Verlauf durch den Widerstand, d. h. das alte Überich, behindert wird. Deshalb scheitert sie auch

tig, was beweist, daß die Eifersucht der Frau einen entgegengesetzten Wunsch verdeckt, und daß sie — unbewußt — ihr Überich gegen das des Mannes austauschen möchte, ein Überich, dessen ursprüngliche Grundlage der Penis ist (Melanie Klein).

Wenn es zu einem heftigen Kampf zwischen zwei Überichs kommt, sind in aller Regel auch ambivalente Momente wirksam. In einer ausgeglichenen Beziehung kann jeder sein Überich und seine narzißtische Abwehr ohne Angst behalten, und dies, ohne den Zorn des Partners zu provozieren.

Das Abreagieren des Ödipus beim Adoleszenten besteht sehr häufig in der Aufgabe des elterlichen Überich und der Annahme eines neuen Überich, das diesem genau entgegensteht.

96 Die Labilität des Patienten kann sich entweder in seiner Unfähigkeit, die infantile Regression zu verlassen, äußern oder — umgekehrt — in dem Bedürfnis, sich an Pseudoobjektbeziehungen zu klammern, ohne sich dabei einer offenen narzißtischen Regression hingeben zu können wie etwa in der Psychoanalyse. Ich habe zweimal einem jungen Mädchen gegenübergesessen, das sich gegen die Analyse dadurch wehrte, daß sie immer wieder Themen brachte, die außerhalb der analytischen Situation hätten diskutiert werden müssen. Ich ließ sie sich dann trotzdem hinlegen, was sie allerdings nicht hinderte, mit ihrem Manöver fortzufahren. Eine plötzliche Änderung ergab sich aber *in dem Augenblick, als ich ihr die Grundregel erklärte*. Dieser junge Mensch, der sich so beredt und zuversichtlich gab, sah sich von einem zum anderen Augenblick außerstande, auch bloß eine Silbe hervorzubringen. Nach 15 Minuten war die Stunde zu Ende. Das Mädchen stand auf, und seitdem sah ich es nie wieder. Zweifellos konnte es die narzißtische Freiheit nicht ertragen, die ihm die spezifische Bedingung der Kur zusicherte, ebensowenig die Verpflichtung, die narzißtische Freiheit mit all der Triebbefreiung, die sie beinhaltet, zu nutzen.

97 Wir sprechen zwar vom »Ich«, wollen aber diesem Begriff hier keine strenge metapsychologische Bedeutung zuschreiben, weil das Ich des Neurotikers — wie das des Kindes — sich mitten in der Strukturierung befindet; es gibt jedoch eine funktionell verschiedene und sehr frühe Form des Ich, die vor allem narzißtisch ist, nämlich das »Selbst«. Nach Meinung einiger Autoren, z. B. Lechats (*Notes sur les premières relations objectales*, in: *Bulletin d'activités*, Nr. 26), hängt das Subjekt vor der Erreichung eines vollkommenen Ich sozusagen in der Luft und kann nur durch das Objekt leben; das ist zwar eine wissenschaftlich akzeptable Sicht, die jedoch durch biologische Tatsachen ergänzt werden müßte.

manchmal. Der »Kampf mit dem Engel« verlangt Entschluß-
kraft und vor allem narzißtisches Vertrauen zu sich selbst. Der
Kampf ist schnell aufgenommen, und wer es wagt, ihn zu
beginnen, führt ihn auch bis zum Sieg fort. Trotzdem gibt es
Abbrüche, und das »Engagement« in der Analyse stellt, wenn
es nicht spontan vorhanden ist, gewisse Probleme und verlangt
eine vorsichtige Technik. Ein anderer schwieriger Augenblick
ist gekommen, wenn sich das Duell um die »Übertragungsneurose« auf dem Höhepunkt befindet. Inzwischen hat der
Analytiker die Funktion des neuen Überich übernommen (das
den Prozeß, um den sich die neue Lösung der narzißtischen
Wiederherstellung kristallisiert, regiert)[98]. Ihm fließt die gesamte libidinöse Besetzung zu, die die Projektion des *narziß-*
tischen Ich-Ideals des Analysanden als Verwirklichung unbewußter Phantasien mittels Antizipation seiner Triebwünsche
beinhaltet[99] [100].

98 Darin besteht der wirkliche Grund der *Abhängigkeit* des Kranken von
seinem Analytiker, die ihm seine Umgebung als Untreue, ja Auflehnung
vorwirft, was übrigens der Wirklichkeit entspricht. Mit Eintritt in die
Analyse und folglich der Zugehörigkeit zu einem neuen Überich bricht der
Patient mit seinem alten Überich, mit dem die Überichs der anderen Fami-
lienmitglieder eine neurotische Koexistenz hergestellt haben, die zumindest
einen modus vivendi darstellt. Dieses unsichere Gleichgewicht, mit dem
man so vorsichtig umgehen mußte, findet sich nun durch die plötzliche Entscheidung des Kranken in Frage gestellt. Die Reaktion der Umgebung des
Analysanden bleibt, selbst wenn sie dem Anschein nach positiv ist, immer
sehr ambivalent. Sie enthält sicherlich Eifersucht. Aber trotzdem bleibt der
Analysand standhaft. Hat er nicht alles in seiner gefährlichen Unternehmung eingesetzt? Wenn er jemals eine totale Unterstützung benötigte, so
gerade jetzt, und deshalb vervielfältigt er auch die Treuebekundungen gegenüber seinem Analytiker als Repräsentanten und Personifizierung seines
neuen Überich, der Analyse.
99 Die Krankheiten, zumindest solche mit konflikthaftem Ursprung, bei
denen sich der psychische Faktor immer in irgendeiner Form findet, entsprechen einem verkehrten Narzißmus (Unerträglichkeit der letalen, nicht
integrierten Komponente). Indem er in jeder neuen Methode, bei jedem
neuen Therapeuten eine andere narzißtische Abwehr sucht, muß der Kranke gleichfalls seinen Arzt oder vielmehr seine Behandlung mit der Würde
eines Überich besetzen. Da nun diese Objektbeziehung *real* ist, wenn auch
immer noch neurotisch, ambivalent und sado-masochistisch, wird sie einen
anderen Ausweg als die Besetzung des Analytikers einschlagen und früher
oder später entarten. Manchmal gelingt es dem Kranken, mit seinem Arzt
ein festes »Paar« zu bilden, wobei die Haltungen beider sich ergänzen,
aber ihre Beziehung das ganze Leben dauern müßte.
Siehe den interessanten Artikel Balints: *The Doctor, his Patient and the*
Illness, in: *The Lancet,* 2. April 1955, und die Übersetzung in *R. F. P.*
100 Wir wiesen bereits auf das kulturelle Moment der individuellen Über-

Wir haben schon kurz erwähnt, wie empfehlenswert es ist, die Fälle nicht zu analysieren, in denen sich der Patient, obwohl er objektiv neurotisch ist, d. h. Symptome zeigt, der Analyse widersetzt. Solche Patienten verfügen tatsächlich über eine narzißtische Abwehr, die sie relativ befriedigt, und ihnen gewissermaßen durch ihr entsprechendes Überich auferlegt ist[101]. Es kann hier also nicht darum gehen, das Überich durch ein anderes auszutauschen, denn dies entspräche der Verwerfung des ersten Überich[102]. Wenn man darauf besteht, kann man

ich-Strukturen hin, das von moralischen, ästhetischen, politischen und anderen Einflüssen seines Milieus geprägt ist. Man kann sich somit die hohe Komplexität des Überich und der narzißtischen Abwehrformen vorstellen, die dadurch bedingt sind. Die Analyse bedeutet — aus dieser Sicht — einen tiefen Umbruch der Persönlichkeit, eine strukturelle Durcharbeitung, die allem Anschein entgegen das ausschließliche Werk des Analysanden selbst ist. Der Inhalt seines neuen Überich kommt ebenfalls vom Analysanden selbst, nachdem dieser schrittweise eine vorher in ihm blockierte Triebentwicklung freigelegt hat, ähnlich wie in der Geschichte vom Dornröschen. Der Analytiker übernimmt dabei die Funktion eines Katalysators, eines notwendigen Vermittlers für die Projektionen, und die analytische Situation wirkt als Energiequelle. Die anagogischen Tendenzen einiger sogenannter psychoanalytischer Schulen bringen Verwirrung in einen Prozeß, der per definitionem im Inneren vor sich geht, verfälschen seinen Verlauf und bringen ihn damit zum Stillstand.

Die Lehre Jungs läuft darauf hinaus, den Kranken in einem bestimmten Augenblick der Analyse auf eine außeranalytische Abwehrform hin zu orientieren, die durch die Behandlung gerade verdeckt war. Es handelt sich hierbei lediglich um eine mystische Pseudosublimierung auf religiöser Grundlage, eine Sublimierung, die das ganze Leben aufrechterhalten werden muß, und die — selbst indem sie die der Analyse entliehene Energie als Krücke benutzt — einen großen Teil der Libido des Kranken bewegungsunfähig macht.

Die Lehre Adlers benutzt systematisch eine bekannte narzißtische Abwehr: Der narzißtisch Traumatisierte nimmt gerne die Theorie einer irgendwie gearteten organischen Schwäche an, auf die er mit dem »männlichen Protest« reagiert. Wenn es sich um eine organische Schwäche handelt, die angeboren, zufällig und äußerlich ist, die also der Welt außerhalb des Ich zuzuschreiben ist, kann sich der narzißtische Kern der Persönlichkeit geschützt vorkommen. Man akzeptiert alles, damit man nur nicht das Grundtrauma, den Verlust der Allmacht, berührt. Die Analysanden (und manche Analytiker) tendieren leicht dazu, alles auf die Eltern zu schieben, was ja teilweise richtig ist. Aber alle Kranken sind andauernd damit beschäftigt, den genauen Unfall, das einzelne äußere Ereignis, das plötzlich die fragliche Störung verursacht hat, mit Hilfe des Arztes, und manchmal gegen dessen Meinung, herauszufinden.

101 Unserer Meinung nach berühren wir hier das Wesen des Widerstandsphänomens.
102 Das Publikum ist immer ganz offen feindlich oder ambivalent gegen-

den Patienten entweder in eine endlose Analyse stürzen oder eine Verschlimmerung seines Zustandes, z. B. psychosomatische Komplikationen, hervorrufen. Auf alle Fälle kann man mit Sicherheit voraussagen, daß eine Heilung zunehmend problematisch wird. Es wäre interessant, die Beziehungen zwischen der Analyse als narzißtischer Abwehr und den anderen analogen Abwehrformen des Patienten einmal gesondert zu untersuchen. Was nun die Neurose betrifft, so gibt der Kranke sehr oft unverzüglich einen Teil seiner Symptome auf, als ob er – *indem er sich prinzipiell für eine andere Lösung (die Analyse) entschieden hat* – sie nicht mehr nötig hätte. Manchmal unternimmt er gewisse Sublimierungsaktivitäten oder trifft unter ihnen eine Wahl, wobei er gleichzeitig Material fördert, dessen Analyse sehr lehrreich sein kann. Das Subjekt kann außerdem den Gebrauch verschiedener Abwehrformen miteinander kombinieren, eine durch eine andere ersetzen, sie abstufen usw. Häufig kann man im Verlauf des Lebens mancher Patienten die sukzessive Abnutzung solcher narzißtischer Abwehrformen beobachten: Liebe, verfehlte Sublimierung, dann Toxikomanie und schließlich wahnhafte narzißtische Regression. In einer korrekt geführten Analyse vollzieht sich diese Entwicklung im positiven Sinne; die Behandlung kann eine relativ befriedigende narzißtische Abwehr auf Kosten einer anderen verstärken, die in geringerem Maße befriedigend wirkt. Wenn man einen Süchtigen, sozusagen »bis auf weiteres«,

---

über der Psychoanalyse. Natürlich ist die Analyse eine narzißtische Abwehr wie jede andere, beispielsweise eine Ideologie, eine Mystik oder eine Religion. Nun wissen wir ja, daß sich die Menschen bemühen, »ihre Überzeugungen« dadurch abzusichern, daß sie den ihnen gebührenden Respekt verlangen. Sie entziehen sie ängstlich jedem möglichen Zugriff, verteidigen sie entgegen aller Logik und häufig selbst gegen den gesunden Menschenverstand; dabei kann sie kein objektives Argument erreichen, was manchmal in paradoxe Situationen ausartet, die dann mit um so heftigerem Einsatz verteidigt werden. Die Reaktionen, die diese Versuche hervorrufen, reichen von starker Feindseligkeit über Angst bis zu Panik, und werden selbst dann ausgelöst, wenn es sich um sehr geringe Unterschiede zwischen zwei miteinander konkurrierenden Überichs handelt (der »Narzißmus der kleinen Unterschiede«). Das primitive, archaische Überich ist tatsächlich ein »eifersüchtiger Gott«, der keine Teilung erträgt; es ist *einzigartig* und monolithisch, und weil es so ist, bedroht die geringste Absicht, es zu verändern, seine Existenz, daher seine heftige Reaktion. (»Wenn ein anderes Überich als meines wahr sein kann, so ist also meines falsch«.)

hysterisch macht oder eine melancholische Depression in Masochismus umwandelt, hat man das Spiel schon gewonnen[103].

Wenn wir die Analyse als eine *dem Überich konforme narzißtische Abwehr* betrachten, so ermöglicht uns das, einige eigenartige Konstellationen zu verstehen.

Selbst wenn es den Wissenschaftler in uns stört, ist sicher, daß der Analysand an die Analyse *glauben* muß; nicht umsonst wird gerade dieser Ausdruck oft benutzt, wenn man von der Analyse spricht. Die Analytiker freilich benutzen ihn nicht. Der Analysand muß nicht nur an die Analyse glauben, sondern muß seine »Anhängerschaft« ausdrücklich bekunden, und er versäumt selten die Gelegenheit, dies zu tun. Dieses Verhalten entspricht wahrscheinlich dem Bedürfnis zu zeigen, daß er sein neues Überich – und zwar in ausschließlicher Weise (Monotheismus) – angenommen hat.

Individuen, die eine zweite Analyse machen, verspüren ein Bedürfnis, über ihren alten Analytiker schlecht zu reden (sie vergleichen ihn mit dem neuen und schmeicheln diesem), um zu zeigen, daß sie ihr anders strukturiertes Überich bereits verworfen haben, das der erste Analytiker darstellte, und daß es hier keine Unklarheiten gibt (Psychologie der Konversion und des Bekehrungseifers). Der zweite Analytiker, besonders wenn er ein Anfänger und der andere ein »Vater« ist, wird gerne diese Ehrungen annehmen, die jedoch immer ambivalent sind und sorgfältig analysiert werden müssen[104].

Diejenigen, die die Analyse ablehnen, tun dies manchmal lautstark und beschimpfen den, der sie ihnen vorschlägt, und sie sehen rot, sobald man davon spricht, *selbst wenn es sich gar*

---

103 In etlichen Analysen scheint die Rolle dieser neuen narzißtischen Abwehr, die die Analyse selbst darstellt, bedeutungslos und vorläufig zu sein; manchmal genügt es dann, einige relativ oberflächliche Konfliktkerne aufzulösen, die das Funktionieren der *gewohnten* narzißtischen Abwehr des Patienten behindert haben, damit diese von nun an wieder ohne allzuviel Komplikationen ihre Aufgabe erfüllen kann.

104 Wir werden später sehen, daß der Analysand gegenüber seinem Analytiker ein spezifisches Schuldgefühl wegen der Heilung empfindet. Nachdem ihn sein Analytiker korrekt und wirkungsvoll behandelt hat, wagt der Analysand nicht, die Heilung von ihm anzunehmen. Er verläßt ihn, um die durchgeführte Kur von einem anderen Analytiker für gültig erklären zu lassen, dem gegenüber er sich keineswegs verpflichtet fühlt und also auch keine Schuldgefühle besitzt.

nicht um sie, sondern um eine andere Person handelt. Dieser heftige Widerstand, der dieses Mal keineswegs als solcher gerechtfertigt ist, ist auch eine Demonstration: Das Subjekt zeigt damit seinem derzeitigen Überich, daß es ihm treu bleibt und sich sozusagen nicht abwerben läßt. Die Heftigkeit verrät übrigens gleichzeitig den (ebenso heftigen) Wunsch, sich doch abwerben zu lassen; man weiß, daß diejenigen, die eine Analyse mit solchem Ungestüm zurückweisen, sie häufig sehr nötig haben.

Die Angst mancher Künstler, durch die Analyse ihre Eingebung zu verlieren, entspricht dem gleichen Schuldgefühl gegenüber ihrem strengen archaischen Überich, von dem sie sich nicht zu befreien wagen, um sich in der Analyse zu engagieren.

Der Analysand überträgt offensichtlich dem Analytiker die Würde des Überich und schwört ihm einen Treueeid. Aber man darf nicht übersehen, daß es sich dabei nur um sein eigenes projiziertes Überich und nicht das des Analytikers handelt, das ihm stets unbekannt ist und übrigens, wie wir gesehen haben, auch bleiben muß. Der Analytiker muß – als Spiegel – völlig offen für die *narzißtischen* Projektionen des Analysanden und in diesem Sinne leer bleiben. Daher darf der Spiegel auch kein anderes Bild reflektieren, und der Analytiker muß sich ganz konsequent davor hüten, persönlich in die analytische Situation einzutreten, indem er *seine* Ideen darlegt, Meinungen äußert und in persönlicher und direkter Form Partei ergreift[105].

Die Rolle des Analytikers ist per definitionem provisorisch. Wäre das nicht der Fall, so müßte man immer in Analyse sein; glücklicherweise »kippt« die Situation zu einem bestimmten Zeitpunkt, und von dort aus nimmt die Kur eine andere Richtung. So verlaufen die Dinge zumindest in der Freudschen Analyse, aber nur in ihr. Diese Wendung – mit ihren Folgen – soll, wie wir hoffen, das Thema einer späteren Arbeit werden.

---

105 Es ist etwas anderes, wenn er das vom *Analysanden gelieferte* Material ergänzt oder kommentiert, wenn er (diskret) seine Übereinstimmung oder (noch diskreter) seine Zweifel ausdrückt, wenn er einer vom Analysanden begonnenen Bewegung einen leichten Stoß gibt oder sie im Gegenteil bremst.

1.8 Zusammenfassung

Wir können aus dieser Abhandlung nur vorläufige Schlüsse ziehen, weil bisher lediglich der erste Teil, und dieser außerdem unvollständig, vorgelegt werden konnte; wir beschränken uns daher auf eine kurzgefaßte Darstellung im Sinne der gesamten vorangegangenen Überlegungen:

1. Die Analyse ist ein autonomer Prozeß mit eigener Entwicklung, der auf eine sozusagen natürliche Vollendung abzielt. Diese untergründige Entwicklung verläuft auf einer, von der eigentlichen Analyse verschiedenen Ebene; sie kann mit dieser gleichgesetzt werden und entzieht sich der Dramatisierung oder der Deutung. Obwohl wir das Ziel hatten, den ganzen Verlauf vom Anfang bis zum Ende aufzuzeichnen, mußten wir uns auf die Beschreibung des dynamischen Faktors beschränken, der – nach unserer Meinung – dem Prozeß seine vorwärts treibende Kraft liefert. Es ging dabei um

2. das *narzißtische Element*. Die genaue Definition dieses Begriffs erforderte eine gründliche Untersuchung, die diesen Rahmen sprengen würde. Wir haben uns also damit begnügt, einige Passagen Freuds als Anhaltspunkte zu benutzen, und uns im übrigen auf die Bedeutung gestützt, die die Analytiker bzw. die Umgangssprache dem Begriff im allgemeinen geben. In der Umgangssprache wird er gewöhnlich der »Eigenliebe« gleichgesetzt[106]. Der Analysand findet sich in der analytischen Situation – durch Vermittlung seines Analytikers – *sich selbst gegenübergestellt*, unter eigentümlichen Bedingungen, die eine überwachte, narzißtische Regression begünstigen, welche in sich die Möglichkeit einer ganz spezifischen Entwicklung birgt. Der analytische Prozeß wird durch diese narzißtische Regression ausgelöst, und die so freigesetzte narzißtische Libido liefert der analytischen Situation für die Dauer der Analyse das dynamische Potential.

3. Es stellt sich natürlich die Frage, wie man diese Auffassung des »Narzißmus« in der analytischen Situation in die Trieb-

---

106 Im Sinne der Selbstliebe.

theorie integrieren kann. Wir deuteten bereits einen parallel verlaufenden Prozeß an: Ein Prozeß spielt sich an der Oberfläche, auf dem Niveau des gelieferten analytischen Materials ab, während der untergründige, energetische Prozeß eine viel tiefere Ebene berührt. Diese parallele Bewegung kann als solche erst im zweiten Teil dieser Arbeit näher untersucht werden. Der Parallelismus beherrscht in gewissem Sinne die Beziehung zwischen den eigentlichen Trieben und dem Narzißmus. Das Triebleben gründet sich in seinen vielfältigen Äußerungen auf dem narzißtischen Faktor und wird von diesem gelenkt; es verleiht ihm gleichzeitig Ausdruck und stellt die Mittel für seine Wirksamkeit bereit. Der narzißtische Faktor besitzt also Vorrang. Das Bedürfnis »Ich muß mich befriedigen« ist nur deshalb mit einem psychischen Relief ausgestattet, weil das Subjekt sich gleichzeitig autonom fühlen will, insofern es sich befriedigen *kann,* und diese Befriedigung auch *verdient.* Die Bestätigung dieser Triebfreiheit kann eine solche Bedeutung annehmen, daß bereits die *Möglichkeit* zur Befriedigung genügt, ohne daß das Subjekt auch die *Verwirklichung* seines Wunsches braucht. »Handeln können« ist das Wesentliche, und »Handeln« dient häufig nur als Beweis dafür.

4. Dieser Beweis ist für den Menschen deshalb notwendig, weil er sehr früh erkennen muß, daß er sich nicht auf die ihm adäquate Art befriedigen kann, und daß diese Unfähigkeit zu den Voraussetzungen seiner Existenz, zur *conditio humana,* gehört. Weit davon entfernt, sie anzuerkennen (die Aufrechterhaltung seiner Allmachtsillusion, mit der er auf die Welt kommt, scheint ihm wichtiger zu sein als die eigentliche Triebbefriedigung), sucht der Mensch nach Mitteln und Wegen, die ihm die Wiedereroberung dieser illusorischen Allmacht, und damit eine Aufrechterhaltung dieser Fiktion ermöglichen. Das Wesentliche für ihn ist, daß er dabei auf diese oder jene Weise Erfolg hat; entscheidend für ihn ist also die *Wiederherstellung seiner narzißtischen Integrität.*

5. Die normale Entwicklung der Stellung, die der Mensch in seinem narzißtischen Konflikt einnimmt, führt von der halluzinatorischen Befriedigung zur Objektkontrolle, also zu einer von Sekundärprozeß und Realitätssinn beherrschten

Lösung des Konflikts. Wenn diese Entwicklung gestört wird, greift der Mensch auf verschiedene Kompensationsmechanismen zurück, mit deren Hilfe er – mit mehr oder weniger Glück – dieser beängstigenden Situation entfliehen kann.

Einige dieser Mechanismen führen, wenn ihr Einsatz scheitert, zur Neurose. Die spezifische Wirksamkeit der Analyse besteht darin, daß sie dem Neurotiker erlaubt, die oben skizzierte Entwicklung unter günstigen Bedingungen zu wiederholen. Die analytische Situation bringt eine auf die narzißtische Wiederherstellung gerichtete Bewegung in Gang und leitet sie parallel dazu mehr und mehr in Richtung auf die Objektkontrolle. Diese Parallelität wird später untersucht werden; wir können aber schon jetzt sagen, daß es sich um einen komplexen Prozeß zweier auf das engste miteinander verknüpfter Bewegungen handelt, die manchmal miteinander interferieren und einen Reifezustand erreichen, den man als »Objektualisierung des Narzißmus« oder als »Narzissierung der Objektbeziehung« bezeichnen könnte (man verzeihe mir die schrecklichen Neologismen, die ich in Ermangelung passenderer Begriffe benutze); die Untersuchung dieses Zustands wird uns zu gegebener Zeit noch beschäftigen. Der Mensch hätte damit den Übergang von einem primitiven, konfliktlosen Zustand (halluzinatorische Wunscherfüllung) zu einem an die Realität angepaßten, höher entwickelten, konfliktlosen Zustand verwirklicht. Er hätte sich damit sozusagen selbst übertroffen, nachdem er Schritt für Schritt sein ursprüngliches narzißtisches Überich wieder aufgebaut hat, das nun mit Elementen der Objektbeziehung bereichert und an diese angepaßt ist.

6. Die analytische Situation bedeutet demnach für den Patienten:

a) eine halluzinatorische Wunscherfüllung durch »Vorwegnahme«;

b) eine neue Überich-Bildung (die Analyse), nachdem sich die alte (die Neurose) als ungenügend herausgestellt hat. Die narzißtische Illusion der Allmacht des Kranken (archaisch-sadistische Komponente des Überich) wie auch sein narzißtischer Wunsch nach Vollkommenheit (Ich-Ideal) finden in der Analyse ihre Erfüllung;

c) eine Konfliktauflösung durch Aufrechterhaltung der narzißtischen Allmacht und Unterdrückung des Konfliktzu-
standes; und zwar gilt dies in Hinsicht auf unser eigentliches Thema, d. h. den Aufbau der analytischen Situation
und den dynamischen Faktor, der ihre Entwicklung beherrscht; eine Entwicklung, die hinführt

d) zur Anpassung an die Realität durch deren Eroberung;
dabei gelangt die Überich-Bildung ins Reifestadium.

Der Prozeß, weit davon entfernt, homogen und kontinuierlich zu sein, verläuft natürlich sehr komplex. Damit ist
schließlich diese Arbeit nur eine einfache Einführung, denn
wir haben – insgesamt – das Problem lediglich schematisch
darstellen können.

2. Einleitung zur topischen Untersuchung des Narzißmus[1]

Der analytische Prozeß kann aus der Sicht der Theorie der psychischen Instanzen in einigen überraschend einfachen Sätzen zusammengefaßt werden:

In der Analyse tauscht das Subjekt sein archaisches, neurotisches *Überich* gegen ein anderes, geschmeidiges und besser angepaßtes ein, sein *Ich* wird stärker und damit fähig, seine Triebe zu integrieren: »Wo *Es* war, soll Ich werden«.

Bei der Untersuchung der analytischen Situation wurde mir klar, daß diese Aussagen an heuristischem Wert gewinnen würden, wenn sie durch die Konzeption des *Narzißmus* ergänzt werden, und man diesem den Rang einer autonomen psychischen Instanz zugesteht. Dann könnten wir der Lösung einiger zentraler Probleme der normalen und pathologischen Psychologie noch näher kommen, als es der gewöhnlich verwendete dreiteilige klassische Rahmen erlaubt.

Ich bedaure, dies aus Zeitmangel in meinem Vortrag nicht soweit ausführen zu können, wie es das Thema eigentlich erfordert; Gegenstand dieses Vortrags wird also – weniger attraktiv und bedeutend enger begrenzt – die Darlegung einer Auffassung der psychoanalytischen Topik einschließlich einiger Überlegungen über die analytische Behandlung selbst sein. Dieses Thema ist all denen vertraut, die meinen Bericht hierüber kennen; ich werde daher versuchen, Sie so weit wie möglich mit Wiederholungen zu verschonen.

Die analytische Behandlung scheint sich völlig im Zeichen des Ich abzuspielen. Die Neurose selbst, die das Subjekt nötigt, sich ihr zu unterziehen, stellt sich als eine Erkrankung des Ich dar[2]. Die Analyse kann man als Heilungsversuch eines schwa-

---

1 Vortrag vor der Société Psychanalytique de Paris am 19. 11. 1957, erschienen in: *R. F. P.*, Juni 1958.
2 Freud: »... daß die Neurose auf einem Sträuben des Ichs gegen den Anspruch der Sexualfunktion beruht (*Einige Folgen des anatomischen Geschlechtsunterschieds, Ges. Werke* 14, S. 29), oder auch: »Die Neurosen

chen und unreifen Ich betrachten, der es befähigen soll, die vielfältigen Aufgaben zu bewältigen, die ihm bevorstehen. Dieser Prozeß der Umstrukturierung muß am Ende der Behandlung, wenn nicht vollendet, so doch wenigstens wirksam eingeleitet sein.

Die Hauptrichtung der Behandlung ist, wie wir gesehen haben, mit der der Ich-Entwicklung identisch, einer an sich geraden Linie, von der es jedoch eigenartige Abweichungen geben kann, wenn sich der Prozeß etwa durch das verlängert, was wir *Widerstand* genannt haben (ich lasse all die anderen Faktoren beiseite, die ihren Verlauf beeinflussen, insbesondere das Problem der Triebreifung). Ebenso wie die Verdrängung, die die Analyse abzubauen versucht, ist der Widerstand gegen die Analyse eine Maßnahme des Ich. Das Ich scheint zunächst die analytische Arbeit zu begünstigen, um sich ihr dann jedoch entgegenzustellen. Freud[3] beschreibt diese Kehrtwendung des Ich mit einer gewissen irritierten, aber durchaus verständlichen Überraschung.

Freud schreibt diese plötzliche Kehrtwendung des Ich dem Auftreten der negativen Übertragung zu, die die Opposition des Patienten bei der Aufdeckung von Widerständen hervorruft, so wie die positive Übertragung das Aufdecken des unbewußten Materials begünstigt. Aus der Praxis wissen wir, daß die positive Übertragung die Analyse häufig in noch stärkerem Maß als die negative blockiert, daß in diesem Sinne gegebene Deutungen auf mehr Widerstand stoßen, und daß man den »Übertragungswiderstand« isoliert hat, weil die Übertragung in ihrer Gesamtheit dem Kranken eine gewisse Furcht vor der Analyse in Form eines wahrhaften Übertragungsagierens erlaubt. Außerdem stellen wir immer häufiger fest, welch wertvolle Hilfe gerade die Analyse dieser negativen Übertragung

sind, wie wir wissen, Affektionen des Ichs« (*Abriß der Psychoanalyse, Ges. Werke* 17, S. 111).

3 Freud: »Es ereignet sich aber folgendes: Während der Arbeit an den Widerständen tritt das Ich — mehr oder weniger ernsthaft — aus dem Vertrag aus, auf dem die analytische Situation ruht. Das Ich unterstützt unsere Bemühungen um die Aufdeckung des Es nicht mehr, es widersetzt sich ihr, hält die analytische Grundregel nicht ein, läßt keine weiteren Abkömmlinge des Verdrängten auftauchen« (*Die endliche und die unendliche Analyse, Ges. Werke* 16, S. 84).

der analytischen Arbeit leistet, während Freud selbst die negative Übertragung als Quelle des Widerstandes betrachtet hat (ohne vom großen Nutzen des »stummen« Abreagierens zu sprechen, das sich in einer Art Leere – die allerdings noch von unbewußten Phantasien bevölkert wird – vollzieht, die sich das Subjekt schafft, um die Objektübertragung und alles, was mit ihr zusammenhängt, auszuklammern).

Diese paradoxe Haltung des Ich wurde als Ich-Spaltung bezeichnet (Freud). Sterba[4] nimmt an, daß die »Deutung mit Beziehung auf die Spaltung des Ich in einen Teil, der erlebt, und einen anderen vernünftigen, der diese Erlebnisse beurteilt, wirksam wird«. Diese Zweiteilung des Ich könnte man zur Not akzeptieren, wäre man nicht genötigt, neben diesen beiden Ich-Anteilen einen dritten Ich-Anteil anzuerkennen, dessen Aktivität in dem Prozeß von besonderer Wichtigkeit ist. Er ist den anderen Ich-Anteilen aus psychischer Sicht ebenbürtig und gleichberechtigt und erfüllt spezifische Aufgaben. Die Eigenschaften dieses psychischen Organs sind allerdings nicht die, die man gewöhnlich dem Ich zuschreibt. Es handelt sich um eine viel geringer entwickelte und stärker homogene Struktur, die sich ausschließlich auf den Primärprozeß erstreckt. Dieser dritte Ich-Anteil ist also bezogen auf das übrige Ich ein Fremdkörper, obwohl seine Rolle im therapeutischen Prozeß von größter Wichtigkeit zu sein scheint; die Initiative zur Analyse selbst, wie auch der Elan, von dem sie geprägt ist, scheinen tatsächlich von diesem Ich-Anteil abhängig zu sein. Dieser Faktor muß also vom eigentlichen Ich getrennt werden, das *im Sinne des Widerstandes arbeitet*. Das Ich als hoch organisierte Instanz mit wesentlichen und vielseitigen Aufgaben stellt all seine Fähigkeiten in den Dienst der Pionierarbeit des Analytikers. Hierbei handelt es sich jedoch um das Ich als Ganzes, so daß unter diesem Gesichtspunkt die Theorie einer Zweiteilung des Ich unhaltbar wird. Sterba meinte, diese Schwierigkeit umgehen zu können, indem er annahm, der konflikthafte Ich-Anteil des Subjekts werde durch das Ich des Analytikers gewissermaßen ersetzt (sozusagen durch ein »importiertes Ich«). Diese

4 Sterba zitiert nach Fenichel: *Die psychoanalytische Theorie der Neurosen.*

Auffassung ist jedoch ebenfalls schwer aufrechtzuerhalten und wurde zudem heftig kritisiert. Sie muß zurückgewiesen werden: Es gibt keine »Ich-Prothese«, zumindest nicht in der Analyse; sonst kostet das Spiel der Analyse mehr, als es wert ist.

In meinem bereits zitierten Bericht[5] habe ich von der »erhebenden Erhabenheit« gesprochen. Ich habe darin zu zeigen versucht, daß diese »erhebende Erhabenheit« in der analytischen Situation einer oral-narzißtischen Regression entspricht und als solche dem Auftreten der historischen Übertragung vorausgeht, die an sich objekthaft und deshalb ambivalent ist, während die narzißtische Regression vorambivalent ist. Ich habe darauf hingewiesen, daß es notwendig ist, beides voneinander zu trennen, selbst wenn gewisse, im voraus auftretende, eigentlich nicht besetzte Elemente der geschichtlichen Übertragung das homogene Bild der narzißtischen Regression verfälschen. Die »erhebende Erhabenheit«, ein höchst befriedigendes Gefühl, kann nur ein narzißtischer Zustand ohne Objekt sein, denn, wäre das Subjekt einer ebenso befriedigenden Objektbeziehung fähig, hätte es eine Analyse so wenig nötig wie Alkoholiker und andere Süchtige (für den Alkoholiker beispielsweise ist sein Getränk sowohl eine »erhebende Erhabenheit« als auch ein gutes Objekt, das sie ihm verschafft). Ich habe ebenfalls betont, daß, selbst wenn manche Analysen nicht in der beschriebenen Weise verlaufen, das erhebende Element immer in der einen oder anderen Form gegenwärtig ist, auch wenn es manchmal hinter einem Vorhang aus schuldhaftem und lärmendem Sado-Masochismus verborgen ist. Auf jeden Fall ist der narzißtische Beginn der Analyse ziemlich häufig; Freud hat daher mit Recht von den »analytischen Flitterwochen« gesprochen, natürlich in Anspielung auf die Übertragung.

Heute ist es möglich, noch entschiedener die energetische Wichtigkeit der narzißtischen Regression in der Analyse hervorzuheben. Ich denke an Analysen, die jahrelang dauern und in deren Verlauf *die Übertragung auf alle möglichen Weisen gründlich analysiert wurde, jedoch ohne Resultat.* Es handelt

5 Vgl. in diesem Band: *Analytische Situation und Heilungsprozeß,* insbes. S. 48 f.

sich dabei oft um *aufgedrängte* Analysen, die daher *von Anfang an dem Narzißmus des Patienten widerstreben.* Diese Kranken überwinden niemals ihre Angst vor den Stunden und können sich niemals der narzißtischen Regression der analytischen Situation hingeben. Auch das Ich dieser Kranken widersteht der gesamten Kur und erfährt aus diesem Grunde nicht die geringste positive strukturelle Veränderung. (Ich neige sogar dazu anzunehmen, daß sich der Zustand dieser Kranken unter dem Druck der unablässigen Deutungen, denen ihr Ich nur durch Verstärkung des Widerstandes begegnen kann, sogar noch verschlimmert.) Nur ihre psychoanalytische Bildung wird hierbei vertieft, womit sie dann ihre Umgebung, und selbst den Analytiker, in die Irre führen.

Wo Federn[6] von der »Regression auf die Bildung eines archaischen Ich«, das sich »in narzißtischer Weise auf die Lust ausrichtet«, spricht, zögert er nicht, die analytische Situation in die »pathologischen und physiologischen Veränderungen der libidinösen Energie (Schlaf, Traum, *Psychoanalyse, Ekstase*), die die Kontinuität dieses Bestrebens wieder herstellen können«, einzureihen. Die Hervorhebung stammt von mir. Sie soll zeigen, wie eng die Verwandtschaft ist, die der Autor zwischen der Psychoanalyse, der Ekstase, dem Traum und dem Schlaf sieht, dessen regressiver Charakter ja schon seit der *Traumdeutung* anerkannt ist. Die erhebende Erhabenheit begleitet einige Phasen der Analyse, und gewöhnlich ordnet man sie der positiven Übertragung zu, der eine eigenartig euphorische Atmosphäre entspricht. Auf alle Fälle ereignen sich die gleichen »erhebenden« Phänomene anläßlich mancher Einsichten, die einige Autoren als sogenannte »emotionale Einsichten« bezeichnen. Es handelt sich um die Empfindung einer außergewöhnlichen Kraft, eines plötzlichen, starken, triumphierenden und jubilierenden Wohlseins. Diese »Einsicht« kann nur vom Ich erlebt werden, während wir eben gesehen haben, daß dieser begeisternde Sieg über einen »Gegner« davongetragen wird, der ebenfalls das Ich ist. So stellt sich die Frage: *Wie soll man den Beifall des Ich zu seiner eigenen Niederlage verstehen?*

6 Federn: *Ego Psychology and the Psychoses.*

Bevor wir diese Frage beantworten können, müssen wir noch einmal auf die Phänomenologie der Therapie oder vielmehr der analytischen Stunde eingehen. Ich habe in dem Bericht, der dieser Frage gewidmet war, auf einige spezifische emotionale Aspekte der Stunde und insbesondere das *Stundenende-Syndrom* hingewiesen. Diese emotionalen Aspekte bezeugen die Einfügung der Analyse in den spezifischen analytischen Prozeß, und ich habe bereits betont, daß diese Einfügung nicht der geschichtlichen Übertragung zugeschrieben werden kann, da diese trotz ihres Vorhandenseins und ihrer gründlichen Analyse sehr wohl zu einem völlig negativen Resultat führen kann. Diese Einfügung verändert sozusagen das Leben des Patienten im narzißtischen Sinn; die Kur wird zum zentralen Ereignis seines Lebens, denn er erlebt die analytische Situation als ein Universum, das ihm selbst gehört und in dessen Zentrum er selbst steht[7].

Wir wissen, daß die Vorstellung des Analysanden, der einzige Patient zu sein, seine geläufigste Phantasie ist; ich sagte bewußt »Patient«, weil die ödipale Strukturierung dieser Phantasie nur sekundär ist und einer objekthaften Überstruktur, die noch hinzukommt, entspricht, was sich übrigens auch im täglichen Leben ereignet. Wenn sich der Kranke anders verhält, so geschieht das infolge des doppelten Aspektes der analytischen Situation, die zwischen narzißtischer Regression und Widerstand hindurch zu offensichtlich paradoxen Situationen führt, in denen sich der Kranke auf vehemente Weise (Totalblock) widersetzt, jedoch um alles in der Welt seine Stunde nicht versäumen will. Der Widerstand kann noch stärker (der Kranke läßt Stunden ausfallen), ja total werden; man darf

---

7 Häufig kommt der Analysand zur ersten Stunde nach den Ferien, also einer Unterbrechung von zwei bis drei Monaten, als sei überhaupt nichts geschehen, und nimmt die Analyse genau an dem Punkt wieder auf, wo er aufgehört hatte. Hinter diesem Verhalten, das man als zwanghaft bezeichnen könnte, steht jedoch etwas ganz anderes. Offenbar zweifelt der Kranke keinen Moment daran, daß der Analytiker automatisch und symmetrisch auf sein Verhalten eingehen wird, weil er ja Teil des »narzißtischen Universums zu zweit« ist, und damit in keiner Weise durch die Unterbrechung behindert wird.

nicht vergessen, daß sich die Mehrzahl der »objektiven« Neurotiker aufgrund ihrer Struktur niemals einer analytischen Kur unterziehen würde[8]. In jedem Fall gilt: Wer Übertragung sagt, sagt auch geschichtliche Deutung oder zumindest Wiederbelebung einer erlebten konflikthaften Situation »in der Übertragung«. Nun wissen wir, daß sich der Zustand des Kranken häufig zu Beginn der Analyse ohne irgendeine Deutung oder ein Abreagieren, das als Konflikterledigung betrachtet werden könnte, bessert. Konsequenterweise erfährt das Ich des Analysanden dabei keinerlei Veränderung; wir sehen einige seiner Symptome nach wenigen Wochen oder wenigen Stunden verschwinden, manchmal sogar nach der ersten und einzigen Unterredung. (In diesen Fällen von einem »Eingriff« zu sprechen, hieße doch wohl, sich mit leeren Worten zu begnügen. Wir wissen ja, daß ein beliebiger »Eingriff« diese Wirkung nicht hervorruft, ausgenommen es handelt sich um eine Therapie, die eben den Faktor enthält, den ich hervorheben möchte und der die gleichen, vorläufigen und oberflächlichen Besserungen hervorruft.)

Untersuchen wir die Art der Erkrankungen, die »geheilt werden« oder sich schnell im Laufe einer analytischen Behandlung bessern, obwohl diese kaum begonnen hat und keine eigentlich analytische Arbeit erfolgte, so finden wir vor allem zwei Kategorien von Symptomen:

– entweder die verschiedenen somatischen Konversionen: Verdauungsstörungen, Depressionen, manche Arten der Schlaflosigkeit, gewisse Ängste usw., die zum *oralen Sektor* gehören bzw. einen Aspekt des Symptoms aufzeigen, der der

---

8 Ich denke, daß diejenigen, die zur Erklärung dieser analytischen Grundsituation die Mutter-Kind-Beziehung heranziehen, einem terminologischen Fehler hinsichtlich der Objektbeziehung aufsitzen. Die narzißtische Verbindung wird — selbstverständlich — mit der Mutter oder eher einem Teil der Mutter ausgebildet, aber keines von beiden kann in diesem Augenblick Objekt genannt werden, denn — wie Freud und andere seither gezeigt haben — gibt es noch keine Grenzen und demnach auch keine wesentlichen Unterschiede zwischen dem Subjekt und dem, was erst zu einem sehr viel späteren Zeitpunkt Objekt werden wird. Übrigens ist das Übertragungsmaterial in dieser analytischen Phase typisch ödipal, der Kontrast zwischen der heiteren Glückseligkeit dieses Zustandes und der tragischen Versagungsatmosphäre, die den Einbruch mütterlicher, stets sehr ambivalenter und extrem pathogener Konflikte begünstigt, ist zu groß.

oralen Komponente entspricht, und den man vom Rest isolieren muß;

– oder Symptome mit stark *narzißtischer* Komponente, etwa manche Schmerzen, die ebenso wie die mit ihnen zusammen auftretende Angst sofort nach den ersten analytischen Kontakten abnehmen[9].

Die erhebende Erhabenheit ist an sich typisch narzißtisch: Das Subjekt sieht sich im Zentrum des Interesses seines Analytikers und fühlt sich beschützt und gestützt durch den neuen Zustand als »Eingeweihter«[10]. Es fühlt sich stark, mächtig, im Bewußtsein gestiegenen Wertes und mit der Erwartung, daß dieser in der Analyse noch beträchtlich zunehmen wird[11].

9 Daß *hysterische* Symptome (im Gegensatz zu Zwangssymptomen) häufig schnell verschwinden, ist eine bekannte Erscheinung, die um so verständlicher ist, als die Hysterie zu den *vorwiegend oralen* Krankheiten zählt. Ich habe das in meinem Artikel *Oraler Konflikt und Hysterie* dargestellt (geschrieben 1952, veröffentlicht in *R. F. P.* 1953 und in *Bulletin de la Société de Belgique*). Seither konnte ich erfreut feststellen, daß meine Schlußfolgerungen auch von anderen Autoren aufgegriffen worden sind.

10 Nebenbei bemerkt erlaubt ihm dieses Gefühl, den Mitgliedern seiner Umgebung gegenüber neue Positionen einzunehmen, was ich bereits (loc. cit.) im Zusammenhang mit dem »analytischen Überich« angedeutet habe; diese Positionen sind jedoch relativ brüchig, da sie nicht, wie es später der Fall sein wird, auf einer soliden Triebgrundlage errichtet sind; augenblicklich handelt es sich noch um »Anwandlungen«, die einzig und allein durch die narzißtische Erhabenheit gestützt sind.

11 Emery sagte mir auf der Couch: »Ich mache die Analyse, damit ich stärker werde als die anderen. Ich werde bekommen, was die anderen nicht haben. Ich werde tolle Sachen machen können.«

Achille, den ich bereits erwähnte: »Ich verspüre keine Lust zu sprechen, denn ich finde, allein schon die Vorstellung, die ich habe, ist heilsam. Meine Augen schließen sich, mein Sehen wird ungenau, meine Sehschärfe nimmt ab, ohne daß ich die Augen schließe. (Der Kranke vollzieht vor mir eine narzißtische Regression.) Das ist Ruhe, eine enorme Entspannung. Der Schmerz ist weg (ein Schmerz in der linken Schulter). Wie sich hier meine Sehkraft verändert, ist erstaunlich. Ich kann Sie kaum noch sehen. Ich kann diese Bilder mit einem Augenzwinkern unterdrücken . . .«

»Übrigens sind das alles Dummheiten. Sagen Sie mir, ich soll mich gehenlassen. Ich vertreibe die Bilder, weil ich sie dumm und unvernünftig finde. Aber trotzdem kann ich mich dabei erstaunlich gut ausruhen. Vorgestern beim Weggehen habe ich einen *Sprung* gemacht. Ich war in toller Form. Wenn ich spreche, bleiben die Bilder stehen. Die Entspannung schwächt meine Kräfte (Regression hinsichtlich der Motorik). Das Wort bringt alles in Schwung — vollständige Entspannung — Nirwana. Haben Sie mir dieses Wort eingeredet (Introjektion-Projektion)? Die Bilder rufen Sie auch hervor. Der Anfang der Stunde ging mir auf die Nerven, jetzt möchte ich bleiben. Ich sehe Sie als Fakir, Sie haben ein magisches Fluidum. Was können Sie für mich tun? Ich möchte Sie noch näher kennenlernen.«

Diese Äußerungen sind natürlich nicht authentisch und geben nur die Auswirkung der narzißtischen oder der *oral-narziß-tisch gemischten Regression* wieder. Die tiefe orale Regression hat übrigens immer eine narzißtische Grundlage und zielt – dank der oralen Triebbefriedigung – auf die Wiederherstellung des Zustandes vor dem narzißtischen Trauma ab, auf das Glück vor dem »Sündenfall«, d. h. vor der Objektbeziehung. Gerade der vorobjekthafte, mithin vorambivalente Charakter verschafft der analytischen Situation ihre Leistungsfähigkeit und liefert ihr ihre Energie. Ich möchte natürlich nicht den Eindruck erwecken, es gäbe keine anderen Faktoren, die in der analytischen Situation wirksam werden; auch wenn ich sie hier nicht behandele, so halte ich sie doch nicht für unwichtig. Ich glaube nur, daß ihre Einbeziehung über die Grenzen meiner vorliegenden Untersuchung hinausgeht. Es gibt jedoch einen Punkt, den ich hier nicht übergehen möchte. Um Unklarheiten in dieser Frage zu vermeiden, werde ich in großen Zügen die spätere Entwicklung der analytischen Situation skizzieren. Ich möchte jenen Punkt hervorheben, an dem die narzißtische Regression zusammen mit einer Parallelbewegung, nämlich der Objektbeziehung, auftritt, die sich zu Beginn der Kur kaum

In der folgenden Stunde: »Gestern, als ich von hier wegging, kam ich mir wie *aufgeblasen* vor. Ich finde aber, das ist ziemlich magisch. Und da ich nun Rationalist bin ... Gestern habe ich es besser gemacht als sonst, ich habe alles gesagt, was ich dachte, *obwohl ich Angst hatte, mich zu täuschen.* Ich bleibe bei der Stange. Das Wort ›Hypnose‹. Mir tränen die Augen. Warum? Wenn ich das Gefühl von gestern wieder herstellen könnte, das gefiele mir. Im Grunde betreibe ich hier Autosuggestion, die Sie begünstigen, und so kann ich gesund werden. Ich bin ein braver Schüler.
Nein, all das ist idiotisch. Aber wenn das, was ich habe, absurd ist, warum soll mich nicht die Absurdität heilen können?
Entspannung, körperlich fühle ich mich wohl, ja außerordentlich wohl, eine richtige Euphorie und das, obwohl ich immer noch viel rauche.
Entspannung in der Herzgegend, als ich Sie verließ. Ich bin *gedopt*, jeden Tag ein bißchen. Warum nicht? Wenn ich dabei gesund werde. Ich habe heute mehr Vertrauen als gestern. Alles in allem läuft es gut, und trotzdem erzähle ich Ihnen nur vom Unglück und nicht vom Glück. Die ›Bilder‹ sind nicht wiedergekommen. Es sind Bilder im Gehirn. Wie ein Zugriff. Lasse ich sie entstehen, oder gibt es sie wirklich? Es ist verrückt, aber so was existiert. Ich schlafe ein.«
Wenn ich meine Analyse beende, werde ich das Doppelte wert sein. Doktor, sind meine ›Bilder‹ normal? Die Art, wie ich Sie verlasse, hat etwas Gekonntes, ich bin aalglatt.« (Ich deute seine Schuldgefühle über die Heilung.) Er: »Es stimmt, ich habe Gewissensbisse. Manchmal in der Stunde meine ich, nun sei es genug, und dann habe ich einen ›leeren‹ Kopf.«

abzeichnet, mit deren Fortschreiten aber immer deutlicher wird.

Ich erlaube mir hier an eine frühere Arbeit zu erinnern, in der ich die entsprechende Position von Analysand und Analytiker in der »narzißtischen Vereinigung« (eine Art *narzißtisches Feld,* das von beiden: Analysand und Analytiker, begrenzt wird) in detaillierter Form dargestellt habe. Dabei erscheint der Analytiker als Spiegel oder Echo des Analysanden, und beide stehen *symmetrisch* zueinander: »Ich spreche zu Ihnen, damit Sie zu mir sprechen«, sagte einer meiner Kranken. Ein anderer sagte mir, er sehe mich auf der Kante meines Sessels sitzen; sein Hauptproblem bestand darin, daß er sich nirgendwo »einfach« hinsetzen konnte, weil er eine Situation nie wirklich bewältigte, sondern alles, auch Fragen des Besitzes, in der Schwebe ließ. Es handelt sich hier nicht um eine Projektion, sondern um eine echte Subjekt-Objekt-Verschmelzung, ähnlich der Haltung des narzißtischen Kindes, das die Umwelt ganz selbstverständlich zu einem Teil seiner selbst macht. Diese Haltung könnte, wenn die Umgebung des Kindes sie begünstigt, eine gewisse Zeit aufrecht erhalten werden, dies um so mehr, als sie sozusagen das Muster einer analogen, aber späteren Situation darstellt, in der das Kind seine verlorene narzißtische Allmacht durch die Elternimagines wiederzugewinnen sucht, diesmal jedoch über die *Identifikation* mit ihnen (Freud). Aber früher oder später gelingt dem Kind die selbstverständliche Einbeziehung der Umwelt nicht mehr. Unvermeidliche Triebversagungen, die nicht durch »halluzinatorische Wunscherfüllung« ausgeglichen werden können, zwingen es dazu, die Objekte als solche, d. h. als frustrierend und *anders* anzuerkennen[12]. Das ist der Ausgangspunkt einer langen und komplizierten Entwicklung, die ich hier nur in ihren Anfängen aufzeigen kann.

Nehmen wir hier den häufigsten Fall: Es ist bekannt, welche Möglichkeiten zu narzißtischer Besetzung das Sprechen bietet. Der Analysand spricht und befriedigt allein schon damit, daß er sein Sprechen besetzt, auf die direkteste Art vor allem seinen

12 Ferenczi, S.: *Entwicklungsstufen des Wirklichkeitssinnes,* in: *Bausteine der Psychoanalyse,* Bd. 1, S. 62—83.

Narzißmus. (Nebenbei gesagt ist dies eine wirkliche Falle, denn der Köder des narzißtischen Vergnügens hebt die Zensur in gewissem Maße auf und begünstigt den Austritt verdrängten Materials.) Eine *symmetrische* narzißtische Funktion besteht in der narzißtischen Besetzung der Sprache des Partners, des Echos, das der Analytiker ist (die narzißtische Idealisierung der Stimme des Analytikers fehlt in dieser Phase der Behandlung nur selten). Stimme und Gegenwart des Analytikers verschwimmen mit der relativ ungenau umrissenen Imago, die sie ausmachen und die darüber hinaus Reflex des entsprechenden Bildes des Analysanden ist, der sich das Ganze narzißtisch einverleibt[13]. Diese Neigung zum Einbeziehen zielt, wie jede libidinöse Anwandlung, gleichfalls auf die Vollendung der (prägenitalen und genitalen) Triebreifung und stößt dabei auf immer bedeutsamer werdende Versagungen. Die hier aufgezeigte Bewegung läßt nämlich eine Serie von geschichtlich analogen Abläufen wieder aufleben und löst damit zahlreiche mit der Übertragung verbundene Verwicklungen aus, auf die wir hier nicht näher eingehen können.

Diese Bewegung verläuft natürlich an sich viel weniger gleichmäßig, als es in dieser gedrängten Übersicht erscheint. Wir wissen, daß das Subjekt diese Anfangssituation auszudehnen versucht, und hier gilt es bereits, einen Hauptfehler zu vermeiden: Wenn sich nämlich der Analytiker auf das narzißtische Spiel seines Analysanden einläßt, befriedigt er damit dessen Wünsche nach narzißtischem »Einschluß«, beispielsweise durch die Beantwortung von Fragen, und riskiert dabei, daß sich die analytische Situation ewig hinzieht oder – was noch schlimmer ist – daß sich in ihrem Verlauf u. U. eine pathologische narzißtische Regression anbahnt. Wichtig ist dabei die *Versagung*[14], die der Analytiker dem Analysanden auferlegt, mit

---

13 Analoge Bewegungen sind auch im Alltagsleben leicht zu beobachten: Man denke an den Friseur, der einem beim Rasieren den Westenknopf festhält und nicht mehr losläßt oder — aus einem anderen Bereich — an die gewissermaßen physische, u. U. gefährliche Anziehungskraft, die ein narzißtisches Idol auf die Masse, die ihr Ich-Ideal auf dieses projiziert, ausüben kann.

14 Die Versagung muß übrigens sorgfältig dosiert und ihr Ausmaß nach bestimmten Faktoren, die der Analytiker ständig auf mehr oder minder intuitive Weise abwägen muß, gemäßigt werden.

der er ihn aus seinem narzißtischen Paradies vertreibt, worauf der Analysand mit Angstentwicklung reagiert[15]. Infolge der Versagung muß er nun das Objekt als solches anerkennen und eine Objektbeziehung aufbauen, deren aggressiv-analer Aspekt ihm Angst macht. (Diese Koppelung von Narzißmus [*verwöhntes Kind*] und Versagung [*frustriertes Kind*] ist überall in der Analyse sichtbar, und ihr Prinzip bestimmt das Wesen der analytischen Situation selbst; einerseits kann der Analysand alles sagen [er wird niemals kritisiert, aber gedeutet und demnach verstanden, es wird ihm also verziehen], andererseits kann er nur reden. Einerseits kann er frei sprechen, andererseits ist diese Freiheit durch die Zeit, die ihm zusteht, streng begrenzt usw.) Der Analysand steht an der Schwelle einer neuen Dimension seines Seelenlebens, der Kontaktaufnahme mit der Realität, deren bedrohender Charakter in ihm eine Vielzahl erschreckender, bisher verdrängter, aber unbewußt wirksamer Phantasien weckt. Seine Situation wird nun konflikthaft, weil er den Bereich des vorobjekthaften und vorambivalenten Narzißmus verlassen hat. Die lange Folge der wiederauflebenden Konflikte, die Schuldgefühle, die Angst, kurz die Übertragungsneurose, hat eingesetzt.

Wir können nun dieselbe Entwicklung vom klinischen Standpunkt aus betrachten; wir haben gesehen, daß Symptome, die verschwinden oder sich bessern, um einer Euphorie zu weichen, dem oralen Bereich angehören. Die Oralität hat eine spezifische Färbung, die einigen pathologischen Zuständen ähnelt, aber gleichfalls an die Liebe und ekstatische Zustände verschiedenen Ursprungs erinnert. Wir befinden uns im Bereich des präambivalenten narzißtischen Wohlbefindens, d. h. mitten im Primärprozeß. Die auf diese Weise erreichte »Heilung« ist übrigens ebenfalls narzißtischer Natur: »Ich fühle mich geheilt, alles geht gut, *von jetzt an bin ich mir selbst genug, ich brauche Sie nicht mehr.*« Natürlich hält sich dieses Gefühl nicht lange auf der Höhe dieser Glückseligkeit, obwohl die narzißtische Komponente in gewissem Ausmaß bis zum Ende der Behandlung

15 In Folklore und Literatur finden wir dieselbe narzißtische Angst des Subjekts als Furcht, seinen Schatten zu verlieren.

und auch noch danach immer gegenwärtig bleibt[16]. Wir wollen aber nun über diese Verwicklungen hinweg den Analysanden in dem Augenblick erneut betrachten, wo sich die Wolken über seinem Kopf immer mehr zusammenziehen, seine Symptome wieder auftreten, und die Euphorie der Angst weicht[17]. Der Patient tritt aus dem Reich des Narzißmus in das der Objektbeziehung, wo seine Stellung zunehmend von Konflikten bedroht ist, und er zu ihrer Festigung an mehreren Fronten schwierige Kämpfe ausfechten muß.

Diese Entwicklung läuft übrigens manchmal im Verborgenen ab, und die Reifung der Objektbeziehung erfolgt sozusagen im Schatten und mit Hilfe unbewußter Phantasien. Die Patienten sind sich dessen, was sich da abspielt, ziemlich bewußt, und ich erinnere mich an einen, der sagte: »Gott sei Dank, hatte ich zwei Tage keine Analyse, so habe ich das, was wir in der letzten Stunde gemacht haben, verdauen können.« Nun, in der fraglichen Stunde hatte er die ganze Zeit auf der Couch gelegen, ohne ein einziges Mal den Mund aufzumachen. Es kommt auch vor, daß eine allzu schuldhaft erlebte, vorobjekthafte Position das Engagement des Patienten in der Analyse immer mehr erschwert und zuweilen sogar unmöglich macht. Außerdem dürfen wir die vielen Patienten nicht vergessen, die sich aufs entschiedenste der Analyse widersetzen.

2.3

An diesem Punkt fühle ich mich verpflichtet, eine genauere Definition des Begriffs zu geben, dessen ich mich ständig bediene, d. h. des Narzißmus. Dieses Unterfangen ist allerdings nicht einfach. Man könnte eine tiefgehende und umfangreiche Untersuchung über die geschichtliche Entwicklung dieses Be-

16 Freud: »Aber wir glauben nicht, daß jemals die gesamte Libido des Ichs auf die Objekte übergeht. Ein gewisser Betrag von Libido verbleibt immer beim Ich, ein gewisses Maß von Narzißmus bleibt trotz hochentwickelter Objektliebe fortbestehen« (*Eine Schwierigkeit der Psychoanalyse*, *Ges. Werke* 12, S. 6).
17 Bei dieser Gelegenheit kann man auf das Problem der Übertragung zurückkommen und folgende Frage stellen: Wenn die Euphorie auf das Konto der Übertragung geht, wie ist es dann möglich, daß einige Symptome verschwinden, andere hingegen nicht?

griffes bei Freud anstellen, über den Sinn seiner verschiedenen Definitionen, deren Verbindungen mit der Libidotheorie und der Theorie der psychischen Instanzen usw. Praktisch hat das auch zu einem regelrechten Chaos geführt, in dem man sich kaum zurechtfinden kann. H. H. Hart hat gezeigt, wieviele Widersprüche der Begriff des Narzißmus beinhaltet, die eine einheitliche Definition unmöglich machen[18][19].

Dieses Chaos hat jedoch auch einige besondere Vorzüge. Untersucht man die verschiedenen Vorstellungen Freuds über den Narzißmus, so wird deutlich, daß er im Stillen davon überzeugt war, daß der Narzißmus nicht in starre Definitionen zu fassen sei. Trotz der Ungenauigkeiten, der Vieldeutigkeiten und Widersprüche handelt es sich hier um einen elastischen, aber dennoch sicheren Rahmen, um eine spezifische psychische Dimension, die noch näher erforscht werden muß.

Diese Dimension geht über das Triebsystem, die Basis der Freudschen Lehre hinaus, und ich möchte bei dieser Gelegenheit an den Masochismus erinnern, ein Krankheitsbild, das man häufig in eine Beziehung zum Narzißmus gebracht hat, ohne

---

18 Anmerkung von 1971: Der japanische Autor Kishida Shu (Diss., Straßburg 1966) vertritt eine der unseren nahestehende Auffassung und schlägt den Begriff »narcido« vor, um den Narzißmus als energetischen Faktor zu bezeichnen.

19 *Narcissistic Equilibrium* (in: *Internat. Journal of Psychoanal.*, 1947): »Wenn man in der psychoanalytischen Literatur so verschiedene Zustände und Phänomene als ›narzißtisch‹ bezeichnet, wie beispielsweise den Schlaf, das Daumenlutschen beim Kind, das strahlende junge Mädchen vor dem Spiegel, wenn es sich schön macht und den Wissenschaftler, der über die Verleihung des Nobelpreises stolz ist, so wünscht man sich wohl eine genauere Abgrenzung dieses Begriffes. Alle diese Phänomene können natürlich auf eine gemeinsame Quelle zurückgeführt werden, aber nichtsdestoweniger bleiben sie doch voneinander sehr wohl unterschieden. Die höchste Sublimierung, ebenso auch die tiefste psychotische Regression werden als narzißtisch bezeichnet. In einigen Fällen macht man den Narzißmus für die Erhöhung der männlichen Potenz verantwortlich, in anderen für ihre Abnahme. Man findet ihn in der Frigidität ebenso wie in der weiblichen Anziehungskraft. Man meint, er könne destruktive Tendenzen neutralisieren, gleichzeitig aber auch eine Angstquelle für das Ich werden. Er ist imstande, eine Abwehr gegen die Homosexualität aufzubauen, und trotzdem sind gerade die Homosexuellen besonders narzißtisch. Schlafen beruht auf einem Rückzug der Libido und gleichzeitig bedeutet Schlaflosigkeit Flucht eines verstärkten Narzißmus, der sich noch steigern will. Man bedient sich des Narzißmus, um eine längere Tatenlosigkeit zu erklären und gleichzeitig bezeichnet man ihn als Triebkraft des Ehrgeizes.«

diese jedoch genauer zu bestimmen[20]. Freud hat außerdem noch den gewissermaßen »biologischen Charakter« des Narzißmus gesehen, wenn er vom »Narzißmus der Keimzelle« und dem des Fötus spricht[21].

Das Fehlen einer genauen Definition des Narzißmus bedeutet ein schwerwiegendes Handicap für die gesamte Ich-Psychologie und wirkt sich als Schwäche dieser Theorie aus. So heißt es[22]: »In Freuds Schriften ist das Wort ›Ich‹ im Sinne einer psychischen Instanz oder eines Teils der Persönlichkeit (z. B. das Körper-Ich) oder für die ganze Persönlichkeit verwendet. Selbst nach der Formulierung des Begriffes ›Ich‹ als struktureller Organisation (*Das Ich und das Es*) spricht Freud mitunter noch vom Ich als Gesamtperson.«

Mir scheint, daß der Grund für die Doppeldeutigkeit, die sowohl auf dem Begriff des Narzißmus als auch dem des Ich lastet, vor allem darin liegt, daß im Freudschen System der Narzißmus eine Eigenschaft des Ich ist und sich mit diesem sozusagen vermischt. So sagt Freud[23]: »Das Großartige liegt offenbar im Triumph des Narzißmus, in der siegreich behaupteten Unverletzlichkeit des Ichs« und an anderer Stelle[24] ist die Rede von der narzißtischen Allmacht als einem »verräterischen Merkmal der Unverletzlichkeit seiner Majestät des Ichs«. Die Konsequenzen dieser Verwirrung kann man bis in die Untersuchungen des Überich und des Ich-Ideals verfolgen. So spricht Freud[25] vom Überich (das er zunächst »Ich-Ideal« nennt) als der psychischen Instanz, die »die narzißtische Befriedigung durch das ideale Ich sicherzustellen« hat. An anderer Stelle[26] zählt er weitere Funktionen des Ich-Ideals als »die Selbstbeobachtung, das moralische Gewissen, die Traumzensur« auf, außerdem stellt es den »Haupteinfluß bei der Verdrängung« dar. »Wir sagten, sie sei der Erbe des ursprünglichen Narzißmus, in dem das kindliche Ich sich selbst genügte«.

---

20 Grunberger, B.: *Esquisse d'une théorie psychodynamique du masochisme*, in: *R. F. P.*, 1954.
21 Freud, S.: *Hemmung, Symptom und Angst*, Ges. Werke 14, S. 161.
22 Hartmann, Kris und Loewenstein: *The Function of Theory on Psychoanalysis*, in: *Drives, Affects, Behavior*.
23 Freud, S.: *Der Humor*, Ges. Werke 14, S. 385.
24 Freud, S.: *Der Dichter und das Phantasieren*, Ges. Werke 7, S. 220.
25 Freud, S.: *Zur Einführung des Narzißmus*, Ges. Werke 10, S. 170.
26 Freud, S.: *Massenpsychologie und Ich-Analyse*, Ges. Werke 13, S. 121.

Es drängt sich hier Kritik an der Verwechslung des Überich mit dem Ich-Ideal auf, die auch bereits von anderen Autoren formuliert worden ist; ich möchte diese Kritik jetzt nicht wiederholen, sondern in meinem Thema fortfahren. Ich erinnere bloß an einen lakonischen Ausspruch, der sich im Material eines meiner Patienten fand, und der es uns erlaubt, auf den wesentlichen Unterschied zwischen beiden hinzuweisen: *Das Überich ist die Bibel, aber der Narzißmus ist der allmächtige Gott.*

Aus der Vielzahl verschiedener Definitionen, die Freud dem Narzißmus gab, werden wir zwei herausgreifen: die erste, die ihn als Perversion (*Vorlesungen zur Einführung in die Psychoanalyse, Ges. Werke* 11, S. 430) und die andere (in: *Vorlesungen zur Einführung in die Psychoanalyse, Ges. Werke* 11, S. 432), die ihn als »libidinöse Ergänzung zum Egoismus« betrachtet. Diese beiden Definitionen decken sicherlich jeweils nur einen Aspekt des Narzißmus ab, sind aber zusammengenommen brauchbar. Ihr doppelter Charakter bedarf jedoch, so scheint mir, einer Erklärung. Man könnte an die Antinomie sexueller Trieb – Liebe erinnern, womit deutlich wird, daß es sich um ein schwieriges Problem handelt. Der Narzißmus als erotische Besetzung des Ich beschäftigt uns im Augenblick nicht. Ich werde dagegen versuchen, genauer zu beschreiben, was ich unter jenem anderen Narzißmus verstehe, den man provisorisch in Analogie zum Masochismus als *moralischen Narzißmus* bezeichnen könnte; dabei kann es allerdings zunächst nur um eine Abstraktion oder vielmehr eine Konstruktion gehen. Denn die libidinöse Komponente spielt, wie wir später sehen werden, immer eine gewisse Rolle.

Der »moralische Narzißmus« müßte meiner Meinung nach als *Referenz des Selbsterhaltungstriebes auf den strikt individuellen psychischen Aspekt der Person* verstanden werden. Diese wenigen Erläuterungen führen jedoch wiederum in den Bereich der Zweideutigkeit; tatsächlich stehen wir vor einem Phänomen, das sich einerseits auf den Trieb und andererseits auf eine individuelle psychische Formation bezieht, die mit dem Ich zusammenzufallen scheint[27].

27 Der Begriff des Ich — besonders wie er heute in der Psychoanalyse gebraucht wird — als »ein psychisches System im Gegensatz zu anderen Sy-

Ich verstehe unter »Narzißmus« etwas, das trotz seines ichbezogenen Charakters wie ein Trieb strukturiert ist, weil es bei der Geburt, und selbst vorher schon, vorhanden ist, während das Ich erst später erworben wird. Er tritt fix und fertig in Erscheinung, während das Ich einen schwierigen, langen und selten vollendeten Reifungsprozeß durchlaufen muß, immer eine gewisse Zerbrechlichkeit behält und sehr leicht seinen Zusammenhang und seine Einheit verliert. Der Narzißmus ist in seinen Forderungen absolut und mächtig wie ein Trieb, während das Ich ein ad-hoc-Gebilde darstellt, dessen Perfektion gerade an seine Geschmeidigkeit und Anpassungsfähigkeit gebunden ist. Der Narzißmus überflügelt die Triebäußerungen einerseits, während er sich andererseits hinter ihnen versteckt, als ob er ihre tiefe Motivation und ihr letzter Grund wäre. (Ich habe an anderer Stelle[28] daran erinnert, daß »das Triebleben in seinen vielfältigen Äußerungen auf dem narzißtischen Faktor und von diesem gelenkt wird; es verleiht ihm gleichzeitig Ausdruck und stellt die Mittel für seine Wirksamkeit bereit. Der narzißtische Faktor besitzt also Vorrang. Das Bedürfnis ›Ich muß mich befriedigen‹ ist nur deshalb mit einem psychischen Relief ausgestattet, weil das Subjekt sich gleichzeitig autonom fühlen will, insofern es sich befriedigen kann und diese Befriedigung auch verdient. Die Bestätigung dieser Triebfreiheit kann eine solche Bedeutung annehmen, daß bereits die *Mög-*

stemen der eigenen Person«. Hartmann (*Comments of the Psychoanalytic Theory of the Ego*, in: *The Psychoanal. Study of the Child*, Vol. V) aktualisiert ein sehr altes Diskussionsthema: Nach Freud »ist es unmöglich anzunehmen, eine dem Ich vergleichbare Einheit könne im Individuum von Anfang an bestehen: Das Ich muß sich entwickeln« (Federn: *Ego-Psychology and the Psychoses*), während Federn daran festhält, daß »ein Ich-Gefühl (ego-feeling) von Anfang an gegenwärtig ist« und ein rudimentäres, archaisches Ich schon immer existiert. Man hat versucht, das Problem zu lösen, indem man von »Ich-Kernen« (Glover) spricht, was der wirklichen Entwicklung der Triebgrundlage des Ich entspricht, oder aber von einem »autonomen Ich« (Hartmann), was im Gegensatz dazu einen Teil des Ich der Triebreifung entziehen würde. Vor kurzem hat man versucht, den Begriff des »Selbst« zu entwickeln (Hartmann: »Das Selbst ist die eigene Person des Subjekts im Gegensatz zum Objekt«, loc. cit.), und Hartmann unterscheidet zwischen »Ich«, »Selbst« und »Persönlichkeit«. Seine Position stellt einen bedeutsamen Fortschritt dar, insofern der Narzißmus (den er in den drei psychischen Systemen findet) als libidinöse Besetzung des Selbst und nicht des Ich definiert wird.
28 Loc. cit.

lichkeit zur Befriedigung genügt, ohne daß das Subjekt auch die *Verwirklichung* seines Wunsches braucht. ›Handeln können‹ ist das Wesentliche, und ›Handeln‹ dient häufig nur als Beweis dafür.«)

Dies wird in der einfachsten ödipalen Situation deutlich: Das Kind will alles wie sein Vater machen, vor allen Dingen aber *besser* als dieser, will ihn übertreffen, denn darin besteht der wahre Ödipus: Handeln wie der bedeutsame Vater, oder aus anderer Sicht: sich ihm unterwerfen (negativer Ödipus). Wenn das Kind schließlich seinen ödipalen Wunsch im Traum verwirklicht, so wird es sich nicht mit dem Vater, wie er ist, identifizieren, sondern mit einem *König* (Repräsentant der narzißtischen Allmacht).

Obwohl der Narzißmus die vom Ich vertretenen und geleiteten Triebaktivitäten umfaßt, kann es durchaus geschehen, daß er in einen Gegensatz zum Ich gerät. Man braucht sich nur umzuschauen, um festzustellen, wie sehr noch die entscheidendsten Interessen eines Menschen angesichts des Wunsches nach narzißtischer Befriedigung ihre Wichtigkeit völlig verlieren, oder anders ausgedrückt: Lieber alles andere, nur nicht »das Gesicht verlieren«; d. h. die Selbstwertschätzung behalten und somit den eigenen Narzißmus befriedigen.

Der Narzißmus ist von Anfang bis zum Ende vorhanden[29], festgelegt und unveränderbar; seine Kompromisse mit dem Ich bleiben oberflächlich und partiell, denn weder können sie zu seiner Auflösung führen, noch verändern sie sein Wesen.

Mit dem »narzißtischen Vergnügen« berühren wir die Frage der Libido und der libidinösen Ökonomie, ein weites Kapitel, das einer gründlichen Überarbeitung unterzogen werden müßte, die ich jedoch hier nicht in Angriff nehmen kann. Ich erinnere in diesem Zusammenhang an Freud[30], der meinte,

---

29 Die Idee der Unsterblichkeit und der Wunsch nach ihr sind an die moralischen Narzißmus gebunden; der Mensch ist nämlich unfähig, die Begrenztheit seiner Existenz zu akzeptieren; er will ewig leben und sogar immer schon gelebt haben (Alice Balint). Wenn er sich vor Geistern fürchtet, so nur deshalb, weil er — infolge narzißtischer Projektionen — vom Überleben ihrer Allmacht überzeugt ist. Der Mensch wird geboren und stirbt narzißtisch und findet darin, daß er sich ins Unendliche verlängert, eine große narzißtische Kompensation für sein kümmerliches kurzes Leben, das unter dem Zeichen des oft sogar nur schwach ausgeprägten Realitätsprinzips steht.

30 Freud, S.: *Abriß der Psychoanalyse, Ges. Werke* 17, S. 72.

daß das Ich anfänglich die gesamte Libido speichert, einen Zustand, den er als »absoluten primären Narzißmus« bezeichnet hat. Die gesamte Libido ist also anfänglich narzißtisch, was mit meiner Vorstellung übereinstimmt, daß der Narzißmus schon existiert, wenn das Ich als solches noch gar nicht vorhanden ist. Die Libido ist, wie der Narzißmus, eine gewissermaßen biologische Kraft. Eines ist sicher: Das Vergnügen oder die durch die Triebe nicht umgeformte narzißtische Libido besitzt eine völlig andere Färbung. Dies möchte ich hervorheben, wenn ich von »narzißtischem Vergnügen«, narzißtischer Libido oder erhebender Erhabenheit spreche und diese der konflikthaften Trieblibido gegenüberstelle[31].

Es handelt sich also um ein narzißtisches Vergnügen, das seine *eigene* Färbung besitzt und, wahrscheinlich wegen seines präverbalen Charakters und seiner – relativen – Unabhängigkeit von den Trieb-Infrastrukturen, schwer zu definieren ist. Sprache und Denken beruhen tatsächlich auf derselben Infrastruktur, die hier fehlt. Es handelt sich also um ein ungewisses, unaussprechliches Wohlbefinden, ein besonders befriedigendes Glücksgefühl, das die Empfindung einer bis ins Unendliche erweiterten Existenz auszudrücken scheint[32] und dem Subjekt gleichzeitig den Eindruck von Autonomie und absoluter Größe vermittelt (der Narzißt fühlt sich eins mit der Welt, sein Ich existiert noch nicht und begrenzt ihn daher auch nicht). Dabei erlebt das Subjekt gleichzeitig das Gefühl eines idealen, automatischen Funktionierens aller Organe. Diese Empfindung scheint in höherem Maße befriedigend zu sein, als die Lustgefühle, die er aus den verschiedenen prägenitalen Funktionen zu gewinnen sucht; diese waren ursprünglich dazu bestimmt, in der Libido-Ökonomie jenes unaussprechliche narzißtische Wohlbefinden zu ersetzen, das durch das Initialtrauma zerstört und in einem bestimmten Augenblick seines Lebens verdrängt

31 Das narzißtische Vergnügen mündet im Verlauf seiner Reifung gleichfalls in Konflikthaftigkeit ein, weil es den gleichen Reifungsprozeß (mit prägenitalen und genitalen Komponenten) wie die Libido der Objektbeziehung durchläuft. Aber auch hier können wir nicht ins einzelne gehen; die Wechselwirkungen zwischen Narzißmus, Trieben und Ich hinsichtlich der Libido-Ökonomie müssen noch genauer untersucht werden.
32 Das »ozeanische Gefühl« von Romain Rolland existiert wirklich; er wäre jedoch sicherlich erstaunt, würde er erfahren, daß der fragliche Ozean sich auf wenige Kubikzentimeter Fruchtwasser beschränkt.

wurde. Diese Verdrängung bleibt jedoch oberflächlich, und die Erinnerung an das »verlorene Paradies« wird ihn das ganze Leben lang verfolgen; dies um so mehr, als der Narzißmus des Subjekts diesen »Ersatzvergnügungen« immer mit der Verachtung des Aristokraten für den Emporkömmling begegnet.

Es besteht also ein grundsätzlicher Unterschied zwischen dem narzißtischen Vergnügen und der Trieblust, d. h. zwischen dem Narzißmus und dem Es, wobei ersterer sich sehr wohl noch der libidinösen Stütze des zweiten bedienen kann, um sozusagen über indirekte und zusätzliche Befriedigung zu seinen eigentlichen narzißtischen Zielen zu kommen.

Einige Aspekte des Narzißmus, die ich beschrieben habe, könnten mit dem verwechselt werden, was Freud mit »Ich-Ideal« oder »Ideales Ich« gleichzeitig mit dem Überich beschrieben hat. Dieses Gebilde besitzt, was seinen Inhalt angeht, jedoch einen geschichtlichen Ursprung und wendet nur eine Seite dem Ich zu, während die andere auf die narzißtische Befriedigung gerichtet ist.

Wir wissen, daß das Ich einer langen Entwicklung unterworfen ist, und Ferenczi[33] hat seine gesamte Genese und gleichzeitig die normale und pathologische Psychologie an die verschiedenen Strategien geknüpft, deren sich das Ich zur Aufrechterhaltung der narzißtischen Allmacht bedient. Auf alle Fälle kann sich das Ich als psychische Organisation mit den ziemlich fest umrissenen Aufgaben[34] von Koordination und Synthese keine psychologisch grundsätzlich andersgeartetes Gebiete aneignen. Die beste Integration des Narzißmus in das Ich behindert nicht seinen grundsätzlichen Fortbestand. Deshalb müßte der Narzißmus meiner Meinung nach als autonomer Faktor im topischen Rahmen des Freudschen Systems anerkannt und in den Rang einer psychischen Instanz wie das Es, das Überich und das Ich erhoben werden. Wir werden zu zeigen versuchen, daß manche Schwierigkeit gelöst und manche Sackgasse vermieden werden können, wenn man dem Narzißmus den Rang einer psychischen Instanz einräumt.

33 Ferenczi, S.: *Die Entwicklungsstadien des Wirklichkeitssinnes*, in: *Bausteine der Psychoanalyse* I, S. 62—83.
34 Nach Eduardo Weiss (*Principles of Psychodynamics*) sind die wichtigsten Aufgaben »die Beherrschung, die Integration, die Verbindung und das Denken«.

Zur leichteren Handhabung dieser Konzeption werde ich die narzißtische Instanz mit einem Namen ausstatten, der dem von mir vertretenen strukturellen Gesichtspunkt angepaßt ist. Obwohl das englische Wort »self« in der neueren angelsächsischen psychoanalytischen Literatur in einem anderen Sinne, nämlich dem der ganzen Persönlichkeit gebraucht wird, schlage ich seine französische Entsprechung »le Soi« (Selbst) vor; dieses Wort scheint mir zur Bezeichnung jenes Teils der Persönlichkeit geeignet, den man gewöhnlich dem Ich zurechnet und der meiner Meinung nach von ihm getrennt werden muß.

2.4

Nach diesem längeren Exkurs, der der Präzisierung der Begriffe »Narzißmus« und »Ich« diente, können wir nun versuchen, die gestellte Frage zu beantworten: Wie ist der Beifall des Ich zu seiner eigenen Niederlage zu verstehen?
Ich habe schon bei anderer Gelegenheit betont, daß der Entschluß des Analysanden zur Therapie in einer bestimmten Schicht seines Unbewußten dem Wunsch nach Wiederherstellung seiner narzißtischen Allmacht, so wie sie vor dem Initialtrauma bestand, entspricht, und daß er die Analyse wie auch das entsprechende narzißtische Ziel besetzt. Hierzu erinnere ich an die Analysenfragmente von Émery und Achille, die ich in einem der vorhergehenden Kapitel beschrieben habe.
Wir haben ebenfalls gesehen, daß die Neurose ein (wenn auch mißlungener) Versuch der narzißtischen Wiederherstellung ist, bei dem die Abwehrmechanismen versagt haben. Ich erinnere in diesem Zusammenhang auch an die Unterscheidung zwischen objektiver und analysierbarer Neurose und möchte hervorheben, daß die analysierbare Neurose noch ein anderes Moment enthält: den Wunsch des Patienten nach Verbesserung dieser Situation durch die Analyse. Wahrscheinlich hängt die Ablehnung der analytischen Behandlung (oder die Unfähigkeit, sie durchzuführen, was auf dasselbe hinausläuft) ebenso wie ihre Annahme, d. h. die Frage, ob jemand dem analytischen Prozeß zugänglich oder nicht analysierbar ist, zumindest teilweise von der Position oder negativen narzißtischen Besetzung der

Abwehrmechanismen und des Ich selbst ab, wie auch von der prägenitalen Art dieser Besetzung, ihrer Beständigkeit hinsichtlich der Instanzen usw. Man ist sogar versucht, mit Hilfe verschiedener Koeffizienten je nach Fall ein optimales Verhältnis dieser Besetzungen, das dem Idealfall entsprechen würde, zu bestimmen und somit die Grundlagen einer wahrhaft wissenschaftlichen Auswahl zu legen, die unabhängig von empirischen Kriterien wie Ich-Stärke und Ich-Schwäche, von Diagnostik und ärztlich-psychiatrischer Nosographie ist. Ich kann mich hier nicht in Einzelheiten verlieren, aber eines ist sicher: Die Abwehrmechanismen werden vom Ich[35] benutzt und bilden einen integrierten Bestandteil des Ich. Das Ich ist andauernden Veränderungen unterworfen. Jeder psychische Zustand liefert einen vom Vorhergehenden unterschiedlichen Inhalt, und das Ich verändert sich real nur über seine Abwehrmechanismen, was auch Ziel der Analyse ist. Diese Bewegung wird von einem selbständig wirkenden Faktor geleitet, der nicht das Ich selbst sein kann, es sei denn, wir hätten es mit einer Art Baron von Münchhausen zu tun, der sich selbst am Schopfe packend aus dem Sumpf herauszieht (das Ich kann nicht gleichzeitig Subjekt und Objekt sein; in der Objektbeziehung ist das Ich Subjekt in bezug auf das Objekt, wohingegen der Narzißmus eine umgekehrte Objektbeziehung darstellt).

Es gibt bestimmte Träume, die regelmäßig von allen Analysanden berichtet werden, Übertragungsträume, deren Thema der Analytiker und die analytische Behandlung sind. Der Analysand befindet sich beispielsweise bei einem Schneider, der ihm einen neuen Anzug macht, oder bei einem Architekten, mit dem er über Veränderungen seiner Wohnung oder den Bau eines Hauses diskutiert. Anzug und Wohnung bedeuten die Analyse, der fragliche Mann ist natürlich der Analytiker. Mir scheint, daß man diese Träume sehr wohl unter gewissen Einschränkungen wörtlich nehmen kann, wobei man natürlich die Überdeterminierung beachten muß[36].

---

35 Freud, Anna: *Das Ich und die Abwehrmechanismen.*
36 Einer meiner Kranken, der mit einem besonders starken Widerstand zu kämpfen hatte, verließ die Analyse, d. h. er kam nach der langen Unterbrechung durch die Sommerferien nicht wieder. Dann entschloß er sich jedoch, wieder anzufangen. In der ersten Stunde erzählte er mir folgenden Alptraum: Er lief unaufhörlich zwischen zwei Wohnungen hin und her, einer

Wir können an dieser Stelle die Beschreibung des Neurotikers in der Analyse wieder aufnehmen. Wir sahen, daß seine Abwehrmechanismen schlecht funktionierten und er deshalb entschlossen war, diese Lage zu bessern, wodurch er sich wesentlich von den nicht analysierbaren Neurotikern unterscheidet, die trotz Klagen und Schimpfen die Veränderungsmöglichkeiten, die ihnen geboten werden, zurückweisen. Diese wollen wohl *geheilt* werden, mit Medikamenten, durch ein Wunder, durch alle möglichen äußeren Eingriffe, wenn nötig selbst durch eine Operation, aber sie wollen sich nicht *ändern.* Der analysierbare Neurotiker hingegen nimmt diese Veränderung auf sich; er nimmt eine gewissermaßen revolutionäre Haltung ein, die Entscheidungsbereitschaft wie auch gewisse spezifische Fähigkeiten verlangt, deren Auswirkungen sich auf ihn selbst und seine Umgebung niederschlagen. Nebenbei versteht man die Besetzung des Analytikers als Freund, der Beistand in diesem gefährlichen Unterfangen gewährt (eine Unternehmung, die man mit einer »Mauserung« oder Metamorphose vergleichen könnte)[37]. Man kann ebenfalls verstehen, daß der Analysand einen *Maßanzug* verlangt – dazu ist er auch berechtigt – und sich nicht mit einem Flickwerk oder einem Anzug von der Stange zufriedengibt, oder etwa der Alltagskleidung des Analytikers selbst oder gar irgendeiner Uniform.

Wir wissen, daß der *Neurotiker* ein Narzißt ist, der sich nicht liebt, und der *sein Ich gewissermaßen verachtet;* der »objektive« Neurotiker nun wird weiter die Macht seines unreifen Ich ertragen, und nur der analysierbare Neurotiker wird die notwendige Entscheidung treffen: *Das Ich hat in seiner Aufgabe versagt, das Ich muß ersetzt werden.* Bevor wir weitergehen, ist es möglich, auf eine recht einfache Art das Verhalten

in altem Stil und einer anderen, sehr modernen, wobei er sich einmal in der einen, dann wieder in der anderen einrichtete, ohne sich allerdings für die eine oder andere entscheiden zu können. Er dachte auch daran, die alte Wohnung zu modernisieren, bedauerte aber dabei sehr, auf die andere verzichten zu müssen usw. (hinter dieser Bedeutung entdeckten wir natürlich auch Verbindungen zu anderen, etwa zu ödipalen und Identifikationsproblemen, aber diese interessieren hier nicht).

37 Unter diesem Aspekt kann man die positive Übertragung etwa in folgender Formulierung verstehen: »Ich liebe dich, weil du mir hilfst« und die negative Übertragung: »Ich hasse dich, ich will deine Hilfe nicht, ich will mich nicht ändern, was mischst du dich in meine Angelegenheiten ein.«

des Ich in diesem Prozeß, d. h. den Widerstand, zu betrachten. Das Ich ist konservativ und statisch, denn sein »Mörtel« und sein Zusammenhalt werden von der analen energetischen Seite geliefert; das Ich hält also an den einmal erworbenen Positionen fest und benutzt, wie wir weiter oben gesehen haben, in dieser Absicht viele Schliche, alle möglichen Strategien, Beharrlichkeit, Geschicklichkeit und seine spezifische Dialektik[38]. *Das*

38 Es ist bekannt, daß sich der Analytiker auf die Fragen des Analysanden hin mit genauen Antworten zurückhalten muß (»Wie lange wird meine Analyse dauern?« oder »Welches Symptom könnte am schnellsten verschwinden?« usw.). Dies geschieht nicht nur aus analysetechnischen Gründen, sondern auch, weil sich jede Präzision auf die *anale* Komponente gründet, und das Verhalten des Analytikers besonders in diesem Stadium (bei Beginn der Behandlung) das *orale* Element begünstigen muß. Der Analytiker wird den Fragenden im Ungewissen lassen und somit die Entwicklung der narzißtisch-oralen Regression des Analysanden erlauben. Alles, was Begrenzung und Präzisierung bedeutet, stört die Analyse, die in diesem Stadium als mögliche Verwirklichung des Wunsches nach Allmacht erlebt wird. Deshalb darf der Analytiker das Sicheinrichten des Patienten in der Analyse nicht stören, indem er durch eine genaue Prognose wie ein Chirurg jenem Wunsch Grenzen setzt. Unbewußt ertrüge es der Analysand schlecht, einen Analytiker oder eine Analyse mit begrenzten Möglichkeiten zu haben. Aus dem gleichen Grunde — und diese Klippe ist für alle jene, die eine lange klinisch-psychiatrische Ausbildung besitzen, besonders schwierig zu überwinden — darf der Analytiker keine »regelhafte Anamnese« aufnehmen, selbst wenn er dabei, zumindest für den Augenblick, auf eine genaue Diagnose in allen Einzelheiten verzichten muß, auf die natürlich seine Analität versessen sein könnte (dabei sprechen wir garnicht von der Häresie, die beispielsweise im Verschreiben eines Rezeptes für einen Kranken besteht). Die einzige Frage, die sich uns stellt, heißt: Ist die Analyse möglich und nützlich oder nicht. Aber selbst diese Frage muß offenbleiben, denn wie wollen wir einen theoretischen und technischen Fortschritt erzielen, wenn wir mit unverrückbaren Kriterien systematisch gewisse Kategorien von Patienten — und zwar immer dieselben — ausschließen. Je mehr wir die ersten Sitzungen und selbst die allererste Stunde *organisieren*, je mehr wir die Behandlung nach der sogenannten wissenschaftlichen Methode lenken, die unserer Logik sehr teuer ist, desto mehr stärken wir die Analität, die in diesem Augenblick völlig im Dienste der Abwehr steht; und darüber hinaus begünstigen wir gleichzeitig diese Abwehr. Jeder Hinweis auf die anale Struktur unserer Arbeit muß vermieden werden: So dürfen wir beispielsweise nicht die Verantwortung des Kranken präzisieren, indem wir ihm etwa sagen: »Die Analyse wird es Ihnen erlauben, folgendes zu unternehmen«. *Wir müssen das Selbst stärken;* die Stärkung des Ich, d. h. des neuen Ich folgt erst in zweiter Linie. Darin unterscheidet sich die *Psychoanalyse von der Psychotherapie.* Das Ich ist statisch, vor allen Dingen, wenn es sich in der Analyse zunächst auf den Widerstand konzentriert, es will sich nicht überwinden, ist es *dagegen.* Es hat Angst vor dieser Überwindung (wie vor der Lust); das Selbst hingegen richtet seine Ansprüche genau in diese Richtung, worauf das Ich mit Angst antwortet.
Die Interventionen gewinnen in diesem Augenblick besonders durch Allge-

*Ich als Stütze des Widerstandes erfährt eine tiefgehende, struk-
turelle Veränderung*; es verliert seine Geschmeidigkeit, regrediert gewissermaßen, ist nun weder elastisch noch anpassungs-
fähig und wird starr, denn es vollzieht in seinem Verhalten
*eine Umgruppierung seiner konstitutiven prägenitalen Ele-
mente.* Allein die anale Komponente übernimmt nun die Leitung des Ich, ähnlich einer Garnison, die unter Ausschluß alles
Zivilen eine belagerte Festung verteidigt. Aber belagert von
wem?

Die Analyse als Mittel der narzißtischen Wiederherstellung
kann nur von dem gewünscht und verwirklicht werden, der
diese Wiederherstellung und die damit verbundene Veränderung erstrebt. Es ist der Narzißmus, dem wir die Würde einer
als »Selbst« bezeichneten psychischen Instanz verliehen haben.
Wir haben die Rolle der oral-narzißtischen Regression in der
Analyse dargestellt; hinsichtlich des gemischten Charakters
dieser Regression gilt, daß das Selbst eine Art Alliierten hinzu-
ziehen muß, um mit dessen Hilfe Energie für eigene Ziele zu
erlangen. Dieser Alliierte kann nur die orale Komponente sein,
die durch den Wunsch, das unauslöschliche und andauernde
Unbefriedigtsein und die Suche nach Neuem charakterisiert ist:
All dieser Elemente bedarf das Selbst. Dies um so mehr, als die
orale Komponente sozusagen der natürliche Antagonist des
analen Bereiches ist (wir berühren hierbei einen Konflikt innerhalb der Persönlichkeit, der uns später noch stärker beschäftigen wird)[39].

meingültigkeit und die Tatsache, daß sie an Gefühle rühren und sich nicht
an das Ich wenden. Man darf auf keinen Fall erklären, ausführen oder über-
zeugen. Man gebe wenig Bezüge zur Realität und keine Präzisierungen. Wir
befinden uns in der oral-narzißtischen Regression, also in einer *Imago-be-
stimmten* Realität.

39 Das narzißtische Selbst des Kranken nimmt gegenüber dem Analytiker,
dem Spiegelbild seines eigenen Narzißmus und seines Ich-Ideals, eine Haltung voller Vertrauen und herzlicher Freundschaft ein. Seine »Abhängigkeit« vom Analytiker erklärt sich durch die Situation, in die er sich begeben
hat; aber er »unterwirft« sich dem Analytiker nur soweit, wie dieser ihm
in der Verfolgung seiner narzißtischen Wünsche beipflichtet: »Und der König
ist absolut, wenn er unseren Willen tut« (Goethe). Angst und ein gewisser
Respekt vor dem Analytiker gehören vielmehr zum Ich, welches vor einer
Aufgabe (der Verwirklichung der narzißtischen Wünsche des Selbst) steht,
die es überfordert. Seine Haltung gegenüber dem Analytiker wurzelt in der
Furcht vor der Allmacht des Selbst, seinem Feind, den er im Analytiker repräsentiert und von diesem unterstützt sieht.

Somit verlassen die oralen Elemente sozusagen das Ich und stellen sich dem Narzißmus, dem Selbst, zur Verfügung; sie bilden mit diesem und unter seinem Befehl eine zweite »Armee«, die grundlegend anders strukturiert ist als die erste. Diese Koalition, deren Führungsstab mit Recht den Analytiker als wichtigsten Alliierten betrachtet, kämpft auf ihre Weise. Ein Zuschauer, der den Kampf beider Armeen betrachtet, kann sich leicht täuschen und von einer Spaltung des Ich in zwei »Ich-Anteile« sprechen. Die Art dieser Spaltung und der Ablauf der Schlacht zeigen jedoch, daß es sich um verschieden strukturierte Feinde handelt: das Ich und das Selbst. Ihre Unterscheidung wird noch zusätzlich dadurch erschwert, daß sich beide derselben Sprache, an deren Entwicklung sie gemeinsam teilgenommen haben, bedienen müssen.

Dies läßt uns nun auch verstehen, warum das Ich seiner eigenen Niederlage zu applaudieren scheint. Tatsächlich feiert *nämlich das Selbst, der Initiator der Analyse, die Niederlage des Ich, d. h. des Wortführers und Organisators des Widerstandes,* und zwar immer dann, wenn dieser Widerstand durch die Koalition, zu der auch der Analytiker gehört, angegriffen wird. Dabei stellt die Einsicht oder vielmehr ihr emotionaler Aspekt eine Form dar, diesen Triumph abzureagieren. Jetzt können wir auch eine Reihe mehr oder weniger paradoxer Phänomene verstehen, die sich im Verlaufe der Behandlung ereignen. So beispielsweise der Fall eines Patienten, der in der Analyse »schmollt«, während der ganzen Stunde kein Wort hervorbringt (analer Widerstand), aber, erfüllt von einem gewissen *oral-narzißtischen Heimweh,* jede Anstrengung unternimmt, um seine Analyse fortzusetzen, pünktlich zu den Stunden kommt usw.

Diese Spaltung in orale und anale Faktoren, die ursprünglich im Ich vereint waren, ermöglicht uns einerseits, den stumpfen, absoluten und schließlich paradoxen Widerstand zu verstehen, der größtenteils die lange Dauer und den teilweisen oder totalen Mißerfolg gewisser Analysen bewirkt, wie auch all die Schwierigkeiten, durch die sich ihr Ablauf verzögert. Andererseits verstehen wir auch den narzißtisch erhebend-erhabenen Charakter der analytischen Atmosphäre, die Intensität der Besetzung der Analyse und des analytischen Prozesses, wie auch das Überwiegen irrationaler und regressiver Momente – zumindest auf einem gewissen Niveau und in gewissen Perioden der Analyse.

Im Lichte dieses gewaltigen Kampfes können wir uns den Ursprung der *negativen therapeutischen Reaktion* und auch der *Übertragungsneurose* als Verstärkung der Aktivitäten des Ich erklären; das Ich bäumt sich, indem es seine Abwehrmechanismen einsetzt, um so heftiger auf, als nichts mehr den Einfluß der analen Faktoren mildert, die es im Augenblick fast völlig beherrschen; dies betrifft vor allem den im Widerstand engagierten Ich-Anteil, d. h. die Gesamtheit seiner Abwehrmechanismen. Diese Vorgänge lenken unsere Aufmerksamkeit auf eine andere Gruppe von Ich-Kräften, d. h. gewisse Komplexe, die eine wichtige Rolle spielen und genauer dargestellt werden müssen.

Die narzißtisch »erhebend-erhabene« Wiederherstellung, jene narzißtischen »Flitterwochen«, die der analytischen Situation in weitem Ausmaß ihren Stempel aufdrücken und mit ihren Auswirkungen und ihrem Elan den Prozeß bis zum Ende begleiten, können jedoch nicht lange anhalten; jedenfalls nicht in der von mir beschriebenen Form einer phantasiehaften Verwirklichung der narzißtischen Wiederherstellung. Das dabei auftretende imaginäre, allmächtige Ich ist nichts anderes als das auf den Analytiker projizierte narzißtische Selbst, das wegen der fehlenden Triebreifung nicht angenommen werden kann. Es wird auf narzißtische Weise derart idealisiert, daß die Spanne, die es von der Realität trennt, unmittelbar zur Quelle von Frustration wird. Würde dieser beinahe wahnhafte Zustand andauern, so könnte das zu einer pathologischen narzißtischen Regression führen. Die auf unreifer und regressiver Ebene erreichten klinischen Resultate könnten nicht auf Dauer erhalten werden, weil sie oberflächlich und provisorisch sind und keine Rede von echten strukturellen Veränderungen sein kann, denn das wahre Ich bleibt aus dem Spiel, gewissermaßen im Feindesland gefangen. Es funktioniert dennoch und sogar stärker als vorher (Übertragungsneurose), weil die mit der analytischen Situation und den Übertragungskonflikten verbundenen Frustrationen es dazu zwingen.

Während dieser Zeit geht die Analyse weiter. Infolge eines

Triebreifungsprozesses auf der Grundlage zahlreicher Introjektionen und Projektionen, die durch Vermittlung des Analytikers als eines »Mädchens für alles« und durch dynamische Konfliktdeutungen erreicht werden, lernt das Ich des Subjektes, *seinen Narzißmus zu integrieren* (sowie umgekehrt: den Austausch geeigneter Maßnahmen) und damit sich zu lieben. Die Triebe mit ihrer so integrierten narzißtischen Komponente *bilden die Grundlage eines neuen Ich, und mit ihrer narzißtischen Besetzung verschwindet die Triebangst.* Dieses Ich ist jedoch keinesfalls das, was sich das Selbst wünschte, als es diesen Prozeß in Gang brachte. Inzwischen hat sich das Ich verstärkt und mit Elementen des Selbst erweitert, die es sozusagen gezähmt und in sich aufgenommen hat. (Zu Beginn der Analyse stärkt sich das Selbst auf Kosten des Ich, im Verlauf der Analyse kehrt sich jedoch die Situation mit der Übertragungsneurose als Wendepunkt um.) Das Es liefert dem Ich ebenfalls neue Energiequellen. Das Ich nimmt nun die Triebe, die es zuvor ihrer »Missetaten« wegen vertrieben hatte, wieder auf, wie der Vater den verlorenen Sohn. Mit der Lösung der Konflikte verändert sich automatisch auch die Struktur des Überich. Angesichts dieser Situation braucht das Selbst nur immer stärker Ich-synthon zu werden, indem es die Prinzipien, auf denen die dekonfliktualisierten Ich-Aktivitäten basieren, anerkennt und zu schätzen lernt; dies jedoch immer nur bis zu einem gewissen Punkt (Realitätsprinzip). Das Ich übernimmt nun nach Durchlaufen dieser schwierigen Prüfung wieder die Herrschaft über die ganze Persönlichkeit, deren verschiedene Anteile inzwischen befriedet und beruhigt wurden, indem sie gewissermaßen auf ein Stück Eigenexistenz verzichten mußten und so dem Ich erlauben, den optimalen Zusammenhalt der Persönlichkeit zu verwirklichen. Dieser Zusammenhalt läßt die alten Hausverbündeten mit ihren eigenen Aufgaben weiterbestehen, und nur deren wirksame und besser angepaßte Koordination zeugt von der erreichten Veränderung. Das Selbst wird sich in einen eigens für es eingerichteten Raum zurückziehen (den »alten Mieter im Keller«, das Es, oder das, was aus ihm geworden ist, lasse ich unberücksichtigt). Die Autonomie, die das Selbst sich auf diese Weise bewahren kann, liefert dem Ich weiterhin die narzißtische Komponente, die es für die gute Führung des

Haushaltes braucht, nachdem ihm diese vom Selbst anvertraut wurde[40].

Die Aufzählung der Instanzen, die unter der Leitung des Ich vereint werden, führt uns zu einer Frage, die ich schon gestreift habe, nämlich der von Ich-Stärke und Ich-Schwäche. Dieses weite und wichtige Thema verdient zweifellos eine gesonderte, seiner Bedeutung gerecht werdende Behandlung. Ich möchte hier jedoch nur die Lücke hervorheben, die sich bei allen Definitionen der Ich-Stärke auftut, die den Narzißmus bzw. das Selbst nicht berücksichtigen. Eine einfache Triebintegration, selbst auf höherem und sozial angepaßtem Niveau, ist nicht das Zeichen eines starken Ich, sondern Charakteristikum eines gut organisierten und realistischen, eines *analen und statischen Ich*. Ein derartiges Ich wird schlicht und einfach physiologische Befriedigungen *suchen und finden, ohne diese narzißtisch zu besetzen* (ich spreche hier von einem angemessen entwickelten und triebintegrierten Narzißmus). Es kann die Triebe nicht veredeln oder erweitern, sie befreien oder zu eigentlich narzißtischen Zielen verwenden. Die Psychologie der Lust muß verändert werden: Dem Begriff »Lust« = physiologische Entspannung (Lust-Unlust bei Freud, als Ergebnis der Verbindung eines sadistischen Überich mit einem vorwiegend analsadomasochistischen Ich) muß eine völlig andere, auf dem Zusammenwirken von Narzißmus und Es fußende Auffassung beigefügt werden, wobei der Narzißmus über das Es dominiert und aus ihm spezifische hedonistische Befriedigung zieht. Das starke Ich wird nicht nur durch eine gelungene Koordination zwischen Es, Überich und Außenwelt charakterisiert, sondern auch durch eine vollkommene Harmonie zwischen Realitäts- und Lustprinzip, die eine wechselseitige Integration von Ich und Selbst erlaubt.

---

40 Freud spricht von »seiner Majestät das Ich« (*Der Dichter und das Phantasieren*, *Ges. Werke* 7, S. 220) oder vom »konstitutionellen Monarchen« (*Das Ich und das Es*, *Ges. Werke* 13, S. 285); in Anbetracht der Entwicklungsschritte könnte man das Selbst auch als Intendanten oder Haushofmeister sehen, dem es — nach einer Periode von Schwierigkeiten und schwerwiegenden Konflikten mit seinem Herrn — gelungen ist, sich nicht nur unentbehrlich zu machen, sondern auch eine von allen anerkannte Macht und Autorität zu erwerben.

3. Überlegungen zur Oralität und zur oralen Objektbeziehung[1]

Die beiden folgenden Untersuchungen erlauben es uns, obwohl sie scheinbar nicht direkt mit unserem Thema zusammenhängen, zu verstehen, warum die *Oralität*, die meiner Auffassung zufolge *enge Beziehungen zum Narzißmus unterhält,* sich ihrem Wesen nach der Analität entgegenstellt. Die *Dialektik von Narzißmus und Trieben* und besonders *von Narzißmus und Analität* soll somit erhellt werden.

3.1

Die psychosexuelle Entwicklung verläuft aus Freudscher Perspektive über einzelne, aufeinander folgende Stufen. Einige dieser Stufen bilden die sogenannte Prägenitalität, die sich von der oralen bis zur ödipalen Phase erstreckt. Die Phasen sind nicht klar begrenzt, sie gehen ineinander über und überlappen sich zum Teil. Am Beginn der Entwicklung steht die orale Stufe, die sich – wie es allgemein beschrieben wird – über das erste Lebensjahr und noch weiter erstreckt (die Kleinsche Schule verkürzt die Dauer der einzelnen Phasen, deren Abfolge durch die »genetische Kontinuität« geleitet wird[2] – »Aktivationstheorie«). Der Ablauf dieser Phasen kann dank der in der Analyse auftretenden Phantasien und ihrer Entwicklung aufgedeckt werden.

Das Saugen ist der erste Ausdruck der Sexualität und die Mutterbrust das Urobjekt der Liebesgefühle des Kindes. Die Oral-Erotik hat die angenehme Reizung der erogenen Zone des Mundes zum Ziel. Später gesellt sich hierzu der Wunsch, sich die Objekte einzuverleiben. Die beiden Triebe sind miteinander verbunden, und die daraus resultierende Eigenschaft des Kindes, *die Gier,* wird allgemein als Hauptcharakteristikum

1 Vortrag vor der Société Psychanalytique de Paris am 22. 10. 1958, erschienen in *R. F. P.* 1959, Nr. 2.
2 Bibring: *The so-called English School of Psychoanalysis,* in: *Psychoanal. Quarterly,* 1947.

dieser Phase angesehen. Fairbairn[3] hält jedoch die Suche nach dem Objekt für ein Ziel an sich, das nicht nur in dieser Phase dominiert, sondern während der gesamten psychophysiologischen Entwicklung des Individuums wirksam bleibt. Nach diesem Autor »ist die Libido auf der Suche nach Objekten«; »tatsächlich« – fügt er hinzu – »genügt das einfache Vorhandensein oraler Impulse nicht zur Erklärung dieser heftig drängenden Verlockung durch das Objekt, die diese Phänomene uns zeigen«. Er nimmt an, daß »die Libido nicht die Lust, sondern das Objekt sucht«, ein Gedanke, der zum Umsturz der gesamten Libido-Theorie und zur Erarbeitung einer Psychologie führt, der wir schwerlich folgen können. Sicherlich existiert diese disproportionale Heftigkeit oraler Wünsche, die Fairbairn aufgefallen ist, und sicherlich entspricht sie einer zusätzlichen affektiven Ladung, die untersucht werden müßte. Auch andere Autoren bestehen auf diesem Aspekt der Oralität, die zum Objekt hin-»schaut«. So legt Erikson[4] den Akzent auf den oral-einverleibenden Modus und spricht von einer oral-sensorischen Zone, die von der Tendenz zur Inkorporation beherrscht wird und nach diesem Autor die Orifizien des Gesichts und der oberen Nahrungsorgane umfaßt. Für Fenichel[5] ist die orale Einverleibung »die erste Reaktion auf Objekte allgemein und eine Ankündigung späterer sexueller und aggressiver Anlagen«, anders ausgedrückt, der Objektbeziehung.

Die augenblicklich in der psychoanalytischen Lehre vorherrschende Konzeption der Oralerotik und der für diese Stufe eigentümlichen Objektbeziehung, nämlich der Oralität, beruht auf zwei Postulaten:

1. Die Oralität ist in allen ihr eigentümlichen Ausdrucksweisen von der ursprünglichen erogenen Mundzone und deren eigentlicher Funktion geprägt, besitzt also eine anatomisch-physiologische Grundlage.

2. Ihre klinischen Erscheinungsformen beim Erwachsenen sind Folgen der Fixierung oder Regression auf diese Stufe; diese sind durch gewisse Versagungen oder orale Traumen be-

3 Fairbairn: *Psychoanalytic Studies of the Personality.*
4 Erikson: *Childhood and Society*; dt. *Kindheit und Gesellschaft.* Zürich Stuttgart 1957.
5 Fenichel: *Die psychoanalytische Theorie der Neurosen.*

dingt, die das Subjekt einmal erlitten hat, und die – im Prinzip – aus der Verdrängung befreit und im Verlaufe der analytischen Untersuchung als historische Elemente erlebt werden müssen. (Sie können ebenfalls als Fixierungspunkte von späteren und andersgearteten Traumen dienen.) Hinsichtlich der anatomisch-physiologischen Grundlage der Oralität (Punkt 1) müssen wir feststellen, daß die Theorie schon manche Veränderungen erfahren hat. Erikson schreibt: »Da es (das Kind) gewillt und in der Lage ist, an geeigneten Objekten zu saugen und zu schlucken, was immer diese an geeigneten Flüssigkeiten von sich geben, so ist es auch bald gewillt und imstande, mit seinen Augen »aufzunehmen«, was in sein visuelles Feld eintritt. (...) Auch sein Tastsinn scheint dasjenige aufzunehmen, was sich gut anfühlt.«[6] Fenichel erweitert den Begriff der oralen Introjektion auf das Greifen, das Sehen, die Atmung, wie auch das Hören und die Hautabsorption. Damit verbreiten wir die ursprüngliche anatomisch-physiologische Grundlage immer mehr und gelangen dabei zu einer zunehmend *funktionellen* Auffassung. Dabei geht es um die *orale Aufnahmefähigkeit*, die von allen Organen ausgeübt werden kann. Ich erinnere an Helene Deutsch[7], die die für die Entwicklung der weiblichen Genitalität wichtige rezeptiv-orale Funktion der Vagina hervorgehoben hat.

Hinsichtlich der Ätiologie der Erscheinungsformen der Oralerotik beim Erwachsenen (Punkt 2) hat sich keinerlei Veränderung vollzogen; die Lehre von der Fixierung durch historische orale Versagung stellt immer noch die Grundlage auch der Theorie der Oralität dar. Wie ich bereits bei der Untersuchung des Masochismus[8] betont habe, ist das Material mancher Erwachsenenanalysen häufig von durchaus zweifelhafter Glaubwürdigkeit oder erweist sich bei nochmaliger Überarbeitung sogar als klar erfunden. Diese Gedächtnisveränderung entspricht einer Art Aufarbeitung, die der Analysand zu brauchen scheint. (Die Mutter kann trotz eines scheinbar sehr befriedigenden oralen Verhaltens durch ihre mehr oder minder neuro-

6 Loc. cit., S. 58.
7 Deutsch, H.: *La psychologie de functiones sexuelles feminines.*
8 Grunberger, B.: *Esquisse d'une théorie psychodynamique du masochisme,* in: *R. F. P.,* 1954.

tische Haltung beim Stillen das Kind traumatisieren; aber in diesem Fall handelt es sich nicht um orale Versagung. Es kann sich sogar um noch viel ältere, viel tiefer erlebte, schwierig in Begriffen zu fassende Situationen, wie z. B. das narzißtische Trauma [Verlust der Allmacht] handeln.) Auf jeden Fall scheint sich das Kind oder vielmehr der zukünftige Neurotiker den Stillakt zunutze machen zu wollen, um dann später darauf eine orale Versagungsphantasie aufzubauen, die er zu einer gewissermaßen materiellen Grundlage für ältere und seinem Narzißmus gefährlichere Traumen macht. Dies ist eine für ihn nützliche Verschiebung, die gleichzeitig den Wert einer Projektion besitzt. Die wirkliche orale Versagung kann natürlich extrem pathogen, ja fatal für das Kind werden, aber zumeist ist dies nicht der Fall. Pathologische Konsequenzen dieser Versagung betreffen eher präpsychotische und psychotische Strukturen, wirken sich eher in Charakterneurosen und Kriminalität aus und laufen nur selten auf eine eigentliche Neurose hinaus.

Die Auffassung der traumatisierten Oralität verfälscht unseren Blick, weil sich die Phänomenologie dieser Stufe auf die Pathologie bezieht und damit die Untersuchung des Normalphänomens erschwert.

Diese Erkenntnis betrifft auch die »Gier«, die man in den Mittelpunkt der oralen Struktur stellt. Neben der sozusagen natürlichen, physiologischen Gier, gibt es eine andere, heftigere, bis zum äußersten gespannte Gier. Auch P. Martys treffende Definition der Oralität: »Gier, Unersättlichkeit, Ungeduld und Neid« hebt die große Bedeutung dieses Faktors hervor. Die übergroße Gier entspricht einem starken Schuldgefühl, mit dem der orale Trieb belastet wird, was schließlich zur Blockierung der Oralfunktion, also zur Magersucht, führen kann. Wie soll man aber in all dem zwischen Normalem und Pathologischem trennen? Wenn wir die Oralität an und für sich – so wie sie Freud in den *Drei Abhandlungen zur Sexualtheorie* beschrieben hat – kennenlernen wollen, müssen wir sie zunächst als solche isolieren, d. h. als Partialtrieb beschreiben, als prägenitale Komponente der normalen Sexualentwicklung, deren Bestandteile sich mehr oder weniger deutlich im Verhalten des Erwachsenen gegenüber den Objekten, d. h. in seiner Objektbeziehung, wiederfinden.

Freud bemerkt in den *Drei Abhandlungen zur Sexualtheorie* hinsichtlich des anal-sadistischen Stadiums, das dem oralen folgt: »In dieser Phase sind also die sexuelle Polarität und das fremde Objekt bereits nachweisbar« (*Drei Abhandlungen zur Sexualtheorie, Ges. Werke* 5, S. 99). Daraus folgt indirekt, daß es für Freud vor der anal-sadistischen Stufe kein eigentliches Objekt gibt, und daß die vorhergehende orale Stufe folglich objektlos ist. Abraham stellt einen wesentlichen Unterschied zwischen zwei Momenten der Oralität fest und unterteilt in seinem ontogenetischen System das orale Stadium in ein präambivalentes und ein oral-sadistisches.

Zu dieser Unterscheidung wurde Abraham durch die Feststellung veranlaßt, daß auf ein und derselben Stufe wesentlich voneinander verschiedene Elemente existieren. Man kann sich nun fragen, ob die Existenz entgegengesetzter, widersprüchlicher Elemente innerhalb einer Stufe nicht die Herausarbeitung des Wesens der Oralität verhindert. Ich meine, es sei von großem heuristischen Interesse, die orale Phase und die Oralität einerseits in ihrem Zusammenhang zu betrachten, andererseits aber zuzugestehen, daß wir es mit einer präambivalenten und objektlosen Phase zu tun haben. Dabei gehören die sadistischen Elemente, die mitunter, durch gewisse Umstände begünstigt, Eingang finden, zur darauf folgenden anal-sadistischen Phase, was ich in einer späteren Arbeit nachweisen möchte. Aus einem bestimmten Blickwinkel sind die sadistischen Elemente von den oralen qualitativ verschieden, ja diesen entgegengesetzt, sie sind gewissermaßen ihre Antagonisten.

Die eigentliche *Oralität* wurzelt, meiner Meinung nach, nicht in der Schicht der Triebe, sondern tiefer im *Narzißmus* und damit auch in dem für ihn spezifischen Bereich: im pränatalen Leben[9].

Die ruhelose Heftigkeit der *Objektsuche,* die von Fairbairn

9 Dabei wollen wir nicht voreilig über die Eigenheit dieser narzißtischen Komponente urteilen. Wenn auch eine bestimmte Quantität von oralem Narzißmus, etwa für den Beginn und den Erfolg der analytischen Behandlung, unentbehrlich zu sein scheint, so wissen wir doch auch, daß es einen statischen narzißtischen Faktor gibt, dessen absolute Rigidität das Haupthindernis für eine erfolgreiche Behandlung darstellt.

betont wird, entspricht meiner Meinung nach einer narzißtischen Überladung, einer Urkomponente des fötalen Narzißmus, den das Kind weiterhin trotz veränderter Bedingungen zu leben versucht. (Das physiologische Ereignis der Geburt wird willkürlich als Ausgangspunkt der Reifung genommen, aber die Tatsache, daß das pränatale Leben des Kindes sich – zumindest teilweise – der direkten Beobachtung entzieht, rechtfertigt nicht seine Vernachlässigung.)

Die Vorstellung einer Phase, in der Oralität und Narzißmus miteinander vermischt sind, wird zwar allgemein anerkannt – auch wenn sie nicht in dem erforderlichen Maße weiterentwickelt wurde; dabei blieb aber ihr, meiner Meinung nach, eigenartiger Charakter unberücksichtigt, der Umstand nämlich, daß sie das pränatale und das postnatale Leben umfaßt. Fenichel schreibt ebenfalls: »Die ersten Objektbeziehungen komplizieren sich dadurch, daß sich die direkt erotischen Ziele noch nicht klar vom narzißtischen Ziel der Teilhabe am Allmachtsgefühl unterscheiden.«

Die Komplikation, auf die Fenichel stößt, stellt tatsächlich eine besondere theoretische Schwierigkeit dar, weil es sich um den Primärnarzißmus handelt, einen per definitionem objektlosen Zustand. Auch wenn das rein orale, präambivalente Stadium infolge unvermeidlicher Versagungen von Elementen, die schon die folgende objekthafte und deshalb ambivalente Stufe ankündigen, sehr früh durchdrungen wird, kann es dennoch als solches weiterexistieren und erweist sich als eine wichtige und unentbehrliche energetische Quelle. Die Oralität wirkt sich während des gesamten Prozesses der Triebreifung in der ihr eigenen Weise und mit ganz besonderer, immer wieder erneuerter Kraft aus.

Wie ich bereits an anderer Stelle ausgeführt habe, schließt das narzißtische Subjekt die Umgebung in sich ein, gewissermaßen als narzißtische »Ergänzung«, die innerhalb seiner durch diesen Einschluß erweiterten Grenzen »verschwindet«. Diesen Einschluß, der weder im Raum noch in der Zeit auf Grenzen trifft, vollzieht das Subjekt unbewußt (das Subjekt bildet mit der Umwelt eine Einheit; es hat kein Ich, kein Organ, das die bewußte Einschätzung des Prozesses erlauben würde); der damit verbundene Affekt ist aber durch seine erhebend-erhabene

Färbung besonders befriedigend. Diese rein narzißtische Position verliert früher oder später ihren absoluten Charakter. Aber selbst, wenn die narzißtische Ergänzung im Verlaufe der späteren Entwicklung, d. h. der Triebreifung, zum unterschiedenen Objekt wird, so tritt doch auch auf der Ebene reiferer Beziehungen gelegentlich noch die Regression in einen Zustand der Ungeschiedenheit von Subjekt und Objekt auf. Diese wird vom Ich eingesetzt, indem es geschickt Nutzen aus der Doppeldeutigkeit von Subjekt und Objekt zu ziehen vermag.

Bertram Lewin[10] charakterisiert Oralität durch das, was er die »orale Triade« nennt: »Essen, Gegessen-Werden und Schlafen.« Der Faktor »Schlafen« gehört nach Lewin zur Oralität, er gehört aber auch zum narzißtischen Bereich (wie Freud bereits ausführte[11]). Der scheinbar widersprüchliche Wunsch »Essen und Gegessen-Werden« kann mit Hilfe der Vorstellung von der Objektlosigkeit gedeutet werden. Wenn es nämlich keine Unterscheidung zwischen Subjekt und Objekt gibt, ist es gleich, wer ißt und wer gegessen wird. So verstehen es auch Marty und Fain[12], deren Arbeiten die Untersuchung der Prägenitalität ein gutes Stück vorangebracht haben; sie sagen vom Oralen: »Er bekommt, und er gibt, er ist er selbst, aber auch die anderen, und die anderen sind auch er[13].«

Die orale Phase entspricht also einer in sich uneinheitlichen und schwer zu erfassenden Position; das gilt nicht nur wegen ähnlicher Äußerungen auf anderen Stufen, sondern vor allem, weil die Phase selbst von doppeldeutiger Struktur und ihr Funktionieren trotz der Objektlosigkeit an die Objektwelt gebunden ist. Dieser Widerspruch wurde von Balint mit dem Begriff »duale Einheit« (»dual unity«) treffend erfaßt.

10 Lewin, B.: *Psychoanalysis of Elation.*
11 Freud, S.: *Metapsychologische Ergänzung zur Traumlehre, Ges. Werke* 10, S. 413.
12 Marty und Fain: *La motricité dans la relation d' object.*
13 Wir wissen, daß es im Unbewußten keinen Widerspruch gibt und jedes Element sein Gegenteil bedeuten kann. Freud (*Über den Gegensinn der Urworte, Ges. Werke* 8, 213—223) hat das gleiche Phänomen in der Sprachwissenschaft wiedergefunden. Wenn auch diese linguistische Eigenart im allgemeinen in den modernen Sprachen verschwunden ist, so überlebt sie doch in den Begriffen, die das Paar Subjekt-Objekt (sujet-objet) bezeichnen; so ist das Thema (sujet) dieses Vortrages gleichzeitig sein Gegenstand, sein Objekt; und wenn man eine Person zum Objekt (im Sinne von Sache) macht, so wird sie zum Subjekt (sujet): sie wird unterworfen.

Fenichel spricht in der oben zitierten Abhandlung von der Vereinigung des Subjekts mit dem Objekt, die beide »zur gleichen Substanz werden läßt«, und erwähnt die magische Kommunion der Primitiven, also den magischen Glauben, eine Person könne einem Objekt, das sie sich einverleibt hat, ähnlich werden. Diese Inkorporation überschreitet jedoch die orale Stufe, um die es mir hier geht, denn die Magie umfaßt die orale und die anale Phase. Ganz typisch für die orale Art ist, daß das Subjekt das Objekt nicht absorbiert, denn es gibt hier an sich weder »Subjekt« noch »Objekt«, sondern nur die Vermischung beider. Das Subjekt besteht aus zwei Teilen, die zu einem Ganzen zusammengesetzt sind, und die im Verhältnis der Gleichwertigkeit und Austauschbarkeit zueinander stehen; dies gilt zumindest so lange, wie der präambivalente Charakter dieses Verhältnisses aufrechterhalten werden kann, denn erst das Auftreten von Konflikten verhilft im weiteren Verlauf dem Gegensatz und der Abgrenzung von Subjekt zu Objekt, und damit dem Ich, zur Entstehung.

Bei der oralen Objektbeziehung handelt es sich eigentlich um eine *virtuelle* Beziehung, die schon die gesamte spätere Entwicklung des Subjektes im Keim enthält. Die rein ausgeprägte Oralität gibt es eigentlich nur in der Anfangszeit dieser Entwicklung, selbst wenn die oralen Momente – durch Fixierung oder Regression – weiter wirksam bleiben und sich in pathologischer Weise verstärken. Mit anderen Worten: Die Oralität umfaßt die *Bewegung auf die Triebbefriedigung hin* und die Bereitschaft, sie anzunehmen; diese Bewegung leitet in die folgende Phase über, es sei denn, die Entwicklung wird verlangsamt und die Triebkraft bleibt auf der Stufe des bloßen Wunsches fixiert. Üblicherweise bleibt diese Position nur als Komponente der ganzen Struktur bestehen und behält als solche ihre Aktivität, die das ganze Leben über von größter Wichtigkeit bleibt.

Es ist sicher unbefriedigend, das ganze orale Stadium aus der historischen Situation der Vermischung von Mutter und Kind erklären zu wollen, wenn man der Vielfalt seiner Aspekte und seinem besonderen Wesen Rechnung tragen will.

Dieser Verschmelzungsprozeß läuft ständig in beiden Richtungen ab – von der Mutter zum Kind und vom Kind zur

Mutter. Dabei tauschen Mutter und Kind regelmäßig die Rollen, und zwar unabhängig von den historischen Bezügen. Gewiß ist die Beziehung des Kindes zu seiner Mutter, wie auch die der Mutter zu ihrem Kind, von der oralen Position geprägt, und diese scheint auch – zumindest aus dem Blickwinkel des Beobachters – den Vorrang zu besitzen. Es handelt sich dabei jedoch schon um die Wiederholung eines viel früheren archaischen Prozesses, den die postnatale Verbindung Mutter-Kind mit einigen der neuen Situation entsprechenden Modifikationen nur wiederholt. Es ist nun an der Mutter, durch ihre Liebe (»narzißtische Zufuhr«) den »Affront«, den der Narzißmus des Kindes erleiden mußte (narzißtische Wunde), wiedergutzumachen, und ihm eine mehr oder weniger gleichwertige Kompensation anzubieten[14]. Es kann auch vorkommen – und dies ist allzu häufig der Fall –, daß sie weit mehr als erforderlich tut: In Fällen, in denen die Mutter an einer Neurose oder gar an schwereren Erkrankungen leidet, ist das beinahe die Regel. Manchmal übersteigt die Tiefe der narzißtischen Wunde oder die Intensität der narzißtischen Triebkraft die Möglichkeiten der Erziehung, abgesehen von der besonders ungünstigen Konstellation, die dann eintritt, wenn die beiden Faktoren zusammen auftreten und sich gegenseitig verstärken.

14 Im Gefühl der Allmacht spiegelt sich die Empfindung des Kindes bei unmittelbarer und totaler Befriedigung seiner Bedürfnisse wider (Ferenczi). Es kann diese Empfindung in gewisser Weise schon während der Pränatalzeit erleben, kann aber auch etwas Ähnliches in der vollkommenen narzißtischen Vereinigung mit seiner narzißtischen »Ergänzung«, vor allem der Mutter, genießen.
Das Kind versucht allem, was nur irgendwie an die narzißtische Wunde erinnern könnte — jedem Trauma, jeder Versagung, die diese narzißtische Wunde verstärken würden — zu entfliehen, weil sie die Niederlage seiner Allmacht bedeuten. Diese Niederlage ist jedoch nur partiell von dem Augenblick an, da das Kind die äußeren Umstände und Versagungen, deren Objekt es ist, dafür verantwortlich machen kann: »Nicht ich bin grundsätzlich ohnmächtig, sondern meine Mutter (mein Vater), die der Erfüllung meiner Wünsche Hindernisse in den Weg stellen; aber wenn ich erst einmal groß bin, mache ich, was ich will!« Diese schrittweise erarbeitete Taktik ist ihm um so nützlicher, als es seine narzißtische Wunde ständig neu erleben muß (Wiederholungszwang). Das Kind sucht für dieses Abreagieren gerne orale Traumata, die es natürlich erleiden muß, und die es, wenn nötig, selbst hervorrufen oder in diesem Sinne wenigstens ausnutzen kann. Die narzißtische Wunde wurzelt tief in archaischen Schichten der Psyche und entzieht sich in gewissem Maße der begrifflichen Erfassung und mehr noch der Verbalisierung, weshalb auch ihre Analyse aus therapeutischer Sicht wenig erfolgreich ist.

Die orale Phase kann solange ungetrübt fortbestehen, wie die Aufrechterhaltung von Mechanismen zum Ausgleich von Versagungen (z. B. die halluzinatorische Wunscherfüllung) möglich bleibt. Aber sie wird gewöhnlich sehr früh gestört, da die Oralität an sich zum Übergang in die nächste Phase der Triebrealisierung tendiert, die von der analen Komponente abhängt. Die Erscheinungsformen, die uns in der Praxis begegnen, sind fast nie Ausdruck reiner Oralität; sie sind entweder von Elementen aus den folgenden Triebstadien durchsetzt und verfälscht oder aus Reaktionsbildungen hervorgegangen. Wir müssen das Schicksal des oralen Faktors in der Entwicklung der normalen Triebreifung verfolgen, einer Entwicklung, die bislang allzu schematisch verstanden und gegen alle Komplizierungen abgeschirmt worden ist. Die Herausarbeitung der wesentlichen, sozusagen physiologischen Charakteristika der Oralität müßte es uns dann erlauben, die oralen Elemente in den verschiedenen Beziehungsvarianten festzustellen und somit klinische Bilder der Positionen zu erstellen, in denen der betreffende Faktor eine Rolle spielt.

Ich habe weiter oben von der oral-narzißtischen Verschmelzung gesprochen, die durch eine wirkliche Vermischung von Subjekt und Objekt charakterisiert ist. Das Schema oder sozusagen die Karikatur dieses Verhältnisses finden wir beim Schizophrenen, der etwa davon überzeugt ist, sein Therapeut denke seine Gesanken und fühle seine Emotionen, oder der mit dem Universum verschmilzt (Renée von Mme Séchehaye) und sagt, daß es regne, wenn er uriniert. Diese Verwirrung findet sich in veränderter Form auch in der Analyse ganz alltäglicher Neurosen wieder; besonders deutlich scheint sie bei den Allergikern zu werden, die P. Marty[15] beschrieben hat.

Nach Balint[16] »kennt das Kind zunächst nur (hinsichtlich der Objekte relativ unbeständige) Substanzen und ist der festen Hoffnung, es könne sich mit ihnen immer wieder freundschaftlich vermischen«. Eine solche Beziehung bleibt bei der oralen

15 Marty, P.: *La relation d'objet des allergiques.*
16 Balint, M.: *Subject and Object in Psychoanalysis*, in: *British Journal of Medical Psychology*, 1958.

Persönlichkeit bestehen; diese bildet eine echte Einheit mit ihrem Komplement, ist mit ihm wie verwachsen und reagiert auf die Trennung wie auf ein Herausgerissen-Werden, das einem schweren Trauma entspricht. Der Orale baut seine intrauterine Lebensweise wieder auf und führt – dank seines Komplements, das gleichzeitig er selbst ist – eine autonome Existenz ähnlich den Verliebten, von denen man sagt, sie lebten von Luft und Liebe. Der Orale bildet also ein geschlossenes Universum hinsichtlich seiner Bedürfnisse und ein offenes hinsichtlich seiner Möglichkeiten; er verschmilzt mit der Welt, verkennt das Objekt als solches und seine eigene Objekthaftigkeit, sein Ich und damit seine Grenzen[17].

Diese Art der Objektbeziehung findet man überhaupt beim Umgang mit Gegenständen; dabei denken wir natürlich vor allem an die Beziehung des Kindes zu irgendeinem Objekt, z. B. seinem Spielzeug. Das Kind bildet mit seinem Lieblingsspielzeug oder seinem Spiel eine vollkommene narzißtische Einheit, die es nicht aufgeben möchte. Man kann es nur mit Gewalt losreißen und löst damit Verzweiflung und Tränen aus. Das Mädchen spielt mit seiner Puppe die narzißtische Vereinigung nach, die es mit der Mutter erlebt hat: Wenn sie ihrer Puppe dasselbe befiehlt, wie die Mutter ihr, so ist sie gleichzeitig sie selbst und ihre Mutter. Ich denke auch an gewisse bevorzugte Objekte, von denen das Subjekt sich nicht trennen kann, so sehr gehören sie zu ihm. Das *Übergangsobjekt* – wie es Winnicott beschrieben hat – ist in diesem Sinne tatsächlich ein Objekt des Übergangs, denn es vereint orale (das Kind betrachtet es als einen Teil seines Körpers) und anale Charakteristika (gewöhnlich ist es schmutzig, zerrissen, verunstaltet und trägt sichtbare Zeichen der Aggressivität des

---

17 Selbst der Koitus der oralen Persönlichkeit ist sozusagen asexuell — zumindest aus dieser Sicht — und der ekstatische Aspekt der Lust erhält die Bedeutung einer narzißtischen Vereinigung mit dem Objekt (»Eins-Sein«). Auch der Phallus hat für den Oralen — wie für das Unbewußte allgemein — die Bedeutung einer Brücke (Ferenczi) zwischen beiden Partnern. Sie ermöglicht die Realisierung dieser Vereinigung und läßt das Gefühl narzißtischer Macht entstehen. In gleicher Weise realisiert sich die mystische Vereinigung auf präambivalenter Ebene. Wenn die Heilige Therese sich »von einem goldenen Pfeil durchbohren läßt« und ihre Gefühle beschreibt, so sind es diejenigen des Koitus. Die Mystiker freilich glauben, daß ihr Erlebnis von eigentlichen sexuellen Elementen frei sei.

Kindes). Ähnliches findet man bei manchen Neigungen, die dem Subjekt zum Teil seiner selbst werden. Die exaltierten Freundschaften zwischen Jugendlichen gleichen oder verschiedenen Geschlechts enthalten die orale Komponente, die sie buchstäblich *unzertrennlich* macht, wie Zwillingspaare, deren Leben vollkommen parallel verläuft, und die immer Hand in Hand gehen. (Dieses spezifische Verhalten hat ganze Legenden entstehen lassen.)

Wir sprachen zu Beginn dieses Kapitels von der relativ kurzen Dauer des eigentlichen oralen Stadiums, in dem eine Dynamik wirksam ist, die ihre eigene Überwindung als Trieb anstrebt. Trotzdem existiert die orale Triebkraft weiter, nur mit dem Unterschied, daß der orale Trieb zu einer bestimmten *oralen Objektbeziehung* wird; wenn also der Orale ein erotisches Verhalten mit oralem Inhalt an den Tag legt, so erfährt die Oralität in einem bestimmten Moment eine qualitative Veränderung; das Subjekt kann sich nun Beschäftigungen, die eigentlich mit einer anderen Stufe seiner Entwicklung zu tun haben, überlassen, ohne daß dabei die Art seiner Beziehungen verändert wird. Der orale Trieb ist eine Triebart geworden; Triebinhalt und die Art der Beziehung, in der er sich äußert, können verschieden, ja entgegengesetzt sein.

Ein besonders eindrucksvolles Beispiel dieses Gegensatzes ist der Fall eines an Verstopfung leidenden Patienten, der niemals von selbst auf die Toilette gehen konnte und einmal pro Woche ein drastisches Abführmittel nahm, das ihm schnelle und vollkommene Entlastung verschaffte, jedoch das angenehme Gefühl der Erleichterung, das gewöhnlich den Defäkationsakt begleitet, vermissen ließ. Obwohl das anale Material Schicht für Schicht abgeräumt wurde, veränderte sich dieses Symptom bis zu dem Tag nicht, an dem wir es unter dem Blickwinkel der Grundfunktionen der Oralität betrachten konnten und ich ihm – dank der Erschließung neuen Materials, das ich hier nicht wiedergeben kann – zeigen konnte, daß er die für die Defäkation nötige Zeit nicht abwarten wollte; angesichts der Unmöglichkeit, nach der wohlbekannten Forderung der oralen Persönlichkeit, *alles und sofort* zu erhalten, zog er es vor, darauf zu verzichten. Die anschließende Einführung eines Abführmittels diente ihm außerdem zur Entlastung seines Schuldgefühls: Da die Initiative von außen (dem Abführmittel) kam, erschien die Triebhandlung erlaubt. Dieser Aspekt der Frage steht jedoch außerhalb meines heutigen Themenkreises.

Marc Schlumberger[18] hat von einer bestimmten Patientengruppe gesprochen, die meiner Meinung nach ebenfalls diesen Gegensatz zwischen Trieb und Verhalten aufweist; es handelt sich um junge Leute, die von einer seltsamen Vorstellung über die Analyse geleitet scheinen: Sie sind der Meinung, die Analyse bestehe vom Beginn bis zum Ende der Stunde aus einem ununterbrochenen Schwall von Obszönitäten. Natürlich hat das dabei zu Tage geförderte Material keine Bedeutung, außer in bezug auf das, übrigens überdeterminierte Bedürfnis des Kranken, es zu benutzen. Ich selbst habe einen jungen Perversen analysiert, der zu Beginn in seine Rede obszöne Worte einfließen ließ. Dies geschah manchmal sehr plötzlich und ohne jede Überzeugung, so daß diese Elemente nicht das geringste mit seinem Bericht zu tun hatten. Dieses Verhalten stellte nicht nur den Versuch der Isolierung und des zwanghaften Ungeschehenmachens dar, es handelte sich vor allem um eine orale Regression, um die Flucht vor der eigenen Analität, gegen die sich der Patient verzweifelt wehrte. Was er mir als Ersatz anbot, waren leere Worte ohne jegliche wirklich anale Bedeutung; *dieser Inhalt war gänzlich ohne die für dieses Stadium typische Besetzung geblieben.*

Das folgende, dem eben beschriebenen Fall ähnliche Beispiel zeigt, daß die Übertragung trotz eines typisch analen Übertragungsinhaltes auf orale Weise erlebt werden kann. Ich denke dabei an einen meiner Patienten, der sich auf der Couch anal-erotischen Phantasien überließ, mit denen er mich ohne Umschweife in Zusammenhang brachte; dies war jedoch nur ein Spiel nach der Art einer oralen Verbindung, das er zur Abwehr seiner tiefen »beziehungshaften« Analität benutzte[19].

18 Persönliche Mitteilung.

19 Das ist nicht erstaunlich, sehen wir in psychiatrischen Anstalten doch Schizophrene im Zustand tiefster Regression nackt herumlaufen, mit naivem, glücklichen Lächeln in ihrem eigenen Kot spielen; dieses Lächeln ist ein Zeichen ihrer totalen oral-narzißtischen Regression, dem eigentlichen Hauptcharakteristikum ihres Leidens. Nur die Berücksichtigung des oral-narzißtischen Modus ihrer Objektbeziehung kann uns die wahre Bedeutung des scheinbar analen oder ödipalen Materials liefern; dieses Material hat nichts mit der Stufe zu tun, auf die es sich dem Anschein nach bezieht.

Die orale Regression macht gewisse Charakteristika der *oralen Versagung* deutlich, wie sie bewußt von oralen Personen erlebt wird, und sogar solche der Frustration im allgemeinen, insofern nämlich, als das Verhalten jedes Frustrierten vor allem durch dessen Oralität bestimmt wird. Ich spreche wohlgemerkt von der pathologischen Reaktion auf die Versagung und vom schuldhaften Oralen. Wir wissen, daß sich der Orale ständig beklagt, und wer versucht, ihn völlig zu befriedigen, übernimmt eine schwierige Aufgabe. Es besteht immer eine mehr oder minder große Spanne zwischen dem Wunsch des Oralen und dem, was ihn befriedigen könnte. Dies ist leicht verständlich, weil sein Wunsch immer mit der Erinnerung an das verlorene Paradies vermischt ist. Daher verhält sich der Orale auch nicht wie jemand, dem man einfach eine Befriedigung vorenthalten hätte, sondern wie der rechtmäßige Besitzer eines wertvollen Gutes, das man ihm hinterhältig und schändlich geraubt hat[20]. Man weiß (und darin liegt eine reichhaltige Quelle an Mißverständnissen zwischen dem oralen und analen Persönlichkeitstyp – Alceste und Philintes waren niemals echte Freunde), daß für ihn kein irdisches Gut einen Verlust, der sein narzißtisches Ideal betrifft, jemals aufwiegt; dieses Gut kann er kaum definieren, er wird es aber nichtsdestoweniger fordern und suchen, denn er ist sehr *gläubig* (in seiner narzißtischen Welt ist alles möglich, und »warum nicht?«). Er ist auch sehr *optimistisch,* als ob er schon den fühlbaren Beweis dafür hätte, daß das Objekt seiner Träume keine Fata Morgana ist, sondern tatsächlich existiert.

Das läßt uns verstehen, daß das Schweigen des Analytikers, der nicht auf die Frage des Analysanden antwortet, von letzterem nicht als eine Versagung erlebt werden kann, und daß dieses Verhalten ihn nicht traumatisiert, und doch gleichzeitig die Triebentwicklung hin zur analen Reifung erleichtert. Solange die Tür nicht geschlossen ist, ist noch alles möglich. Dagegen kann ein ausdrückliches Verbot seitens des Analytikers den Narzißmus des Analysanden empfindlich und manchmal endgültig traumatisieren.

---

20 Wir wissen, um wieviel schwieriger es ist, jemandem ein innegehabtes Recht zu nehmen, als ihn von Anfang an zu frustrieren. Der Besitz erweckt Hoffnung auf neue Rechte, was alle Gouvernanten seit Tocqueville wissen.

Eine andere Eigenart der oralen Objektbeziehung, die sich – wie auch das übrige – von ihrer Triebgrundlage herleiten läßt, ist ihr zugleich *vager und absoluter, ungenauer und unbegrenzter* Charakter. Weil für den Oralen das Objekt niemals real (er kann nicht hineinbeißen und es verschlingen), sondern virtuell ist, und die Umwelt mit ihm eine Einheit bildet, weil die Spaltung zwischen der Welt und ihm Konflikte heraufbeschwört, kann er die Realität in seine Beziehung nicht hineinnehmen; denn diese besteht aus Genauigkeiten und Begrenzungen, die er nur mit Mühe wahrnehmen kann. Er wünscht jedoch eine vollkommene (»alles oder nichts«) und unmittelbare Befriedigung, wie er sie im Reich des pränatalen Narzißmus gekannt hat, und will auf sie nicht verzichten. Da ihm nicht nur das Objekt, sondern auch ein zu seiner Beherrschung geeigneter Modus der Beziehung fehlt, bleibt ihm nur die Zurückweisung eines Kompromisses, der eine Unterwerfung unter die Realität und einen Verzicht auf die narzißtische Allmacht bedeuten würde. Der Umgang mit der Objektwelt wird durch den sensorischen Apparat gewährleistet und von der Motorik, die ein Bereich der Analität ist, mit Energie unterstützt. Der orale Charakter ist immer apragmatisch, ja völlig unpraktisch, und er verachtet alle operationalen Techniken, deren sich der anale Charakter zur Triebbefriedigung bedient. Weil er die Entwicklungsphasen, die ihn zur wirklichen und endgültigen Objektbeherrschung führen müßten, nicht besetzen kann, *lädt er seine ganze Libido auf den Wunsch selbst* ab, der nun entsprechend dieser Überbesetzung exzessive Ausmaße annimmt. Immer wieder findet man das Wort »grenzenlos« bei Autoren, die über die Oralität schreiben, so auch bei Germaine Guex[21]: »Die Gier des Verlassenheitsneurotikers ist grundsätzlich angstauslösend, unbegrenzt und damit unersättlich.« Der exzessive und irreale Charakter des Oralen wurde gut von Tschechow[22] beschrieben. Er spricht von einem Mann, »der ständig verdrießlich und unfähig ist, sich der Realität anzupassen und ihr das zu entnehmen, was sie ihm anbietet, der vielmehr unbeirrbar und quälerisch nach allem dürstet, was in dieser Welt nicht existiert und auch nicht existieren kann«.

21 Guex, G.: *La névrose d'abandon.*
22 Tschechow, A.: *Bei Freunden.*

Tschechow hat hier die Grundlage der oralen Tragödie erfaßt: Die ewige, sinnlose und verbissene Suche nach einem Lebensraum, wo es für den Narzißmus keine Grenze und kein Hindernis für seine maßlosen Wünsche gibt. Seine Welt ist *offen*, und die Art seiner Beziehung wird vor allen Dingen von diesem Zug bestimmt. Er schreckt vor der geringsten Verwirklichung zurück, und seine virtuelle Ausbreitung ist unendlich.

3.4

Angesichts seiner narzißtischen Wunde baut das Kind eine phantasiehafte oder halluzinatorische Brücke zwischen Wunsch und Verwirklichung, um seine verlorene Allmacht wiederzugewinnen. Dieser Mechanismus bleibt in einer besser angepaßten Form fester Bestandteil der menschlichen Psyche, und der orale Beziehungsmodus ist der Ausgangspunkt jeglicher Triebbefriedigung[23].

Der Mensch zieht zur Eroberung seines Objekts aus wie jener Schüler, der sein Gedicht nur aus einer bestimmten Ecke des

23 Manche Hochzeitssitten — heute etwas aus der Mode gekommen — zeigen, daß die Gesellschaft um die Abfolge der Triebreifungsphasen, die ich erwähnt habe, wie auch um die mit ihnen verbundenen Schwierigkeiten weiß. So beginnt die *Heirat* mit der Verlobung, bei der das Objekt zunächst nur ein Objektversprechen darstellt (man sagt, man habe sich einander »versprochen«), zunächst nur Projekt und Wunsch ist, der sich nur in phantasiehaften Befriedigungen ausdrückt. Diese Beziehung entwickelt sich jedoch nach und nach und erreicht ihren Höhepunkt im Geschlechtsakt, der im allgemeinen mit der »Hochzeitsnacht« zusammenfällt (die Hochzeitszeremonie mit ihrem wesentlichen Ziel, Schuldgefühle abzubauen, interessiert uns hier nicht). Dann beginnen die »Flitterwochen« (»Lune de miel« = »Honigmond«), deren französische Bezeichnung noch eine orale Nuance besitzt; sie sind so etwas wie eine Zeit der organisierten oralen *Regression*, in der das junge Paar sich außerhalb von Leben und Realität befindet, vor Glück trunken ist und sich regelrecht »bemuttern« läßt. Unter der Gunst dieser Regression können die Jungverheirateten sich ihrer neuen Situation stellen und die Verantwortung füreinander sich nehmen, um sich dann auf die endgültige Objektbeziehung, das eheliche Sexualleben einzustellen. Wir wissen allerdings, daß dieser Prozeß nicht immer abgeschlossen wird; denn die Institution der Ehe imitiert gewissermaßen den Ablauf der Phasen der menschlichen Entwicklung, und die Imitation ist nur eine magische Handlung, die die Triebreifung nicht wesentlich begünstigen kann. Wir wissen, wieviele Partnerbeziehungen bereits in der Hochzeitsnacht, ja schon vorher, und nicht erst wegen der Schwierigkeiten bei der Gründung eines Hausstandes ins Wanken geraten und scheitern.

Klassenzimmers aufsagen konnte. Alle Triebbefriedigungen sind zu Beginn oral-halluzinatorisch; wir benutzen natürlich diesen Begriff in abgeschwächter Form, etwa im Sinne von Wunsch oder *Befriedigungsplan*. Auf die philosophische Diskussion um das Verhältnis von Handeln und Denken wollen wir hier nicht eingehen; wir halten jedoch fest, daß die Befriedigung auf jeden Fall mit dem Auftauchen des Wunsches im Denken beginnt, ganz gleich, ob sie von Formulierung und Ausdruck begleitet wird oder nicht. Die orale, auf das Objekt zutreibende Kraft hat ihr psychisches Äquivalent im Befriedigungsplan, d. h. im *Wunsch*. Man küßt sich vor der Umarmung, und der Wunsch – je nach der Konfliktlage des Subjektes – »läßt einem das Wasser im Munde zusammenlaufen« oder trocknet ihn aus. Wenn sich der Koitus (nach Ferenczis *Genital-Theorie* der die »gesamte libidinöse Entwicklung rekapitulierende Akt«) auch ohne einen offensichtlich physiologisch-oralen Beitrag vollziehen kann, so genügt doch die geringste Störung in der Triebreaktion dazu, daß der versteckte orale Faktor vor dem Hintergrund der plötzlichen Entmischung des im Koitus ansonsten unter dem Primat der Genitalität vereinigten prägenitalen Triebbündels in Erscheinung tritt. Das Gesetz, demzufolge die Ontogenese ein Nachvollzug der Phylogenese ist, spielt seine Rolle in jedem Triebakt (unter die Vorläufer des Koitus gehört sicher die »Konjugation« bei den Einzellern, eine Art gegenseitigen Verschlingens), und jeder Akt vollzieht den Reifungsprozeß nach, den die Triebe als solche durchlaufen haben.

In der Folge durchläuft der Mensch eine Entwicklung, die ihn über verschiedene Phasen – die uns hier nicht interessieren – vom Wunsch zur vollkommenen Verwirklichung führt; dabei fügt sich die ihn antreibende Energie immer besser und fester zusammen, gewinnt eine bestimmte Struktur, erreicht sozusagen eine neue Dimension. Der Neurotiker strauchelt an irgendeiner Stelle dieses Prozesses, und der orale Persönlichkeitstyp neigt dazu, *schon nach dem ersten Schritt stehenzubleiben, also beim Wunsch oder beim Befriedigungsplan selbst*. Wie wir gesehen haben, gelingt es ihm höchstens, die Vorphase libidinös überzubesetzen. Dieser Weg ist jedoch mit Nachteilen verbunden. Denn er führt nicht nur in einen immer hoffnungsloser werdenden Teufelskreis, sondern kann auch immer tiefer in eine pathologische Regression führen. Der orale Charakter erscheint uns, wie die meisten Neurotiker, vor allen Dingen unter dem Aspekt seiner Wünsche und seiner Willenlosigkeit. Ich erinnere in diesem Zusammenhang an die Wichtigkeit der fehlenden Triebreife als Quelle der Hemmung und an den Triebmodus, der es dem Subjekt unabhängig vom Triebinhalt seines Wunsches erlaubt, tätig zu werden oder nicht; fast alle Kinder drücken mehr oder weniger klar ihre ödipalen Wünsche aus: »Papa wird sterben, und ich werde Mama heiraten«, und sie können das auf die ihnen eigene präambivalente orale Art tun; die Verdrängung erfolgt erst später, wenn die Triebreifung ein mit Schuldgefühlen stärker belastetes Niveau erreicht hat. Obwohl sich diese Entwicklung im sogenannten ödipalen Alter ereignet, kann sie die Wiederholung einer analogen Bewegung aus früherer Zeit darstellen; ich beziehe mich dabei auf die Schule von Melanie Klein, die die ersten ödipalen Anwandlungen in ein viel früheres Alter verlegt. (Auf das Überich – den Erben des Ödipuskomplexes – und seine narzißtische Bedeutung werde ich bei anderer Gelegenheit zurückkommen.)

Das *Liebesleben* des oralen Charakters bleibt, aus dem Blickwinkel der Triebreifung gesehen, oberflächlich, obwohl es sehr intensiv durchlebt wird; dies jedoch mehr auf der affektiven als der eigentlich sexuellen Ebene. Die Heftigkeit seiner Triebkraft läßt ihm zwei Möglichkeiten. Entweder er sucht nacheinander bei einer ganzen Reihe von Objekten Befriedigung: Diese Objekte werden ihn zwar immer wieder enttäuschen, können aber seiner Hoffnung, alle Wünsche erfüllt zu sehen, nichts anhaben. Oder er bindet sich an ein einziges Objekt; dann kann sich die Beziehung durch eine Trennung verewigen, und ihr alleiniger Inhalt besteht im Warten auf das Objekt (Dante und Beatrice, Petrarca und Laura). Das Öl zur Aufrechterhaltung seiner Flamme wird dem oralen Charakter durch seinen eigenen Narzißmus geliefert, und er projiziert sein Ich-Ideal auf das Objekt, das damit zu einem gefälligen Spiegel wird. Seine sexuellen Mittel sind im allgemeinen schwach: »Wer zuviel küßt, macht das Übrige schlecht«, es sei denn, es handelt sich um eine aufgrund bestimmter Konflikte übertriebene Pseudosexualität. Seine pathologische Verstrikkung mit dem Objekt, die »Fixierung«, gehört zur Untersuchung einer anderen Phase der libidinösen Entwicklung.

Was die Fähigkeiten zur Sublimierung angeht, so kann man sagen, daß die Furcht vor dem Handeln die *Introspektion und die schöpferische Intuition* in geistigen, künstlerischen und wissenschaftlichen Bereichen begünstigt. Dagegen quält sich der orale Charakter beim Aufbau und bei der Verbreitung seines Werkes; denn hierzu sind eher anale Fähigkeiten nötig. Der orale Charakter schreibt, aber er schreibt für die Schublade, er malt, aber verkauft seine Bilder nicht.

Der Orale ist ein Phantasiemensch, aber seine Wünsche tendieren dazu, im Zustand des *Entwurfs* stecken zu bleiben, seine Konstruktionen sind Luftschlösser und enthalten immer einen Grad von Irrealität. Er macht Reisen auf der Landkarte oder im Kino und mit Reiseberichten. (Ich spreche hier vom Schema des oralen Persönlichkeitstyps ohne Rücksicht auf seine Anwendung im konkreten Fall.) Er genießt eine gute Mahlzeit, indem er Speisekarten oder Kochrezepte studiert. Aber selbst, wenn er sich Befriedigungen gestattet, die wie wirkliche aussehen, müssen wir uns unter dem triebökonomischen Gesichtspunkt der endlich gelungenen und befriedigenden libidinösen Besetzung immer noch die Frage nach der Bedeutung und dem Reifegrad dieser Befriedigung stellen.

Im *Sozialverhalten* tendiert der orale Charakter zum Individualismus, aber nicht, um sich vorzudrängen, sondern eher um sich auf sich zurückzuziehen und sich aus dem Schußfeld zu bringen, es sei denn, er hängt sich passiv an einige mächtige, phallische Mutterbilder; dieses Verhalten nimmt er an, weil ihm die Möglichkeit zur Herstellung adäquater Beziehungen mit seiner Umgebung und der Gesellschaft im allgemeinen fehlt, was ihn übrigens nicht daran hindert, seine Haltung narzißtisch zu besetzen. Muß er sich dennoch einer Gruppe nähern, so wählt er eher die Außenseiter und wird, natürlich nur in Gedanken, leicht zum freiheitlichen »Anarchisten«. Darin besteht ebenfalls eine Quelle des Mißverständnisses zwischen ihm und dem analen Charakter, seinem Antagonisten, denn er versteht unter Freiheit das Recht, an anderen kein Interesse zu haben, und jeder Einmischung von außen aus dem Wege zu gehen, während der Anale darunter das Recht versteht, über andere zu verfügen und die Welt auf seine Weise zu beherrschen.

Es gibt eine gewisse Unklarheit, der alle jene Autoren zum Opfer gefallen sind, die ein wesentliches Charakteristikum des Oralen im Stellen von Forderungen sehen[24]. Die orale Forderung gehört zu einem komplexen Mechanismus, der uns später beschäftigen wird. Wir können jedoch schon jetzt festhalten, daß der Oralcharakter nicht fordert, sondern sich beklagt, was nicht das gleiche ist. Prinzipiell hat der orale Charakter Schwierigkeiten, einen Wunsch zu äußern, selbst wenn dieser völlig gerechtfertigt ist, sei es, daß seine Forderung auf einem verbürgten Recht beruht, sei es, daß sie sich auf eine schon zu Beginn gut angepaßte Triebbefriedigung richtet und der Haltung des Kindes entspricht, das von seinen Eltern etwas verlangt, wozu es Lust hat. Anstatt seine Ansprüche zu formulieren, möchte der Orale – wie bereits erwähnt – automatisch befriedigt werden. Er ist auch unfähig, »Nein« zu sagen, und bleibt damit gleichzeitig großzügig (Großzügigkeit aus Schwäche) und arm (Unfähigkeit zu besitzen). Tatsächlich sind nämlich im Oralbereich *Geben und Bekommen* Äquivalente, soweit sich beides innerhalb der verschmolzenen Vereinigung abspielt. Das sehen wir beispielsweise in der positiven Übertragung, wenn der Analysand sich gegen Schuldgefühle wegen seiner oralen Beziehung zum Analytiker, die er gerne präambivalent halten möchte, verteidigt. Er würde sich seiner Schuld entledigt fühlen, wenn er vom Analytiker ein wohldosiertes »Geschenk« erhalten oder ihm bei Gelegenheit ein solches machen könnte. Der Oralcharakter erkennt weder das Tauschprinzip an (er verachtet das System gegenseitigen Nutzens, Übereinkommen und Geschäfte im allgemeinen) noch die *Wertskalen* anderer, weil er vom absoluten Charakter der eigenen überzeugt ist. Was er von selbst bekommt, darf keine Belohnung für ein Verdienst, sondern muß eine persönliche Gunst und Gnade sein[25].

24 Beispielsweise spricht Karen Horney in *Neue Wege der Psychoanalyse* beim oralen Stadium von der »Hoffnung, vom Anderen das zu erhalten, was man will«.
25 Das Auf-die-Probe-Stellen, um den Beweis des eigenen Wertes zu erhalten, entspricht dem Bedürfnis des Oralcharakters, um seiner selbst willen geliebt zu werden — unabhängig von seinen Verdiensten und gerade dann, wenn er es nicht verdient.

Es handelt sich hier im wesentlichen um die Bedeutung, die der orale Charakter dem Festhalten an der oralen Ebene beimißt. Denn nur so vermag er die anale Dimension zu umgehen, die die Objektbeziehungen nach dem Realitätsprinzip lenkt.

Es ist sehr wichtig, jedes Verhalten des oralen Charakters, wie auch das der anderen Charakterstrukturen, in dialektischer Weise einzuschätzen; ein bestimmter Charakterzug kann nur Abwehr eines entsprechenden, aber entgegengesetzten Charakterzuges sein; und wenn ein bestimmtes Individuum einen derartigen Wert auf eine bestimmte orale Komponente zu legen scheint, so deswegen, weil es sie nicht gegen ein Minimum an analer Kontrolle eintauschen kann, die ihm so sehr fehlt (»Die Trauben sind zu grün, und die reifen sind für die Flegel«).

Wir haben gesehen, daß der Oralcharakter in gewissem Sinne objektlos ist und es auch aus Angst vor der späteren, zu anderen Stufen führenden Entwicklung seiner Objektbeziehung bleiben möchte. Weil er nun aber auch andere als nur rein orale Befriedigungen erlangen möchte, benutzt er manchmal eine Strategie, die der des Perversen nahekommt und die ich nur im Vorübergehen streifen kann. Man könnte sie als *Objektbeziehung durch Vermeidung* bezeichnen; das Subjekt vermeidet die wichtigen Zwischenphasen der Triebreifung, überspringt sie gewissermaßen, um dennoch zur Triebbefriedigung zu kommen; diese behält jedoch etwas von der Unreife, die dem beschriebenen Ausweg eignet. Manche Neurotiker erzählen uns, wie schwer es als Kinder für sie war, beispielsweise Geld von ihren Eltern zu verlangen; lieber bedienten sie sich unter Ausschluß dritter selbst, d. h. sie hatten gestohlen. Je mehr die Eltern ihnen anboten: »Wenn du Geld benötigst, brauchst du mich nur zu fragen«, um so mehr hielten sie an dieser direkten Art der Versorgung fest, die, wenn ich so sagen darf, wesentlich anstößiger und risikoreicher ist. Diese gewissermaßen *autarke* Art der Befriedigung kann – wie wir später sehen werden – als typisch oral betrachtet werden. Sie enthält gleichzeitig aber eine pseudoobjekthafte Komponente; wenn das Elternobjekt vermieden wird, kann sich das Subjekt dennoch des anderen Objektes, des eigentlichen Triebziels, bemächtigen. Man kann denselben Mechanismus als Grundlage mancher strafbarer Handlungen, die von Subjekten mit unreifen Objektbeziehungen begangen werden, ansehen.

3.5

In der Literatur gibt es unterschiedliche und widersprüchliche Auffassungen über die Oralität. Bergler[26] hat der *oralen Autonomie* eine Reihe von Arbeiten gewidmet. Seiner Meinung nach verschafft sich das Subjekt selbst Befriedigungen, während andere Analytiker im Gegensatz dazu »die Hoffnung (des Oralcharakters), das zu bekommen, was er will usw.« hervorheben[27]. Germaine Guex[28] meint vom Verlassenheitsneurotiker, daß »er sich der Liebe versichern müsse, um Sicherheit zu bekommen«, während sie an anderer Stelle vom gleichen Patiententyp sagt, er »lehne das Objekt ab« und »die Katastrophe sei sein Lebenselement«. Rosolato und Widlöcher[29] erinnern – in einer etwas freizügigen Interpretation Abrahams – daran, daß »die Oralität sich sowohl aus Neid als auch aus Großzügigkeit zusammensetzt und den vertrauensvollen Optimismus brillanter, geselliger und ungeduldiger Menschen umfaßt, für die die umsorgende Mutter immer gegenwärtig ist; wo das aber nicht der Fall ist, entsteht tiefer Pessimismus. Hinter all diesen Phänomenen wie Fragen, Vampirismus, Suche, intellektueller Neugier usw. steckt der Hunger«.

Man könnte denken, es handele sich nur um scheinbare Widersprüche und die Autoren sprechen einmal von Oralität, ein anderes Mal von Abwehrmechanismen gegen diesen Partialtrieb. (Die bekannte anale Triade Freuds – »Sauberkeit, Sparsamkeit und Starrsinn« – ist ebenfalls eine Mischung von Trieben und Reaktionsbildungen.) Trotzdem wäre es nützlich, diese widersprüchlichen Elemente voneinander zu trennen, ihre Beziehungen untereinander zu verstehen und ihre Stellung in der Theorie der Triebreifung zu bestimmen. Abraham hat eine Unterteilung dieser Phase eingeführt und den Unterschied zwi-

26 Bergler: *The Basic Neuroses.*
27 Horney, Karen: loc. cit.
28 Guex, Germaine: loc. cit.
29 Rosolato und Widlöcher: *La psychanalyse,* Vol. IV.

schen einem ambivalenten und einem präambivalenten Stadium unterstrichen, um dem später auftretenden aggressiven Anteil der Oralität Rechnung zu tragen. Die terminologische Unterstreichung der beiden Stadien ist unerläßlich, weil der erste Begriff das Fehlen von Schuldgefühlen anzeigt, während das Einfließen sadistischer Elemente in der zweiten Phase zur Entstehung von Schuldgefühlen führt. Wenn wir also die Oralität an und für sich unter dem Titel der für sie charakteristischen Präambivalenz untersuchen wollen, müssen wir sie sozusagen in »Reinkultur« betrachten und sie von der Analität, ihrem dialektischen Antagonisten, trennen, weil dessen Einfluß ihr Wesen verändert[30]. Gerade diese *Bedrohung der Oralität durch Schuldgefühle* erlaubt uns das *Paradoxon der Oralität* zu verstehen. (Die klinischen Charakteristika, die ich oben erwähnt habe, reflektieren natürlich eine bereits konflikthafte Oralität; sie ist von sadistischen Elementen durchdrungen, die kaum integriert und deshalb schuldhaft sind und die fordernde Haltung bestimmen. Exzessive Gier ist ein Hinweis für die Konflikthaftigkeit. Die Fixierung auf dieser Stufe wirkt sich auch auf die Qualität der Befriedigung aus, die der Oralcharakter unter diesen Bedingungen erhält und die niemals vollkommen sein kann.)

Der konflikthafte Oralcharakter ist gierig, fordert und verlangt heftig nach Befriedigung und kann sie dennoch wegen der mangelnden Reife seiner Objektbeziehung nicht annehmen. Daher richtet er es so ein, daß er sich selbst Befriedigung verschafft, anstatt sie durch das Objekt zu erlangen. Durch diese Selbstversorgung stellt er seine narzißtische Autarkie und gleichzeitig seine Allmacht wieder her. (Wir sehen, daß seine Technik sich von derjenigen des *Masochisten* unterscheidet, der die Hinwendung zum Objekt nicht aufgibt und sein Heil in der [scheinbaren] Umkehrung seiner Triebbefriedigung sucht.)

---

30 Wir wissen, daß es der Analysand vermeiden will, seine objektlose, regressive und präambivalente Position gegenüber dem Analytiker zum Gegenstand von Konflikt und Beziehung zu machen. Die klassischen Bedingungen der analytischen Situation scheinen zu beabsichtigen, ihm das zu erlauben, d. h. den Ablauf dieser Entwicklung auf die Ebene projektiver Phantasien zu verschieben. Der Analytiker entzieht sich dem Gesichtsfeld des Analysanden, bleibt neutral und unpersönlich, verwehrt zwischenmenschlichen Kontakt und ist sozusagen nicht existent.

Der Oralcharakter geht also auf das Objekt zu, aber anstatt mit ihm eine Beziehung aufzunehmen, setzt er nur an und bricht die Beziehung dann ab. Er kann das Objekt nicht festhalten, es sei denn er klammert sich daran. Aber auch dann ist er nicht in der Lage, es zu besetzen. Warum aber diese Sackgasse? Wir haben gesehen, daß jeder Plan oder Wunsch nach Befriedigung zunächst oraler Natur und damit präambivalent ist. Diese Stufe der Objektbeziehung kann aber keine Schwierigkeiten bereiten. Denn diese entstehen erst, wenn die auf Verwirklichung drängenden Triebkräfte blockiert werden, die ihrerseits erst auf der analen Stufe auftreten, die als schuldhaft empfunden wird und Quelle möglicher Hemmung ist. Dies erklärt auch, warum in der Geschichte oraler Persönlichkeiten Traumata aus der ersten prägenitalen Phase fehlen. Der Oralcharakter ist vielmehr ein verwöhntes Kind, dem die richtige Menge an Versagungen oder oralen Traumata gefehlt hat, um eine gefestigte Stellung gegenüber dieser Frustration auszubauen, d. h. eine integrierte und von Schuldgefühlen befreite anale Komponente zu entwickeln. Es ist ihm zur »schlechten« Angewohnheit geworden, die Befriedigungen nahezu automatisch auf oral-narzißtische Art zu erhalten. Er wurde insgesamt zu sehr, aber schlecht geliebt. Er hat nicht gleichzeitig mit der Liebe Entschlossenheit und Stärke introjizieren können. Er hat »narzißtische Zufuhr«, aber nicht »anale Zufuhr« erhalten. Die Versagung macht ihn aggressiv (seine Forderungen nehmen leicht einen paranoiden Ton an), aber es handelt sich noch um eine spezifisch *orale* Aggressivität. Sie ist nicht wirklich gegen das Objekt gerichtet, sondern Ausdruck eines Affektes. Sie besitzt den Wert eines einfachen Abreagierens, vergleichbar der ohnmächtigen Wut des mit den Füßen stampfenden Kindes, dessen Aggressivität die Umgebung nur gelegentlich erreicht. Ohne Unterschied bedient es sich jedes Mittels, das ihm gerade in die Hände fällt, und weiß keine wirklich geeigneten Vorkehrungen zur Wiedergutmachung der erlittenen Versagung zu treffen. Sein ungeordneter und explosiver Affekt beweist, daß es genausowenig Kontrolle über sich selbst wie über die anderen besitzt.

Wenn wir die Phasen der Triebreifung den verschiedenen Entwicklungsstufen der analytischen Behandlung gegenüberstellen, so können wir eine enge Verwandtschaft zwischen dem oralen Charakter, der gleichzeitig etwas wünscht und vor seinem Wunsch zurückweicht, und dem Analysanden herstellen, der eine Objektbeziehung mit seinem Analytiker aufzunehmen versucht, sie sogar dringend fordert, sie aber auch zugleich um jeden Preis vermeiden will; dabei beruht die Schwierigkeit in beiden Fällen auf der mangelnden Integration der analen Komponente[31][32].

Neurotiker und psychosomatische Patienten verhalten sich im allgemeinen wie orale Charaktere, die die Heilung fordern, sie aber zugleich zurückweisen; wir kennen diese Patienten, die den Arzt aufsuchen und anschließend das Rezept in den Mülleimer werfen, Medikamente kaufen, aber sie nicht einnehmen und sich weigern, gesund zu werden. Sie laufen von einem Arzt zum anderen und suchen Heilung ihrer Beschwerden; der Therapeut geht auf ihre Anliegen ein, aber sie können das »Geschenk« der Heilung nicht annehmen. Sie können keine wirksame Beziehung mit diesem Objekt herstellen, halten ihre ursprüngliche Wahl aufrecht, in der sie sich für das andere Objekt, die Krankheit, entschieden haben. Die Therapie, welcher Art sie auch sei, bleibt damit wirkungslos. Allein die psychoanalytische Methode zwingt den Kranken, diesen Teufelskreis zu verlassen (natürlich muß er bereit sein, die Analyse zu akzeptieren). Der Analytiker empfängt den Kranken, aber er gibt ihm nicht sogleich etwas und verspricht ihm auch nichts. Er lädt ihn ein zu sprechen, fordert ihn auf, damit anzufangen, *sich selbst etwas zu geben*, und zwingt ihn so, das Trauma auf orale Weise wiedergutzumachen, also sozusagen mit dem Anfang anzufangen. Dieses Unternehmen ist – was man im ersten Augenblick nicht glauben möchte – gar nicht so einfach und bei manchen Störungen sogar unmöglich. Der Kranke lernt so durch sein eigenes narzißtisches Spiegelbild, das der Analy-

---

31 Typisch sind in der Analyse die Kranken, die ständig den Analytiker als überall gegenwärtig phantasieren. Begegnen sie ihm jedoch wirklich einmal, etwa ganz zufällig auf der Straße, so gehen sie, ohne ihn zu erkennen, vorüber. Wir wissen, wie sehr die Analysanden in bestimmten Augenblicken der Analyse jeglichen persönlichen Kontakt mit dem Analytiker fürchten und ihn doch gleichzeitig suchen.
32 Grunberger, B.: *Préliminaires à une étude topique du narcicissme*, in: R. F. P. 1958.

tiker in der Übertragung ist, sich zu akzeptieren und zu lieben, und gleichzeitig eine Beziehung zu sich selbst wie auch zu anderen herzustellen und auszubauen. Der angemessene Rahmen der analytischen Situation begünstigt den Ablauf dieses Prozesses und macht eine in topischer, dynamischer und ökonomischer Hinsicht befriedigende Triebreife erreichbar.

4. Untersuchung der analen Objektbeziehung[1]

Vorwort

Ziel der vorliegenden Arbeit ist es, eine Konzeption der analen
Objektbeziehung nicht auf der Basis der deskriptiven, sondern
der *genetischen* Methode zu entwerfen.

Meine Absicht besteht darin, eine spezifische Art der Besetzung
darzustellen, die dem Analstadium eigen ist und die sich ihrem
Wesen nach von den Modi der Besetzung auf anderen Triebstufen unterscheidet. Der Entwurf einer »Analstruktur« ist an
diese spezifische Art der Besetzung gebunden, die sich in drei-
facher Hinsicht – ökonomisch, topisch und dynamisch – auf
die Triebreifung auswirkt.

Ich sehe das Problem aus der Perspektive eines Gegensatzes
zwischen oral und anal, also unter dem Blickwinkel einer
Prägenitalität mit dialektischer Dynamik. Im Brennpunkt dieser Betrachtung finden wir den Begriff des *Narzißmus* wieder.
Ich glaube, diese Sicht begünstigt eine unhistorische Auffassung;
mir scheint sicher, daß wir die Verwendung von Begriffen an-
streben müssen, die sich auf eine von historischen Faktoren
unabhängige genetische Konzeption stützen können. Obwohl
jene historischen Faktoren brauchbare Werkzeuge unserer analytischen Technik sind, beruht ihre Wirksamkeit doch auf der
immer schon vorgängig bestehenden Möglichkeit, sie der genetischen Konzeption zuzuordnen.

4.1

Ich habe in einer früheren Arbeit[2] einige Bruchstücke einer
Untersuchung der Oralität vorgelegt. Dabei habe ich versucht,
das wesentliche Charakteristikum des oral-narzißtischen Universums klarzulegen: *Es ist offen und unbegrenzt.* Auf dieser
Stufe ist die ganze Aktivität des Säuglings auf einen einzigen

---

1 Vortrag vor der Société Psychanalytique de Paris am 20. Oktober 1959,
erschienen in : *R. F. P.* 1960, Nr. 2.
2 Vgl. S. 138 ff.

Modus festgelegt; einerseits wird seine Introjektionsaktivität nur durch seine Möglichkeiten zu libidinöser Besetzung begrenzt, andererseits ist seine Exkretion dem gleichen Modus unterworfen: Die Ausscheidung erfolgt passiv[3]. Diese physiologische Entleerung behält als Lustquelle für das Kind die charakteristischen Eigenarten der oral-narzißtischen Phase. Auch die *Aggressivität,* die die Versagung beim Kind in dieser Phase hervorruft, ist nach dem gleichen oral-narzißtischen Schema geformt. Sie *entlädt sich* wie eine Spannung und trifft nur das, was sich ihr gerade zufällig in den Weg stellt. Sie führt zu einer gewissen Entspannung, aber nur über das stets vorläufig bleibende Erlahmen der Kräfte.

Das Erreichen der analen Stufe verändert diesen Sachverhalt radikal. Wo Freud die Analerotik beschreibt, spricht er von Kindern, und »daß sie die Stuhlmassen zurückhalten, bis dieselben durch ihre Anhäufung heftige Muskelkontraktionen anregen und beim Durchgang durch den After einen starken Reiz auf die Schleimhaut ausüben können« (*Drei Abhandlungen zur Sexualtheorie, Ges. Werke* 5, S. 87). Die Analerotik wurde nicht nur von Freud, sondern auch von anderen Autoren wie Sadger, Ferenczi, Jones, Brill und vor allem Abraham untersucht. Meiner Meinung nach muß man beim Studium der analen Objektbeziehung vom *Retentionsfaktor* ausgehen. Dieses scheinbar simple Detail ist ja die Grundlage der analen Kontrolle und der Motorik. Die Verbindungen zwischen analer Stufe und Motorik wurden von Marty und Fain dargelegt[4].

Wir werden sehen, daß die anale Komponente die energetische Grundlage jeder Triebbewegung ist, und daß das Kind diese zur geeigneten Zeit und unter geeigneten Bedingungen integrieren muß, um so seine Kontrollfähigkeiten immer besser zu entwickeln. Normalerweise baut es die Grundlage dieser Kontrollmöglichkeiten wie im Spiel auf; später können wir die Folgen einer Konfliktualisierung dieses Prozesses studieren.

---

3 Stuhlgang und Exkretionsverhalten bestimmter dementer Patienten mit tiefer Regression ähneln merkwürdig denen des Säuglings. Bestimmte Diarrhöen müssen als regressives Verlassen der analen Stufe verstanden werden. Wer Angst hat, kann seine Exkremente nicht mehr zurückhalten und benimmt sich, als wären seine Schließmuskeln nach Art des Säuglings ihrer spezifischen Motorik und damit der Kontrolle beraubt.

4 *Rapport sur le rôle de la motoricité elans la relation d'objet.*

Dem Kind, dessen motorische Ohnmacht während des oralen Stadiums wir hervorgehoben haben, wird nicht nur eine besondere Lust vorenthalten, es wird auch in seiner narzißtischen Integrität getroffen. Im Augenblick der Ausbildung seines motorischen Apparates und besonders seiner glatten Muskulatur, findet es in seinen Schließmuskeln ein körperliches Mittel, dieses Defizit auszugleichen. Es handelt sich dabei vor allen Dingen um die Lust, die es beim Druck seines Enddarmes auf mehr oder weniger *feste* Substanzen, nämlich die Fäzes, entdeckt. Die Entdeckung dieser Lust wird aus Gründen, die ich später darstellen werde, anschließend verdrängt, und es bleibt nur – und selbst das nicht immer – die Lust bei der eigentlichen Entleerung: Die Analerotik strahlt nicht über ein streng begrenztes Areal (einen Teil des Verdauungstraktes) hinaus; und die anale Lust ist ganz im Gegensatz zur oralen dadurch charakterisiert, daß dieser Bereich *geschlossen* ist. Das Kind lernt damit nicht nur die Kontrolle über das, was sich innerhalb dieses Bereichs befindet, es erkennt auch den Kontrast zwischen zwei gegensätzlichen Formen und die materiellen Unterschiede, durch die eins vom anderen abgegrenzt wird. Diese Merkmale machen die Grundlage der *Realität* aus, für die das Kind nun einen Sinn bekommt. Die anale Lust wird selbständig erlangt, insofern – wie Nacht sagt – »das Kind entdeckt, daß es gewisse Lustempfindungen an sich selbst und für sich selbst finden kann (ohne daß seine Mutter hinzutreten müßte)«[5]. Es beendet damit die in der oralen Phase zwangsläufige *Abhängigkeit* von seiner Umgebung. Nun hilft die Analität dem Kind, die narzißtische Wunde zu schließen. Es richtet sich sozusagen auf eigene Kosten ein, aber diesmal gegen die Umwelt, deren Übermacht ihm bisher so unerträglich war; damit erfolgt eine echte Umkehrung der Situation.

Jetzt hat das Kind also ein Objekt[6], von dem es als Subjekt getrennt ist und das sich ihm in diesem Fall sogar entgegenstellt (diese Trennung begann übrigens schon am Ende der vorhergehenden Phase, wurde aber nicht vollendet). Das Subjekt be-

5 Nacht: *Les manifestations cliniques de l'aggressivité*, in: *R. F. P.*, Juli/September 1948.
6 In der analen Phase wird die sexuelle Polarität wie auch das Fremdobjekt bereits sichtbar; siehe Freud: *Drei Abhandlungen zur Sexualtheorie, Ges. Werke* 5, S. 27—145.

sitzt ebensowohl eine Vorrichtung, aus der es Lust bezieht und die es beherrschen kann, wie auch eine manipulierbare Substanz, die zu den betreffenden Operationen erforderlich ist. Ich erinnere mich an eine junge Frau, die wegen Frigidität zur Behandlung kam; sie konnte im Laufe der Analyse nach und nach ihre sexuelle Sensibilität erlangen und erreichte zum ersten Mal eine orgastische Entspannung anläßlich folgender Episode: Sie entdeckte beim Sexualverkehr mit ihrem Partner, als sie seinen Penis zwischen ihre Schenkel preßte und einschloß, daß sie eine Herrschaft über sein Sexualorgan und damit über den ganzen Mann ausübte. Im folgenden Koitus wurde diese Empfindung auf die Vagina übertragen: »Ich hielt ihn«, sagte sie, »in meiner Gewalt, wie den ganzen Mann, wenn man ihn mit der Hand am Kragen packt«; das erinnerte sie an die Defäkation (der Sphinkterring umgibt und drückt auf die Fäzes). Wir sehen hier unmittelbar, wie die Ausdehnung der analen Kontrolle auf das Muskelsystem in einer Weise vor sich geht, deren analerotische Herkunft noch klar erkennbar ist. Das Objekt der Kontrolle ist exkrementell und dieser Ursprung schimmert in den verschiedensten Zusammenhängen immer wieder durch, ob es sich nun um den Körper des Subjekts oder des Objekts als ganzen, um das Partialobjekt oder irgendeinen anderen Bestandteil der vom Subjekt besetzten Umgebung handelt. Dieser weitab liegende Ursprung des so entstandenen Objekts macht die Existenz einer analen Komponente in jeder Objektbeziehung nötig und liefert deren energetische Grundlage. Das exkrementelle Objekt ist gleichzeitig narzißtisch und objekthaft[7]. Es wird vom Kind als Teil seines Körpers narzißtisch besetzt, und diese Besetzung bleibt natürlich erhalten, wenn sich das Exkrement vom Körper löst, was dem Vorgang der libidinösen Besetzung des Objektes mit narzißtischer Libido entspricht. Das Kind schöpft aus der Zweiteilung der Welt – in einen Teil innerhalb und einen außerhalb des Sphinkters – einen beträchtlichen narzißtischen Gewinn. Herabgesetzt durch seine zwangsläufigen Niederla-

7 Freud: »Defäkation stellt das Kind vor seine erste Wahl zwischen einer narzißtischen und einer Objekthaltung« (*Über die Umformung der Triebe*, in *R. F. P.*, 1928); in gleicher Weise spricht Abraham von einer »Brücke zwischen dem eigentlichen Narzißmus und der Objektliebe«.

gen konnte sich die hierdurch in Konflikte getriebene ohnmächtige Wut des Kindes in der oralen Phase nur immer weiter verschärfen. Jetzt kann das Kind jedoch dank der Dichotomie seine narzißtische Ehre retten, indem es alles, was Quelle narzißtischer Enttäuschung ist, nach außen verlegt (Projektion) und alles, was Lustquelle und narzißtisch befriedigend ist, in sich behält und positiv besetzt. Das exkrementelle Objekt ist damit einerseits Geschenk und Wert, andererseits aggressive Waffe. Es ist sowohl Grundlage der libidinösen Besetzung (Analerotik) und symbolisiert zugleich alles, was schlecht, gefährlich und verabscheuenswert ist. Das Kind erkennt als das Seine an, was gut ist; das, was es nicht selbst ist, oder was es nicht besetzen kann, wird gleichzeitig das *Andere* und das *Schmutzige*. (Ein Patient Abrahams sagte: »Alles was nicht *Ich* ist, ist dreckig«; *Psychoanalytische Studien zur Charakterbildung*, Band 1, S. 190). Die zukünftigen Introjektionen und Projektionen, wie auch das komplizierte Spiel von Externalisierung, Internalisierung und nachfolgender Re-Externalisierung erhöhen die Komplexität der dialektischen Beziehungen, die sich aus dieser Dichotomie ableiten, bis ins Unendliche. Natürlich ist die Dichotomie an die Bildung des Überich gebunden. Sie ist immer bei der Besetzung des *gleichen* Objektes vorhanden, und wir nennen sie *Ambivalenz*[8].

4.2

Das wesentliche Charakteristikum der analen Objektbeziehung besteht in der Beherrschung des Objekts, die für das Subjekt die Wiederherstellung seiner narzißtischen Integrität bedeutet, nachdem diese im vorangegangenen Stadium ständig erschüt-

---

8 Man hat die Spur (leider habe ich die Nachweise nicht mehr finden können) des exkrementellen Ursprungs der Menschen bis in die Bibel und die Mythologie verfolgt. Nach der griechischen Sage haben Deucalion und Pyrrha (nach der Sintflut) die Menschheit erschaffen, indem sie Steine hinter sich warfen, was der Geste der Defäkation entspricht. In der Bibel wurde der Mensch aus Lehm (exkrementeller Materie) geschaffen und seine Begleiterin (sein erstes Objekt) außerdem aus einem Teil seines eigenen Körpers, was nochmals dem Exkrement als einem abgetrennten Teil des Körpers entspricht. Das Unbewußte verwechselt übrigens Kot, Kind und Penis als untereinander äquivalente Teile des Körpers.

tert worden ist. Der orale Charakter sucht narzißtische *Einzigartigkeit und Autonomie,* der Analcharakter möchte dasselbe nur mit anderen Mitteln verwirklichen; es stimmt also, daß der seinem Wesen nach unwandelbare Narzißmus alle Triebstufen durchläuft und lediglich die verschiedenen Möglichkeiten ausnützt, die sich ihm in den aufeinanderfolgenden Phasen bieten (Ferenczi). Wenn der orale Persönlichkeitstyp versucht, sein Ziel durch Introjektion der von ihm besetzten Bestandteile seiner Umgebung zu erreichen, die damit integrierte Teile seiner selbst werden, so stellt sich der Anale dem Objekt gegenüber, erwirbt oder besser: erobert seine Einzigartigkeit wie auch seine Autonomie *in bezug auf das Objekt* und stellt sich ihm gewissermaßen entgegen. Er setzt somit zwischen sein Objekt und sich eine Distanz, zieht zwischen sich und dem Objekt eine Grenze, was dem Oralen völlig fremd wäre. Diese Situation umfaßt gleichzeitig die Einführung eines quantitativen energetischen Faktors, der das anale Subjekt *über* das Objekt setzt, dem Subjektanalitäten abgesprochen werden (Grundlage jeder Diskriminierung, Wertskala, Hierarchie und späterer Organisation). Diese energetische Position ist das Fundament seines *Sicherheitsgefühls,* das manchmal seinen typischen Ausdruck im triumphierenden, lauten Lachen des Kindes findet, das mit seinen Winden spielt; beim Erwachsenen wird dieses Lachen durch einen schmutzigen Witz, der seine Analerotik und seine Objektbeherrschung erweckt und erregt, ausgelöst (»Ich mache, was ich will, und ich kann alles, niemand kann mich daran hindern«). Das Kind, das sich auf diese Weise an sein Objekt heftet, macht einen wichtigen Schritt ins Leben; die energetische Bewegung muß sich jedoch noch mit entsprechender libidinöser Besetzung (Analerotik) anreichern. Nur das Zusammentreffen beider Aspekte der Analität und ihre Integration schützen das Kind vor schweren Regressionen und gestatten ihm den ungehinderten Zugang zu späteren Phasen seiner Triebentwicklung. Vom perversen *Sadisten* wissen wir, daß die von ihm in einer bestimmten Weise ausgeübte Objektbeherrschung einen Prozeß in Gang bringt, der direkt und sozusagen automatisch zum Orgasmus führt. Wir kennen übrigens Fälle, in denen allein der Gebrauch der Motorik, ja die primitivste und direkteste Kraft der Analität, d. h. die Defäkation, unter bestimmten Bedingungen zum gleichen Resultat führt[9]. Dies alles beweist, daß in der analen Objektbeziehung (und hier liegt eine Quelle der Schuldgefühle, die sich in unserer Gesellschaft an diese Triebkomponente heften) die Qualität oder das eigentliche *Wesen* des Objektes unwichtig ist und daß die Objekte nur gewissen Funktionen dienen und austauschbar sind. Allein die *energetische Beziehung* zwischen Subjekt und Objekt zählt, und schon die Herstellung dieser Beziehung genügt zur darauf folgenden Triebbefriedigung. Der anale Charakter betrachtet die Eigenart seines Objektes als Behinderung seiner Herrschaft; ein solches Hindernis ruft seine Aggressivität hervor und zwingt ihn zum Kampf, in dem er es unter Anwendung seiner speziellen Technik aus dem Weg räumt.

Wir sagten, das Subjekt müsse sich dem Objekt, dem es überlegen ist, gegenüberstellen, und je größer der Abstand wird, der beide trennt, um so mehr nähert sich die Beziehung ihrer idealen, absoluten Form. Der Analcharakter zielt also auf eine qualitative Veränderung seiner Beziehung zum Objekt ab, d. h. auf eine Veränderung des Objektes selbst. Er versucht, den Abstand zu vergrößern, entweder durch Verringerung der energetischen Position des Objektes oder durch Erhöhung der eigenen Position gegenüber dem Objekt oder durch beide Maßnahmen gleichzeitig, *um so das Objekt auf seine ursprünglich exkrementelle Form herabzusetzen.* Dadurch kann er sich aus der oralen Abhängigkeit völlig lösen und seine Autonomie so begründen, daß er *das Objekt von sich gänzlich abhängig macht.*

Abraham erinnert daran, daß das Kind auf seinem Töpfchen, wie man sagt, ein Souverän auf seinem Thron ist. Seine Befriedigung hängt nur von ihm selbst ab, und es kann sich genauso gut dem eigentlichen Kotobjekt (es spielt stundenlang mit ihm) wie auch dem Erzieher widersetzen. Es trifft so zwei Fliegen mit einer Klappe und zeigt, daß für ihn beide Objekte das gleiche sind.

Das anale Paar von Subjekt und Objekt wird also in seiner Idealform zum Paar von *Herr und Sklave* (»Du bist mein

9 Freud sagte, daß jede physische Aktivität zum Orgasmus führen könne, wenn sie nur eine gewisse Intensität erreiche (*Drei Abhandlungen zur Sexualtheorie, Ges. Werke* 5, S. 103).

Objekt, ich mach' mit Dir, was ich will, und Du hast keine
Möglichkeit, Dich dem zu widersetzen«); diese Ausdrucks-
weise wird ganz genau auf die offenbar umgekehrte Objektbeziehung des Masochismus übertragen (z. B. »Ich bin Deine
Sache, Du kannst mit mir machen, was Du willst«). Es handelt
sich hier um eine Grundposition, die nicht nur ein *Mittel* zum
Zweck (Freud sprach vom *»Bemächtigungstrieb«*), sondern ein
Ziel an und für sich ist; diese Position muß später in das genitale Triebbündel integriert werden, auf die Gefahr hin, daß es
dabei selbst modifiziert wird. Abraham, Sadger und andere
haben die magische Macht untersucht, die dem Kot und darüber hinaus allem menschlichen Abfall anhaftet. Ferenczi[10] erklärte das Allmachtsgefühl als »eine Projektion der Erfahrung
des Kindes, daß ein Widerstand gegen die eigenen Triebe unmöglich ist und daß man ihnen *sklavisch* gehorchen muß«[11].
Das Kind identifiziert sich tatsächlich (ich spreche vom normalen Kind) mit seinem Trieb und macht sich damit dessen Gewalt zu eigen, versucht aber gleichzeitig, ihn zu überwinden,
d. h. jenem tyrannischen Zwang zu entkommen, dessen Vorherrschaft von ihm als narzißtische Wunde erlebt wird.
Diese doppelte Bewegung kann durch so manchen Fall aus der
täglichen Praxis illustriert werden. Dabei handelt es sich um
wirkliche Erlebnisse oder Phantasien, in beiden Fällen jedoch
um eine Regression auf die anale Phase, was uns erlaubt, den
Mechanismus ihres Funktionierens zu beobachten. So beispielsweise ein Schüler, der in einer bestimmten Zeitspanne einen
Aufsatz schreiben muß. Er arbeitet fieberhaft, die Zeit vergeht, er verstärkt seine Anstrengungen, die Spannung steigt
und im letzten Augenblick, noch *bevor* er sein Blatt abliefern
kann, stellt sich ein heftiger Orgasmus ein, von dem einer meiner Patienten sagte, daß er ähnliches mit einer Frau niemals
erlebt habe. Es ist klar, daß in dieser Objektbeziehung das
Objekt als solches verschwindet (es besteht natürlich hinter
der analen Regression unbewußt fort), und nur durch die zu
erfüllende Aufgabe repräsentiert wird, also von der Motorik
abhängt. Es geht dabei um eine absolut unpersönliche Funk-

10 Ferenczi, S., zit. nach Jones: *Haß und Analerotik*, in: *Zeitschrift für
Psychoanalyse*, 1913.
11 Hervorhebung durch den Autor.

tion, die jedoch gleichzeitig einen verdrängten ödipalen Koitus darstellt. Der ödipale Wunsch regrediert auf die anale Stufe und wird in der für dieses Stadium typischen Art erlebt: Man muß ihm sklavisch gehorchen (die festgesetzte Zeit); aber im letzten Augenblick *entzieht sich das Subjekt dem Triebzwang* und bekommt kurz *vor* dem Ende der Frist einen Orgasmus, d. h. im Augenblick, in dem die Aufgabe, deren Erledigung sich mit dem Triebdruck vermischt, noch nicht vollendet ist. So erreicht das Subjekt sowohl die anale Objektbeherrschung als auch den Orgasmus, aber auf narzißtisch triumphierende Art, was seinen Orgasmus noch befriedigender macht[12].

Zweierlei wird hierdurch besser verständlich: zum einen die Ausbildung und Benutzung des Überich durch das Kind, aus dem Blickwinkel des Narzißmus betrachtet; zum anderen die anale Struktur allgemein, wie wir sie beim Erwachsenen in konflikthafter Form kennen. Wir erfassen so die Triebfedern des beständigen Schwankens des Analcharakters zwischen positiver und negativer Beherrschung, so wie den Kontrast zwischen seinem auf absolute Beherrschung ausgerichteten Trieb und der prahlerischen Verwendung seines Überich. Das Überich kann nun paradoxerweise eine Handlung decken, die ihm völlig zuwiderläuft (z. B. die Inquisition, die zum höchsten Ruhme Gottes folterte)[13].

4.3

Die energetischen Grundlagen der analen Objektbeziehung sind die Objektbeherrschung und ein gewisses *Kräfteverhält-*

12 Diese doppelte energetische Besetzung scheint eine wichtige Rolle im *masochistischen* Mechanismus zu spielen, der es dem Subjekt erlaubt, *trotz* der Qualen intensiv zu genießen; dies beweist einmal mehr, daß es keinen masochistischen Trieb gibt — leider können wir auf dieses Problem nicht näher eingehen.
13 An dieser Stelle können wir daran erinnern, was wir über die anale Komponente in der analytischen Situation gesagt haben. Dort fungiert sie als energetische Grundlage sowohl des Triebes als auch des Widerstandes (Grunberger, B.: *Einleitung zur topischen Untersuchung des Narzißmus*. Vgl. S. 109 ff. Das Ich arbeitet mit desexualisierten Energien und besitzt eine autonome antitriebhafte Komponente analen Ursprungs; das Überich ist eine später auftretende und stärker differenzierte Ausstrukturierung dieser Komponente.

nis, das sie garantiert. Dieses Verhältnis kann ein direktes oder ein umgekehrtes, kann real oder virtuell sein, seine ursprüngliche Form kann verdeckt sein, und es kann sich aus abgeleiteten oder äquivalenten Elementen bilden. Es stützt sich auf Gegensatzpaare, wie »stark und schwach«, »reich und arm«, »dumm und intelligent« usw. Die Hauptsache besteht für das Subjekt darin, gegenüber dem Objekt und in bezug auf dieses eine überlegene Position einzunehmen und diese mit allen Mitteln aufrechtzuerhalten, weil sie neben ihrem eigentlichen energetischen Wert einen positiven narzißtischen Bezug aufweist. Bei manchen Menschen, die im Analstadium fixiert sind, wird sehr deutlich, daß der Aufrechterhaltung dieser energetischen Beziehung eine zwanghafte Bedeutung zukommt; die geringste Einschränkung der Objektbeherrschung stürzt sie in eine echte Angstkrise. Das Bedürfnis, diese Position intakt zu halten, wird damit ein Ziel an sich, das den eigentlichen energetischen Rahmen überschreitet. Wesentlich für die anale Objektbeziehung ist die Tatsache, daß das Kräfteverhältnis die Oberhand über den Trieb selbst gewinnt, indem es die nötige Energie zu dessen Befriedigung verschiebt, während es doch so aussieht, als ob es den Trieb einschließen müßte. Der anale Persönlichkeitstyp besetzt nicht so sehr das Objekt als vielmehr die *energetische Beziehung,* die ihn an das Objekt als Triebgrundlage bindet. Dieser Sachverhalt verändert die libidinöse Ökonomie des analen Charakters grundlegend und kennzeichnet all ihre Lebensäußerungen. Zur Verdeutlichung werden wir den Prozeß der libidinösen Besetzung anhand eines schematischen Beispieles verfolgen.

Stellen wir uns ein Kind vor einem Schaufenster vor, in dem ein Apfel liegt. Es ist ein wundervoller, gut gereifter, appetitlicher Apfel, und das Kind hat natürlich Lust, ihn zu essen. Es ist durch den Wunsch nach diesem Apfel plötzlich wie verwandelt. Es wird sich später dieses außergewöhnlichen Augenblicks erinnern, und sein Gedächtnis wird ein getreues Bild dieser köstlichen Frucht, ihrer Form, ihrer Farbe, ihres Lichtspiels wiedergeben, vor allem aber den allgemeinen Eindruck, den es von diesem Erlebnis behalten hat. Das Kind stellt sich den Geschmack und den Duft des Apfels vor, als ob es schon hineinbisse. Das Kind vermischt sich sozusagen mit dem Apfel und bildet mit ihm eine *Einheit.* Das Universum Kind–Apfel enthält unter anderem das Schaufenster, in dem der Apfel liegt, den Straßenlärm, der die Szene begleitet, die gesamte Umgebung –, kurz, die Einheit Kind–Apfel dehnt sich bis an die äußersten Grenzen seiner libidinösen Besetzung, also bis an die Grenzen seiner sensorischen Aufnahmefähigkeit aus. Später kann dieser Apfel in den Träumen des Kindes wieder auftreten, und wenn es älter ist, wird es all die mit dem Apfel verbundenen Empfindungen auf die verschiedensten hierzu sich anbietenden Objekte übertragen. Ja, selbst die genaue Kenntnis des Apfels hindert sein Unbewußtes nicht daran, diesen Empfindungszusammenhang wieder zu erleben, und auch andere Objekte gewinnen aus diesem Abenteuer, aus der ungewöhnlichen Heftigkeit des mit ihm verbundenen Affekts, aus der Wiederbelebung dieses ursprünglichen, einzigartigen und unbeschreiblichen Gefühls eine große Erlebnisintensität.

Das Kind hat also den Apfel auf halluzinatorische und erhaben-erhebende Weise gekostet[14]. Aber diese Erlebnisweise verändert sich nach und nach, und das Kind bemerkt, daß es bis zum wirklichen Essen des Apfels noch ein ganzes Stück ist, daß der Apfel nicht es selbst ist; der schmerzliche Hunger und die sich daraus ergebende narzißtische Enttäuschung machen im Gegenteil aus diesem Apfel ein *anderes.* Außerdem bemerkt es, daß die Schaufensterscheibe ihm jede Annäherung versagt und es damit vom Apfel *trennt,* genauso wie sich die anderen Objekte seiner Umgebung, anstatt Teile seiner Selbst zu sein, von ihm abwenden und anders werden. Parallel zur Herausbildung des Gegensatzes zwischen Kind und Apfel werden die Umrisse der Objekte deutlicher, und der Apfel selbst wird in diesem Moment nicht so sehr *geliebt* als vielmehr *begehrt.* Von nun an betrifft der mit dem Apfel verbundene Affekt nicht mehr so sehr seinen Geschmack, sondern seine Eigenschaft, den Wunsch, den Hunger und das Bedürfnis des Kindes nach seinem Besitz zu stillen, anders ausgedrückt, er betrifft *seine energetischen Eigenschaften.* Weiterhin fühlt das Kind den Apfel

14 Dies ist natürlich ein Erbe der halluzinatorischen Erfüllung des Wunsches nach der Brust.

nicht mehr als solchen, nicht mehr seine Eigenartigkeit, die flüchtig, verschwommen und unbegrenzt ist, es spürt vielmehr seine Zähne, die in den Apfel beißen, und die Spannung des motorischen Apparates dabei. Es sieht sich plötzlich in einer Position gegenüber dem Apfel, den es nun zu beherrschen gilt, um hineinzubeißen, ihn hinunterzuschlucken und zu verdauen. Es gilt, sich auf einen Kampf vorzubereiten, also sich radikal von dem Teil seiner selbst, mit dem man früher eins war, zu trennen, um sich seiner auf eine neue Art zu bemächtigen. Wichtig ist in dieser neuen Position die *Anpassung* an das gestellte Problem, d. h. an die Realität. Anders ausgedrückt: Man muß nicht mehr das Wesen des Apfels, sondern seine Form und sein Gewicht sehen (auf einer höheren Ebene seinen Preis), d. h. man muß ihn so betrachten, daß sein Erwerb zu einer wie auch immer gearteten Anstrengung wird. Außerdem fließt der ganze *Narzißmus* des Kindes in das bevorstehende Handeln ebenso ein, wie in die mehr oder weniger wirksamen Strategien, mit denen das Ich zum Erfolg gelangen will. Das Kind steht dem Objekt, das es zu beherrschen gilt, dem Apfel selbst und dem zum Kauf notwendigen Geld oder dem Verkäufer, der ihn aufbewahrt, gegenüber. Während das Kind vorhin ganz »Apfel« war, ist es jetzt ganz Verdauungssystem, mit zusätzlichen Organen ausgestattet, den Zähnen, der Muskulatur und dem gesamten Sensorium. *Es besetzt nicht mehr das Objekt seines Wunsches, sondern seinen energetischen Bezug zu ihm;* dabei besteht die ursprüngliche Besetzung zwar weiter, jedoch nur sekundär, gewissermaßen im Hintergrund. Natürlich handelt es sich hier um ein Schema, und die Objektbeziehung kann unterschiedliche, zum Teil sehr verwickelte Wege einschlagen. Trotzdem wird man später den Oralen daran erkennen, daß er weiterhin den Apfel als solchen besetzt, verschiedene Sorten kennt und schätzt und die Stellen aufsucht, wo man die saftigsten Früchte findet; der Anale hingegen verdient Geld, um sich davon viel und preiswert zu kaufen, tätigt seine Einkäufe in einem gutgehenden Geschäft von Rang und kauft schließlich – zu gleichem Preis und mit gleichem Vitamingehalt – ebensogut Birnen und Ananas. Er gibt einem Objekt nicht wegen seines subjektiven Wertes den Vorzug; ihm ist wichtig, was der Erwerb dieses besonderen Objektes als Beweis und Symbol für eine besonders wirksame und narzißtisch befriedigende Objektbeherrschung bedeutet[15].

4·4

Er hat sie geküßt,
und danach hat er sie gekreuzigt
auf die Uhr des Körpers,
die – schlecht aufgezogen –
nur matte und schwere Akkorde von sich gab;
er hat sie berührt
mit entschlossener Hand,
um sie sterben zu lassen.
Ja, das ist ein Bissen,
von dem man sich ernähren kann,
er hat sie zerdrückt,
er hat sie zerbrochen,
er hat sie zurechtgestellt,
er hat sie zerschnitten,
er hat sie gewaschen,
er hat sie weggetragen,
er hat sie gegrillt,
er hat sie gegessen.

Xavier Forneret

Das Kind im Analstadium sagt *nein* und nimmt ge'rne eine herausfordernde Haltung an, einfach um seine Opposition ge-

---

15 Hier sei noch ein anderes, klinisches Beispiel angeführt, das zeigt, wie sehr der anale Persönlichkeitstyp nicht den Trieb als solchen, sondern seinen energetischen Bezug mit dem Triebobjekt besetzt: Es handelt sich um einen im Analstadium fixierten Mann, für den der Koitus eine sehr wichtige anale Komponente besitzt. Entweder er vollzieht den Akt, indem er seiner Frau Beschmutzung, Verstümmelung oder Erniedrigung (die der Akt für ihn bedeutet) zufügt, oder er verweigert den Sexualverkehr, geleitet von dem unbewußten Wunsch, die Frau dadurch zu beherrschen, daß er ihr Frustrationen bereitet. In beiden Fällen übt er trotz verschiedener, ja gegensätzlicher Mittel seine anale Herrschaft aus: Die eine enthält eigentliche Triebbefriedigung, die andere hingegen nicht. Auch die Frau kann sich ihrer analen Herrschaft versichern, indem sie während des Verkehrs den Penis gefangenhält und attackiert oder sich ihm verweigert. *Alles hängt vom energetischen Zusammenhang ab*; das sagen wir, freilich mit anderen Worten, auch den Analysanden, denen es schwerfällt zuzugestehen, daß zwei völlig verschiedene, gegensätzliche Verhaltensweisen inhaltlich dieselbe energetische Bedeutung haben können.

gen alles, was es umgibt, auszudrücken. Es erfüllt die Welt mit Lärm, den es wie seine Exkremente produziert und hinausschleudert; es zerreißt, zerbricht und erniedrigt alles, was ihm in die Hände fällt. Es gefällt sich in Schmutz und Unordnung und gibt sich gewalttätigen und zerstörerischen Handlungen aller Art hin. Wie wir wissen, braucht es dieses Verhalten, um seine neue narzißtische Position, nämlich die Selbstbestätigung mit Bezug auf die anderen, zu festigen. Anders ausgedrückt: Es handelt sich um eine notwendige Übung seiner Objektbeherrschung und hat nichts mit einer Konfliktsituation zu tun, die man zur historischen Rechtfertigung heranziehen könnte. Man erzählt von einem bekannten ungarischen Staatsmann, daß er den ersten besten im Gang des Parlaments anhielt und ihn aufforderte: »Hallo, Paul (oder Peter oder Jean), sage mir schnell etwas, damit ich Dir widersprechen kann«. Das Kind macht auf diese Weise die für die Integration seiner analen Komponente unentbehrliche energetische »Gymnastik«, die ihm erlaubt, sein Ich zu bestätigen und es mit Kraft und wachsender Kohäsion auszustatten. Diese typischen Verhaltensweisen erlauben uns zu untersuchen, wie das Kind agiert; dabei können wir seine spezifische Technik und das Wesen der Objektbeziehung, die sich auf diese Technik stützt, einer genaueren Bestimmung zuführen.

Der Anale bestätigt sich gegenüber seinem Objekt und versucht, ihm gegenüber Überlegenheit, d. h. die Herrschaft zu erlangen. Diese tendiert dazu, immer vollkommener zu werden, denn der Prozeß läuft in einem *geschlossenen System* ab, in dem die Verringerung der Macht des einen die Verstärkung der Macht des anderen zur Folge hat und umgekehrt. Das Endziel besteht im Triumph des Subjekts über das Objekt, der für das Objekt bedeutet, daß es angegriffen und nach und nach erniedrigt, schließlich all der wesentlichen Eigenarten, die es zu einem Individuum machten, beraubt wird und zur anonymen Substanz ohne eigene Existenz, zum Abfall herunterkommt. Der Prozeß, dessen Beschreibung für sich spricht, verläuft nach dem Muster der Verdauung mit dem Endziel der *Fäkalisierung* und der Ausscheidung. Der Prozeß läuft natürlich nicht immer vollständig ab; das Subjekt kann sich an einem bestimmten Punkt *auf das Objekt fixieren* und dazu neigen, diese Position zu verewigen und immer wieder zu ihr zurückzukehren. Hier haben wir es dann mit historischen Faktoren zu tun, die zu untersuchen den Rahmen der vorliegenden Studie überschreiten würde.

Freud sagt, daß der Analsadist sein Opfer vorbereite, indem er es angreift, um es anschließend zu essen (*Aus der Geschichte einer infantilen Neurose, Ges. Werke* 12, S. 143). Dem ist nichts hinzuzufügen, außer vielleicht die Feststellung, daß umgekehrt der Angriff des Analen auch nach dem Schema des Verschlingens und vor allem der Verdauung und des anschließenden Auswurfs geformt ist. Jeder Abschnitt und jede Modalität dieses Prozesses hat ihr psychisches Äquivalent, und es ist möglich, Reste der verschiedenen Abschnitte des Prozesses (Angriff, Verschlingen, Verdauung, Auswurf) im Verhalten des in diesem Stadium fixierten Individuums zu finden.

Normalerweise integriert das Kind seine Analität von selbst, in Anlehnung an die biologischen Abläufe. Der Prozeß läuft somit unbewußt ab und tritt eigentlich nicht in Erscheinung außer natürlich in den Fällen, in denen sich aufgrund einer konflikthaften Entwicklung die Grundelemente von Verdauung und Fäkalisierung einen Weg bis in die mehr an der Oberfläche gelegenen Schichten des psychischen Apparates bahnen. Die Analität vermag, sich in Form von Impulshandlungen, Traummaterial und Phantasien von Verschlingung und Fäkalisierung (siehe die Arbeiten von Melanie Klein) auszudrücken. Nach der Überwindung dieses Stadiums (wir meinen den Fall des normalen Kindes) und wenn die Analität gewissermaßen unbewußt integriert ist, bleibt einzig die so gewonnene Objektbeherrschung als Rahmen und energetische Grundlage reiferer Triebbewältigung bestehen[16]. Wir wissen, daß diese Vorgänge im Falle einer Konfliktualisierung der Analität anders verlaufen. Wenn sich die Analität nämlich nicht normal abreagieren kann, bleibt das Subjekt in ihr fixiert und kommt in große Schwierigkeiten. Es behält gewisse Verhaltensweisen bei, deren

16 Natürlich darf das Abreagieren des Kindes nicht in einem *Vakuum* geschehen, sondern es muß im Gegenteil Widerständen begegnen, jedoch ohne daß diese seinen Elan ganz »abschneiden« (Kastration). Wird ihnen kein Widerstand entgegengesetzt, so treffen diese Schläge auf eine weiche Oberfläche, in die sie sich hineinbohren, anstatt mit vermehrter Kraft zurückzuschnellen.

archaischer Charakter vom übrigen Verhalten des Erwachsenen absticht und gegen die es mit einem beträchtlichen Energieaufwand ankämpfen muß. Die infantile Analität verfälscht das Verhalten des Erwachsenen und gibt ihm einen pathologischen Zug, der uns hier vor allem aus zwei Gründen interessiert. Es handelt sich hierbei nämlich um Charakterzüge, die nicht nur das Individuum, sondern auch Gruppen angehen, denn sie betreffen die Energetik und können deshalb massive Rückwirkungen auf das soziale Leben und das Leben von Gesellschaften im allgemeinen haben.

Es wäre natürlich sehr interessant, den positiven Beitrag der Analität zur normalen Entwicklung des Individuums zu untersuchen. Wir wissen, daß die Analität keineswegs immer destruktiv ist, sondern im Gegenteil alle Formen konstruktiven menschlichen Verhaltens von ihr abhängen. Die am weitesten entwickelten Funktionen des psychischen Apparates (das Bewußtsein, die Wahrnehmung, der Realitätssinn, das Urteilsvermögen, die Abstraktion usw.) wurzeln tief in der Analität. Über die Sublimierung sagt Freud[17]: »Die Triebsublimierung ist ein besonders hervorstechender Zug der Kulturentwicklung«, auch der Analerotik. Wir müssen jedoch auf das Thema dieser Arbeit zurückkommen. Man kann nur dann von einer analen Objektbeziehung beim Erwachsenen sprechen, wenn dieser mehr oder weniger an seine infantile Analität mit all ihren Konflikten und den sich daraus ergebenden Folgen fixiert ist. Beim normalen oder als normal angesehenen Individuum nimmt man an, daß die Analität im Triebbündel unter dem genitalen Primat aufgegangen und dank einer grundlegenden Umgestaltung im positiven Sinne nicht mehr erkennbar ist. Uns beschäftigt hier jedoch noch die Untersuchung einiger typischer Folgen der pathologischen Fixierung an das Analstadium, die man leicht im Verhalten einer gewissen Kategorie von Subjekten herausarbeiten kann. Ich sage *einige* Folgen, denn eine vollständige Untersuchung dieses Themas würde den Rahmen des vorliegenden Versuchs sprengen. Außerdem möchte ich keine morphologische Beschreibung der analen Objektbeziehung geben. Ich möchte im Gegenteil die Beschreibung

17 Freud, S.: *Das Unbehagen in der Kultur, Ges. Werke* 14, S. 546/547.

einiger Verhaltensweisen benutzen, um die Brauchbarkeit der Begriffe, mit denen man die Objektbeziehung zu erklären versucht, zu überprüfen und, wenn möglich, zu bekräftigen. Die Charakterzüge, von denen ich in diesem Abschnitt sprechen möchte, sind psychische Abkömmlinge der primitiven Analtriebe des Verschlingens und der Fäkalisierung[18].

Wir wissen seit Freud, daß *Besitz* (possedere = sich darauf setzen) und Besitzstreben anale Züge sind. Ich möchte jedoch hier die anale Tendenz zum absoluten Besitz, d. h. zur totalen Beherrschung des Objekts untersuchen, ganz gleich, ob es sich um einen kleinen Jungen handelt, der *alle* Murmeln besitzen will, oder um einen Kunstsammler, der nicht schlafen kann, weil ein bestimmtes Stück in seiner Sammlung fehlt. Ich glaube, unsere Sichtweise kann den Kern dieser Sache aufklären. Wenn wir nämlich annehmen, daß letzten Endes Herrschaft gleich Verschlingung und Verdauung ist, dann können wir verstehen, was das Subjekt bei seiner unvollständigen Aneignung stört, nämlich, daß ein Teil des seiner totalen Beherrschung unterworfenen Objekts sich dem Verdauungsprozeß entziehen kann und gleichwohl – psychologisch gesprochen – innerhalb seines Verdauungstraktes ist, als ob es verschlungen wäre. (Anläßlich einer Untersuchung der oralen Objektbeziehung habe ich daran erinnert, daß man den Wunsch gewissermaßen als ersten Schritt zur Inkorporation des Objektes betrachten kann). Dieses dem Verdauungsprozeß entzogene Fragment verhält sich wie ein *Fremdkörper innerhalb* des Verdauungstraktes, und wer schon einmal an Verdauungsbeschwerden gelitten hat, weiß, was das bedeutet (wenn der betreffende Sammler noch etwas zwanghafter ist, wird er die Gegenwart eines leicht beschädigten Stückes in seiner Sammlung aus dem gleichen Grunde nicht ertragen können: Es ist verdorbene Nahrung und damit unverdaulich). Ich erinnere in diesem Zusammenhang an die Hypothese, daß die Existenz des Objektes in dem Moment

18 Man könnte mir vorwerfen, das Verschlingen als analen Trieb zu betrachten. Ich erinnere jedoch daran, daß ich mit Oralität die reine präambivalente Oralität meine, die in etwa dem ersten Abschnitt der oralen Phase bei Abraham entspricht. Seine zweite, die oral-sadistische Phase weist ja schon in ihrer Bezeichnung auf den Einfluß analer Elemente hin. Die Begriffe Verschlingung, Bemächtigung, Begehrlichkeit usw. beinhalten wegen ihres Zusammenhangs mit Beherrschen und »Beschlagnahme« eine anale Komponente.

beginnt, in dem das Subjekt sich dessen Abwesenheit klar macht; diese erlebt es als einen Mangel, der Frustrationsgefühle auslöst.

Einige Aspekte des *Sadismus* lassen sich aus der gleichen Perspektive erhellen. Wir wissen, daß Kinder im Analstadium gerne diejenigen angreifen, die schwächer sind als sie selbst, z. B. Verstümmelte, Kranke, Schwache oder Tiere. Es handelt sich dabei natürlich um ein komplexes Problem, aber mir scheint, daß einer seiner Aspekte unter dem Gesichtspunkt der Verdauung verstanden werden kann. Wie wir wissen, will sich der anale Charakter der völligen Herrschaft über das Objekt versichern. Er zieht es also vor, es mit einer sozusagen schon *vorverdauten* Beute zu tun zu haben, die nicht ganz unversehrt ist, so als ob sie schon teilweise der auflösenden und erniedrigenden Wirkung der Verdauung ausgesetzt worden sei[19] [20]. Wir wissen, daß die Verdauungsarbeit im großen und ganzen im Zerlegen der zugeführten Nahrung und ihrem sukzessiven Abbau zu immer weniger differenzierten Einheiten besteht, die zunehmend ihre ursprüngliche Eigenart verlieren und schließlich eine homogene Masse, den Kot, bilden. (Daß diese Auffassung der Analität nicht nur ein intellektuelles Spiel ist, wird unter anderem von jenem Gauleiter, der Kommandant in Auschwitz war, bestätigt; er bezeichnete diesen Ort düsterer Erinnerung als »Arsch der Welt«.) Wir wissen, daß der Analcharakter Individualisten nicht liebt, »diejenigen, die nicht wie alle sind«, denn die Verdauungsfunktionen laufen immer gleich und unwandelbar ab. Er ist *Konformist*, und das kann bis zur Ausübung eines totalen gesellschaftlichen Zwangs führen. Die Homogenisierung des menschlichen Materials wird in manchen hoch organisierten Gesellschaftssystemen mit zentralisierter Administration sehr weit getrieben. Jede Organisation

19 In dem Film *Los Olvidados* von Buñuel sehen wir, wie Kinder einen Beinamputierten angreifen. Eines der Kinder träumt anschließend einen schrecklichen Alptraum von seiner Mutter: Die Mutter reicht dem Kind ein Stück Fleisch, das verfault und schrecklich abstoßend aussieht. Es ist zerfetzt, seine Konsistenz ist in Auflösung begriffen und faulig. Es ist mit einem Wort fäkalisiert, als wäre es der Wirkung der Verdauungssäfte schon ausgesetzt gewesen.
20 Die Vorliebe des Analen für vorverdaute Nahrung wurde schon auf der intellektuellen Ebene durch eine Vulgärkultur aus zweiter Hand geschickt ausgenutzt, und zwar unter dem bezeichnenden Namen »Digest«.

tendiert zu einer wesentlichen qualitativen Homogenisierung, und das Individuum hat immer mehr Schwierigkeiten, sich diesem Zugriff zu entziehen.

Ich möchte noch an eine Eigenart des Analcharakters erinnern, die zunächst paradox erscheint, aber mit dem bereits Gesagten in Einklang steht. Der Analcharakter nähert sich seinem Objekt als Angreifer, so bereitet er dessen Eroberung vor. Wenn er in seinem Angriff weit genug vorangekommen ist, erklärt er seinem Opfer die Liebe und ist ehrlich erstaunt, nicht mit offenen Armen empfangen zu werden. Er kann nicht verstehen, daß man ihn unter dem Vorwand zurückweist, er habe den Kontakt zu seinem Objekt auf dem Weg über die Aggression aufgenommen. Sein guter Glaube ist jedoch ebenso verständlich wie sein Erstaunen; stimmt sein Vorgehen nicht tatsächlich mit der Abfolge: Zupacken, Verdauen, Absorbieren überein?

Ich möchte in diesem Zusammenhang noch einen anderen Bereich in Erinnerung rufen: Personen oder Organisationen, die eine neue Idee, die natürlich ihr Mißtrauen erweckt, bekämpfen. Nachdem sie eine Zeitlang dagegen gekämpft haben, ändern sie plötzlich ihre Meinung und lassen jetzt die betreffende Idee nicht nur zu, sondern machen sie sich sogar zu eigen. Manchmal geben sie ihr eine neue Etikette als Symbol ihrer Beschlagnahme. Die Gesetze der Verdauung sind uns in diesem Fall noch einmal nützlich: die Zellen der verschiedensten Beutestücke werden ja, wenn sie einmal verdaut und absorbiert sind, zu eigenen Zellen und besonderen, selbständigen Organen.

4.5

Wir haben bereits auf die Verbindung zwischen der Analität und der Entwicklung des *Realitätssinns* hingewiesen. Ohne mich hier bei diesem wichtigen Punkt aufhalten zu wollen, möchte ich doch nochmals betonen, daß der Realitätssinn als wesentlicher Faktor der Triebreifung – um seine optimale Ausprägung zu erreichen – parallel zur Entwicklung der Partialtriebe reifen muß, die am Ende dieser Entwicklung unter dem Primat der Genitalität vereinigt werden. Je geringer der

Grad der Entwicklung ist, um so mehr läßt der Realitätssinn in qualitativer Hinsicht zu wünschen übrig. Nun wissen wir bereits, daß der im Analstadium Fixierte von einer besonderen Art der Besetzung abhängig ist, die nur die *Beziehung* zwischen Subjekt und Objekt, also den energetischen Aspekt der Triebbewegung betrifft, während sozusagen eine ganze Dimension möglicher anderer Besetzung fehlt. Er besetzt einzig und allein den Besitz und die Herrschaft über sein Objekt, daneben auch die Herstellung der Überlegenheit. Selbst wenn es eine gewisse Menge Libido zur Befriedigung seiner eigentlich physiologischen Bedürfnisse reserviert zu haben scheint, so wird doch deutlich, daß diese Libido in Analenergetik und -erotik verwandelt wird und deren wesentliche Charakteristika aufweist.

Die Herstellung befriedigender Objektbeziehungen hängt von einer gelungenen Triebreifung ab, deren Energie von der analen Komponente geliefert wird. Die Analität stellt die Kontrolle über sämtliche Triebe sicher, einschließlich natürlich der Analerotik. Ohne hier ins einzelne zu gehen, läßt sich sagen, daß die anale Komponente normalerweise mit der Genitalität verschmilzt. Auf jeden Fall endet die anale Phase – d. h. die Vorherrschaft der Analkomponente – in dem Augenblick, da die für sie typische Ambivalenz überwunden wird. Die Analität tendiert nun dahin, sich sozusagen aller verfügbarer Triebenergien zu bemächtigen, diese in anale Energie umzuwandeln und ein Triebbündel unter der Herrschaft der Analität auszubilden. Das führt dann zum *analen Primat,* anstatt zum genitalen. Der Realitätssinn – sonst vor allem analer Natur – wird hierdurch in seiner Entwicklung gestört, denn er trägt nur einem einzigen Aspekt der Realität Rechnung und bleibt eindimensional. Wie wichtig auch der energetische Faktor aus dieser Sicht für die Plastizität und das Relief der libidinösen Zufuhr ist, so kann man hier doch nicht von einem endgültig ausgebildeten Realitätssinn sprechen, der dem Individuum eine reife und adäquate Objektbeherrschung sichern würde. (Wir kennen den unfertigen Realitätssinn mancher Introvertierter oder Schizoider, deren Libido blockiert ist, und die eine mächtige Analität entfalten, der jedoch jede eigentlich libidinöse Besetzung fehlt.)

Der Realitätssinn entwickelt sich also mehr oder weniger befriedigend, je nach dem Maß von Analität, das an seiner, im Zusammenhang mit der eigentlichen Triebreifung stehenden Ausbildung mitwirkt. Es handelt sich um eine ansteigende Kurve, die von der dem Ganzen eingegliederten analen Komponente ausgeht, dann ein leichtes Überwiegen der Analität verzeichnet und schließlich bis zu deren absoluter Herrschaft reicht, wo dann jeglicher Realitätssinn verschwindet. Die eindimensionale Besetzung steht also am Beginn einer negativen Entwicklung des Realitätssinnes, die ich noch einmal schematisch aufzuzeigen versuche. Diese Entwicklung kann, wenn sie zu einer Psychose führt, für das Individuum gefährlich, ja verhängnisvoll werden. Als kollektives Phänomen kann sie aber auch ganze Gesellschaften betreffen. Die Auswirkungen dieser Entwicklung auf die anale Objektbeziehung liegen klar auf der Hand, und ich habe zu ihrer Untersuchung nicht den klassischen nosographischen Rahmen gewählt, sondern einige ihrer Folgen für das soziale Leben, die uns nicht weniger wichtig erscheinen, ja ganz im Gegenteil. Wir haben gesehen, daß die anale Objektbeziehung eine typische Subjekt-Objekt-Beziehung ist. Der anale Charakter lebt als solcher nur in Abhängigkeit vom anderen, gegen den er seine Analität wendet, an dem er sie auslebt und abreagiert und dabei diesem Bereich seine ganze verfügbare Energie reserviert. Die anale Objektbeziehung ist also eine typische Sozialbeziehung[21]. Wenn der anale Charakter durch den anderen definiert wird, so können wir uns fragen, wie sich sein Verhältnis zu jenem vielfältigen anderen, das die Gesellschaft für ihn ist, entwickelt.

Man kann ein Individuum, dessen Analität integriert ist, als »normal« bezeichnen, wenn es seine Triebe vereint und die genitale Stufe erreicht hat; dann kann man nicht mehr von analer Objektbeziehung sprechen. Seine Untersuchung interessiert uns weniger, weil sein gesellschaftliches Leben gemäßigt und ohne Übertreibungen verläuft.

Freud hat daran erinnert (*Massenpsychologie und Ich-Analyse, Ges. Werke* 13, S. 158 ff.), daß die Kraft der Liebe beim

---

21 Wenn tausende oraler und ebenfalls genitaler Persönlichkeiten nur eine Vielzahl verschiedener Individuen bilden, so ist die Begegnung zweier analer Charaktere schon von vornherein in gewissem Sinne sozialisiert.

Paar haltmacht, und daß die Fähigkeit dieses sonst so mächtigen Triebes, größere Einheiten zusammenzuschließen, sich leider als Mythos herausgestellt hat: Die Ereignisse, die unsere Generation erleben konnte, haben tatsächlich das Gegenteil bewiesen; die Kraft zur Vereinigung umfangreicher Gruppen ist der Haß und *die Aggressivität*, d. h. der Affekt einer in ihrer Entwicklung behinderten, frustrierten und damit konflikthaften Analität.

Hier nun interessiert uns der *anal Fixierte*, also jener Typus, dessen Analität nicht vollständig integriert und deshalb der beherrschende Faktor seiner Triebstruktur geblieben ist. Die Vorherrschaft der Analität, d. h. das Mißverhältnis zwischen den energetischen und eigentlich libidinösen Besetzungen, wird zur Quelle einer radikalen Verzerrung des Realitätssinnes und *konfliktualisiert* in gleichem Maße die Lage des anal Fixierten. Daraus resultiert bei ihm ein gewisses *Unsicherheitsgefühl*, das er *kompensiert*, indem er besonderes Gewicht auf seine sozialen Beziehungen und die Gesellschaft an sich legt. (Aggressivität zeugt in diesem Falle von einem teilweisen Versagen dieser Kompensation.) Der anale Charakter wählt spontan diese Kompensationsmaßnahme, weil die Art seiner an Herrschaft orientierten Objektbeziehung ihn von vornherein dazu prädisponiert. Er sucht also nicht danach, zu lieben oder geliebt zu werden, sondern zu herrschen und beherrscht zu werden. Er gliedert sich leicht in ein Kollektiv ein, denn er hebt nicht seine Eigenart, seine Einmaligkeit oder den Unterschied zu den anderen hervor, sondern verschiebt das ganze Gewicht seiner Besetzungen auf den energetischen Faktor, also auf ein höchst unpersönliches Element, das ihm eben deshalb den Weg zu den anderen mit gleicher energetischer Orientierung öffnet. Anstatt sich wegen seiner konflikthaften Situation als Individuum geschwächt zu fühlen, erlebt er seine Kraft und Sicherheit enorm verstärkt, weil er in diesem entscheidenden Punkt den anderen ähnelt und sich ihnen gewissermaßen hinzurechnet. Diese offensichtlich arithmetische Operation besitzt übrigens Merkmale einer geometrischen Reihe (ein Gesichtspunkt, der durch bestimmte Wahlgesetze bestätigt wird, die der stärksten Partei zusätzliche Vorteile einräumen). Die Tatsache, daß er die inhaltlichen Werte ignoriert und nur die energetischen Faktoren besetzt, erklärt uns übrigens auch, warum der Anale sich viel leichter mit einem anderen Analen unterschiedlicher, ja gegensätzlicher Tendenz (Ideologie) verständigt als mit jemandem, der zwar dasselbe Ziel wie er hat, dieses jedoch auf eine stärker von libidinösen und narzißtischen Besetzungen geprägte Art und Weise verfolgt.

Die Eingliederung des analen Charakters in die Gesellschaft oder in irgendeine organisierte Gruppe macht ihn zur Grundlage dieser Organisation, weil er allein die Organisation als solche unabhängig von ihrem Inhalt besetzt, insofern jede Organisation vor allem eine Art der Herrschaft darstellt (er organisiert und leitet mit der gleichen Lust ein statistisches Büro wie einen Schuhladen).

Die Einordnung in die Organisation gründet auf einer immer stärker ausgebildeten *Hierarchie*; denn die anale Objektbeziehung basiert per definitionem auf einem Oppositionssystem. Zunächst handelt es sich um ein einziges Gegensatzpaar. In der hierarchischen Pyramide wird daraus jedoch eine ganze *Kette verschiedener Gegensatzpaare*. Der *Komplementärcharakter* dieser Paare verschafft der hierarchischen Pyramide eine sehr große Festigkeit (deshalb steht am Anfang jeder Bewegung zur sozialen oder sonstigen Erneuerung der Wille, Diskriminierungen aufzuheben; in der Folge erweist sich das als utopisch und weicht, *sobald die Organisation hergestellt ist*, verhängnisvollerweise einer immer perfekteren Hierarchie).

Die Hierarchie umfaßt also Glieder mit gleichzeitig positiven und negativen oder aktiven und passiven Herrschaftsfunktionen; *jeder ist gleichzeitig Vorgesetzter und Untergebener eines anderen*, bis zu dem, der auf der Spitze der Pyramide sitzt (dieses Bild ist nicht willkürlich) und der sich wiederum einer höchsten Kraft oder Instanz als Ausdruck der absoluten Herrschaft oder Allmacht unterwirft (Gott oder eine andere mystische Idee). Da der Anale jedoch einen absoluten Feind für seine Projektionen braucht, gibt es in allen Gesellschaften, die straff organisiert sind, eine Kategorie von Objekten, die die unterste Basis der Pyramide bilden und als Ausgestoßene, d. h. als Kot, behandelt werden. (Im Kastensystem der Hindus werden die Angehörigen der untersten Kaste als »Unberührbare« bezeichnet, weil der Kontakt mit ihnen als Beschmutzung gilt.)

Diese Doppelorientierung (gleichzeitig Vorgesetzter und Untergebener oder im Bereich der Perversion »Opfer und Henker«, wie es Baudelaire sein wollte) befriedigt zugleich die negative und die positive Herrschaft des Subjekts und festigt seinen Platz und seine Sicherheit im System. Der Anale identifiziert sich außerdem mit den anderen Elementen der Hierarchie und schließlich mit dem Prinzip der absoluten Herrschaft selbst, die durch die Göttlichkeit oder das »charismatische Oberhaupt« verkörpert wird. In karikaturhafter Übertreibung wird diese Position doppelter Abhängigkeit im Deutschen »*Radfahren*« genannt, wobei man nach oben buckelt und nach unten tritt. Man darf nämlich nicht vergessen, daß Analität zugleich Ambivalenz bedeutet, und daß einerseits als Folge der Verkettung aktiver und passiver Gegensatzpaare der anale Charakter Stütze und Mörtel der Gesellschaft ist, andererseits aber hoch organisierte Gesellschaften auch Spannungen zwischen den verschiedenen Organisationen und Konflikte zwischen den einzelnen Individuen kennen, dies vor allem, wenn das aktive (und passive) Herrschaftsbedürfnis nicht kollektiv abreagiert werden kann. Wenn in dieser Hinsicht die Analen gleich sind, dann »gibt es immer welche, die noch ›gleicher‹ sind«, wie Alphonse Allais sagte. Es bleibt noch zu beschreiben, wie der Prozeß in den Verfall übergeht, von dem ich eben sprach. Eine anale Gesellschaft kann mit einem fleißigen, gut organisierten Bienenstock verglichen werden, der nach strengen und unerbittlichen Regeln funktioniert. Auch auf die Krisen der Analität kann dieses Bild übertragen werden, dann handelt es sich um einen wildgewordenen Bienenschwarm. Die mit der Struktur des Schwarms aufs engste verbundene Analität, die bis in seine Substanz, seine Organisation, die geordnete Aktivität der Mitglieder und die Disziplin reicht, die alle gleichzeitig ertragen und zur Geltung bringen, befreit sich und wendet sich gegen die, die niemals gelernt haben, die Analität selbständig und individuell zu integrieren oder zu sublimieren. Dann brechen Panik, Auflösung und der blinde Kampf aller gegen alle aus. Der anale Charakter verliert in diesem Augenblick sein Sicherheitsgefühl und arbeitet nicht mehr mit den anderen zusammen; er sieht im Gegenteil in allen und überall seinen Feind, nach dem Motto: »Und willst Du nicht mein

Bruder sein, so schlag ich Dir den Schädel ein!« Man versteht, daß Freud angesichts eines ähnlichen Schauspiels, des Zusammenbruchs der Österreichisch-Ungarischen Monarchie nach 1918, von der Idee eines »Todestriebes« fasziniert war. Dieser Gedanke lag damals in der Luft, er wurde von anderen Analytikern (z. B. Sabina Spielrein) verteidigt, aber Freud hat ihn immer nur als Hypothese und zudem widerwillig akzeptiert.

Ich hatte mir in dieser Arbeit vorgenommen, über den Triebbereich hinaus zur Objektbeziehung zu gelangen, für die der Trieb gewissermaßen Basis und biologische Stütze ist. Ich hoffe, daß die Darstellung dieses Konzeptes zur Präzisierung von Begriffen beitragen wird, die im Zusammenhang mit der Analität stehen, wie Analerotik, Analcharakter, Masochismus, Sadismus und vor allem Haß und Aggressivität.

5. Betrachtungen zur Spaltung zwischen Narzißmus und Triebreifung[1]

5.1 Vorwort

In einer früheren Arbeit[2] habe ich versucht, aus dem Verhalten des Analysanden einen Aspekt als *spezifische narzißtische Regression* auszugrenzen, die der analytischen Situation angehört und die ich daher von der eigentlichen historischen Übertragung trenne; denn diese beiden Phänomene sind meiner Meinung nach völlig verschiedener Natur. Ich habe weiterhin zu zeigen versucht, daß die narzißtische Regression sowohl die Vorbedingung zur Auslösung des *analytischen Prozesses* als auch der energetische Motor der analytischen Behandlung ist. Der objekthafte und historische Faktor der Übertragung – und ihm allein möchte ich die Bezeichnung »Übertragung« vorbehalten – sitzt sozusagen auf jenem fundamentalen, unabhängig und *autonom* verlaufenden Prozeß auf. Ich habe diesen spezifischen Faktor isoliert, um ihn der Untersuchung zugänglich zu machen, und keineswegs um damit der historischen Übertragung etwas von ihrer Wichtigkeit zu nehmen. Mir scheint ganz im Gegenteil, daß ich dem Begriff der »Übertragung« eine wesentlich größere Genauigkeit verschaffe, wenn ich ihn auf seine eigentlichen Grenzen zurückführe. Der Übertragungsbegriff sollte nämlich nur das beinhalten, was sich zwischen Analysand und Analytiker hinsichtlich genauer historischer Bezüge abspielt, während man allmählich beginnt, alles hineinzupacken, was die analytische Situation selbst im Verhalten des Analysanden gegenüber dem Analytiker auslöst; nachträglich sucht man dann die historischen Rechtfertigungen dieser Verhaltensweisen, die allerdings hypothetisch, meist recht fraglich und angreifbar sind. Wie ich bereits ausgeführt habe, gestattet es zwar die in der Analyse hervorgerufene narzißtische Regression, einige Aspekte der pränatalen Existenz neu zu durchleben. Aber selbst wenn wir ein *Modell* der in der

1 Vortrag vor der Société Psychanalytique de Paris am 15. November 1960; erschienen in: *R. F. P.* 1972 Nr. 2/3.
2 Grunberger, B.: *Essai sur la situation analytique,* in: *R. F. P.* 1947, Nr. 3.

Analyse auftretenden, narzißtischen Regression gefunden haben, können wir dieses nicht in dem gleichen Sinn als historisch betrachten, wie die besonderen persönlichen Erlebnisse, die der Patient in der Übertragung wiederholt.

Wenn ich also die Wichtigkeit des narzißtischen Aspekts der analytischen Situation unterstreiche, so halte ich nach wie vor an der Auffassung fest, daß die eigentliche analytische Arbeit im wesentlichen am historischen Übertragungsmaterial erfolgen muß. Die narzißtische Regression – obwohl sie die energetische Grundlage und der Motor der Behandlung ist – entzieht sich einer direkten Analyse, ausgenommen in ganz bestimmten Fällen:

a) wenn diese Regression sich nicht einstellt, d. h. wenn der Patient sich nicht in die Analyse hineinfindet und am *Widerstand gegen die narzißtische Regression* festhält (dieser Widerstand ist sehr häufig, und wir wissen, daß manche zu Beginn der Analyse vom Patienten in der Übertragung vorgebrachten Äußerungen sexueller oder aggressiver Triebe zumeist als Abwehrmechanismen nicht gegen andere Triebe, sondern gegen die spezifische narzißtische Regression betrachtet werden müssen);

b) wenn die narzißtische Regression *sekundär* als Widerstand benutzt wird (wie wir wissen, hat nur dieser letzte Aspekt, nämlich der Narzißmus als Widerstand, die Aufmerksamkeit der Analytiker erregt).

Das Wissen um diesen spezifischen Faktor der narzißtischen Regression in der analytischen Situation ist jedoch nicht nur von theoretischem Interesse, sondern führt auch zu bestimmten Konsequenzen für die analytische Technik.

Der Narzißmusbegriff, den ich im Verlaufe dieses Aufsatzes verwende, zielt auf einen »reinen Narzißmus«, eine grundlegende Kraft ohne Triebstütze. Ich betrachte den Narzißmus hier aus topischer Sicht, d. h. als eine psychische Instanz[3]. Die analytische Behandlung sehe ich als einen Zusammenhang von Prozessen an, die sich sozusagen automatisch unter dem Schutz und der andauernden aktiven Kontrolle des Therapeuten vollziehen.

3 Grunberger, B.: *Einleitung zur topischen Untersuchung des Narzißmus.* S. o. S. 109.

Wie ich andernorts unterstrichen habe, wird der Beginn der analytischen Behandlung aus klassischer Sicht in widersprüchlicher Weise beurteilt. Es wird angenommen – und dies entspricht auch unserer klinischen Erfahrung –, daß die ersten Erkenntnisse im Verlaufe der Analyse allgemein die ödipale Schicht betreffen. Von daher versteht sich die klassische Regel, nach der »die Analyse an der Oberfläche beginnen muß und dann in immer tiefere, archaische Schichten vordringt«. Gewöhnlich fügt man noch hinzu, daß die Aufdeckung des Materials in der umgekehrten Reihenfolge der Verdrängung erfolgt, wobei das eine gewissermaßen Spiegelbild des anderen ist. Andererseits gilt aber auch, daß das Subjekt in der Behandlung seine psychosexuelle Entwicklung wiederholt, und daß die Abfolge der verschiedenen Phasen dieses Reifungsprozesses der oben erwähnten Regel genau entgegengesetzt ist. Außerdem: Wenn die erste Schicht, die sich der psychoanalytischen Untersuchung anbietet, *hinsichtlich ihres Inhaltes* ödipal ist, so fehlt ihr doch eine der den Ödipuskomplex konstituierenden Seiten, und die affektive Tönung, in der sich diese Phase der Analyse entwickkelt, entspricht nicht so sehr einer Spannung als vielmehr einer Entspannung. (Ich spreche natürlich vom klassischen erhebenden Verlauf dieser Phase, von den »analytischen Flitterwochen«, wie Freud sagte.) Ich übersehe dabei nicht, daß der Beginn einer Analyse auch anders, ja umgekehrt verlaufen kann. Die Gründe dieser Variationen müssen jedoch einer späteren Untersuchung vorbehalten bleiben.

Es scheint, als ob wir es mit einer zweifachen Entwicklung zu tun haben, deren Wege sich kreuzen. Die analytische Behandlung mobilisiert zwei verschiedene Dimensionen der Psyche; dabei wird die eine durch den *Inhalt* der Analyse definiert, während die andere, die verschiedenen Modi des Auftauchens und des Abreagierens dieses Inhalts lenkt. Wenn also der Inhalt zu Beginn der Analyse ödipal ist, so gestaltet sich sein Auftauchen narzißtisch; das zeigt die besondere affektive Atmosphäre, in der sich diese präambivalente Phase der Analyse abspielt. Intensität und Qualität dieser Atmosphäre lassen sich nicht durch frühere, auf die Gestalten der Eltern bezogene Erlebnisse erklären. Sie sind vielmehr der analytischen Situation selbst zuzuschreiben; und ich erinnere in diesem Zusammenhang daran, daß ich die manchmal »spektakuläre«, häufig jedoch nur provisorische Heilung bestimmter Symptome in dieser Anfangsphase der narzißtischen Regression[4] zugeschrieben habe, was unser leider verstorbener Kollege Maurice Bouvet in seiner letzten Arbeit bestätigt hat[5].

Ich habe an anderer Stelle den ökonomischen Gewinn aufgezeigt, den eine ödipale Interpretation für den Analysanden bedeuten kann, weil sie seine narzißtische Wunde lindert. Aber wir wissen, daß das Festhalten an ödipalen Deutungen in diesem Moment der Analyse kaum zu greifbaren Resultaten führt, die die Lösung des Konflikts selbst voranbringen und daß im Gegenteil solche Deutungen in bestimmten Fällen die Widerstände verstärken können. Der Analytiker darf sich also durch das ödipale Material nicht täuschen lassen, das in diesem Stadium hinter dem erhebenden mächtigen, aus der analytischen Situation hervorgehenden Strom durchschimmert.

Der »authentische« Ödipus, dessen *Form* mit dem *Inhalt* übereinstimmt, und den abzureagieren wirksam und wertvoll ist, zeigt sich im allgemeinen als solcher erst gegen Ende der Analyse, d. h. nach erfolgter Integration der verschiedenen prägenitalen Phasen. Der ödipale Konflikt entwickelt und strukturiert sich erst im Verlaufe der Analyse, und wir stellen folgende paradoxe Tatsache fest: Wenn der Ödipus zu Beginn der Analyse nur ein schwacher, mit Emotionen allerdings stark überladener Versuch war, so nimmt das Gewicht seiner emotionellen Übertragung, nachdem er sich an den Triebkomponenten aller anderen Stadien bereichert hat, gegen Ende der Kur ab, so als laufe die ödipale Triebreifung von selbst auf die Auflösung der analytischen Situation hinaus. Natürlich handelt es sich hier um eine ideale Entwicklung, die durch zahlreiche Faktoren gestört werden kann. Trotzdem scheint mir – wie

---

4 Grunberger, B.: *Einleitung zur topischen Untersuchung des Narzißmus.* S. o. S. 109.

5 »...daß seit den ersten Monaten der Analyse eine gewisse Anzahl funktioneller somatischer Beschwerden verschwunden waren, als würde, selbst aus großer Distanz, das narzißtische Komplement, das der Analytiker beitrug, die somatische Struktur stärken«. Bouvet, M.: *Dépersonalisation et relations d'objet,* Congrès des Psychanalystes des Langues Romanes, Rom 1960.

Freud es auch im Nachwort zum *Kleinen Hans* andeutet –, daß der Ausgang der Analyse in dieser Richtung liegt.

Wir können also zusammenfassen, daß die Intensität des spezifischen, manifesten oder verdeckten, Affekts zu Beginn der Analyse (ihr erhebend-erhabener Aspekt) nicht mit dem historischen Moment der ödipalen Übertragung zusammenhängt, die in dieser Phase der Behandlung kaum angedeutet ist (übrigens auch keine präödipale), sondern mit dem *analytischen Prozeß selbst,* der – wie ich schon in verschiedenen Arbeiten aufzuzeigen versuchte – auf einer narzißtischen Fusion zwischen dem Analysanden auf der einen Seite und dem Analytiker und der analytischen Situation auf der anderen Seite beruht. Wir unterscheiden damit in der analytischen Behandlung zwei, ihrem Wesen nach verschiedene und im wesentlichen entgegengesetzte Strömungen. Weil aber der Narzißmus zu seinem eigenen Ausdruck der Triebstütze bedarf, kann man die dem Narzißmus zuzuschreibenden Äußerungen nur schwer von denen unterscheiden, die zu den eigentlichen Trieben gehören. Es ist jedoch nötig, sie zu trennen, und ich werde mich im Folgenden bemühen, die Nützlichkeit einer solchen Spaltung aufzuweisen.

Wir haben gesehen, daß es in der Analyse nicht so sehr um das Material an sich, sondern vielmehr um die Form, in der es sich zeigt, geht, und daß das gleiche Material je nachdem, wie es aus dem Unbewußten aufsteigt, verschiedene und manchmal widersprüchliche Bedeutungen annehmen kann. So haben wir es auch in der ödipalen Situation, wie sie sich uns zu Beginn der Analyse darstellt, mit einer Konstellation zu tun, deren Elemente offensichtlich ödipaler Natur sind, deren Erscheinungsform aber alle Merkmale der narzißtischen Stufe in sich vereint; sie ist erhebend und präambivalent. Wir wissen, daß der Ödipus eine positive und eine negative Seite hat und die ödipale Situation zu unterschiedlichen Haltungen des Individuums gegenüber seinen Eltern führt. Es handelt sich um eine charakteristische Doppelstellung, und selbst, wenn die ödipale Szene von einer positiven oder negativen Haltung nur gegenüber einem Elternteil beherrscht zu sein scheint, so fehlt doch niemals die entsprechend komplementäre Haltung, die sich in der einen oder anderen Form Ausdruck verschafft. Das Gefühl während der »analytischen Flitterwochen« hat jedoch einen absolut einheitlichen Charakter, denn seine Quelle sind gleichzeitig beide Elternteile. (»Sie sind mein Vater und meine Mutter«.) Es handelt sich also weder um eine echt ödipale Situation, denn ihr fehlt die eigentliche Polarisierung des Ödipus, noch um eine präödipale, weil beide elterlichen *Imagines* in ihr vorhanden sind. Die Situation beruht auf einem System von Verweisungen, das nicht zur Dimension der eigentlichen Objektbeziehungen gehört, sondern, trotz der Vielfalt bildlicher Elemente, narzißtisch ist. Wenn die ödipale Situation auch wirksam, ja technisch verwendbar ist, so verdeckt sie doch die – wie ich es genannt habe – *narzißtische Triade,* die für den spezifischen, die Analyse begleitenden Affekt verantwortlich ist. Der Analytiker stellt – als Stütze dieses Gefühls – gleichzeitig beide Eltern und ein zusammengesetztes Elternbild dar. Er ist aber vor allem eine Projektionswand, die dazu dient, den Narzißmus des Analysanden zu reflektieren. Diese Position ist an-ödipal, ja anti-ödipal, denn sie kann eine Abwehr gegen den Ödipus als Konfliktsituation darstellen. Sie ist eine *narzißtische Situation zu dritt*[6].

Man versteht, daß diese den Patienten emphorisch stimmende Position als wahrer Hafen der Gnade und Ruhe aufgesucht wird, als sicherer Schutz gegen besonders beängstigende Situationen. Hier steht das Subjekt in völligem Gegensatz zum Ödipus. Es geht nicht darum, ein Elternteil zu lieben und das andere zu hassen, sondern darum, *von beiden Eltern gleichzeitig*

6 Man könnte mir entgegenhalten, daß diese Betrachtungsweise nicht mit der klassischen psychoanalytischen Lehre übereinstimme. Ohne mich in eine ausführliche Diskussion der Probleme einlassen zu wollen, erinnere ich daran, daß der Mensch — wie die Embryologie und die Anatomie gezeigt haben — bisexuelle Anlagen besitzt, und daß der biparentale Ursprung seiner Chromosomen in seinem Unbewußten nicht nur durch ein männliches und ein weibliches Prinzip repräsentiert ist, sondern durch die Ideogramme, die beide Prinzipien mit Hilfe der Vater- und der Mutterimago hinterlassen. Diese Überlegungen stehen gewissen Annahmen Jungs nicht fern. Ich verweise jedoch darauf, daß Analytiker der Freudschen Richtung immer mehr zu der Ansicht neigen, daß sich das Ich mit Hilfe der elterlichen *Imagines* Vater und Mutter bildet, selbst wenn einer der Elternteile in Wirklichkeit fehlt; damit zeigt sich, daß die doppelte elterliche *Imago* eine Repräsentation im Unbewußten selbst hat. Es handelt sich hier um eine Dimension des psychischen Lebens, die sich selbständig entwickelt, und die man — meiner Meinung nach — nicht mit der Reihe der sich wandelnden Objektbeziehungen: Autoerotismus — Zweierbeziehung — Ödipus verwechseln darf.

auf eine narzißtische Weise vorbehaltlos, konfliktlos und bis
hin zur Verschmelzung geliebt zu werden.

Wir wissen, daß Kinder danach trachten, ihre Eltern voneinander zu trennen, was dem Ödipus entspricht, aber wir wissen ebenso, daß sie sie zusammenhalten und vereinigen möchten. Das geschieht nicht nur zur Verleugnung des Ödipus, sondern auch um die narzißtische Position zu dritt wiederzufinden, die das Fundament ihres Ich bildet. Dies ist eine außerordentlich befriedigende Position, und ihre zweifache Versagung erweckt im Kind eine spezifische Aggressivität von besonderer Heftigkeit. Sie zielt auf beide Eltern zugleich ab und drückt sich in ausgesprochen energischer Zurückweisung all dessen aus, was von weitem oder aus der Nähe an sein frustriertes narzißtisches Glück erinnert. Diese Zurückweisung kann auf verschiedene Ebenen verschoben werden. So lange diese Beziehung noch nicht konflikthaft geworden ist, versucht das Kind, auf die Position der Einheit zu dritt zurückzukommen. Aber trotz der dominierenden Rolle der Mutter in dieser Einheit – die Mutter verschmilzt mit dem Stillakt – hat der Vater auch in der archaischen Phantasie des Kindes *immer seinen Platz.* Daß es eine derartige Position der narzißtischen Einheit zu dritt geben kann und daß das Unbewußte davon eine Vorstellung besitzt, wird, wie ich meine, auch im *christlichen Dogma der Dreifaltigkeit* deutlich.

Die »narzißtische Triade« tendiert dazu, aus sich selbst heraus konflikthaft zu werden – glücklicherweise übrigens –, denn die normale Entwicklung und auch der normale Verlauf der analytischen Behandlung hängen von dieser Konfliktualisierung ab. Aber das Subjekt darf nicht brutal aus diesem »Paradies vor dem Sündenfall« vertrieben werden, denn, obwohl zum Verlassen verdammt, muß es diesen Schritt langsam und aus eigenem Entschluß tun.

Das Christentum erlaubt seinen Gläubigen, durch Identifikation ein erhebendes Glück zu erleben, das – auf einer anderen Ebene – der spezifisch narzißtischen Regression bei Beginn der Analyse vergleichbar ist[7]. Die Konfliktualisierung dieser erhe-

---

7 Das Tympanon mancher alter romanischer Kirchen enthält ein Basrelief mit der Darstellung Christi »in all seinem Ruhm«, in der Mitte eines ovalen Gebildes thronend; dies deutet auf den pränatalen Ursprung der narzißti-

benden Position (die Religion folgt hier der Individualentwicklung) hat allerdings das Christentum schließlich in ganz anderer Weise geprägt als den Beginn der Christusgeschichte: ich spreche vom *narzißtischen Bild des göttlichen Kindes*.

Das Gotteskind erscheint als strahlendes Zentrum des Universums. Es ist von seinen Eltern umgeben, deren Gestalten sich mit denen der Haustiere, Esel und Ochs, vermischen, archaischen Bildern, die dem Traum angehören und sich auch in manchen kollektiven Wachträumen wiederfinden, die der Sehnsucht des Menschen nach seinem verlorenen Paradies gelten. Das kleine Kind wird vergöttlicht, von allen angebetet, und die Großen dieser Erde überhäufen es mit Geschenken – einem hohen Maß an narzißtischer Zufuhr, Zeichen der Liebe – und der *narzißtischen Überbewertung,* die hier ihren Gipfel erreicht[8]. Wie wir wissen, handelt es sich hierbei um eine *umfassende megalomane* Urphantasie: das einzigartige Kind auf dem Gipfel seines erhebenden Glückes. Wenn in der Analyse das Subjekt, indem es seine historische objekthafte Übertragung erlebt, zu dem Kind wird, das alle die notwendigerweise in der konflikthaften ödipalen Situation liegenden Schwierigkeiten zu überwinden vermag, so gelingt ihm dies nur aufgrund einer vorwärts treibenden Energie, deren Quelle in der emotionalen Besetzung seiner untergründigen narzißtischen Position liegt. Obwohl diese narzißtische Position eigentlich stumm und unaussprechlich ist und sich der Verbalisierung entzieht, kommt ihr entscheidende Bedeutung zu; sie ist die Bedingung für das Ingangkommen des analytischen Prozesses und das Unterpfand seines Gelingens.

5.3 Die narzißtische Aufwertung

Wir haben die Beziehung zwischen dem Narzißmus und dem Bedürfnis, geliebt zu werden, gestreift, die für das Kind und

schen Regression hin, bei der die narzißtische Verschmelzung mit den Elternimagines nur ein Aspekt ist.

8 Wir wissen, daß einmal im Jahr alle Christenkinder diese Identifikation *realisieren*; sie werden mit Geschenken und anderen Liebesbeweisen überschüttet, und all ihre Wünsche werden von einem wunderbaren Wesen erfüllt, das ihnen vom Himmel geschickt wird.

den Analysanden, für die Psyche des Individuums ebenso wie für das kollektive Unbewußte ihre Bedeutung hat. Bevor wir nun näher auf die Art dieser Beziehung zwischen Narzißmus und Liebesbedürfnis eingehen, wird es nötig sein, einen weiteren Aspekt der kindlichen Psyche ins Auge zu fassen: die Synthese zwischen dem Narzißmus und den Trieben, die sich nur langsam vollzieht. Die Triebe bleiben lange von der eigentlichen narzißtischen Strömung getrennt, die einen immateriellen Charakter bewahrt und nicht die Gestalt von Triebregungen annimmt. Alles spricht dafür, daß das Kind lange Zeit die Sehnsucht nach seinem vorambivalenten, nicht triebhaften narzißtischen Glück bewahrt, und dieses nur dann gegen Triebbefriedigungen austauschen kann, wenn ihm dabei gewisse Entschädigungen zu Hilfe kommen. Da nun die Prägenitalität recht früh konflikthaft wird, bleibt sie von den Manifestationen des Narzißmus getrennt. Was aus den beiden parallelen Entwicklungsbewegungen hervorgeht, läuft lange Zeit nebeneinander her, ähnlich zwei Strömungen, die im selben Flußbett fließen, ohne sich zu vermischen; dabei wälzt die eine stürmische Wassermassen voran, während die andere ein ruhiges klares Wasser mit sich führt. Tatsächlich isoliert das Kind diese beiden Komponenten seiner Objektbesetzungen, behält demzufolge ein *doppeltes Bild* seines ödipalen Objektes und projiziert auf dieselbe elterliche Figur sowohl seine schuldhaften ödipalen Triebe als auch seinen präambivalenten Narzißmus. Dies erlaubt ihm, sich seinen präödipalen Vergnügungen zu überlassen und gleichzeitig unabhängig davon seinen ödipalen Wünschen, die in diesem Entwicklungsalter offen ausgelebt werden und der Schuldhaftigkeit entgehen, Ausdruck zu verschaffen (»Dichotomie« bei Freud). Das Kind kann sich also in gewissem Ausmaß Triebbefriedigungen gestatten, hält sie aber getrennt von der tiefer gelegenen und stärker verdrängten Schicht des Narzißmus; und wenn es neurotisch wird, behält es diese Spaltung endgültig bei. Es wird entweder nur die narzißtische Befriedigung akzeptieren oder die triebhaft prägenitale, *aber niemals beide gemeinsam*.
Wir sehen, daß das Kind, bevor es die Synthese zwischen Triebbefriedigungen und narzißtischen Ansprüchen realisieren kann, große Schwierigkeiten zu überwinden hat, denn seine

Triebe sind äußerst konfliktbesetzt. Der Wunsch des Kindes heftet sich an ein Objekt, auf das es seine Aggressivität entlädt, das ihm aber gleichzeitig als narzißtische Stütze und Projektionsfläche dient. Damit wird das Kind vor fast unlösbare Probleme gestellt, vor allem solange es nicht über wohl unterschiedene Imagines verfügt. Hier gewinnt nun die elterliche Liebe die größte Bedeutung für das Kind, und wir befinden uns am entscheidenden Wendepunkt der seelischen Entwicklung des Kindes. Als wir hervorhoben, wie wichtig es für das Kind ist, geliebt zu werden, haben wir schon die Antwort auf eine Frage angedeutet, die man hier stellen könnte: »Warum braucht das Kind Liebe?« Obwohl wir heute wissen, daß das Kind zu einer harmonischen Entwicklung die Liebe seiner Erzieher benötigt[9], wissen wir tatsächlich nicht genau, warum eigentlich. Weiter oben sagten wir, daß das Kind die Erinnerung an sein erhebendes narzißtisches Glück behält, und daß es bei den Versuchen, seine prägenitalen Aktivitäten mit narzißtischer *Libido* zu besetzen, nur teilweise Erfolg hat, so daß ein Teil seiner narzißtischen Ansprüche unbefriedigt bleibt. Es wird um so empfindlicher von dieser Unzulänglichkeit getroffen sein, als diese das Urtrauma, genauer gesagt das narzißtische Trauma, direkt berührt, dessen Auswirkungen ja gerade gemildert werden sollen[10].

Der Mensch kommt neotenisch auf die Welt, d. h. hilflos und wird sich in gewissem Ausmaße seiner Gebrechlichkeit sehr früh bewußt. Auf der Triebebene wird die Hilflosigkeit wie eine Unzulänglichkeit erlebt und führt zu einem Gefühl der Unsicherheit. Auf der narzißtischen Ebene ergibt sich daraus ein Gefühl der Scham, da sich das Kind infolge seiner Unzulänglichkeit seinem narzißtischen Ideal gegenüber als etwas *Wertloses* erlebt. Wie wir wissen[11], bedient sich das Kind einer ganzen Reihe von Mechanismen, um seine narzißtische Unversehrtheit wiederherzustellen. Einer davon besteht in der Projektion der narzißtischen Allmacht auf die Eltern; da es mit

9 Siehe die Arbeiten von Anna Freud und D. Burlingham, René Spitz und S. Nacht.
10 Zum Thema der narzißtischen Wunde oder des narzißtischen Traumas siehe die Arbeiten von Ferenczi, Nunberg u. a.
11 Ferenczi, S.: *Die Entwicklungsstufen des Wirklichkeitssinnes*, in: *Bausteine der Psychoanalyse* Band 1, S. 62—83.

diesen in einem Zustand der Verschmelzung lebt und aus diesem in gewisser Weise seine Identität erhält, bleibt dem Kind die Möglichkeit, seine verlorene narzißtische Unversehrtheit wiederzugewinnen, auch wenn sich Strebungen nach Unabhängigkeit bereits abzeichnen. Von jetzt an vollzieht sich seine Entwicklung auf doppeltem Wege – narzißtisch und triebhaft – und jeder Entwicklungsabschnitt steht unter dem Zeichen der notwendigen *Synthese* der beiden parallelen Strömungen. Ebenso wie jede Triebregung narzißtisch besetzt wird, wird umgekehrt jede narzißtische Regung durch den Trieb ausgestattet, der hier wie eine biologische Grundlage wirkt. Am Ende dieses doppelten Reifungsprozesses kann sich das Kind als einen »*Wert an sich*« erleben. Während des Prozesses bleibt es jedoch auf Aufwertung angewiesen. Die Kluft, die notwendigerweise zwischen seinen narzißtischen Idealen und seinen geringen, von Triebkonflikten eingeschränkten Möglichkeiten besteht, ist zu groß. Wenn das Kind also die Liebe der Eltern braucht, so deshalb, weil es die Aufwertung durch diese Liebe braucht. Jeder Schritt, den es auf die Herstellung seiner narzißtischen Unversehrtheit hin tut, wird von denen *bestätigt*, die für das Kind diese Unversehrtheit besitzen und sie mit ihm bis zu dem Augenblick teilen, in dem das Kind die eigene narzißtische Unversehrtheit wiederhergestellt hat und eine »ausgeliehene« nicht mehr benötigt. In diesem Moment hört die narzißtische Verschmelzung auf zu bestehen, die schon während der Triebkonfliktualisierung mehr und mehr nachließ und schließlich als eine im Gegensatz zur narzißtischen Bestätigung des globalen Ich stehende Abhängigkeit erlebt wurde.

Edmond Weyl berichtet in einem anderen Zusammenhang die folgende, häufig zu beobachtende Episode: Eine Mutter geht mit ihrem kleinen Jungen spazieren und begegnet einer Gruppe Bekannter. Man bleibt stehen und jemand fragt den kleinen Jungen, ob es ihm gut gehe. Der Kleine zögert einen Augenblick, schaut dann seine Mutter an, und nachdem er in ihrem Lächeln die Bestätigung gefunden hat, die er suchte, antwortet er: »Ja, mir geht es sehr, sehr gut!« Diese Episode erscheint auf den ersten Blick unbedeutend, und weder wert analysiert zu werden noch scheint sie wegen des zufälligen und unvollständigen Charakters der Beobachtung dazu geeignet zu sein, denn eine ganze Anzahl möglicher Zusammenhänge in dieser Situation bleibt unbekannt. Trotzdem wird man sagen können, daß hier eine umfassende Empfindung triebhafter Art vorliegt, die das Kind erst durch die Mutter bestätigt sehen möchte, bevor es sie bewußt und vor den anderen ausdrücken kann. Das Zögern des Kindes zeigt gleichzeitig, daß die narzißtische Besetzung seines triebhaften, koenästhetischen Zustandes wahrscheinlich wegen konflikthafter ödipaler und präödipaler Anteile noch nicht gefestigt war. Das Kind braucht diese »narzissierende« Bestätigung, die es ihm erlaubt, die verschiedenen Aspekte dieser Situation zu integrieren und dies auch zu zeigen; damit ist ein weiterer Hinweis auf das Vorhandensein der narzißtischen Komponente gegeben. Das globale Ich des Kindes fühlt sich dadurch bestärkt und bereichert, daß sein Bildnis narzißtisch vollständig aufgerichtet und zugleich auf ein Objekt zurückgeworfen, von diesem bestätigt und aufgewertet wird. Der Spiegel, in dem das Kind seine narzißtische Unversehrtheit erkennen kann, ist vor allem der Elternteil, der den Narzißmus des Kindes durch seine Liebe bestätigt. Hierin liegt meiner Meinung nach ein grundlegender Wert der elterlichen Liebe für das Kind. Aus dieser Sicht besteht eine echte Symbiose zwischen Eltern und Kindern. Die Eltern stützen das Kind durch ihre narzißtischen Aufwertungen, die umgekehrt das Kind auf seine Art wieder anzuregen versteht; somit wird seine normale Entwicklung durch die zugleich selbständigen und einander ergänzenden Bewegungen bedingt. Wenn aus irgendeinem Grunde diese Zusammenarbeit gestört wird, wird der gesamte Entwicklungsprozeß von Konflikten bedroht. Die narzißtische Versagung, die das Kind dann ertragen muß, belastet nicht nur die Beziehung zu seinem Objekt mit Schuldgefühlen, sondern belebt gleichzeitig den Konflikt zwischen seinem Narzißmus und seinem Ich. Dadurch entsteht zwischen beiden ein Graben, der niemals mehr aufgefüllt werden kann. Da diese Versagung äußerst frühzeitig erfolgen kann, könnte man vereinfachend sagen: Da das Kind gleichzeitig narzißtisch vollkommen und körperlich unvollkommen auf die Welt kommt, vereinigt es in sich auch die Bedingungen, die zur Neurose führen. Das Fehlen von narzißtischer Aufwertung hätte dann zur Folge, daß *es weder narzißtische Befriedigungen ak-*

zeptiert, noch sie in geeigneter und wirksamer Weise bei ande-ren anregen kann. Alle weiteren Versuche in dieser Richtung, die unablässig unternommen werden, sind zum Scheitern ver-urteilt. Man kann sich gut vorstellen, daß hierdurch die ge-samte psychobiologische Entwicklung blockiert wird. Eine der-artige Persönlichkeit wird unreif bleiben; zur Rettung ihres Narzißmus bleibt ihr nichts, als die Verantwortung für ihren Zustand auf ihre gegenwärtigen, vergangenen und zukünftigen Objekte zu projizieren. Zu den Faktoren, die über den Grad der Pathologisierung dieses Prozesses entscheiden, gehört die Intensität des dem Subjekt eigenen Narzißmus. Gleichzeitig kann man hierfür die Tiefe der narzißtischen Wunde verant-wortlich machen, die sich als Hypertrophie des Narzißmus auswirkt. Alles endet schließlich in einem Teufelskreis. Eines ist sicher: Je narzißtischer das Subjekt ist (gleichgültig, ob dieser Narzißmus sekundär oder konstitutionell ist), und je größer die Kluft zwischen seinen narzißtischen Forderungen und dem Gefühl seiner Ohnmacht ist, um so mehr wird es die Bestäti-gung und narzißtische Aufwertung seitens seiner Erzieher be-nötigen[12].

Hat sich das Kind weiter entwickelt, so wird es versuchen, sich von der narzißtischen Stütze der Eltern unabhängig zu ma-chen. Denn es wird stark genug, um sich sozusagen *aus den eigenen Quellen zu versorgen* und sich selbst die narzißtische Aufwertung zu verschaffen. Ich denke hier nicht an bestimmte regressive Strategien, die Alkoholiker, Süchtige oder Pseudo-genitale benutzen, indem sie das Aufwertung verschaffende Objekt introjizieren. Solche Versuche sind zum Scheitern ver-urteilt, denn sie benötigen eine kontinuierliche Zufuhr von außen. Ich denke vielmehr an das *spielende* Kind, genauer gesagt an das Kind, das *etwas spielt,* und sich dabei mit dem Erwachsenen auf eine narzißtische, fast delirante und megalo-mane Art identifiziert. Dieses Spiel enthält reifere Entwick-lungskomponenten als das autoerotische Spiel und führt zu einer *wirklichen Synthese der narzißtischen und der prägenita-*

12 In diesem Prozeß überwiegt natürlich die Bedeutung der Mutter, nicht nur aus den Gründen, die wir alle kennen, sondern auch, weil die Mutter als Frau narzißtischer ist als der Mann und sich leichter mit dem Kind identi-fiziert; instinktiv erfaßt sie alle Nuancen und die verschiedenen Formen der Bitten, die bis zu einem gewissen Grad auch ihre eigenen sind.

len, besonders der analen Elemente. Das Kind handelt dabei selbständig, benötigt immer weniger die Eltern und zeigt eher Ungeduld, wenn diese sich in seine narzißtischen, aber autonomen spielerischen Beschäftigungen einmischen wollen[13]. Wir wissen, daß das Kind beim Spiel die Existenz der wirklichen Welt nicht vergißt und sich so mit Leichtigkeit auf beiden Ebenen entwickelt, ohne sie zu verwechseln. Es paßt sich fortschreitend der Welt der Erwachsenen an, und erhält sich gleichzeitig die Befriedigungen, die sein Narzißmus immer wieder fordert.

Bei der Beurteilung eines guten Analysenendes nimmt die Frage nach der Fähigkeit des Subjektes, seine *Freizeit* zu genießen, einen wichtigen Platz ein und hat sich als hervorragend geeignetes Kriterium erwiesen. Freizeit bedeutet aber sowohl sozial angepaßte Tätigkeit als auch narzißtische Selbstbestätigung. Wer sich während der Ferien einer seelischen und körperlichen Entspannung überläßt und davon profitiert, zeigt schon, daß er eine bessere Beziehung zu sich selbst gefunden hat als der Neurotiker, der keine Entspannung erträgt, und den die Ferien ermüden. Wer aber wirklich seine Freizeit genießt, gebraucht sie dazu, seine Lebensart völlig zu ändern und sie mit einem freien und gut integrierten Narzißmus auszuzeichnen. Das Individuum wird danach trachten, sich narzißtisch zu verwirklichen, so zu sein, wie es sein möchte, und sich Beschäftigungen gestatten, die es narzißtisch besetzt hat. Sich während des Urlaubs gewisse narzißtische Befriedigungen zu leisten, die sich mit einem sozial angepaßten Leben während der übrigen Zeit des Jahres nicht vereinbaren lassen, stellt einen Kompromiß zwischen dem triebhaften Ich und dem Narzißmus dar; ein Kompromiß, der jedoch nur aufgrund einer schon früher zwischen diesen beiden Faktoren erfolgten Synthese möglich ist. Hier kommt erneut die *analytische Situa-*

13 Wir befinden uns hier an der Grenze zwischen dem Ende der Prägenitalität und dem Beginn der Latenzzeit; diese letztere ist durch ein Stagnieren der Sexualität und auch des Narzißmus gekennzeichnet. Wenn nun die Pubertät mit einem starken sexuellen und narzißtischen Schub beginnt, stellt sich das Problem der Synthese erneut mit aller Dringlichkeit. Das Problem der narzißtischen Aufwertung tritt wieder an die erste Stelle und man könnte die ganze Pubertät eine narzißtische Krise nennen, mit allen Konsequenzen, die sich daraus auf pädagogischer, sozialer und pathologischer Ebene ergeben.

tion ins Spiel; denn wenn die Analyse das Subjekt auch nicht sogleich befähigt, seine Freizeit narzißtisch zu genießen, so gibt sie ihm davon doch einen Vorgeschmack, gewissermaßen eine Kostprobe. Tatsächlich erlaubt die analytische Situation dem Subjekt, sich in einer bestimmten Weise der gleichen narzißtisch erhebenden Freiheit zu überlassen, insbesondere bei der Art von Fällen, die ich in den Mittelpunkt dieser Untersuchung gestellt habe.

Ich erinnere hier daran, daß der Neurotiker bei seinem ersten, früheren Versuch, Aufwertung zu finden, gescheitert ist, und daß die analytische Behandlung es ihm erlaubt, diesen Prozeß mit dem Ziele seiner narzißtischen Aufrichtung unter günstigeren Bedingungen wiederaufzunehmen. Ich möchte aber auch darauf hinweisen, daß ein grundsätzlicher Unterschied zwischen der analytischen Situation und der Erziehung besteht, deren Auswirkungen ja gerade in der Analyse ausgeglichen werden sollen. Wenn der Erzieher den Narzißmus des Kindes bestätigt, bildet er ein narzißtisches Paar mit diesem, aber auch ein Triebpaar; d. h. der Narzißmus wird nicht nur bestätigt und aufgewertet, sondern in gewissem Maße von beiden Teilen dieses Paares *agiert*. Die Aufwertung wird gleichzeitig triebhaft und narzißtisch erlebt und verschmilzt mit den ödipalen und präödipalen Triebbefriedigungen, die das Kind hieraus schöpft. Die analytische Situation gilt als Wiederholung des historischen Prozesses; man darf aber nicht vergessen, daß es dabei nicht um einen normal abgelaufenen Prozeß geht, wie ich ihn oben schematisch beschrieben habe. Diejenigen, die die Analyse aufsuchen, sind vielmehr *früher einmal in diesem Prozeß gescheitert*, sind die Opfer einer Niederlage, die sie als schweres Trauma erleben. In der Folge bleiben sie an eine unvollendete und konfliktbesetzte Position fixiert, so als ob es sich um eine traumatische Neurose handeln würde. Sobald sie dann mit dem Analytiker eine Beziehung aufnehmen, in der letzterer so wenig wie möglich aktiv wird, finden sie sich wieder in die gleiche traumatische Situation zurückversetzt und reagieren nach dem Prinzip des Wiederholungszwangs. Sie bringen zum x-ten Male das gleiche Paar von Frustriertem und Frustrierendem hervor (wobei die Versagung durch unzeitige Triebwünsche hervorgerufen wird); aber diesmal steht ihnen der Analytiker als Partner gegenüber, was nur zur Konfliktualisierung und Blockierung der analytischen Situation führen kann. Deshalb muß der Analytiker, wie wir wissen, als reales Objekt verschwinden, sich den Anforderungen des Analysanden in dieser Richtung entziehen, sein Spiel nicht mitspielen, oder anders ausgedrückt, »wohlwollende Neutralität« bewahren, was kein ›leeres Wort‹ ist. Er nimmt damit eine strikte Trennung zwischen dem narzißtischen und dem triebhaften Bereich vor; *wenn er nämlich um die narzißtische Bestätigung des Analysanden nicht mit sich handeln läßt, indem er zwar ganz da ist, aber die meiste Zeit während der Behandlung schweigt, so weigert er sich, dieser rein narzißtischen Aufwertung die geringsten triebhaften Anteile hinzuzufügen.*

Will man Rolle und Stellung des Analytikers genau bestimmen, so muß man gleichzeitig seine Funktion im Hinblick auf die narzißtische Aufwertung genauer umreißen. Wir haben schon unterschieden zwischen der Stufe, auf der das Subjekt die direkte narzißtische, von triebhaften Erlebniselementen durchsetzte Zufuhr seitens des Erziehers benötigt, und einem höheren Grad an Reife, wenn das Kind sich seine narzißtische Aufwertung selbst beschaffen kann und in weitaus geringerem Maße auf die Schutzfunktionen und die stillschweigende Zustimmung des Erwachsenen angewiesen ist. Ganz sicher besteht die analytische Situation darin, dem Patienten die der ersten Stufe entsprechende narzißtische Zufuhr mit triebhaften Elementen zu versagen; dies ist zwar leichter zu ertragen als die Versagung auf der zweiten Stufe, führt aber sehr leicht zu einer dauernden regressiven Fixierung. Die Analyse bedeutet also die totale Zurückweisung einer traumatischen Situation, die zu überwinden der Patient lernen muß, indem er darauf verzichtet, in ihr zu leben; so erreicht er schließlich unter dem Druck der Analyse die reifere Stufe einer autonomen narzißtischen Versorgung, die er auch nach einiger Zeit hinter sich lassen muß.

Die schützende Gegenwart des Analytikers verkörpert aus diesem Blickwinkel eine Funktion ohne historisch-triebhafte Grundlage, was den manchmal grotesken, fast schon deliranten Charakter der Übertragung erklärt, worauf Freud schon hingewiesen hat (*Erinnern, Wiederholen, Durcharbeiten, Ges.*

Werke 10, S. 134). Das Modell, das der Analytiker dem Analysanden zur Identifikation bietet, kann nur schematisch, funktionell und phantasiehaft sein. Die Identifikation des Subjekts mit dem Analytiker besteht aus Projektionen und historischen Elementen, die aufgrund der analytischen Situation neu angeordnet worden sind, die aber allein dem Analysanden gehören. Dank der Kluft zwischen den narzißtischen und triebhaften Schichten bleibt der Prozeß vor realen Identifikationen geschützt, die, falls sie doch durchdringen, den analytischen Prozeß stören. Sie sind Ausdruck einer pathologischen Fixierung und stoppen die narzißtische Aufrichtung an einem Punkt, wo die psychobiologische Reifung des Subjektes noch lange nicht vollendet ist.

Diesen Prozeß kann man als vollendet betrachten, wenn das Subjekt seine narzißtische Unversehrtheit erreicht hat, d. h. wenn es sich selbst gleich wird, oder ödipal ausgedrückt, wenn es selbst Vater oder Mutter geworden ist. Von diesem Augenblick an wird es keine narzißtische Aufwertung mehr benötigen, denn es hat die wechselseitige Integration seines Narzißmus und seines Ich verwirklicht.

5.4 Die Regel der Versagung

Da das Ziel der Analyse in der Restrukturierung des Ich durch die Normalisierung der narzißtischen Besetzungen des Subjektes besteht, folgt daraus, daß, trotz einer für die Gesundung des Kranken erforderlichen objektiven und unerbittlichen Untersuchung, sein Narzißmus intakt bleiben muß, da er den Prozeß trägt. Die narzißtische Aufwertung muß also vollkommen bruchlos vom Beginn der Behandlung bis zu ihrem Ende durchgehalten werden. Hier handelt es sich um eine conditio sine qua non für den therapeutischen Erfolg, und die analytische Praxis hält sich daran. Das zeigt eine Grundregel, die, ohne daß sie ausdrücklich formuliert worden wäre, stillschweigend von allen befolgt wird, die zu explizieren jedoch von einigem Interesse sein könnte. Freud hat gesagt, die Analyse müsse sich im Zeichen der Versagung entwickeln, und die analytische Situation, so wie wir sie verstehen, stellt die Beachtung dieser Regel sicher. Wir müssen jedoch sofort einschränken, daß es dabei nur um die Triebaspekte der analytischen Situation geht, nicht dagegen um die narzißtischen. Tatsächlich muß *der Narzißmus des Patienten vor jeglicher Versagung geschützt bleiben,* und diese Einschränkung der Regel ist ebenso wichtig wie die Regel selbst. Wir wissen beispielsweise, daß Ironie, die sich gegen Analysanden richtet, in der Behandlung genauso streng verboten ist wie etwa autoritäres Gebaren usw.; dies alles sind Regeln, die jeder respektiert. Ich möchte dennoch, um diese Gedanken festzuhalten, auf ein eindrucksvolles, überspitztes Beispiel verweisen. Ich erinnere mich an den Text, den ich unter einer amerikanischen Karikatur gelesen habe, die Sie sicher kennen. Die Zeichnung zeigt einen Analysanden auf der Couch, dem sein Therapeut sagt: »Aber nein, Sie leiden nicht an einem Minderwertigkeitskomplex, Sie sind wirklich minderwertig!« Gewiß ist dies ein grober Witz, und man kann sich nicht vorstellen, daß aus dem Munde eines Analytikers solch eine Antwort kommen kann. Aber schon viel weniger direkte, weniger sichtbare und weniger brutale Verhaltensweisen, die eigentlich aus objektiv medizinischer Sicht vollkommen zu rechtfertigen wären, können beim Patienten narzißtische Wunden verursachen[14]. Vergessen wir nicht: Wenn sich jemand in Analyse begibt, so tut er das, um seine narzißtische Unversehrtheit wiederzuerobern und nicht, um beim Versuch der narzißtischen Wiederherstellung, den ihm die analytische Kur ermöglicht, endgültig zu scheitern.

5.5 Der Phallus als Repräsentant der narzißtischen Integrität

Wir haben gesehen, daß der Narzißmus nicht ohne *Aufwertung* integriert werden kann, und es sieht so aus, als würde im

14 Wir können und müssen häufig analysieren, warum das Subjekt ein bestimmtes Ziel anstrebt, und ihm die Art seiner Schwierigkeiten bei der Verwirklichung zeigen, aber wir dürfen ihm niemals sagen, er verlange zu viel und täte gut daran, sich zu bescheiden. Erst im Verlaufe der Analyse seiner Konflikte und mit zunehmender Triebreifung gelangt der Patient von selbst zur Integration seines Narzißmus' und zur Ausbildung des Realitätssinnes und erwirbt damit eine genauere Kenntnis seiner Möglichkeiten. Diese sind übrigens im allgemeinen real, denn wir brauchen nicht zu behindern, was nicht existiert.

Unbewußten das Fehlen dieser Aufwertung nicht als einfache Lücke, sondern als *Kastration* erlebt. Wir wollen daher einige Überlegungen zur Beziehung zwischen Kastrationskomplex, Narzißmus und analytischer Situation vorstellen.

Ich habe bereits ausgeführt, daß der Narzißmus, das erhebende Glück und die Allmacht tief im pränatalen Leben verwurzelt sind. In Übereinstimmung mit diesem Ursprung hat der Narzißmus den Charakter der *Einzigartigkeit* (der Fötus ist einzig) und der *Autonomie*, oder anders ausgedrückt, der *Vollkommenheit*. Der Narzißmus ist in seiner ursprünglichen Form, so wie ihn der Fötus erlebt, ein Zustand ungetrübten Glücks, und wenn die klinischen Bedingungen dieses erhebenden Zustandes nicht immer vollzählig vorhanden sind, gilt er psychologisch a posteriori immer als eine unbestreitbare Realität. Der Fötus bildet mit seinem Milieu eine Einheit, er ist gleichzeitig Inhalt und Form; das bedeutet – und die noch unvollkommene Ausdifferenzierung seines Geschlechts bestätigt es –, daß er gleichzeitig männlich und weiblich ist. Ich weise hier auf seine prä- und postnatale phylogenetische Identifikation mit den beiden Eltern – *Imagines* hin. Da der Mensch – wie wir betont haben – neotenisch und schwach auf die Welt kommt, ist er von vornherein zur Konfliktbildung prädestiniert; wir können nun ergänzen, daß er auch in anderer Beziehung unvollständig geboren wird. Zunächst besitzt er eine virtuell bisexuelle Disposition, und es gelingt ihm erst nach einer langen und schwierigen Entwicklung, nach einer ganzen Reihe von komplementär männlichen und weiblichen Identifikationen, die den Anschein erwecken, als wolle er auf alle Fälle seine bisexuelle Vollkommenheit behalten, sich recht und schlecht seiner physiologisch bestimmten Eingeschlechtlichkeit anzupassen[15]. Höchstwahrscheinlich leidet das Individuum unter dem Verlust seiner sexuellen Autonomie (siehe die platoni-

---

15 Man scheint manchmal dieser *Doppelidentifikation* nicht genügend Beachtung zu schenken. Man muß sich jedoch nur vor Augen führen, daß der Vorgang der Analyse die *gesamte* psychosexuelle Reifung umfaßt, um zu verstehen, daß das Subjekt während der Behandlung *alle* Phasen dieser Reifung durchleben muß einschließlich der Identifikation mit dem Elternteil anderen Geschlechts. Dieser Abschnitt bleibt versteckt und flüchtig und geht schließlich in die entgegengesetzte Identifikation über; diese ist notwendig und wird schließlich, zwar nur partiell, aber endgültig ins Ich integriert.

sche Theorie bei Freud, *Drei Abhandlungen zur Sexualtheorie, Ges. Werke* 5, S. 34) und möchte ihn durch die narzißtische Verschmelzung ausgleichen. Eine der Aufgaben der sexuellen Vereinigung scheint darin zu bestehen, dem Individuum in einem spezifisch erhebenden Zustand das Gefühl seiner narzißtischen Vollkommenheit wiederzugeben. Eine gelungene Synthese zwischen seinem Narzißmus und seinem Trieb-Ich vermag ihn vor Minderwertigkeitsgefühlen zu schützen. Die Verwirklichung dieser Synthese wird im Unbewußten wie ein Koitus innerhalb der narzißtischen Einheit, d. h. innerhalb des Ich des Subjektes erlebt, was sehr wahrscheinlich jener totalen Regression entspricht, die auf anderer Stufe den Orgasmus kennzeichnet. Ganz gleich, ob es sich nun um die narzißtische Integrität oder die Aufwertung (wie auch die Abwertung und die narzißtische Wunde) handelt: Das Unbewußte erlebt all dies als Koitus oder als sexuelle Impotenz. Das Idiogramm, das die Sprache des Unbewußten hierfür verwendet, ist *der Phallus* oder, in seiner negativen Form, der fehlende oder beschädigte Phallus, d. h. *die Kastration*. Der Phallus ist eine *Brücke*[16], er verwirklicht die narzißtische Vollkommenheit und vereinigt beide Partner im Koitus. Er stellt die Möglichkeit zur Vereinigung wie auch die Verwirklichung *der narzißtischen Integrität dar, deren Symbol und Bild er ist.*

Es wäre interessant, die Verbindung zwischen dem bisher Gesagten und dem eigentlichen Kastrationskomplex zu untersuchen, aber dies würde uns zu weit vom Thema abbringen. Die Kastrationsangst, d. h. die Furcht, die Möglichkeit zur Verwirklichung der narzißtischen Vollkommenheit zu verlieren, bedrückt das Subjekt in der Analyse fortwährend, vor allem auch deswegen, weil beide Bilder – sexueller Penis und Phallus – ineinander übergehen, und der Penis-Phallus das *einzigartige* Objekt wird, dessen Besitz dem Individuum allein die fragliche Integrität sichert, während der andere Partner davon ausgeschlossen ist. Einzigartiger Besitz heißt jedoch Konfliktualisierung und prägenitale Regression, daher werden auch die verschiedenen Phasen der analytischen Behandlung, deren Ziel im Erwerb der narzißtischen Integrität besteht, vom Sub-

---

16 Siehe Ferenczi, S.: *Genitaltheorie.*

jekt nach dem Muster von Kastration des anderen, Kastrationsangst oder Selbstkastration erlebt und mit entsprechenden Schuldgefühlen besetzt. Dies erklärt auch, warum sich der Mann so schwer seiner Kastrationsangst und die Frau sich so schwer ihres Penisneides entledigen kann, wie Freud es in *Die endliche und die unendliche Analyse* gezeigt hat (*Ges. Werke* 16, S. 57–99).

(Wir können noch hinzufügen, daß die Frau nicht nur dem Penisneid, sondern auch der Kastrationsangst unterworfen ist; das beweist unsere tägliche klinische Erfahrung. Für Mann und Frau ist der Phallus das Symbol der narzißtischen Integrität, und während der gesamten Analyse suchen beide auf zunehmend entwickelter Grundlage diesen Phallus. Wir können das im Rahmen unserer Arbeit allerdings nicht weiter verfolgen.)

Kommen wir jedoch zurück zur Beziehung zwischen narzißtischer Aufwertung und Kastrationskomplex, und fassen wir das Problem folgendermaßen zusammen: Jede Triebbefriedigung oder Ich-Bereicherung des Kindes, die zur Steigerung seines Wertgefühles beiträgt und als solche bekräftigt wird, nimmt in seinem Unbewußten phallischen Charakter an, während umgekehrt das Fehlen von Bestätigung oder die Abwertung ohne anschließende narzißtische Kompensation als Kastration erlebt wird.

In der Analyse befinden wir uns vor der gleichen Situation, und es ergibt sich daraus, daß jedes Verhalten des Analytikers, das die virtuelle narzißtische Integrität des Patienten in Frage stellt, von diesem als Kastration erlebt wird. Man muß nämlich unterscheiden zwischen der Versagung einer Triebbefriedigung und einer Kastration, die den Narzißmus berührt. Aus Gründen, die wir hier nicht untersuchen können, wird die Versagung einer Triebbefriedigung relativ gut ertragen, sie erweist sich sogar als recht fruchtbar, während der Patient ausgesprochen negativ auf jeden Angriff des festen und unveränderlichen Bildes seines narzißtischen Ideals reagiert, dessen Integrität die absolute Bedingung für jeden Versuch der Heilung ist.

Nehmen wir ein einfaches Beispiel: Während der Stunde zündet sich ein Patient spontan eine Zigarette an. Der Analytiker erklärt ihm in wohlwollend neutralem Ton, daß es besser wäre, wenn er darauf verzichten würde, und versucht gleichzeitig, mit ihm die unbewußten Motivationen dieser Handlung aufzudecken. Der Patient erleidet eine Versagung, aber er leidet nicht übermäßig darunter und zieht sicherlich am Ende einen Nutzen daraus. Wenn der Analytiker ihm hingegen in autoritärem Ton, der per definitionem schon unanalytisch ist, befiehlt, die Zigarette auszumachen, so wird dieser Befehl als Kastration erlebt. Jedes vom Analytiker *direkt ausgesprochene* Verbot stellt für den Analysanden eine narzißtische Wunde dar und ist mit der analytischen Neutralität unvereinbar. Die kleinste Anspielung auf ein Abhängigkeitsverhältnis kann vom Analysanden als Kastration erlebt werden, und sei es nur die Erinnerung an seine Abhängigkeit in der Beziehung Arzt–Patient. Eine auch noch so geringfügige Ungeschicklichkeit des Analytikers kann den Kranken aus der Höhe seiner »physiologischen« Megalomanie in die Dunkelheit seiner vollkommenen narzißtischen Vernichtung stürzen, denn der Narzißmus folgt dem Gesetz des Alles-oder-Nichts. In diesem Sinne wäre es auch falsch, von einem »permissiven« Analytiker zu sprechen, denn wer erlaubt, übt immer noch Autorität auf den aus, dem die Erlaubnis zukommt. Wir wissen, daß der *Paternalismus* von denen, die ihn ertragen müssen, als schlimmste narzißtische Wunde betrachtet wird. Heißt das nicht, das Kind auf seine Ohnmacht zu stoßen, es dorthin zu schicken, »wo es hingehört«? Dieses Verhalten verbirgt außerdem sehr oft einen versteckten Sadismus, den das Unbewußte des »Opfers« sehr wohl als solchen begreift.

Manche anagogischen Analysen sind im gleichen Irrtum befangen; sie wollen das Ich des Analysanden direkt von außen verändern, d. h. sein Ich durch das des Therapeuten ersetzen, was ebenfalls einer Kastration entspricht. Solche »Führung« mag von denen, die sie anwenden, als soziale Notwendigkeit angesehen werden; sie kann in manchen Fällen bis zur Gehirnwäsche gehen – aber das ist keine Analyse.

5.6 Das Schuldgefühl bei der Heilung
und das Ende der Analyse

In der analytischen Behandlung wiederholt das Subjekt alle Phasen seiner Triebreifung und durchläuft gleichzeitig parallel dazu einen Weg, der es vom primitiven zum integrierten normalen und mit Triebkomponenten ausgestatteten Narzißmus führt. Es geht von einer tiefen Regression aus, um schließlich die Synthese zwischen Narzißmus und Trieb-Ich zu erreichen; für das Unbewußte bedeutet das den *Erwerb eines Phallus als Ausdruck seiner narzißtischen Integrität* während der Analyse. Der Erwerb dieses Phallus, ein Prozeß, den man während der verschiedenen Phasen der Behandlung beobachten kann, ist mit sehr großen Schwierigkeiten verbunden, die die Quelle eines sehr schwer zu beseitigenden Widerstandes bilden. Der Phallus hat nämlich für den Analysanden eine doppelte Bedeutung: Einerseits kämpft er um den Besitz des *väterlichen Penis*; an diesem Kampf sind Mann und Frau gleichermaßen beteiligt. Andererseits muß er den *Phallus* erwerben, der seine narzißtische Integrität darstellt; von diesem nimmt er mit Sicherheit an, daß er ihn direkt vom Analytiker bekommen wird. An diese Erwerbungen heftet sich ein sehr großes Schuldgefühl, und wahrscheinlich stellt das Abreagieren der rein ödipalen Schuldgefühle auf einer höheren Ebene nicht ein so großes Problem dar wie die Schuldgefühle, die der Analysand gegenüber seinem Analytiker als Besitzer des Phallus entwickelt. Diese Schuldgefühle gehen sowohl in ihrer Intensität als auch in der zu ihrem Abreagieren erforderlichen Zeit, weit über die ersten hinaus. Die Analyse wird ständig verzögert, weil sich der Analysand so verhält, als habe er sich parasitär auf Kosten des Analytikers entwickelt und als ob die Heilung, die er ihm gewissermaßen entreißt, der Kastration des Therapeuten entspräche. Das Problem ähnelt demjenigen der Kastration des väterlichen Penis, ist aber wesentlich ursprünglicher und archaischer. Je mehr sich das Subjekt während der Analyse entfaltet und neue Möglichkeiten erobert, um so mehr hat es den Eindruck, daß sein Aufstieg der Zerstörung der narzißtischen Integrität seines Analytikers genau entspräche, und dies unabhängig vom Geschlecht des Patienten bzw. des Therapeuten.

Wir stehen hier wieder vor der *Einmaligkeit* des Phallus, der den Narzißmus der pränatalen Phase verkörpert, als das Kind ebenfalls noch einzigartig und allein auf der Welt – nämlich seiner eigenen – war, und den phylogenetischen Phallus der Eltern besaß, den es bei der Geburt verlor (narzißtisches Initialtrauma). Diesen Phallus muß es nun vom Analytiker (dem narzißtischen Spiegel), der der eigentliche Besitzer ist, wiedererobern. Dieses Problem stellt sich aber keineswegs nur ein einziges Mal, sondern immer dann, wenn der Analysand eine neue Stufe der Triebreifung vor sich hat[17].

Wir erleben häufig nach besonders bedeutsamen Fortschritten in der Analyse plötzliche Rückfälle mit Verhärtung des Widerstandes, die man direkt der Wirkung des Analytikers zuschreiben muß, da der historische ödipale Bezug immer mehr in den Hintergrund rückt. Wenn man die Analyse in diesem Augenblick beenden wollte, ohne das spezifische Schuldgefühl des Analysanden hinsichtlich seines Analytikers zu analysieren, so würde man den Beweis für das oben Gesagte erhalten. Mit der Zeit löst sich der ödipale Konflikt auf, aber manche Fortschritte, die speziell mit dem analytischen Prozeß und nicht mit dem historischen Bezug zusammenhängen, werden vom Analysanden nur deshalb nicht gemacht, weil ihn ein spezifisches Schuldgefühl daran hindert. Dies ereignet sich häufig gegen Ende der Analyse, wenn es für den Analysanden nicht mehr so sehr darum geht, geheilt zu werden, als vielmehr die Heilung gegenüber dem Therapeuten *auf sich zu nehmen*. Zu diesem Zeitpunkt der Analyse haben ödipale Interpretationen längst ihre Schärfe verloren, sie bewegen den Patienten nicht mehr und stellen die Geduld des Analytikers auf die Probe; sie sind unwirksam, während Deutungen, die sich direkt auf den Therapeuten beziehen, einen gewissen dynamischen Wert behalten[18].

17 Das Prinzip der Einzigartigkeit des Phallus bekommt seine ganze Bedeutung, wenn *gleichzeitig beide Partner eines Paares vom gleichen Analytiker analysiert werden*. Da es sich um Neurotiker mit prägenitalen Konfliktbildungen handelt, verhalten sich die Ehepartner wie Rivalen, wobei das Objekt ihrer Rivalität der Phallus des Analytikers ist. Man kann sich die Komplikationen, die sich aus einer solchen Situation ergeben, gut vorstellen, und es sieht so aus, daß eine Analyse unter diesen Bedingungen auf unüberwindliche Schwierigkeiten stößt.
18 Ich denke z. B. an die Analyse einer Frau, deren Behandlung sogar im

Zeichen des narzißtischen Faktors begann. Frau X. litt an einer »echten« Neurose, die sie aber verhältnismäßig gut ertrug, weil sie immer ein gewisses Gleichgewicht — dank andauernder narzißtischer Zufuhr — aufrechterhalten konnte, die sie sich in Form von persönlichen Erfolgen auf affektiver und sozialer Ebene zu verschaffen vermochte. Vor 6 Jahren hat sie — eher unter dem Druck ihrer Umgebung als aus freien Stücken — die Analyse begonnen, konnte sich aber nicht in die analytische Situation hineinfinden, und wir faßten nach einigen Monaten vergeblicher Anstrengungen gemeinsam den Entschluß, die Behandlung nicht länger fortzuführen. Nach 4 Jahren rief sie mich eines Tages an und bat mich um einen Gesprächstermin. Ihre Neurose hatte sich nicht verändert, aber inzwischen war ihr früheres schon gestörtes Gleichgewicht völlig geschwächt. Sie hatte nämlich eine schwere Krankheit hinter sich, hatte körperliche Schäden davongetragen, die einer wirklichen Kastration gleich kamen; diese narzißtische Wunde brachte sie diesmal in die Arme der Analyse. Ihre Bereitschaft war sehr groß. Die Behandlung nahm einen guten Verlauf und begann Früchte zu tragen, als ihr Widerstand plötzlich besonders stark wurde, und die Stagnation sich zu verewigen drohte. Eines Tages erzählte sie mir folgenden Traum:

»Ich bin in unserem Haus, aber es sieht nicht so aus wie sonst. Es liegt nicht mehr am Stadtrand, sondern mitten in der Stadt an einer ruhigen und angenehmen Straße. Anstelle der beiden Stockwerke hat das Haus nur noch eines, dieses aber ist viel größer als zuvor, und die Zimmer sind zahlreicher und komfortabler. Während ich das feststelle, denke ich plötzlich an meine Reinemachefrau: ›Aber wie werde ich das mit Mme. Dupont (der Reinemachefrau) regeln, die wohnt ja immer noch in Clamart?‹ Aber das macht ja nichts, das wird sich später finden.«

Ihre *Einfälle* bewegen sich zunächst um den Roman *Les Mandarins* von Simone de Beauvoir, in dem die Hauptperson eine Psychoanalytikerin ist. Sie glaubt, sich an meine Reaktion erinnern zu können, als sie mir zum erstenmal davon erzählte. Ich sei darüber schockiert gewesen, daß die Autorin von den Analytikern sagt, sie würden die schmutzige Wäsche ihrer Patienten waschen. Dann meint sie, wie schön ihr Leben wäre, wenn dieser Traum in Erfüllung ginge; sie würde wieder der Mittelpunkt sein, um den sich liebenswürdige und interessante Menschen gruppieren, sie sei dann wieder umworben und geliebt wie damals.

Ich habe ihr gezeigt, daß ich die Reinemachefrau war, der Analytiker, der die Wäsche wäscht, und daß sie es gerne gehabt hätte, wenn sich die Veränderungen (das Haus) gewissermaßen unabhängig von mir vollziehen (das Haus verändert sich, um die Reinemachefrau kümmert man sich später), denn mir gegenüber fühlt sie sich schuldig. Um das gewollte Resultat zu erzielen, muß sie mich kastrieren (ich werde eine Reinemachefrau), und *damit ihre Etage größer und schöner werde, muß die meinige* (ich wohne im zweiten Stockwerk) *verschwinden*. Ich zeige ihr außerdem noch die Schuldgefühle, die sie mir gegenüber hat. Denn sie projiziert ihre Aggressivität gegen die Analytikerin im Roman, die an meiner Stelle steht, auf mich.

Frau X. sucht in der Analyse zweifellos ihre narzißtische Integrität wiederzugewinnen. Ihr Analytiker wird durch Verwandlung ihres Körperbildes zu ihrer Mutter, zum schlechten Objekt, eine Rolle, die sie während der gesamten Analyse ihren Ehemann spielen ließ. Diese Position ist geklärt und analysiert worden, so daß sie keinerlei Schuldgefühle mehr hervorruft. Daß sie nun ein besonders heftiges, ihre Analyse lahm legendes

Manchmal sagt ein Patient ganz offen, daß es ihm unmöglich sei, die Analyse aus den Händen seines Analytikers anzunehmen, weil er es nicht ertragen könne, ihn zu kastrieren. Er nimmt sie dann auch nur an, nachdem er dem Analytiker z. B. einen neuen Patienten überwiesen hat, um ihm damit sozusagen seinen Phallus zurückzugeben. Andere können die Heilung nur aus der Hand eines zweiten Analytikers nehmen, bei dem sie dann der Form halber noch ein paar Stunden machen, dem gegenüber sie keinerlei Schuldgefühle haben, weil die entsprechende Übertragung fehlt. Einer meiner Patienten konnte keine meiner Deutungen akzeptieren; wenn er aber anschließend seine Freunde, die ebenfalls in Analyse waren, traf, mit ihnen gewissermaßen die Stunde noch einmal wiederholte und von ihnen die gleiche Deutung erhielt, so wurde diese Deutung erst wirksam.

Analyse und Heilung wie auch der sie repräsentierende Phallus werden vom Patienten als Objekte betrachtet, die man in bestimmter Weise integrieren muß. Dabei ergeben sich die gleichen Schwierigkeiten wie allgemein in der Objektbeziehung, nur mit dem Unterschied, daß sich manchmal alle Beziehungen des Patienten normalisieren, ausgenommen die, die er mit dem analytischen Phallus aufnahm, und die doch die Grundlage alles weiteren darstellt. Den Patienten gelingt es jedoch, diese Beziehung auszugrenzen. Die von ihnen hierfür gefundenen Lösungen sind häufig regressiv, was aber die Qualität des durch die Analyse erreichten Ergebnisses nicht schmälert. Manche wählen die »nachträgliche Verdrängung«, also nicht die wirkliche Erledigung der analytischen Situation, sondern ihr planmäßiges Vergessen. Andere »schleichen« sich aus der Analyse fort und bezahlen ihre Schulden nicht ganz, was der »Vermeidung der Objektbeziehung entspricht«[19], ohne daß deswegen das therapeutische Ergebnis darunter leidet, ja es ist – wie Nachuntersuchungen zeigen – häufig hervorragend. Man kann natürlich über den Wert solcher Lösungswege diskutieren, aber sie scheinen befriedigend zu sein, und ich ziehe sie

Schuldgefühl entwickelt, kann nur ihrem spezifischen Kastrationsverhalten gegenüber dem Therapeuten zugeschrieben werden. Diese Deutung hatte nun dynamische Wirkung und brachte die Analyse wieder in Gang.
19 Grunberger, B.: *Überlegungen zur Oralität und zur oralen Objektbeziehung.* Vgl. S. 138 ff.

gewissen unauflöslichen Fixierungen an den Analytiker vor, die ein besonders ungünstiges Ergebnis der gleichen Schuldgefühle sind. Die Analyse mancher besonders heftiger und unauflösbarer negativer Übertragungen zeigt, daß es sich dabei um eine Projektion handelt, die den Kranken vor dem mit der Heilung, d. h. der Kastration seines Analytikers verbundenen Schuldgefühl schützen soll. Gleichzeitig tarnt das den Erwerb des Phallus, d. h. die Heilung vollzieht sich hinter einem Rauchschleier. Das Vorhandensein dieser *der Kastration des Analytikers geltenden Schuldgefühle, die unabhängig vom Ödipus* bestehen, verdeutlicht die Nützlichkeit einer Trennung des narzißtischen vom historischen Anteil an der Übertragung und zeigt, wie nötig es ist, die häufig nicht aufzulösende Übertragung, die das Schuldgefühl hervorruft, zu analysieren.

Wir meinen, in dieser Arbeit gezeigt zu haben, wie in der Analyse eine narzißtische und eine triebhafte Strömung nebeneinander herlaufen, beginnend mit dem Eintritt des Patienten in die analytische Situation bis hin zum Ende der Behandlung, wo er das Ergebnis dieses Prozesses in seine Verantwortung übernehmen muß. Wir glauben, die Aufmerksamkeit auch auf einige mögliche Konsequenzen für die analytische Technik gelenkt zu haben, die sich aus dieser Spaltung ergeben. Ein spontanes Wissen um diese technischen Fragen ist allgemein verbreitet. Unsere Absicht war, sie in einen theoretischen Zusammenhang zu stellen und so ihre Berechtigung zu bestätigen.

6. Bemerkungen über die Rolle des Narzißmus in der Gegenübertragung des Analytikers[1]

6.1

Ich habe den Bericht von Dr. Bofill und Dr. Folch mit viel Interesse gelesen und beglückwünsche die Autoren zu ihrem Mut, eine so schwierige Aufgabe in Angriff genommen zu haben; sie haben sie mit einem Schwung und einer Bravour erledigt, die unsere Anerkennung verdienen. Sie verteidigen ihre These mit viel Leidenschaft, was für mich ihr Verdienst noch erhöht, ganz abgesehen von dem beeindruckenden allgemeinen Überblick über dieses Problem, den sie vermitteln. Trotzdem muß ich einige kritische Bemerkungen hinzufügen, die nicht so sehr ihre spezielle Argumentation betreffen, als vielmehr gewisse Punkte, die allen Arbeiten zur Gegenübertragung gemeinsam sind.

Zunächst möchte ich einige Worte zur Methode sagen. Wenn wir von Übertragung sprechen, so stützen wir uns auf das Material der analytischen Stunde und der analytischen Situation selbst. Dies gilt nicht für das Material, das wir zur Untersuchung der Gegenübertragung heranziehen; dieses Material hat einen anderen Ursprung, es stammt aus anderen Bereichen. Die Autoren selbst erwähnen die Kontrolle, die Selbstbeobachtung, die Selbstanalyse usw. Es ist damit für den Analytiker klar, daß das auf diese Weise gesammelte Material bei weitem nicht die gleiche wissenschaftliche Gültigkeit beanspruchen kann wie das, auf das sich die Untersuchung der Übertragung stützt. Selbst wenn man diesem Material eine gewisse Gültigkeit zugestehen sollte, so unterscheidet es sich doch wesentlich vom ersteren, und die Gleichsetzung von Übertragung und Gegenübertragung ist damit von Anfang an als Quelle möglicher Irrtümer belastet.

Wenn sich schon aus rein methodologischer Sicht die Gleichsetzung von Übertragung und Gegenübertragung als gewagt her-

---

1 Diskussionsbeitrag auf dem 23. Congrès des Psychanalystes de Langues Romans zum Bericht von R. Bofill und P. Folch-Mateu: *Problèmes cliniques et techniques du contretransfert*, erschienen in: *R. F. P.* 1963, spécial.

ausstellt, so gilt dies meiner Meinung nach nicht weniger für die beiden Begriffe selbst. (Ich erinnere daran, daß die Autoren dieser wertvollen Arbeit ständig auf eine symmetrische Konzeption von Übertragung und Gegenübertragung Bezug genommen haben.)

Tatsächlich sind Analysand und Analytiker, wenn sie während der analytischen Stunde im selben Zimmer zusammen sind, weit davon entfernt, ein Paar zu bilden, jedenfalls solange man unter diesem Begriff die Einheit oder den Gegensatz zweier Partner versteht, zwischen denen eine gewisse Gleichheit und ein Gleichgewicht besteht.

Die detaillierte Untersuchung der unterschiedlichen Positionen von Analytiker und Analysand aus den verschiedenen metapsychologischen Blickwinkeln könnte uns weit führen, ich beschränke mich hier aber auf einige wenige Hinweise.

Gewiß beruht der Ablauf des »analytischen Prozesses« auf dem Kontakt zwischen dem Unbewußten des Analytikers und demjenigen des Analysanden. Wir kennen zwar nicht die Einzelheiten dieses Prozesses, wissen aber, daß die Begegnung des einen Unbewußten mit dem anderen sich auf verschiedene Weisen und auf unterschiedlichen Ebenen ergeben kann und vor allem auf einen affektiven Zusammenhang angewiesen ist, der von Gesetzen gelenkt wird, die wenig miteinander zu tun haben. Allein der Analysand befindet sich in einer analytischen Situation, und allein er bildet eine *analytische Übertragung*. Dieses Phänomen gehört speziell zur analytischen Situation und tritt nirgendwo sonst auf. Dagegen hat die Übertragung der Konflikte des Analytikers auf seinen Patienten nichts Spezifisches. Es handelt sich dabei ganz einfach um Übertragung, die durch jeden anderen hervorgebracht werden kann und tatsächlich bei entsprechender Gelegenheit außerhalb der analytischen Situation auch hervorgebracht wird.

Ich erlaube mir bei dieser Gelegenheit daran zu erinnern, daß das Sitzen auf einem Stuhl und das Liegen auf einer Couch kaum miteinander verglichen werden können. Wir kennen alle den erheblichen dynamischen Unterschied zwischen der analytischen Position mit dem Patienten auf der Couch und dem Sich-gegenüber-Sitzen. Freuds Idee, den Patienten auf die Couch und den Analytiker dahinter zu plazieren, hat uns endgültig den Zugang zu einer neuen Dimension der menschlichen Psyche geöffnet und die gesamte Perspektive der analytischen Therapie verändert. Der Analysand befindet sich seinem eigenen Unbewußten gegenüber und ist plötzlich vom Ich des Therapeuten, vor allen Dingen aber vom eigenen Ich entfernt. Die Welt seiner Imagines und seiner Introjektionen wechselt ihre topische Ebene; das ist mit einer Neuverteilung der Triebbesetzung und einer narzißtischen Befreiung verbunden. Das Ganze bringt den »analytischen Prozeß« in Gang. So hat Freud die Koordinaten der spezifisch analytischen Situation bestimmt, und in der Theorie müßte man meiner Meinung nach den Begriff »Psychoanalyse« oder »analytische Übertragung« allein den Untersuchungen vorbehalten, die in dieser Position gemacht werden.

Ich habe an anderer Stelle auf die Wichtigkeit dieser spezifischen Position hingewiesen, die vielfach durch das Verhalten der Patienten selbst bestätigt wird, und die im Kontrast zur Eigenart von Konflikten steht, die man ganz gleich bei welcher therapeutischen Variante immer wieder findet.

Wenn wir nun die Position des Analytikers in der analytischen Situation untersuchen, so haben wir es bei der Gegenübertragung, so wie sie die Autoren verstehen, mit zwei verschiedenen Dingen zu tun: Da ist einmal die eigentliche Übertragung, d. h. das Wiederaufleben gewisser persönlicher Konflikte beim Analytiker mit dem Analysanden als Objekt. Mit Anni Reich, die auch von den Autoren zitiert wird, bin ich der Meinung, daß das Auftreten dieser Konflikte eher störend wirkt, weil sie mit der spezifischen Position des Therapeuten interferieren und eigentlich soweit wie möglich vermieden werden müßten. Außerhalb dieser konflikthaften Gegenübertragung weist das Verhalten des Analytikers gewisse vom Unbewußten gelenkte Aspekte auf, die jedoch *unabhängig vom Analysanden sind und allein seine Tätigkeit als Analytiker betreffen.*

Bei der Untersuchung dieser Zusammenhänge können wir zunächst den Autoren folgen, die sich die Frage nach dem Wesen der Position des Analytikers, d. h. nach seinen unbewußten Motivationen, vorlegen. Sie verweisen auf die Untersuchungen von Money-Kyrle und Racker, die meinen, daß die Interessen des Analytikers an seinem unbekannten Patienten hauptsächlich von elterlichen Gefühlen, dem Wunsch, den Patienten wiederherzustellen, und wissenschaftlicher Neugier bestimmt sind. Diese Motive sind unserer Auffassung nach zu vielfältig, denn wir sind auf der Suche nach einem spezifischen, einheitlich wirkenden Faktor. Wir werden die genannten Motive also näher untersuchen.

Nehmen wir zunächst die »elterlichen Gefühle«. Nach Ansicht der Autoren handelt es sich hierbei um ein reales Gefühl, denn – entsprechend ihrer These von der Analogie zwischen Analysand und Analytiker – stellen sie eine Verbindung zwischen diesem Gefühl und dem Erfolg der Behandlung her. Nun scheint es aber so zu sein, daß der Analysand seine Gefühle auf den Analytiker *projiziert* wie auch übrigens alles andere, und daß der Analytiker seinerseits »das Wachstum und die Reifung seines Analysanden sehr wohl begünstigen« kann, auch wenn er selbst längst kein »weiser Vater« ist, wie es die Autoren anscheinend verlangen. Dies gilt natürlich nur, wenn er ein guter Analytiker ist, d. h., wenn er die Projektionen seines Patienten und überhaupt den analytischen Prozeß nicht stört. Das bisher Gesagte zeigt schon, daß die genannte Symmetrie zwischen Analysand und Analytiker, Übertragung und Gegenübertragung, auf einer umstrittenen Auffassung beruht, denn in diesen Zusammenhängen gibt es weder »Gleichheit« noch Gegenseitigkeit. Es gibt einen Kontakt zwischen zwei Unbewußten, deren jedes nach eigenen Gesetzen funktioniert und eine besondere Richtung verfolgt.

Was nun den »Wunsch, den Patienten wiederherzustellen« betrifft, so gibt es ihn natürlich, aber meiner Meinung nach hat er nichts mit dem »Wunsch zu heilen« zu tun, von dem die Autoren sprechen. Eine Gleichsetzung von analytischer Untersuchung und Heilungsabsicht ist von Freud immer bekämpft und mit Recht zurückgewiesen worden, denn gerade dabei käme es zu einer schädlichen Gegenübertragung.

Kommen wir schließlich zur »wissenschaftlichen Neugier«, einer sublimierten Form des Voyeurismus, die zweifellos existiert, denn wir verdanken ihr zu einem großen Teil zumindest die heutige Veranstaltung. Aber es gibt andere wissenschaftliche Kongresse in Barcelona und anderswo; der sublimierte Voyeurismus hat nichts spezifisch Analytisches, und die analytische Stunde selbst kann in dieser Hinsicht durch ärztliche Versorgung oder psychologische Untersuchungen völlig ersetzt werden.

Wir werden uns jetzt diese drei Argumente erneut vornehmen, und sie noch einmal, und zwar in der gleichen Richtung, modifizieren.

Die elterlichen Gefühle werden auf den Analytiker *projiziert,* aber nicht so, wie sie wirklich erlebt wurden. Wir wissen nämlich, daß die sogenannte »elterliche« Übertragung immer einige charakteristische Elemente enthält, die aus der Geschichte des Patienten nicht erklärt werden können. Um es kurz zu machen: Diese Elemente entsprechen der narzißtischen Projektion des Patienten auf den Analytiker. Das Kleinkind hat diese Projektion zunächst auf seinen Vater gerichtet und später auf andere Vaterfiguren und -ideale. Wir haben mehrmals darauf hingewiesen, daß man den Ödipus selbst als eine Art Verschiebung der narzißtischen Wunde des Subjekts auf einen Konflikt mit dem Vater ansehen sollte. Der Patient projiziert schließlich diesen verlorenen Narzißmus auf den Analytiker. Wo echte elterliche Gefühle bestehen, enthalten sie immer eine narzißtische Komponente, den Wunsch, *sich* im Kinde realisiert zu sehen, d. h. sich eine narzißtische Erfüllung zu verschaffen. Natürlich braucht auch der Analytiker narzißtische Erfüllung. Aber seine Tätigkeit soll vor allem dem Patienten nützen. Da dieser nun das Bild seiner Eltern auf den Therapeuten projiziert hat, versteht er dessen Hilfe ganz im Sinne seiner Projektion. Der Analytiker sucht nicht narzißtische Befriedigung aus der unmittelbaren Beziehung zum Analysanden zu ziehen – das würde zur Gegenübertragung führen – sondern *ganz allgemein aus seiner analytischen Arbeit.*

Der »Wunsch, den Patienten wiederherzustellen« mag als Motivation wichtig sein, bleibt aber vom Analysanden unabhängig; er wirkt vielmehr im Sinne der Sublimierung. Da aber die Sublimierung ihre Energie aus prägenitalen Triebkomponenten schöpft, ist – wie schon eine oberflächliche Betrachtung zeigt – ihr Ziel vor allem narzißtisch.

Die wissenschaftliche Neugier ist sicher ein wichtiger Hebel der analytischen Arbeit, wie überhaupt jeder wissenschaftlichen Forschung. Wiederum ist es die narzißtische Komponente, die sie zu dem macht, was sie ist, und damit sind wir am entscheidenden Punkt unserer Beweisführung angekommen. Wir müssen aber noch einen kleinen Umweg machen, bevor wir sie fortsetzen können.

Die Autoren sagen über die Position des Analytikers (Seite 105): »Das (unmöglich zu erreichende) Ideal wäre ein Analytiker, der durch angemessene Bearbeitung seiner Triebe und Widerstände fähig geworden ist, alle Arten von Patienten zu verstehen, und damit zu analysieren.« Sie fahren fort: »Wir glauben, daß sich ein Fortschritt in dieser Richtung immer mehr abzeichnet; die heutigen Analytiker können dank ihrer gründlicheren Analysen und der technischen Perfektion eine größere Anzahl von Patienten annehmen. So sind auch die Analysemöglichkeiten für Kinder mit Charakterneurosen, borderline-cases, Psychotikern usw. gestiegen.«

Nun scheint mir aber, daß die alten, d. h. die ersten Analytiker sehr wohl borderline-cases, Kinder, Charakterstörungen und Psychotiker analysieren konnten. Bei der Analyse solcher Fälle wurde eine Reihe von Entdeckungen mit bleibendem Wert gemacht, die heute die Grundlage unseres Wissens insbesondere über die Psychosen ausmachen (Abraham, Ferenczi, Tausk und andere). Und doch waren diese Fälle schlecht, kaum und manchmal überhaupt nicht analysiert, wie Groddeck, der geniale »Pate« des »Es«. Trotzdem haben sie gezeigt, daß sie authentische Analytiker waren; kurz gesagt: Was einen guten Analytiker ausmacht, läßt sich nicht quantitativ bestimmen. Die Zahl der analysierten Konflikte oder der Analysenstunden gilt dabei weniger als die narzißtische Besetzung der analytischen Arbeit als solcher, deren Grundlagen und Eigenart später untersucht werden. Wenn sich der Analytiker auf die Reihe der von ihm selbst gelösten Konflikte beschränken und nur das analysieren würde, was er in seiner eigenen Analyse kennengelernt und identifiziert hat, gäbe es keine analytische Wissenschaft. An ihre Stelle würde eine traditionell stark festgelegte Technik treten, die unter dem Einfluß der ungenügend analysierten persönlichen unbewußten Konflikte jedes Analytikers auseinanderbrechen und schließlich zu Staub zerfallen würde. Glücklicherweise aber sehen wir – obwohl es leider nicht immer der Fall ist –, daß Analytiker sich entwickeln und sich gut entwickeln, nicht weil sie vollständig und unter Durcharbeitung und Auflösung aller ihrer Konflikte analysiert worden sind, sondern weil sie in ihrer Ausbildung gelernt haben, sich mit dem Funktionieren des Unbewußten vertraut zu machen oder vielmehr – wir greifen hier etwas vor – sich gewisser Fesseln zu entledigen und eine besondere Offenheit und Aufnahmefähigkeit zu entfalten – eine Gabe, die sie im Keime schon immer besaßen. Auch wenn die Psychoanalyse ihren wissenschaftlichen Aspekt hat, so ist sie doch vor allem eine Kunst.

Ich bedaure, daß die Autoren den Narzißmus fast ausschließlich als ein Hindernis betrachten, das der Erkenntnis der Gegenübertragung im Wege steht. Gewiß gibt es da eine Schwierigkeit, aber meiner Meinung nach wäre es ebenso gefährlich, ins andere, nicht weniger narzißtische Extrem zu fallen, und einen Fehler positiv zu bewerten und ihn zur Notwendigkeit zu erheben. Wir müssen nun noch den Narzißmus in bezug auf das dritte, die Aktivität des Analytikers bestimmende Motiv ins Auge fassen. Der Voyeurismus scheint tatsächlich als unbewußte Motivation des Analytikers den Rahmen der Triebbefriedigungen zu überschreiten; als prägenitale Partialkomponente wird er im Laufe der Triebreifung überwunden und absorbiert – und muß nun als Träger einer *narzißtischen Vollendung von großem Wert* betrachtet werden. Es handelt sich hier um eine sehr wichtige, spezifisch narzißtische Befriedigung, die *direkt an die Erforschung des Unbewußten gebunden* ist, ganz gleich, ob es sich nun um das Unbewußte des Kranken oder des Analytikers, um das individuelle oder das kollektive Unbewußte handelt; denn alle gemeinsam bilden nur eine einzige besondere psychische Dimension, bei deren Untersuchung man an die Grenzen der Wissenschaft von der Psyche stößt. Selbst wenn wir annehmen, daß die Kontrolle des Unbewußten sehr eng an die narzißtische Allmachtsillusion geknüpft ist, und daß die Fähigkeit auf diese Stufe zu regredieren und sich dort wie zu Hause zu fühlen, häufig auf regressive Strukturen hinweist, die vor praktischen Aufgaben ebenso leicht versagen, wie sie für Botschaften des Unbewußten empfänglich sind, so trifft doch zu, daß genau aus dieser Kategorie von Menschen häufig hervorragende Analytiker kommen. Sie ähneln in seltsamer Weise Poeten, Künstlern und schöpferischen Wissenschaftlern, deren intuitives Wissen über das Unbewußte schon Freud schätzte, und die ihn, wie er sagt, mehr über das Unbewußte gelehrt haben als sonst irgend jemand. Der gute Analytiker besitzt eine besondere Aufnahmebereitschaft und Offenheit. Und wenn die Regeln, denen diese wertvolle Fähigkeit folgen, noch ziemlich unbekannt sind, d. h. wenn sie sich unserem üblichen Bezugsrahmen entziehen, so ist ihre Existenz nichtsdestoweniger spürbar. Es handelt sich hier um einen Faktor, von dem man sagen kann, daß er entscheidend für die Ausübung der Analyse ist.

Wegen der strukturellen Ähnlichkeit zwischen Analytiker und Künstler kann man natürlich erwarten, daß sich diese Begabungen bei sehr narzißtischen und relativ wenig »angepaßten« Individuen zeigt, an die man zu Unrecht bestimmte kulturelle Forderungen des kollektiven Über-Ich stellen würde, etwa im Namen eines sozialen Anpassungsideals, das Diplome und den Nachweis der Zugehörigkeit zu irgendeiner Hierarchie verlangt. Die Unabhängigkeit der Analytiker in diesen Dingen ist eine Garantie gegen die schematische Anwendung feststehender Kriterien, die selbst eine Art von Gegenübertragung wäre; diese Unabhängigkeit gestattet es den Analytikern, ihren Patienten dabei zu helfen, sich im Verlauf der Analyse, *jeder auf seine Weise,* zu verwirklichen.

Hiermit können wir unser Thema, die psychoanalytische Begabung, das direkt mit der Frage der Gegenübertragung verbunden ist, wieder aufnehmen. Wir waren vom Beispiel der künstlerischen Kreativität ausgegangen und haben festgestellt, welch wichtige Rolle sie im psychischen Gleichgewicht eines Menschen spielen kann. Wir haben es dabei mit einem Aspekt der Persönlichkeit zu tun, der wie eine *Sublimierung* funktioniert. Dieses Phänomen können wir hier nicht in allen Einzelheiten untersuchen, erinnern aber daran, daß es den mehr oder weniger gelungenen Versuch einer *Verschiebung oder Neutralisierung der Konfliktbesetzung* darstellt, der notwendig unternommen werden muß.

Die Arbeit des Analytikers so zu sehen, gibt Antwort auf eine Reihe von Problemen, darunter auch das der Gegenübertragung. Einige Analytiker – wie auch die Berichterstatter – haben bestritten, daß das Verhalten des Analytikers frei von jeder »Entladung« sei. Sicherlich gibt es eine solche Entladung, aber auf einer anderen Ebene, als der der eigentlichen analytischen Situation; ohne die Neutralisierung und Verschiebung müßte diese Entladung notwendigerweise zu permanenten Gegenübertragungsspannungen führen. Die den Umständen angemessene und wertvolle Entladung besteht in einer nachträglichen *Sublimierung der analytischen Arbeit*. Hier stimme ich völlig mit Balint überein, den übrigens auch die Autoren zitieren, und für den »die analytische Haltung einen Weg, eine wohlangepaßte und sublimierte Form der Spannungsentladung darstellt«. Der Analytiker muß also nicht »seine Gefühle zurückweisen oder verleugnen«, wie die Autoren meinen; nicht weil er sie in Form der Gegenübertragung erlebt, sondern weil sie in dem Maße neutralisiert werden, wie seine Konflikte in einer gewissermaßen überhöhten Form, nämlich in der Sublimierung, abreagiert werden. Daraus ergibt sich, daß der Analytiker *weniger zur Gegenübertragung neigt, sich aber wohlgemerkt auch nicht gegen sie wehrt*. Es ist überflüssig hinzuzufügen, daß sich aus dieser Position nicht nur seine wohlwollende (Sublimationsfreude) Neutralität (Fehlen von Spannung), sondern auch die Unabhängigkeit seines Über-Ich herleitet, mit dem sich daraus ergebenden therapeutischen Effekt. Es handelt sich hier natürlich um Idealvorstellungen, denen solche Therapeuten nahekommen, für die ihre analytische Arbeit eine besonders gelungene Sublimation darstellt. Dies scheint mir besonders wichtig bei der Auswahl der Analytiker zu sein; d. h. ihre Sublimationsfähigkeit ist dabei höher zu bewerten als ihre spezifische Konfliktlage oder die universitäre Vorbildung.

Es bleibt noch ein letzter Punkt zu beleuchten. Die Autoren orientieren sich an einer Technik, die in gewissem Maße das zu vernachlässigen scheint, was sie die »Passivität« im analytischen Prozeß nennen. Diese entspricht einer »Vorstellung vom Heilungsprozeß, die dem Schweigen, den nicht verbalen Faktoren, den verändernden emotionalen Erfahrungen, dem Wert der unausgesprochenen Erfahrung der Analyse und den unaussprechlichen, in der analytischen Beziehung wirksamen Faktoren eine fundamentale Bedeutung beimißt«. Die Vorstellung von einer psychoanalytischen Begabung, wie wir sie hier mit Bezug auf unser Thema umrissen haben, wird bei ihnen zweifellos auf Widerstand stoßen. Diese, auch von einigen anderen Analytikern geteilte Position, die eine ganze Reihe von Faktoren kategorisch mißachtet, die entscheidend zur Ausformung der analytischen Situation beitragen, kann weder allein einer bestimmten wissenschaftlichen Ausbildung noch der Gegenübertragung im konflikthaften Sinne des Begriffs zugeschrieben werden. Sie wird mit einer Energie verteidigt, die der Sache nach keineswegs angemessen ist, wenn man nicht die Vermutung hinzunimmt, daß hinter der ganzen Haltung ein mächtiger unbewußter Faktor steht, der sicher dynamischen Wert und therapeutische Nützlichkeit besitzt.

Selbst diejenigen, die mit uns die Analyse vor allen Dingen als die Domäne der Intuition ansehen und meinen, daß ihre Ausübung von einer spezifischen narzißtischen Besetzung, die den Wert einer Sublimation hat, abhängt, entwickeln ein spezifisches Schuldgefühl, das sich an ihre *psychoanalytische Berufstätigkeit* – und nur an diese – heftet. Unabhängig von einer korrekt geführten Lehranalyse, die sie einige Schritte voran bringt, müssen sie manchmal eine besondere, je nach Fall größere oder geringere Anstrengung machen, um ihre Begabung annehmen zu können. Dies gilt wahrscheinlich auch für alle anderen Formen schöpferischer Sublimierung, soweit diese aus jenem *direkten Kontakt mit dem Unbewußten* gespeist werden, der in seiner spezifischen Form Erbteil des Analytikers ist, den er jedoch, wie wir wissen, mit anderen gemeinsam hat. Es scheint nämlich, und dies stimmt mit unserer Annahme eines regressiven Ursprungs überein, daß das Hinabtauchen in den Abgrund des Unbewußten nicht nur als narzißtisches Vergnügen und als dementsprechende Objektbeherrschung, sondern auch als eine Art *primitiver archaischer Fusion mit dem Unbewußten selbst* erlebt wird. Allerdings wird diese archaische Fusion auf der Ebene intellektueller Sublimierung vollzogen. In dieser Fusion übernimmt das Unbewußte im Schema von Inhalt und Form die komplementäre Rolle und führt zu jener narzißtischen Integrität, die, ob sie nun auf oraler, analer, phallischer oder genitaler Ebene verwirklicht wird, ihrem Wesen nach immer narzißtisch bleibt und im Unbewußten durch das Bild des Phallus dargestellt wird. Wie ich zu zeigen versucht habe, ist die Verwirklichung dieser phallisch-narzißtischen Fusion letzten Endes das Ziel der Analyse. Daraus erklären sich ihr erhebender Charakter und die oft schweren Störungen des erhebenden Zustands in der Analyse, vor allem aber auch die Schwierigkeiten des Subjekts, die Analyse unter diesen Bedingungen auf sich zu nehmen. Wir verstehen nun, daß man einen Prozeß der Reifung durchmachen muß, um dorthin zu gelangen, und daß das Ziel von manchen, die größere Schwierigkeiten als andere haben, es zu erreichen, um jeden Preis verdrängt werden muß.

Wir sagten, diese Verschmelzung mit dem Unbewußten sei narzißtischer Natur, und tatsächlich ist die pränatale Vereinigung, eine unbestreitbar narzißtische Position, ihr Urbild. Aber der Narzißmus hat eine »schlechte Presse« und die an ihn sich heftenden Schuldgefühle sind sicher – zumindest unter der Herrschaft unseres Über-Ich – sehr schwer zu überwinden. Der Mensch erlaubt sich nicht, sich zu lieben und er selbst zu sein. Individualismus, ein Begriff, der an sich schon etwas Pejoratives hat, wird der Verachtung ausgesetzt. Man erlebt das narzißtische Glück als Sünde. Obwohl es eine wesentliche und zur Vollendung der Objektreife erforderliche Komponente darstellt, hält man sich lieber an ihr Gegenteil, eine konflikthafte, auf einer bestimmten Stufe fixierte Objektbeziehung. Sollte etwa hinter dem Streit zwischen Gegenübertragung und Sublimierung der Kampf der Tendenz zur narzißtischen Befreiung mit dem sich ihr widersetzenden Schuldgefühl stehen?

7. Das phallische Bild[1]

7.1 Einleitung

Im Verlaufe seiner Arbeit wird der Analytiker ständig mit dem phallischen Bild konfrontiert, das die wechselvollen Ereignisse der Behandlung beherrscht. Ganz gleichgültig, welcher Art das Material ist, an welche Entwicklungsstufe es gebunden ist oder wie die individuelle Geschichte des Subjekts aussieht, in letzter Instanz liegen die Konflikte bei der phallischen Problematik. Dies wird auch durch Freud bestätigt, der meinte, diese Problematik gehe weit über die Analyse selbst, in der sie ein Hindernis darstellt, hinaus und gelte für alle Individuen und für beide Geschlechter (*Die endliche und die unendliche Analyse, Ges. Werke* 16, S. 73).

Das phallische Bild tritt unter den verschiedensten Tarnungen in jedem bedeutenden Augenblick der Aufdeckung des Verdrängten – positiv oder negativ (Phallus und Kastration) – in Erscheinung.

Offensichtlich geht das häufige Auftreten dieses besonderen Bildes über die eigentlich sexuelle Bedeutung hinaus, selbst wenn wir mit Freud annehmen, daß der Phallus für das Unbewußte das einzige Sexualorgan ist. Wir werden im weiteren dieses Bild, das im menschlichen Unbewußten einen derart privilegierten Platz einzunehmen scheint, und seine vielfachen Bedeutungen genauer untersuchen.

Die zentrale Stellung des phallischen Bildes und der Kastration ist offensichtlich, sowohl in der normalen Psychologie und der Psychopathologie, als auch in Sprache, Folklore, Mythologie, Religion und Moral. Die Begegnung des modernen Menschen mit dieser Problematik scheint sich auf einer Ebene abzuspielen, die dem Bewußtsein viel näher steht als früher. Das jedenfalls zeigt sich bei einer ganzen Anzahl zeitgenössischer künstlerischer Schöpfungen. Ich erwähne hier in beliebiger Reihenfolge Kafka und Beckett, die »série noire« und Science Fiction, Ionesco, Dubillard usw.

1 Vortrag vor der Société Psychanalytique de Paris am 19. 3. 1963; erschienen in: *R. F. P.* 1964, 2.

Freud (*Eine Beziehung zwischen dem Symbol und einem Symptom, Ges. Werke* 10, S. 394–395) hat auf die Zweideutigkeit des phallischen Bildes im Unbewußten hingewiesen, das den Phallus gleichzeitig positiv und negativ anzeigt, sein Vorhandensein ebenso wie die Kastration. Wir wissen auch, daß der Kastrationskomplex vor dem Ödipus liegt, und daß jeder prägenitalen Phase eine besondere Art der Kastration entspricht bis hin zur frühesten Kastration, der Geburt. Wir werden auf die Untersuchung dieser Urkastration zurückkommen, aber bereits jetzt können wir festhalten, daß die Kastration auf den verschiedenen Ebenen die Ausdehnung des phallischen Bildes auf zahlreiche Objekte umfaßt; daraus ergibt sich, daß die Begriffe Phallus und Kastration keine Handlungen oder Zustände, sondern eine *Funktion* bezeichnen, die viele Formen annehmen kann.

An anderer Stelle habe ich darauf hingewiesen, daß der Mensch, der im Pränatalleben uneingeschränkte Vollkommenheit kennengelernt hat, später immer wieder versucht, seine verlorene Integrität wiederzugewinnen, ein Unterfangen, das ich »narzißtische Wiederherstellung« genannt habe. Ein Weg hierzu schien mir die analytische Behandlung zu sein.

Heute möchte ich hinzufügen, daß für mich ein Neurotiker keinesfalls dadurch charakterisiert ist, daß er die mit der »conditio humana« verbundene Kastration nicht akzeptiert hat; mir scheint vielmehr, daß der Neurotiker die verschiedenen Möglichkeiten zur Wiederherstellung seiner narzißtischen Integrität auf den verschiedenen Stufen seiner *Triebreifung* verfehlt hat.

Jede Entwicklungsphase bietet dem Menschen vielfache und spezifische Wege zur narzißtischen Wiederherstellung, wenn ihm nur die Integration der jeder Stufe entsprechenden Triebregungen gelingt, die zum Objekt einer angemessenen narzißtischen Besetzung werden können[2].

Sicher kann die Rückkehr zur uneingeschränkten pränatalen Vollkommenheit nur über pathologische Regression erreicht

---

2 Ferenczi hat nachgewiesen, daß der Erwerb des Realitätssinns parallel zur Reihe der Versuche, die Allmacht wiederzuerlangen, erfolgt. Die Vollkommenheit, von der ich spreche, ergibt sich jedoch aus der einfachen Entsprechung zwischen einem Trieb und seiner angemessenen narzißtischen Besetzung.

werden, aber in Anbetracht der grundlegenden Veränderungen bei der Geburt verändern sich auch die Wege zur Wiedergewinnung der Integrität völlig; in diesem Sinne sind sie mit einer normalen Entwicklung nicht nur vereinbar, sondern deren notwendige Bedingung.

(Hier stoßen wir auf das Problem des gesunden und des pathologischen Narzißmus, das wir jedoch an dieser Stelle nicht weiterverfolgen.)

Ich habe den Begriff der *Integrität* in meiner früheren Arbeit[3] in bezug auf den Narzißmus benutzt; seine Tragweite ist jedoch größer und umfaßt den gesamten Prozeß der *Triebreifung*[4]. In dieser Arbeit könnten wir als erste Hypothese formulieren: Das phallische Bild drückt die Integrität in all ihren Erscheinungsformen aus und die Kastration all die Schwierigkeiten des Subjektes, sich im Zeichen dieser Integrität zu konstituieren.

Ich möchte etwas näher auf die wesentlichen Charakteristika des *Triebreifungsprozesses* eingehen, um den Begriff der *Integrität*, wie ich ihn verstehe, besser fassen zu können. Es besteht eine *Parallele zwischen der Triebbefriedigung und der narzißtischen Besetzung.* Jede Triebbefriedigung hat nämlich zwei Aspekte: die eigentliche Triebbefriedigung, d. h. die Handlung, die die Spannung reduziert und die narzißtische Besetzung der Handlung, die ihr einen Wert gibt, der die Eigenliebe des Subjekts befriedigt. Es handelt sich hierbei um eine besondere Größe, die an das Einzigartige und Persönliche in der Handlung des Subjektes gebunden ist. Auf den verschiedenen Stufen der Reifung erfährt der Trieb ebenso wie die ihm entsprechende narzißtische Besetzung gewisse Veränderungen. So gesellt sich im oral-narzißtischen Stadium zur Befriedigung durch Nahrung (triebhaft) die megalomane narzißtische Befriedigung (»Ich bin befriedigt worden, weil ich das Universum bin!«). Natürlich handelt es sich hier um ein unaussprech-

---

3 Grunberger, B.: *Betrachtungen zur Spaltung zwischen Narzißmus und Triebreifung.* Vgl. S. 189 ff.

4 Es ist in diesem Zusammenhang vielleicht nicht uninteressant, daß das Wort »Gesundheit« im Ungarischen soviel wie »Integrität« oder »Vollkommenheit« bedeutet, und wenn man jemandem »Gesundheit« wünscht, drückt man damit den Wunsch aus, er möge seine »Gute Integrität« behalten.

liches Erlebnis, dessen Übersetzung in die Sprache eigentlich unmöglich ist.

Im Analstadium zieht das Kind aus der Übung seiner motorischen Fähigkeiten Triebbefriedigung; daneben hat es die narzißtische Genugtuung, einen Körper zu besitzen, der zu »Heldentaten« fähig ist, der gut funktioniert, der tadellos gehorcht und mit all dem das kindliche Wertgefühl erhöht.

Der Koitus im Genitalstadium ist zwar eine sexuelle Triebentladung, darüber hinaus aber eine narzißtische Verschmelzung, die, wie Ferenczi schon gesagt hat, dem Pränatalzustand wohl am nächsten kommt.

Betrachten wir nun die Faktoren näher, die diesen doppelten Reifungsprozeß voranbringen beziehungsweise seinen Fortschritt und vor allem seine Vollendung behindern.

Schon jetzt können wir folgende Feststellungen machen:

a) es gibt in dieser Entwicklung viele kritische Situationen;

b) sie umfassen einen positiven und einen negativen Aspekt der Integrität;

c) im Unbewußten sind diese kritischen Situationen mit dem positiven oder negativen phallischen Zeichen markiert.

Tatsächlich gibt es im Unbewußten für das phallische Bild zwei Möglichkeiten: den vollständigen Phallus oder den teilweise oder völlig verstümmelten Phallus. Es handelt sich also nicht um den Gegensatz von Vorhandensein und Nichtvorhandensein des Phallus, sondern um zwei Arten des Vorhandenseins: die Existenz eines vollkommenen Phallus und die eines gewaltsam, aggressiv oder sadistisch entstellten, verstümmelten, abgenutzten Phallus[5] [6]. Wenn es im Unbewußten ein Bild der

5 Im Unbewußten gibt es keine Darstellung des Fehlens oder der Abwesenheit, ebenso nicht des Todes im Sinne eines Endes (siehe Freud). Die Trauerarbeit im Anschluß an einen Verlust besteht nicht in der Integration dieses Verlustes ins Unbewußte, sondern in der Umordnung der Beziehung zum verlorenen Objekt (*Trauer und Melancholie, Ges. Werke* 10, S. 428 bis 446, bes. 430). Im Unbewußten ist die abwesende Mutter nicht die fehlende, sondern die böse Mutter.

Ganz so wie die Urworte auch ihr Gegenteil bedeuten — hoch und tief, groß und klein (siehe Freud: *Über den Gegensinn der Urworte, Ges. Werke* 8, S. 214—221) — umfaßt das phallische Bild Vollkommenheit und Kastration; allein die Darstellungsart im Unbewußten verändert sich und gibt ihm einen positiven oder negativen Sinn.

6 Die negative Abwehrübertragung von Patienten mit paranoider Struktur oder mit einem wichtigen persekutorischen Kern schwankt zwischen

Weiblichkeit gibt, das auf der Gleichung »Frau = kastrierter Mann« beruht, so entspricht dies der Dynamik des Unbewußten, die zwischen den beiden Polen des Erwerbs und der teilweisen oder totalen Verstümmelung des Phallus schwankt. Das spricht für die enge Beziehung von Kastrationsproblematik und anal-sadistischer Phase. Somit steht das phallische Bild für das Streben nach Vollkommenheit oder für die Hemmung dieses Strebens.

Die außerordentliche Häufigkeit und hohe Konstanz des phallischen Bildes ist leicht verständlich, wenn wir dabei einen Prozeß beachten, der sich auf einer vorbewußten Ebene im Ich abspielt. Betrachten wir die Arbeit, die im und durch das Ich geleistet wird, so stellen wir nämlich fest, daß der dialektische Fortschritt hier durch die Einnahme entscheidender Stellungen, durch Rückzug, durch Kompromisse und Umfassungsbewegungen vorangebracht wird, die wir als Strategien bezeichnen können.

Auf einer tieferen Ebene des Unbewußten herrscht eine andere Dialektik; sie besteht aus kontinuierlichen Veränderungen des Gleichgewichts – die das Ergebnis einer tiefreichenden und auch in Nuancen sorgfältigen Arbeit sind. Hier kommt es zu Verschiebungen der Besetzungsenergie, die stärker und häufiger variieren als auf der Ebene des Ich. Die Zeichen dieser Bewegungen scheinen die Etappen des taktischen Prozesses ebenso zu markieren, wie die fundamentalen Wandlungen im strategischen Prozeß, der sich auf der Ebene des Ich abspielt. Wenn also das Subjekt auf der Ebene des Ich die sadistische Position eingenommen hat, so bekommt diese Orientierung das Zeichen des Phallus, bedeutet also die Kastration des Objekts. Die un-

zwei Polen: Der Analytiker muß kastriert werden, weil sein analer Penis, auf den der Kranke seine gesamte Aggressivität projiziert hat, die Gefahr eines zerstörerischen Eindringens darstellt; die phantasierte (defensive) Kastration des Analytikers erweist sich jedoch als nicht weniger gefährlich, denn der kastrierte Penis übernimmt die Rolle eines erschrockenen Objekts, das den Patienten beim Kontakt *anstecken* und ihn damit selbst kastrieren könnte. Übrigens kennen wir die tiefe und weit verbreitete Furcht vor Darstellungen der Kastration. Sie erinnern nicht nur an die Möglichkeit einer Kastration. Allein schon der Kontakt, sei es nur der visuelle, mit dem kastrierten Objekt stellt eine Bedrohung der Integrität des Subjekts dar. Dies beweist noch einmal, daß man im Unbewußten die Kastration nicht mit einem Mangel gleichsetzen darf.

aufhörlichen Partialspannungen, in die diese Position gerät, haben je nach ihrer Entfernung vom bewußten oder vorbewußten Ich zwar unterschiedliche topische Qualitäten, werden aber immer durch das gleiche Zeichen dargestellt.

Wenn wir nun versuchen, eine Definition des phallischen Bildes zu geben, so können wir provisorisch folgende Formel vorschlagen:

Das phallische Bild repräsentiert im Unbewußten die dialektischen Bewegungen der Triebreifung, die sich unter dem Zeichen der Integrität abspielt, und deren Urbild der Pränatalzustand ist.

7.2 Narzißmus und Trieb

Wir wissen, daß das Bild des Phallus z. B. in Träumen für den Träumer als ganze Person stehen kann oder daß einem Körper der Phallus fehlen kann, da der Körper selbst den Phallus darstellt; dann wird nämlich die phallische Funktion auf den gesamten Körper projiziert, so daß also die beiden Pole der Komplementarität füreinander stehen können. Der Phallus steht für den ganzen Körper, oder der ganze Körper repräsentiert den Phallus (siehe Ferenczi und Bertram Lewin).

Der Phallus repräsentiert das Körper-Ich, aber auch die verschiedenen Dimensionen des psychischen Ich, wobei die Vorstellung der Ich-Integrität an die *Integrität* des Zeugungsorgans gebunden ist und *umgekehrt*. Wie alles im Unbewußten, so ist auch die Bedeutung des phallischen Bildes überdeterminiert. Es drückt den rein physiologischen Aspekt des Sexualorgans Penis ebenso aus wie alle Zusammenhänge, in die dieses Organ, etwa während der phallischen Phase, treten kann.

Aber wir halten uns hier an die Untersuchung des gemeinsamen Nenners aller phallischen Bilder, d. h. die (positive oder negative) Integrität.

Im Hinblick auf die Triebreifung haben wir festgestellt, daß die psychosexuelle Entwicklung auf zwei parallelen Wegen verläuft: dem der eigentlichen Triebreifung und dem der narzißtischen Besetzung. Die Suche nach Integrität oder Vollkommenheit vollzieht sich also auf zwei Weisen, wobei die eine triebhaft und die andere narzißtisch ist, oder anders ausgedrückt, mit Hilfe der Triebbeherrschung bzw. der narzißtischen Aufwertung. Beide Wege führen zur libidinösen Besetzung, und der erste Träger libidinöser Regungen ist der Penis.

Wir werden versuchen, beide Formen der phallischen Integrität, die narzißtische und die triebhafte, zu untersuchen und sprechen von nun an von »Penis«, wenn es sich um den Triebfaktor, von »Phallus«, wenn es sich um den narzißtischen Faktor handelt.

Auf Grund der möglichen wechselseitigen Identifikation von Körper und Penis, von Ganzem und Teil, können nicht nur die Körperextremitäten, sondern auch die Sinnesorgane und schließlich sämtliche Körperteile positiven oder negativen Penis-Charakter annehmen. Das bringen anscheinend auch manche Maler zum Ausdruck, beispielsweise die Kubisten, Picasso, Gleizes und Gromaire, die das Auge als einen schmalen länglichen Zylinder darstellen (man vergleiche auch den Aberglauben an das »böse Auge«, ein durchdringendes und zerstörerisches Organ, das dem analen Penis entspricht).

Man hat auch auf den Penis-Charakter des Ohrs mit der Begründung hingewiesen, es gehe über die Körpergrenzen hinaus. In Wirklichkeit scheint seine Funktion selbst es zu einem energetischen Penis zu machen. Michel Fain hat in einem Diskussionsbeitrag gesagt, alles, was entsprechend funktioniert, habe für das Unbewußte Penis-Bedeutung. Der funktionale Ursprung des Penis-Charakters wird durch die Tatsache bestätigt, daß nicht nur, wie man immer schon sagt, längliche Gegenstände Penisbedeutung haben, sondern auch kugelförmige Gegenstände. Die Kugel ist tatsächlich eine vollendete Form absoluter Vollkommenheit.

Der Penis ist, wie wir gesagt haben, das Bild der durch Objektbeherrschung erreichten Vollkommenheit, und tatsächlich lassen sich alle Zeichen der Unterwerfung und der Macht vom Penissymbol ableiten, vom Szepter des Souveräns bis zum Dirigentenstab. Außerdem stammt die Objektbeherrschung aus der anal-sadistischen Phase, und wir wissen, wie wichtig die anale Komponente in der Sexualität ist. Es gibt eine Auffassung von Sexualität, in der diese energetische Komponente sozusagen den gesamten Raum einnimmt, wovon alle unbewußten und sogar die bewußten Äußerungen zeugen. So gibt es in der Umgangssprache, vor allem bei den Vulgärausdrücken, bei der Bezeichnung des Sexualorgans und des Koitus selbst viele Anzeichen für eine anal-sadistische Färbung. Außerdem erinnere ich an die vielen anal-sadistischen Symbole des Penis (Messer, Speer, Gewehr usw.).

Daß die Dialektik der Kastration für die analytische Behandlung von großer Wichtigkeit ist, versteht sich von selbst (Ich kastriere dich, – du kastrierst mich, – ich kastriere mich, – ich bin kastriert, – du bist kastriert, usw.). Der größte Teil der im Verlauf der Analyse auftretenden Konflikte kann aus dem Blickwinkel der Kastrationsproblematik betrachtet werden. Die Kastration ist ihrem Wesen nach anal-sadistisch, auch wenn sie auf den genitalen Penis abzielt. Die Hypothese, daß der Penisneid beim kleinen Mädchen teilweise auf dem Wunsch beruhe, wie ein Junge zu urinieren, ist von der analen Konzeption der Sexualität gekennzeichnet; weiterhin scheint der Wunsch, wie ein Junge urinieren zu können, auf dem Unterschied zwischen der aktiven Strahlmiktion des Jungen und der eher passiven Miktion beim Mädchen zu gründen, der das ballistische Element fehlt. Aber es handelt sich hier um eine sehr oberflächliche Auffassung des Penisneids. Eine zusätzliche Hypothese scheint mir möglich, die auch auf die Weltauffassung der analen Phase zurückgeht. Der anale Charakter erkennt nur das als real an, was präzise meßbar, vergleichbar und damit *sichtbar* ist. Darüber hinaus gibt es immer auch eine exhibitionistische Komponente. Nun ist aber die anatomische Grundlage der weiblichen Sexualität mehr oder weniger versteckt, d. h. sie existiert für den analen Charakter nicht. Die Gleichung »Frau = kastrierter Mann« scheint also der analen Phase anzugehören, und wenn sich eine Frau selbst als kastriert erlebt, so sicher nicht, weil ihr ein sexuell befriedigendes Geschlechtsorgan fehlt[7], sondern weil diesem Organ bestimmte, aus analer Sicht unentbehrliche Eigenschaften fehlen. Wie ich im Zusammenhang mit der analen Objektbeziehung betont habe, richtet sich die anal-sadistische Besetzung nicht so sehr auf das Objekt als vielmehr auf die Beziehung, die der anale Charakter zu ihm unterhält, d. h. auf

7 Ich glaube nicht, daß das Mädchen vor der Pubertät nichts von seiner Vagina weiß.

das *Kräfteverhältnis*, das ihm die Objektbeherrschung sichert. Objektbeherrschung bedeutet, dem Objekt seine Selbständigkeit zu rauben, es also zu kastrieren. Eine solche Kastration des anderen bedeutet im Unbewußten soviel wie der Erwerb eines eigenen Penis. In diesem Stadium wird der Penis als einzigartig angesehen, und »wenn Du ihn nicht hast, so habe ich ihn«. Wir sehen, daß das Bild des Penis sich über die Vielzahl der Erscheinungsformen körperlicher Integrität von der physiologischen Realität bis hin zur abstrakten Idee erstreckt. Es ist die einzige Darstellung für eine ganze Reihe von Positionen mit unterschiedlicher psychologischer Bedeutung, die durch eine Skala von Übergangsformen voneinander geschieden sind.

Zu diesem Thema und in Anlehnung an Freuds *Eine Kindheitserinnerung des Leonardo da Vinci* (Ges. Werke 8, S. 128 bis 211, bes. S. 166) möchten wir einige Worte über den *Fetischisten* sagen, der, wie es scheint, sowohl in der Triebdimension des Penis als auch in der narzißtischen Dimension des Phallus beheimatet ist. Diese Zwischenposition des Fetischisten erlaubt uns, auf die Problematik der narzißtischen Suche nach Integrität zurückzukommen.

Ich erinnere daran, daß der Penis, den der Fetischist bei seiner Partnerin sucht, häufig mit analen Eigenschaften ausgestattet ist. Wir wissen auch, daß der Fetischist eine Vorliebe für schmutzige, abgenutzte, abstoßende und übel riechende, d. h. mit einem Wort fäkalisierte Objekte hat.

Nach der klassischen Theorie stattet der Fetischist seine Partnerin mit Objekten aus, die den Penis und meistens den fäkalen Penis symbolisieren, um sich gegen die Kastrationsangst zu wehren. Auch wir nehmen an, daß dies letztlich sein Ziel ist; aber der Fetischist gelangt dorthin nur über einen Umweg, nämlich die *Kastration* seines Objektes. Hierdurch will er sich in der Phantasie oder in der Wirklichkeit den symbolischen Penis aneignen, den er seinem Objekt vorher zugedacht hat. Dies ist besonders deutlich im Fall der bekannten Lockenabschneider. Selbst wenn sich der Fetischist nicht wirklich des Fetischs, der ein Äquivalent für den analen Penis ist, bemächtigt, so kastriert er doch seine Partnerin, entsprechend der anal-sadistischen regressiven Auffassung des wirklich oder in der Phantasie vollzogenen Koitus.

Ganz ähnlich scheint die Bedeutung des *Striptease* im allmählichen »Entblättern«, im Ablegen der verschiedenen Penissymbole, zu liegen, mit denen sich die Frau herausgeputzt hat (lange schwarze Handschuhe, schwarze Strümpfe, Schuhe mit hohen Absätzen oder Stiefel, Korsett usw.), als ob das Interesse der Sache weder in der Nacktheit der Frau, noch darin, daß sie einen Penis trägt, läge, sondern in ihrer vielfachen, fortschreitenden Kastration.

Dies würde uns auch die Bedeutung des auf diese Weise erworbenen Penis erklären, dessen anal-sadistische, energetische, sexuelle Aspekte wir mit narzißtischen Elementen verknüpft sehen, die aus ihm einen Phallus machen. Daß tatsächlich für das Unbewußte aus einem schmutzigen Lappen ein Penis werden kann, spricht für das Wirksamwerden jenes Elements von Allmacht, das aus einem Haselnußzweig einen Zauberstab macht[8]. Daß ein solches Nebeneinander triebhafter und narzißtischer Elemente, die das phallische Bild bestimmen, im Unbewußten besteht, scheint mir schließlich durch die paradoxe Existenz homosexueller Fetischisten bestätigt, denen der bloße Anblick des Penis bei ihrem Partner offensichtlich nicht zur Erfüllung ihrer Strebungen genügt. Wir müssen daraus schließen, daß sich der Fetisch, seiner Funktion nach, nicht allein auf das Sexualorgan beschränkt.

Die *Trennung* zwischen Triebelementen und narzißtischen Elementen, zwischen Penis und Phallus, ist nicht immer leicht, weil stets beide Faktoren – natürlich in wechselnden Proportionen – vorhanden sind.

Der Penisneid des kleinen Mädchens rührte daher, daß es eine Strahlmiktion und ein sichtbares Sexualorgan haben möchte; es ist aber auch neidisch auf den Penis, »weil die Jungen alles machen, was sie wollen« (narzißtische Allmacht).

Wir sehen an diesem Beispiel die permanente Verschränkung von Penis- und Phallusanteil; diese Verschränkung ist notwendig, denn die Triebe müssen narzißtisch besetzt werden, und

---

8 Pasche und Renard bestehen in ihrer beachtenswerten Untersuchung über die *Grundprobleme der Perversion* ebenfalls auf den prägenitalen und besonders analen Komponenten des Fetischs und seiner Idealisierung, d. h. auf seinem narzißtischen Aspekt. In der allgemeinen Theorie des Fetischismus folgen sie ebenso wie ich selbst den Grundannahmen Freuds und stellen den Begriff der Regression in den Vordergrund.

umgekehrt kann die narzißtische Komponente nur auf einer realen Triebgrundlage existieren.

Wir sehen ebenso, daß ein Narzißmus ohne echte Triebgrundlage nur zum Wahn führen kann, während eine narzißtisch nicht integrierte Analität ihrerseits die verschiedensten pathologischen Erscheinungen zeitigt, darunter wahrscheinlich auch die Somatisierung (dies nur als Hypothese).

Nach unserer Auffassung beruht der Narzißmus selbst auf der Realität des Pränatallebens, einer realen Vollkommenheit, deren Erinnerung sich dem Menschen eingeprägt hat. Die unablässige *Forderung* nach Wiederherstellung dieser Integrität fußt auf dieser Realität und wird im Unbewußten durch den Phallus repräsentiert. Wenn wir vom Phallus sprechen, den der oder jener zur Schau stellt, so denken wir im allgemeinen nicht an den Penis, sondern an den Phallus im Sinne von Allmacht, und in dieser Weise müssen wir auch in der Analyse den Hauptteil des phallischen Materials aus Träumen oder Phantasien verstehen.

Die ganze Problematik der Kastration des Objektes, die für den mit einem Penis ausgestatteten ebenso besteht wie für die Frau, und die sich ebenso auf männliche wie auf weibliche Objekte erstreckt, spricht ebenfalls für das Nebeneinander von Penis und Phallus im Unbewußten. Dieser Doppelaspekt des triebhaften Penis-Bildes und des Vollkommenheitsphallus erlaubt es, das Problem der Kastrationsangst der Frau genauer einzugrenzen. Andererseits bietet der triebhafte Penis Möglichkeiten der Befriedigung, setzt ihr aber auch Grenzen, während der Phallus als Repräsentant der Allmacht, der Größe und des Unaussprechlichen während des ganzen Lebens bestehen bleibt.

Der narzißtische Elan entfaltet sich deshalb so leicht bis ins Absolute und Grenzenlose, weil sich ihm nichts Wirkliches entgegenstellt; die narzißtische Erfüllung ist um so stärker von einem spezifischen erhebend-erhabenen Gefühl begleitet, als sie konfliktlos und präambivalent und damit vor Schuldgefühlen geschützt ist.

Wir wissen, daß das Kind seine narzißtische Allmacht retten kann, indem es sie auf die vergötterten Eltern und Gottheiten allgemein projiziert, die im Unbewußten durch das Bild des

Phallus dargestellt wird, der in verschiedenen, den jeweiligen Bedeutungen angepaßten Gestalten auftritt.

Der Phallus kann – auch wenn er seine ursprüngliche Penisform behält –, seine rein triebhaften Qualitäten verlieren und eine nur noch narzißtische Bedeutung annehmen. An diesem Punkt verschwindet der Geschlechtsunterschied, und der Besitz des Phallus bedeutet nicht länger, Mann oder Frau zu sein, sondern narzißtisch *vollkommen zu sein*, d. h. das zu sein, was man ist.

Die analytische Behandlung ist von der Hoffnung und der Überzeugung getragen, dieses Vollkommenheitsideal zu erreichen; ohne es wäre die Wiederbelebung der Objektkonflikte für den Analysanden unerträglich. Ich habe schon aufgezeigt, daß die analytische Situation selbst den Analysanden zur Wiederbelebung bestimmter erhebender Zustände führt, die dem pränatalen Narzißmus entsprechen. Diese Zustände werden als Vorwegnahme des Vollkommenheitsideals erlebt, das in verschiedenen Formen während der Behandlung als der Wunsch auftritt, sich den Penis des Analytikers anzueignen, der nun eigentlich zum Phallus wird.

7.3 Die Dialektik

Der Narzißmus, der ursprünglich nicht triebhaft und präambivalent war, wird durch seine Einbeziehung in den Triebreifungsprozeß konflikthaft. Ohne hier auf die Ursprünge dieser Bewegung einzugehen, möchten wir einige Feststellungen in Erinnerung rufen.

Die Patienten erklären zu Beginn der Analyse häufig, sie hätten Scheu davor, über sich selbst zu sprechen, es sei schlecht, sich nur um sich selbst zu kümmern usw. Kurz gesagt: Sie wagen nicht, sich zu lieben und sich zu akzeptieren, und wir wissen, daß eine wichtige Aufgabe des Analytikers darin besteht, ihnen dies zu ermöglichen. Schon durch ihr Kommen zeigen die Kranken, daß sie ein Hindernis, das mit der Schuldhaftigkeit ihres Narzißmus zusammenhängt, überwinden konnten. Das christliche Überich ist ein Feind des Narzißmus, und der Stolz gilt ihm als die Sünde schlechthin.

Die Triebreifung vollzieht sich also im Zeichen eines doppelten Schuldgefühls, das sich auf den Narzißmus und den Trieb, besonders seine anale Komponente (Ich-Ideal, Überich) erstreckt; damit tritt ein echter Widerspruch Penis-Phallus hervor, der eine *dialektische Bewegung* zwischen beiden Elementen in Gang bringt.

Wir wissen vom Kind, daß es häufig taktisch vorgeht und sich auf einen der beiden Elternteile stützt, während es mit dem anderen einen Konflikt austrägt. In der Analyse wiederholt sich diese Taktik. Man kann leicht feststellen, daß der Kranke, wenn er in einem Bereich Fortschritte macht, häufig dazu neigt, in einem anderen zurückzubleiben. Ich glaube nicht, daß wir uns hier mit dem Hinweis auf einen ökonomischen Mechanismus zufrieden geben und sagen können: »Es war zu schön, das durfte eben nicht sein«; wir müssen vielmehr die Frage stellen: »Was war zu schön?« und »Warum durfte es nicht sein?«

Wir sehen dann, daß sich die Schwankungen immer in ganz bestimmten Bereichen ereignen, und man kann feststellen, daß ein Fortschritt auf analer, materieller Ebene (z. B. bedeutender Verdienst, beruflicher Fortschritt) von einem Rückschritt auf affektiver Ebene begleitet ist, der etwa die Form einer narzißtischen Wunde oder des Verlusts an Prestige, Liebe oder Selbstliebe annehmen kann.

Dieses Hin und Her ist Ausdruck eines eigenartigen dialektischen Prozesses, der das Subjekt im Laufe der analytischen Behandlung zu einer immer stabiler werdenden Integration von Narzißmus und Objektbeziehung führt. Dabei vollzieht sich der Fortschritt über quantitativ kleine, aber kumulierende Gewinne, und jede Veränderung wird, wie wir bereits in der Einleitung dieser Arbeit sagten, vom negativen oder positiven phallischen Bild markiert.

Im Verlaufe dieser dialektischen Bewegung wird das jeweils weniger konflikthafte Element des Paares libidinös besetzt; wir wissen, daß ein stark besetzter Trieb – mit verminderter narzißtischer Besetzung – als Abwehr funktionieren kann und umgekehrt. Jemand kann also seine Triebkastration akzeptieren, um den Abbau der Konflikte auf narzißtischer Ebene zu erreichen; er kann auch umgekehrt auf eine narzißtische Befriedigung verzichten, um sich eine Triebbefriedigung zu erlauben, und sich um den Preis eines kleinen Opfers einen Fortschritt sichern (wobei die Größe des Opfers von der Besetzung abhängt).

Die Dialektik kann also in weitem Umfang variieren; sie findet sich nicht nur zwischen energetischem Penis und narzißtischem Phallus, sondern auch zwischen den verschiedenen Erscheinungsformen von Trieben und Narzißmus sowie zwischen den verschiedenen Phasen der Reifung, denen ganz unterschiedliche psychosexuelle Bedeutung zukommt.

Wir wissen beispielsweise, daß es manchen Malern viel leichter fällt, ihre anale Triebhaftigkeit durch Sublimierung des eigentlichen Fäkalspiels in der Ausübung ihrer Kunst zu befriedigen, als eine Ausstellung vorzubereiten, eine »Vernissage« zu organisieren oder die Modalitäten eines Vertrags aufzustellen und die eigenen Bilder zu verkaufen, denn dieses alles sind Operationen, die andere Aspekte der analen Komponente ins Spiel bringen.

Beim Penisneid der Frau muß man meiner Meinung nach ebenfalls zwischen den verschiedenen Bedeutungen des Penis und des Phallus unterscheiden. Wollte man den Penisneid immer nur als Abwehr gegen die Weiblichkeit deuten, so würde man Gefahr laufen, die Bedeutung des Wunsches nach narzißtischer Integrität und Vollkommenheit zu verkennen. Dieser steht häufig im Zusammenhang mit dem Penisneid und wird im Unbewußten durch das phallische Bild in beiden Geschlechtern dargestellt.

Tatsächlich steht dieses Bild im Unbewußten auch für die vollendete Weiblichkeit. Auch das irrtümliche Verständnis weiblicher Positionen in bezug auf die Phallus-Vollkommenheit kann nur zur Verhärtung und Verewigung des Penisneides (Penis als Sexualorgan) führen.

Das Verhalten einer Frau, die Sexualverkehr verweigert, kann unter anderem bedeuten, daß sie sich durch die Verweigerung einen analen Penis verschafft; wenn sie sich verweigert, weil sie ihre Jungfernschaft narzißtisch besetzt hat, so verschafft sie sich auch auf diese Weise einen Phallus. Die Theologen des Mittelalters haben das wohl verstanden und ließen widerspenstige Jungfrauen von außergewöhnlicher Schönheit wegen der Sünde des Hochmuts auf den Scheiterhaufen steigen.

Das Verhalten der Männer gegenüber den Frauen folgt häufig gleichfalls der Dialektik Penis-Phallus. So ermutigt ein Mann seine Frau, in der Partnerbeziehung dann eine dominierende Rolle zu spielen, wenn es Entschlüsse zu fassen gibt, aber er toleriert nicht, daß sie ihre intellektuellen Fähigkeiten zeigt, und ist eifersüchtig auf ihr Berufsleben. Ein anderer erträgt mit Leichtigkeit, daß seine Frau Geschäfte tätigt, nicht hingegen, daß sie seinen Wagen fährt.

In diesen Verhältnissen gibt es zahllose Varianten, aber sie laufen zweifellos meistens darauf hinaus, den Phallus zu verweigern.

Ohne auf die Analyse der soziologischen Aspekte der *Initiation* einzugehen, erinnern wir daran, daß die Initiation fast immer offensichtlich homosexuelle Handlungen umfaßt, die einen ganz spezifischen Anteil an ihr haben. Sie sind in abgeschwächter und symbolischer Form bei der Einführung in studentische Verbindungen und anderen analogen Zulassungsriten zu Vereinen, Clubs, Geheimbünden und anderen Gruppen erhalten geblieben. Selbst wenn man eingesteht, daß hierbei die Älteren eine Gelegenheit zum Ausleben ihrer Homosexualität haben, indem sie die Jungen symbolisch oder wirklich sodomisieren, und daß die Institution selbst einen offen homosexuellen Inhalt hat, muß man doch sehen, daß sie daneben gleichzeitig noch einen wesentlich anderen Zweck verfolgt: die Introjektion des väterlichen *Phallus* als narzißtische Projektion des Jüngeren, der somit zum Träger der Macht wird. Weil der introjizierte Phallus an der narzißtischen Dimension teilhat, steht er außerhalb der Zeit und überlebt somit seine sexuelle Grundlage, wird aber zum Teil von seinem ursprünglichen Ziel abgelenkt, d. h. sublimiert.

Das Unbewußte benutzt in beiden Fällen das gleiche Bild, das wie alle Traumdarstellungen überdeterminiert ist, und dessen verschiedene Bedeutungsschichten wir ebenfalls voneinander trennen müssen. Aus diesem Gesichtspunkt muß – meiner Meinung nach – die Analyse der passiv homosexuellen Komponente bei beiden Geschlechtern erfolgen.

7.4 Die narzißtische Vollkommenheit
Inhalt – Form

Ich erinnere hier noch einmal an die Bedeutung, die ich dem pränatalen Zustand bei der Suche nach narzißtischer Integrität beimesse. Das Kind im Mutterschoß erlebt diesen Zustand als Vollkommenheit, weil es eins mit seiner Mutter ist, d. h. wegen der Verschmelzung von *Inhalt* und *Form*.

Sicherlich unterscheidet das Kind in diesem Stadium noch nicht die beiden Bestandteile dieses Universums. Aber sei es auf Grund irgendwelcher Eindrücke, die es behält, oder sei es, daß das Kind in der Phantasie seine ursprüngliche Lage wiederherstellt – Tatsache ist, daß es auf jeder späteren Entwicklungsstufe danach trachtet, die Einheit von Inhalt und Form in jeweils anderer Weise wiederherzustellen. Der Phallus wird also von daher als die durch die Einheit von Inhalt und Form realisierte Vollkommenheit definiert.

Erfüllt von der Mutterbrust verwirklicht das Kind im Oralstadium diese Einheit, im analen erlangt es sie durch die Beherrschung des festgehaltenen Objekts, und im Genitalstadium wird der Koitus zur Vereinigung zweier sich ergänzender Partner und begründet eine neue Vollkommenheit von Inhalt und Form.

(Janine Chasseguet hat in ihrer unveröffentlichten Arbeit über die *Verschlingungsphantasie in der Phobie und die Falle in der Paranoia* an diesen nosologischen Einheiten die verschlungenen Wege beschrieben, die Inhalt und Form in der Phantasie einschlagen.)

Wie ich weiter oben ausgeführt habe, entspricht die Kastration (Stärke) einer analogen Reihe: sexuelle Kastration – anale Kastration (Verlust von Kot, materieller Verlust, Herrschaftsverlust) – orale Kastration (Entwöhnung) und schließlich Geburt (Urkastration).

Wir sehen damit eine vollständige Symmetrie zwischen der Reihe »Vollkommenheit« und der Reihe »Kastration«.

Es bleibt nun die Frage, ob die Verwirklichung der Vollkommenheit im Leben oder in der analytischen Behandlung möglich ist.

Nun, sie wird niemals vollständig erreicht, denn sonst wäre

keine Entwicklung vorstellbar. Sie bleibt jedoch ein Versprechen und eine Möglichkeit. So projiziert der Mensch das, was er einmal gekannt hat, in die Zukunft, und seine Suche danach wird niemals ganz vergeblich sein, denn würde er niemals eine erhebende Befriedigung erlangen, so wäre auch hier keinerlei Entwicklung möglich. Der Glaube an die absolute Vollkommenheit verkennt, ebenso wie die totale Skepsis in dieser Frage, die Realität des menschlichen Lebens, das für den Einzelnen wie für die Gesamtheit auf einer Abfolge von Triebschüben und dynamischen Veränderungen beruht.

Wir haben gesehen, daß in der individuellen Entwicklung das Subjekt auf jeder Stufe neue Möglichkeiten zur »narzißtischen Wiederherstellung« erhält; diese beruhen auf der sich von Stufe zu Stufe verändernden Besetzung der Triebreifung.

Wichtig ist, daß es sich hierbei nicht um den Austausch einer Möglichkeit zur »narzißtischen Wiederherstellung« durch eine andere, ihr folgende, sondern um das Hinzukommen immer neuer Möglichkeiten handelt.

Die genitale Phase enthält sie alle und verfügt damit über eine ganze Skala nuancierter Wirkungsweisen. Ich denke hierbei nicht nur an Freuds Idee vom »Triebbündel unter dem Primat der Genitalität«, sondern auch an Maurice Bouvet, der in der Fähigkeit zur freien Regression ein wesentliches Charakteristikum der Genitalität sah. Diese Auffassung entspräche auf jeden Fall der klassischen Definition des Geschlechtsverkehrs, die ein spontanes Aufgehen in der Regression annimmt, und würde gleichzeitig die *Amphimixis-Theorie* von Ferenczi einbeziehen, derzufolge der Koitus die Wiederholung sämtlicher Entwicklungsstadien darstellt. Der genitale Penis ist Ergebnis einer ähnlichen Synthese von triebhaften Elementen aus früheren Stadien, besonders anal-sadistischen und narzißtischen Elementen.

Da uns die Vorstellung der narzißtischen Vollkommenheit, die durch den Phallus repräsentiert und in der Vereinigung von Inhalt und Form verwirklicht wird, zur Konzeption einer gegenseitigen Abhängigkeit von vollkommener Einheit und Kastration geführt hat, wird es von hier aus möglich, das Problem des *Ödipus* quasi biogenetisch zu betrachten.

Das Material unserer Analysanden zeigt nämlich, daß die

phantasierte Urszene einer Vereinigung von Form und Inhalt entspricht, die die Eltern in der Vorstellung des Kindes verwirklichen. Der kleine Junge möchte diese Vereinigung zerbrechen – d. h. die Eltern trennen, aber diese Trennung bedeutet die Zerstörung des Phallus (im Unbewußten identisch mit der Vereinigung von Inhalt und Form) – und die Kastration des Vaters (diese ist die ursprüngliche Kastration, und die spätere Kastrationsangst entspringt lediglich der Furcht vor einer Umkehrung).

Schon der Wunsch nach der Mutter bedeutet somit die Zerstörung der elterlichen Vereinigung von Inhalt und Form und damit die Kastration; daran schließt sich der Wunsch des Kindes an, die Vereinigung mit seiner Mutter an Stelle des Vaters zu vollziehen, d. h. nun seinerseits die Einheit von Inhalt und Form herzustellen = den Phallus zu besitzen. Man könnte noch hinzufügen: Indem das Kind die Vereinigung von Inhalt und Form mit seiner Mutter sogar *vor* derjenigen der Eltern verwirklicht hat (zumindest aus seiner Sicht), mag es eine gewisse Vorstellung von dieser Priorität besitzen und daher mit um so mehr Überzeugung den Vater als Eindringling betrachten.

Die Phantasie der Verführung durch die Mutter scheint einer doppelten Projektion auf die Mutter zu entsprechen; diese Projektion umfaßt den Wunsch des Jungen, mit der Mutter die Einheit von Inhalt und Form zu bilden, und gleichzeitig den Vater zu kastrieren; so wird die Mutter für den Bruch der Einheit verantwortlich gemacht, die sie mit dem Vater in der Urszene bildete.

Somit finden sich in einem einheitlichen begrifflichen Zusammenhang die drei wichtigsten »kollektiven oder universellen Phantasien« Freuds miteinander verbunden: *Die Kastration, die Verführung und die Urszene.*

8. Studie über die Depression[1]

8.1 Vorwort

Wir verstehen unter Depression eine spezifische Dysphorie mit besonderer Färbung. Wir beginnen unsere Untersuchung mit einem Blick auf die Natur dieses Affektes selbst. Dabei die besondere Färbung der Depression zu erfassen, ist unmöglich, denn sie entzieht sich jeglicher Beschreibung, ganz gleich, welchen sprachlichen Aufwand man treibt, welche literarischen oder gar philosophischen (phänomenologischen, existentialistischen usw.) Nuancen man dabei ins Spiel bringt. Allein solche Menschen können das Besondere dieses Affektes erfassen, die ihn schon selbst – und sei es nur auch vorübergehend – erfahren haben.

Zu Beginn unserer Untersuchungen werden wir versuchen, uns dem Gegenstand indirekt zu nähern, indem wir die Depression mit der Angst vergleichen. Angst wird als Abwehrreaktion vor Lebensgefahr erlebt, während im Gegensatz dazu in der Depression das Leben selbst zur Quelle des Unbehagens wird. Wenn also Angst eine Angst um das Leben ist, die extreme Ausmaße annehmen kann, so zeigt das, daß der Geängstigte das Leben in hohem Maße besetzt, während in der Depression diese Besetzung vermindert ist oder in Extremfällen so gut wie fehlt: »Das Leben lohnt nicht mehr, gelebt zu werden.« Die Frage nach der Besetzung, genauer nach der narzißtischen Besetzung, scheint sich als günstiger Ausgangspunkt anzubieten.

Seit Freud[2] (aber auch schon Esquirol sprach von »Selbstwertgefühl«) und Abraham[3] betonen alle Untersuchungen über die Depression die Wichtigkeit dieses Faktors. Rado[4] und Feni-

---

1 Vortrag vor der Société Psychanalytique de Paris am 21. 1. 1964; erschienen in: *R. F. P.* 1965, 2–3.
2 Freud sagt, »daß die Objektwahl auf narzißtischer Grundlage erfolgt sei« (*Trauer und Melancholie, Ges. Werke* 10, S. 435).
3 Abraham, K.: »Die schwere Wunde des kindlichen Narzißmus durch Liebesenttäuschungen«. In: *Short Study of the Development of the Libido*, 1942. *Manisch-depressive Zustände und die prägenitalen Ebenen.*
4 Rado, S.: *The Problem of Melancholia*, in: *Intern. Journal of Psychoan.*, 1928.

chel[5], insbesondere Edith Jacobson[6] und E. Bibring[7], ebenso auch französische Autoren wie Pasche[8], Renard[9] und Mallet[10] sind hiervon ausgegangen. In der vorliegenden Arbeit möchte ich die Frage wieder aufnehmen und dabei, wie noch zu zeigen sein wird, dem Narzißmus seinen Platz einräumen.

8.2

> »Die größte Sache der Welt ist, sich selbst zu gehören.«　　　　　　　　　Montaigne

Nachdem wir die Perspektive unserer Untersuchung festgelegt haben, müssen wir zunächst einige Worte über den Begriff »Narzißmus« sagen. Freud spricht in *Hemmung, Symptom und Angst* von der »libidinösen Natur des Selbsterhaltungstriebes« (*Ges. Werke* 14, S. 159) und hebt damit den narzißtischen Charakter hervor. Der »absolute primäre Narzißmus« (*Abriß der Psychoanalyse, Ges. Werke* 17, S. 72) kann also zweifellos als libidinöse Komponente des Selbsterhaltungstriebes angesehen werden; gerade diesen Narzißmus möchte ich mit dem erhebenden (unbewußten) pränatalen Zustand zusammenbringen. Denn wie ich an anderer Stelle ausgeführt habe, gibt es keinerlei Grund für die Annahme eines Bruchs zwischen dem Primärnarzißmus zu Beginn des Lebens und dem vorhergehenden erhebend-erhabenen Zustand. Dies wird dadurch bestätigt, daß es, wie viele Autoren bemerkt haben (ich erinnere nur an die Arbeiten von B. Lewin[11]), zahlreiche Hinweise für das Fortwirken des Pränatalzustandes im Unbewußten und für Erinnerungen an ihn gibt, und seien es nur Urphantasien oder Mythen[12].

5 Fenichel, O.: *Die psychoanalytische Theorie der Neurosen.*
6 Jacobson, E.: *Metapsychology and Cyclothymic Depression.* In: *Affective Disorders* von Ph. Greenacre.
7 Bibring, E.: *The Mechanism of Depression.* In: *Affective Disorders* von Ph. Greenacre.
8 Pasche, F.: *De la dépression,* in: *R. F. P.* 1963.
9 Renard, M.: *Etats dépressifs et états d'exitation,* in Vorbereitung.
10 Mallet, J.: *La dépression nevrotique,* in: *L'Evolution psychiatrique,* 1955.
11 Lewin, B.: *The Psychoanalysis of Elation,* London 1953.
12 Tausk, V.: *Über den Ursprung der Beeinflussungsmaschine bei Schizophrenen.*

Für Federn[13] ist schon das »Dasein« des Ich narzißtisch besetzt und äußert sich in dem spezifischen *Ich-Gefühl.*
Der Narzißmus des Kindes ist bei der Geburt identisch mit der erhebenden Erhabenheit und der pränatalen Allmacht, und wir wissen, daß sich seine Umgebung bemüht, dem Neugeborenen eine Zeitlang ein Leben zu ermöglichen, das dem Intrauterinleben nahekommt (Ferenczi[14]). Erst nach und nach gelingt dem Kind die Regelung seines psychischen Haushalts. Diese entscheidende Veränderung könnte man als den Übergang von einer konfliktlosen, allmächtigen Lebensweise (die Bedürfnisse des Kindes werden während seines Pränatallebens befriedigt, bevor sie als solche auftreten können) zu einer neuen bezeichnen, in der die automatische Versorgung aufhört und das Kind nach und nach zu einer anfangs noch instabilen und rudimentären Reorganisation seiner psychophysiologischen Ökonomie geführt wird. Zweifellos kommt das Kind in diese Welt mit einer völlig anderen Perspektive, als es sie in der Folgezeit erwerben muß.
Wichtig ist in diesem Zusammenhang für uns die Tatsache, daß das Kind nach und nach die Existenz seiner verschiedenen Körperteile entdecken und schließlich erkennen muß, daß zwischen seinen Organen und ihm selbst eine Verbindung besteht; denn bis zu diesem Zeitpunkt ist es eine Allmacht und erhebende Erhabenheit *ohne Körper und also ohne Ich.* Es ist in diesem Augenblick immateriell, grenzenlos, zeitlos, allmächtig, d. h. mit allen Eigenschaften der Göttlichkeit ausgestattet. Aber es muß die Existenz seines Körpers entdecken und ihn als den eigenen annehmen. Das gleiche gilt für seine Triebe, auch wenn dieser Prozeß weniger leicht zu beobachten ist als die Integration der Körperteile[15]. Das Kind ergreift nach und nach die Objekt-

13 Federn, P.: *Ich-Psychologie und Psychosen.*
14 Ferenczi, S.: *Die Entwicklungsstadien des Wirklichkeitssinnes,* in: *Bausteine der Psychoanalyse* Band 1, S. 62—83.
15 Tausk, V.: »Ich bin der Meinung, daß die narzißtische Entdeckung der eigenen Person und die Wahl seiner selbst sich bei jeder Erweiterung des Ich dergestalt wiederholen, daß unter der Leitung des Bewußtseins und des Urteils jede Erweiterung entweder zurückgewiesen oder libidinös besetzt und dem Ich angefügt wird«. In: *Über die Entstehung des »Beeinflussungsapparates« in der Schizophrenie. Internat. Zeitschrift f. Psychoanalyse,* Bd. 5, Leipzig und Wien 1919, wiederabgedruckt in: *Psyche* Bd. XXIII H. 5, Stuttgart 1969.

welt, und sei es nur durch die wirksame Reorganisation seiner Lebensweise, von der es abhängt; aber vergessen wir nicht, daß diese Reorganisation vom Kind eine energetische Umverteilung seiner Libido-Ökonomie verlangt, denn es wechselt von einer absolut narzißtischen zu einer ganz entgegengesetzten Lebensweise, in der es auf einer neuen physiologischen Grundlage Versagungen und Triebspannungen gibt. Es beginnt seine bislang ungenutzten inneren und äußeren viszeralen und sensorischen Organe zu gebrauchen, um sich in einer neuen Umgebung weiterzuentwickeln, was natürlich mit vielen Wagnissen verbunden ist.

Anfangs umfaßt seine Objektwelt seinen Körper und seine Triebe, also sein Ich (Freud sagt: »Das Ich ist vor allem ein körperliches«, *Das Ich und das Es, Ges. Werke* 13, S. 253).

Es muß seinen Körper, seine Triebe und sein Ich als zu ihm gehörig integrieren und sie mit narzißtischer Libido besetzen. Diese Integration kann natürlich nicht ohne Spannungen und Zusammenstöße erfolgen, und die neue Position ist jedenfalls zu Beginn weniger befriedigend und damit narzißtisch schwächer als die vorangegangene des absoluten primären Narzißmus.

Die dabei entstehenden Spannungen hemmen den Prozeß der Integration, und das Kind versucht, sich seines Körpers und seines Ich – die sich gerade als die seinen herausbilden – wie auch seiner Triebe durch Rückprojektion zu entledigen (Tausk hat diesen Prozeß in den Psychosen untersucht)[16]. Spannungen entstehen also auch zwischen der narzißtischen »Masse«, die das Kind darstellt, und seinem sich heranbildenden Ich; es muß nun seine neue Welt annehmen und erobern; dadurch erreicht es eine neue Phase seines Narzißmus, den integrierten Narzißmus.

Natürlich wird jede Schwierigkeit und Komplikation, die diesen Prozeß stört, vom Kind als narzißtische Wunde erlebt; aber schon die Notwendigkeit der Anpassungsarbeit, der einfache Verzicht auf das Pränatalleben, kann sich so auswirken;

16 Die Triebe als solche können nur aus der Versagung, d. h. aus der narzißtischen Wunde entstehen. Im fötalen Universum konnten sie als solche nicht existieren, da sie unmittelbar befriedigt wurden. (Ausnahmen hierzu sind besondere Störungen, die zu spezifischen pathologischen Erscheinungen führen; P. Marty beispielsweise sieht in ihnen den Ursprung der Allergie.)

und gewiß hat jeder Mensch in den Tiefen seiner Seele diese offene Wunde.

8.3

Damit dieser Prozeß (die narzißtische Integration der Triebtechnik) schließlich zum Ziel führt, stützt sich das Kind auf seine Eltern und Erzieher, vor allem auf die Mutter.

Das Kind bildet mit seiner Mutter eine »symbiotische Einheit« (Margret Mahler) und projiziert seine triebhaften Antriebe auf sie, die damit für die Triebe und die Motorik des Kindes zu einem echten Vorbild wird. Die Mutter kann diese Funktion übernehmen, weil sie mit dem Kind in einer Art von Wechselbeziehung und instinktiver Einheit lebt und darüber hinaus durch ihre Liebe zum Kind dessen Lernprozeß aufwertet.

Dank dieser narzißtischen Zufuhr seitens der Mutter bekommt jede Triebbefriedigung für das Kind einen erhebenden narzißtischen Aspekt, so *als ob* sich seine Entwicklung unter den Bedingungen des früheren Narzißmus vollziehen würde und als ob die Kontinuität zwischen der pränatalen Existenz und der neuen Lebensweise, zumindest im Prinzip, wiederhergestellt und die narzißtische Wunde aufgehoben wäre.

Der wegen der unvermeidbaren Versagungen notwendigerweise negative Charakter des Trieblebens wird durch die Mutter ausgeglichen, indem sie das Kind aufwertet und die Beziehung zu ihm erotisch ausbaut.

Sie erlaubt damit dem Kind die Verschmelzung des narzißtischen Elements mit dem Trieb. Hat nicht auch die ideale Liebe eine triebhafte Seite, der sich ein narzißtisch gefärbtes Erhabenheitsgefühl zugesellt? Und ist nicht das Glück, das der Verliebte bei seiner Partnerin erfährt und umgekehrt, Ausdruck einer megalomanen und außergewöhnlichen Aufwertung des Subjekts durch das Objekt, das es gewählt hat?

Die ideale »narzißtische Bestätigung«, die das Kind aus dem Unheil seiner Existenzbedingungen rettet, und die damit zu einer wahren »Erlösung« wird, gelingt jedoch häufig nur unvollkommen, und der bruchstückhafte Charakter dieses Erfolgs bewirkt, daß das Kind ihn nur als Kompromiß ansieht.

Meiner Meinung nach können wir von hier aus die Fixierung erkennen, von der die Depression bestimmt wird: Dem Depressiven ist, im Gegensatz zum Schizophrenen beispielsweise, die Bildung eines psychischen Ich und eines zusammenhängenden und integrierten körperlichen Ich gelungen, dem jedoch die narzißtische Aufwertung und Bestätigung fehlt; wenn diese ihre Aufgabe richtig erfüllen, so versetzen sie das Ich in eine andauernde, angenehme euphorische Stimmung, die sich auf den Vollbesitz der geistigen und körperlichen Fähigkeiten (Lebensfreude) bezieht, die aber beim Depressiven, wie wir später sehen werden, ein negatives Vorzeichen erhält, d. h. sie wird *umgekehrt*[17].

Ein Beweis für die Unvollkommenheit der »narzißtischen Bestätigung« ist darin zu sehen, daß das Kind sie zur Rettung seines Narzißmus auf einen der Elternteile projizieren muß; es muß also, um sich selbst als Objekt lieben zu können, gewissermaßen einen Umweg über das idealisierte Objekt als Stütze seines »Ich-Ideals« machen. Diese Projektion richtet sich bei beiden Geschlechtern auf den Vater und das phallische Bild, da sich das erste Objekt in dieser Hinsicht als ungenügend erwiesen hat. Von nun an spielt im Leben des Kindes diese Instanz eine sehr wichtige Rolle.

Das Scheitern seiner narzißtischen Bestätigung stößt das Kind jedes Mal, wenn es auf einen narzißtisch nicht aufgewerteten und integrierten Trieb trifft, in den Schrecken über die narzißtische Wunde zurück, und erinnert es mit einem schmerzlichen Gefühl von Unzulänglichkeit und Kleinheit (in bezug auf seine narzißtische Allmacht) an das verlorene Paradies. Dieses Gefühl kann mit der Scham[18] verglichen werden, der *Scham des Ich angesichts seines Ich-Ideals*. Sie ist das Gegenteil des erhebenden Glücks, das das Kind empfindet, wenn die Liebe der Eltern uneingeschränkt seine Triebbefriedigungen aufwertet[19].

17 Wenn die Fixierung in einem früheren Moment der Entwicklung erfolgt, bildet sich die Einheit des Ich nicht vollständig aus, und der Regredierte oder das Kind betrachtet seinen Körper als etwas Fremdes, nicht zu ihm Gehöriges (siehe Depersonalisation, Schizophrenie, Autophagie, Hospitalismus usw.).

18 Pasche und Mallet haben diesen Affekt in Bezug auf die Depression besprochen.

19 Wir wissen, daß der Sadist sein Opfer *erniedrigt*, d. h. diesem seine Unzulänglichkeit demonstriert. Auch aus diesem Grund vergnügt sich der

Die Wiederbelebung der narzißtischen Wunde findet beim Depressiven mit besonderer Heftigkeit statt, so als habe er das ursprüngliche Trauma in einem Moment erlitten, in dem der Druck der positiven narzißtischen Besetzung besonders stark oder die Versagung besonders brutal war oder gar beide Faktoren zusammenkamen. Für ihn wird das Fehlen von Bestätigung zur »Entkräftung«, und er erlebt die »lebenswichtige narzißtische Besetzung« unter umgekehrtem Vorzeichen, d. h. als Unbehagen.

Die Depression drückt in psychischer Hinsicht nicht den Mangel an narzißtischer Besetzung, sondern eine mangelhafte Bestätigung des Ich-Ideals aus; letzten Endes also fehlt der Narzißmus selbst. Weil er nicht genügend in das Triebsystem integriert wurde, bleibt der Narzißmus infantil, unangepaßt und anachronistisch und wird vom Ich als *beschämende Schwäche und Mischung aus moralischer Vernichtung, Trauer, Scham und Ekel* erlebt.

Das Gefühl tiefen Elends und völliger Enttäuschung entspricht einer Vernichtung der Lebenskraft und ist damit das Gegenstück zur Zeitlosigkeit des Narzißmus.

Die narzißtische Strömung kennt weder Anfang noch Ende, mündet also praktisch in Ewigkeit und Allmacht, d. h. das Leben ist für das Unbewußte eine unendliche Reihe von Vorhaben. Hingegen ist die Zeit des Depressiven erstarrt und geronnen, er steckt in einer Sackgasse. Das erklärt einige Züge seiner Willenlosigkeit und seine sinkende Moral. (Wir kennen die überaus große Bedeutung dieser Lage für den Melancholiker; er erlebt sie mit ganz besonderer Heftigkeit, so daß man meinen könnte, er gewinne die narzißtische Zeitlosigkeit in Gestalt

Sadist lieber mit einem Opfer, das schon kastriert ist; deshalb auch kann er Befriedigung durch Paternalisierung seines Objektes finden (auch dadurch macht er dessen Unzulänglichkeit deutlich).

Ein bekanntes Beispiel für das Bedürfnis nach narzißtischer Bestätigung liefern jene Menschen, die nichts genießen können, ohne es mit jemandem zu teilen; es muß dabei nicht unbedingt um ein Objekt gehen: Ob es sich um eine Ausstellung oder ein Theaterstück handelt, sie müssen ihre Freude dem anderen mitteilen, von dem sie Teilnahme und echte Bestätigung erwarten. Wenn der andere nicht da ist oder eine andere Meinung vertritt, verfallen sie in eine *depressive Krise*. Diese Menschen bemühen sich zweifellos um »narzißtische Bestätigung«, in passiver, manchmal auch aktiver Weise oder auf beide Arten.

einer immer wieder erneuerten Vernichtung aus dem Cotard-Syndrom; ich gedenke, darauf bei der Untersuchung der Melancholie näher einzugehen.)

Dieses Gefühl bleibt dasselbe, ganz gleich welches der Ursprung der Unzulänglichkeit war: eine reale narzißtische Wunde (Erniedrigung), der Verlust eines Objekts (das durch narzißtische Zufuhr die narzißtische Unzulänglichkeit des Subjektes ausgeglichen hat) oder die Feststellung der eigenen Unreife (fehlende narzißtische Bestätigung und Integration) angesichts der Triebansprüche.

Unter diesem Blickwinkel werden auch bestimmte Reaktionen Depressiver verständlich, die angesichts eines unerwarteten Glücks in eine depressive Krise geraten. Das Glück steht zwar im Einklang mit den Forderungen ihres Ich-Ideals, aber der ungelöste Triebkonflikt gestattet es ihnen nicht, zuzugreifen. Die Spanne zwischen Ich-Ideal und Triebreife, für die das Ich verantwortlich gemacht wird, ruft die Depression hervor.

Die Diskrepanz zwischen Ich und Ich-Ideal ist um so geringer, je besser die narzißtische Bestätigung gelungen ist; dadurch wird das Ich-Ideal zum Teil überflüssig gemacht, und seine Forderungen verlieren an Schärfe.[20]

Ich habe an anderer Stelle gezeigt, daß das Kind »narzißti-

20 Manche Mädchen reagieren während der Pubertätskrise auf das plötzliche und völlig befriedigende Aufblühen ihrer strahlenden Jugend paradoxerweise mit echt depressiven Phasen. Diese Krisen, in denen sicherlich auch die ödipale Komponente und das spezifische Schuldgefühl hinsichtlich der analen Komponente der Sexualität eine wichtige Rolle spielen, zeigen ein typisches Überwiegen narzißtischer Elemente gegenüber Schuldgefühlen, die den Bereich der Triebe betreffen. Das narzißtische Element tritt im Inhalt und vor allem in der Gefühlstönung dieser Krisen deutlich hervor. So kehrt etwa ein von allen geliebtes und bewundertes Mädchen mit Tränen in den Augen nach Hause zurück und klagt darüber, es sei dumm, unbedeutend, abstoßend, häßlich und würde zu nichts taugen (sie macht sich übrigens keinerlei Vorwürfe, die von seiten ihres Überich kommen könnten). Dies geschieht nach fast wahnhaften Projektionen auf ihre Umgebung, so daß sich ihre Selbstentwertung schon der »Mikromanie« des Melancholikers nähert. Es handelt sich hierbei um das plötzliche Anwachsen narzißtischer Energie, die zum pubertären Schub gehört, aber nicht integriert werden kann, und anstatt das Ich narzißtisch zu bereichern, dieses entwertet. Man kann den Wandlungen dieses schuldhaften narzißtischen Elements in verschiedenen Sublimierungen, mystischen Krisen oder rein geistigen Schwärmereien nachgehen, findet sie aber auch in perversen oder kriminellen Regressionen und vor allem, wenn sich all diese Mechanismen als ungenügend erweisen, in depressiven Krisen.

sche Bestätigung« gewöhnlich nur eine begrenzte Zeit über benötigt, denn in der folgenden Phase seiner Triebreifung kommt es in die Lage, sie sich selbst zu verschaffen. Es braucht also nur vorübergehend narzißtische Zufuhr von außen. Der Depressive nun benötigt diese Zufuhr ständig (was er damit anfängt, werden wir später sehen), und eine Untersuchung dieses Bedürfnisses bezeugt den frühen Ursprung seines narzißtischen Defizits.

Wir werden die Frage nach den Objektbeziehungen des Depressiven später wieder aufnehmen.

Jean Mallet[21] hat sehr zutreffend eine Reihe von Möglichkeiten aufgezählt, über die der Depressive im Kampf gegen seine Depression verfügt; seine Liste ist jedoch meiner Meinung nach, zumindest teilweise, zu stark nach der Triebseite orientiert. Ich meine, daß die Bedeutung dieser Möglichkeiten über den damit gesetzten Rahmen hinausreicht. Deshalb müßte diese Liste modifiziert und außerdem beträchtlich erweitert werden.

Der Depressive braucht die Liebe von außen; er kann aber aus *allen möglichen Quellen*, unabhängig von deren psychischem Niveau, narzißtische Zufuhr gewinnen, die so wirkt wie die Liebe von außen.

So verschiedenartig seine Möglichkeiten hierbei auch sind, für den Depressiven sind sie ungefähr gleichwertig. Unter unserem Gesichtspunkt wird es damit möglich, sie der gleichen Kategorie zuzuordnen.

In seinem Liebeshunger ist der Depressive unersättlich, findet aber dasselbe narzißtische Vergnügen auch im Alkoholismus, in der Sucht, im Glücksspiel und im Sport, in verschiedenen Sublimierungen und jeder Art von Mystik. Seine Phantasien können die gleiche Funktion übernehmen; mitunter verfällt er auch auf Perversionen; aber bereits manche motorischen Aktivitäten und die Ausübung gewisser Berufe erfüllen den gleichen Zweck.

Wir wissen auch, daß Menschen, die diese Tätigkeiten als Ersatzobjekte wählen (und z. B. in der Arbeit zu vergessen suchen), gewöhnlich Depressive sind; d. h. ihnen eignet eine de-

21 Mallet, Jean: *La dépression nevrotique*, in: *L'Évolution psychiatrique*, 1945.

pressive Struktur, selbst wenn es ihnen gelingt, diese gerade im Rückgriff auf die oben genannten Verhaltensweisen zu verdekken.

Diese Mittel besitzen für den Depressiven eine enorme Bedeutung und spielen für ihn manchmal die Rolle wirklicher Objekte (»Ersatzobjekte«). Dies ist nichts Außergewöhnliches, wenn man daran denkt, wie eine solche Objektverbindung entsteht. Weil der Depressive sich in einem Zustand der Unfertigkeit »eingerichtet« hat, lebt er ständig in einer »Notlage«, und wenn er sich nur regelmäßig des gleichen Mittels bedient, um sie zu beheben (auch wenn er verschiedene Mittel wählt, so verbürgt deren Gleichwertigkeit seinem Objekt doch die Identität), so schafft er sich unabhängig vom Angewiesensein auf das Objekt eine besonders enge Beziehung zu ihm, die weit über das hinausgeht, was dem wirklichen Objekt und dessen objektiven Funktionen angemessen wäre.

Aus dieser Perspektive können wir einige paradoxe Aspekte solcher Beziehungen verstehen, und insbesondere einige spezifische Schwierigkeiten, die dem Therapeuten häufig bei Entziehungskuren begegnen[22][23].

22 Wahrscheinlich kann eine narzißtische Bestätigung nur dadurch wiedergutgemacht werden, daß man das Subjekt in einen regressiven Zustand zurückversetzt, denn das ursprüngliche Trauma fand zweifellos auf einer ähnlich unentwickelten Stufe des Reifungsprozesses statt. Dabei sehen wir vom hedonistischen Wert des narzißtischen Vergnügens, das manchmal die primitive, archaische Entsprechung dieser Stufe der narzißtischen Reife (nämlich im Augenblick des Traumas) zu sein scheint, noch ab. Die analytische Situation nimmt in dieser Hinsicht eine privilegierte Stellung ein.

23 Freud sagt, die Anhäufung von Libido im Ich bringe Leiden mit sich, wenn die Besetzung über ein gewisses Maß hinausgehe; daraus ergebe sich die Notwendigkeit, unsere Libido auf die Objekte zu fixieren (*Zur Einführung des Narzißmus*, *Ges. Werke* 10, S. 151 ff.).

Meiner Meinung nach müßte die Frage des Übergangs vom Narzißmus zur Objektliebe in einem allgemeineren und umfassenderen Rahmen wieder aufgenommen werden. Ein Übermaß an Besetzung kann eigentlich nicht aus sich heraus zur Ursache von Leiden werden. Wohl aber kann Leiden hervorgerufen werden, wenn jener Besetzung die narzißtische Bestätigung fehlt. Dieses besondere Leiden wäre die Depression oder ihr somatisches Äquivalent. Wie wir gesehen haben, tritt die Unreife in der Depression sehr deutlich hervor, und Pasche erinnert daran, daß die Depression häufig eine »psychosomatische Erkrankung« ist, die, wie wir hinzufügen, wahrscheinlich vom Grad der Unreife abhängt.

> »Ohne genau sein Vergehen zu kennen, fühlte
> er, daß Leben nicht genügend Strafe war,
> oder daß diese Strafe selbst ein Vergehen war,
> das wieder andere Strafen hervorruft, als gäbe
> es etwas anderes als das Leben für die Le-
> benden.«   S. Beckett

Die Depression ist eine Erkrankung des Ich. Meiner Meinung
nach entsteht diese Erkrankung nicht nur – wie man auch gesagt hat – aus einem Leiden an der Kluft zwischen Ich und
Ich-Ideal; sie beruht vielmehr auf einem echten Konflikt zwischen dem narzißtischen Ich-Ideal, das wie das Überich als
eine von diesem freilich unterschiedene psychische Instanz verstanden werden muß, und dem Ich. Das Ich ist nämlich *dem
Druck der narzißtischen Instanz ausgesetzt und damit in seinem Funktionieren beeinträchtigt*, nicht nur weil es dem peinlichen Affekt passiv begegnet, sondern weil es vor der ihm gestellten Aufgabe versagt hat (nämlich aus der postnatalen Lebensweise auf allen Ebenen der Triebreifung eine narzißtische Befriedigung zu gewinnen, die der des pränatalen
Lebens entspricht; siehe meine Arbeit über das phallische
Bild).
Das macht verständlich, daß die Depression zur Ich-Verhär-
tung führt und in sich selbst eine deutliche Tendenz zur Verschlimmerung zeigt, selbst wenn das auslösende Moment der
aktuellen Erkrankung, wie z. B. in der katamenialen Depression, nur ein begrenzter physiologischer Vorfall ist.
Die Spannung zwischen narzißtischem Ich-Ideal und Ich besteht in einer echten Unterbesetzung oder vielmehr in einer
Desintegration des Ich, das so den notwendigen Rückhalt zur
Ausübung der Körperfunktionen verliert. Besonders deutlich
wird das in Fällen von depressiver Willenlosigkeit (analog dazu könnte man auch andere Krankheiten, wie z. B. die Magersucht untersuchen).
Zur Stützung dieser Hypothese kann man das wohlbekannte
Phänomen der »morgendlichen Depression« heranziehen. Es
handelt sich dabei um Depressive, die nur schwer und ungern

aus dem Schlaf finden und sich dann plötzlich durch Hemmungen niedergeschlagen fühlen. Nach und nach, wenn sie dennoch beginnen, sich mit etwas zu beschäftigen, kommt ihre Motorik in Bewegung, so daß sie sich paradoxerweise am Abend, wenn die anderen langsam müde werden, in bester Form befinden (früher nannte man als Zeitpunkt einer Normalisierung der Aktivitäten von Neurasthenikern 5 Uhr nachmittags). Man kann solche Fälle vom Schlaf her erklären, der als narzißtische Regression zu Recht häufig mit der pränatalen narzißtischen, erhebenden Erhabenheit verglichen wurde.

Am Beginn dieser Depression, nach dem Erwachen, sieht das Ich Tätigkeiten vor sich, die einer anderen Stufe der Triebreifung angehören, denen die narzißtische Bestätigung fehlt und die deshalb im Vergleich zum Schlaf narzißtisch-defizitär sind.

Das Ich wird also plötzlich durch eine starke Unterbesetzung des Wachzustandes und der damit verbundenen Körperaktivität immobilisiert. Es gewinnt aber schließlich doch Rückhalt, indem es die kleinen verstreuten narzißtischen Vergnügen sammelt, die aus der Aktivität der einzelnen Organe, Muskeln usw. hervorgehen. Diese Vergnügen stehen mit dem Schlaf auf gleicher Ebene und können daher von der narzißtischen Instanz akzeptiert werden; das Ich findet in ihnen außerdem den nötigen Brennstoff für sein Funktionieren[24].

Der vorübergehende Charakter dieser Willenlosigkeit zeigt, daß das Ich davon nicht allzu tief betroffen ist. Ich erinnere mich an einige Depressive, die sich morgens beim Aufwachen vor lauter Willenlosigkeit, Ekel oder Unmut über sich selbst,

24 Die Spannung zwischen narzißtischer Instanz und Ich ist schwierig zu beobachten, weil nur das Ich die Fähigkeit besitzt, sich auszudrücken, während es sich doch um eine Art von Dialog zwischen den beiden Instanzen handelt. Wir kennen alle das besondere Verhalten des Depressiven, der sich sofort nach einem erlittenen Schaden irgendeine schlechte Behandlung auferlegt, so wie es der Masochist oder der gewöhnliche Neurotiker macht, nachdem er sich eine Befriedigung gestattet hat bzw. um sie sich leisten zu können. Tatsächlich drückt dieses Verhalten genau das aus, was sich zwischen Ich und narzißtischer Instanz ereignet. Das Ich kann den erlittenen Schaden, z. B. eine Niederlage oder eine körperliche Verletzung, nicht als Entschuldigung verwenden, es kann die Entschuldigung auch nicht so ausnutzen, daß es sich daraufhin eine Befriedigung erlaubt: Stattdessen wird das Ich des Depressiven von der narzißtischen Instanz verurteilt, weil es seinen Aufgaben nicht gewachsen war.

einen Schlag versetzten oder so taten, als wollten sie sich eine Kugel durch den Kopf schießen.

Das Ich wird somit zur Zielscheibe und muß die Zeche bezahlen; es gerät dadurch in einen regelrechten Teufelskreis: Die narzißtische Instanz bestraft das geschwächte Ich mit Unterbesetzung; dieses wird in seinem Funktionieren behindert und büßt an Handlungsfähigkeit ein. Dadurch wird es weiter geschwächt und rechtfertigt eine erneute narzißtische Unterbesetzung usw.

8.4

Edith Jacobson[25] sagt von der manisch-depressiven Persönlichkeit: »Wenn wir gelegentlich das Verhalten dieser Menschen vor ihrer Erkrankung oder in den störungsfreien Intervallen beobachten können, so sind wir beeindruckt vom Reichtum ihrer Sublimierungen. Man kann auch die überraschende Feststellung machen, daß sie, wie Bleuler schon sagte, außerhalb ihrer Erkrankung wundervolle Freunde oder Ehepartner sein können. In ihrem Sexualleben können sie durchaus ein genitales Verhalten besitzen, und in ihrer Affektivität legen sie im Gegensatz zu Schizoiden intensive emotionale Wärme und ehrliche tiefe Zuneigung zu ihren Partnern an den Tag. Diese Menschen haben zweifellos authentische Objektbeziehungen entwickelt und erfüllen virtuell alle Kriterien eines absolut normalen Lebens. Selbst wenn sie keinen offensichtlichen Mangel an inneren Kraftquellen aufweisen, leiden sie doch an einer spezifischen Ich-Schwäche, die sich in ihrer außergewöhnlichen Verletzbarkeit und Unduldsamkeit gegenüber jedem Zusammenstoß, jeder Versagung oder Enttäuschung zeigt.«

Diese Beschreibung wirft unserer Meinung nach eine Anzahl verschiedener Fragen auf, von denen wir jedoch nur zwei näher betrachten können. Wir halten zunächst fest, welchen Wert die Autorin auf die spezifische Ich-Schwäche des Depressiven legt. Wir selbst haben diesen entscheidenden Punkt hervorgehoben und dabei versucht, ihn mit dem *permanenten Konflikt*

25 Jacobson, E.: *Metapsychology of Cyclothymic Depression*, in: *Affective Disorders* von Ph. Greenacre.

zwischen dem Ich und dem Ich-Ideal des Depressiven zu verbinden, der – wie wir gesehen haben – zur systematischen
Schwächung des Ich führt.

Uns erscheint ebenfalls wichtig, daß die Autorin auf die emotionale Wärme und den Reichtum der Sublimierungen bei Depressiven hingewiesen hat.

Aber kommen wir zunächst auf die narzißtische Wunde selbst
zurück, die den zukünftigen Depressiven gemäß unserer Hypothese mit großer Heftigkeit trifft. Weiter oben haben wir die
unmittelbaren Auswirkungen des narzißtischen Initialtraumas
umrissen. Wie aber verhält sich der Depressive weiterhin?

Wir müssen meiner Meinung nach an die von Freud bestätigte
Entdeckung Ranks erinnern, »daß die Objektwahl (beim Melancholiker) auf narzißtischer Grundlage erfolgt sei«[26]. Dies
steht außer Zweifel, aber erinnern wir uns auch daran, was aus
dieser Wahl wird. Wir sahen ja, daß sich der zukünftige Depressive im Augenblick des Verlustes seiner narzißtischen Allmacht dafür entscheidet, die megalomane Allmacht aufrechtzuerhalten, indem er sie auf ein Elternteil, nämlich den Vater
oder vielmehr das phallische Bild, projiziert. Damit hat aber
das Subjekt in sich selbst eine Art Spaltung erzeugt: Es hat sich
eine Instanz geschaffen, die eine bedeutende Laufbahn vor sich
hat und unter anderem das Bild Gottes in sich aufnehmen
kann. Das Subjekt verliert aber damit die Kontrolle über einen
Teil seiner selbst und lebt von nun an in einer strikten Abhängigkeit von dieser Instanz, die zu einer echten Sklaverei führen
kann.

Beim Depressiven vollzieht sich diese Umkehrung vollständig,
und jene Instanz wird zum eigentlichen Antagonisten des Ich;
sie wendet sich gegen das Ich und lastet bis zur Erdrückung auf
ihm.

Nun ist das Ich nur noch von der einen Sorge geplagt, dieses
verlorene Ideal wiederzugewinnen, indem es sich vor jener Instanz, die seinen projizierten Narzißmus gefangenhält und ihn
personifiziert, würdig erweist und von ihr geliebt wird. Da die
Verdienste, die vor dem Ich-Ideal zählen, nur narzißtische Leistungen sein können, versucht das Subjekt diesen Forderungen

26 Freud, S.: *Trauer und Melancholie, Ges. Werke* 10, S. 435.

zu genügen, indem es solche Leistungen erbringt und sich dabei u. U. für immer diesem Zwang unterwirft.

Meiner Meinung nach darf man die absoluten Forderungen der narzißtischen Instanz nicht aus den Augen verlieren, wenn man – mit Edith Jacobson – an den Reichtum der Sublimierungen beim Depressiven denkt[27].

Wahrscheinlich macht der gleiche Punkt auch einen besonderen Zug der depressiven Objektbeziehung verständlich, nämlich die hastige, ununterbrochene Objektsuche, die schließlich immer in eine Sackgasse führt; denn trotz scheinbar gelungener Objektbeziehung bleibt der Konflikt ungelöst, was sich ja gerade beim Ausbruch der Krankheit zeigt.

Auf den ersten Blick könnte man meinen, daß das verlorene narzißtische Gleichgewicht des Depressiven sich mit Hilfe der narzißtischen Zufuhr durch ein geeignetes Objekt wiederherstellen ließe und daß die Depression also eingedämmt werden könnte. Wie wir gesagt haben, trifft dies jedoch nicht zu, und wir können auch angeben, warum.

Wenn die für eine adäquate Besetzung des Ich nötige narzißtische Bestätigung zu Beginn durch ein Verschulden des Objekts (der Mutter) ausgeblieben ist, werden alle Versuche, die das Subjekt später auf verschiedenen Ebenen unternimmt, um das gleiche Ziel zu erreichen, ebenfalls fehlschlagen.

Das ursprüngliche Objekt, das im Augenblick der Ich-Bildung die narzißtische Bestätigung liefern muß, ermöglicht es dem Subjekt, die primärnarzißtische Welt der Verschmelzungen mit ihrem unbegrenzten, zeitlosen und allmächtigen Charakter zu verlassen, um sich neue Möglichkeiten narzißtischer Befriedigung zu eröffnen, wie sie zu einer normalen Entwicklung und einer befriedigenden Triebreifung gehören.

Das Urobjekt muß das Kind mit Hilfe der narzißtischen Bestätigung dazu ermutigen, sich die Objektwelt zu erobern, ohne daß sein Selbstwertgefühl schwerwiegend gestört wird. Versagt es vor dieser Aufgabe, so projiziert das Kind seinen absoluten primären Narzißmus (d. h. für mich: seinen pränatalen

---

27 Die Leistungen, etwa Sublimierungen, entsprechen dem idealisierten elterlichen Objekt, das narzißtisch stark besetzt wird, ohne daß diese Besetzung jemals zu einer realen ausgereiften Beziehung führen könnte, denn es fehlt — wie wir gezeigt haben — die entsprechende Bestätigung.

Narzißmus) insgesamt auf sein Ich-Ideal. Um aber dieses Ich-Ideal zu erreichen, gibt es nur noch eine Möglichkeit, nämlich auf die Ebene des pränatalen Narzißmus, d. h. auf ein gleichwertiges Niveau, zurückzukehren. Wenn also der Depressive von dem fast zwanghaften Wunsch gelenkt wird, ein Objekt zu finden, so wird seine Suche doch niemals zum Erfolg führen, denn, wie wir wissen, hat eine solche Lösung für ihn ihr eigentliches Interesse und ihre Kraft verloren. Da die Fixierung an die frustrierende Mutter weiterbesteht, setzt er auf dieser Ebene die Objektsuche fort, während er das Objekt auf einer tiefer gelegenen Ebene zurückweist. Genau diesen Widerspruch in seinem Verhalten können wir in der Realität beobachten. Der Depressive kann auch ein erhebendes narzißtisches Vergnügen, von welcher Art auch immer, suchen, und wie wir gesehen haben, sind für ihn alle Lustquellen gleichwertig; die narzißtischen Befriedigungen, denen er nachjagt, haben, wie schon gesagt, für ihn den Stellenwert eines Ersatzobjekts.

Seine Versuche, Objektbeziehungen herzustellen, tragen immer schon den Keim ihres Scheiterns in sich, denn seine Unreife macht es dem Depressiven unmöglich, einen positiven oder negativen Unterschied zwischen dem eigenen narzißtischen Wert und dem des Objekts zu ertragen. Er kann also nur zu einem »Spiegelobjekt« eine Beziehung aufnehmen, entweder weil es ihm ähnlich ist, oder weil es die gleiche Struktur besitzt, vor allem aber, weil es den gleichen Reifegrad wie er selber erreicht hat.

Er steht also schließlich immer wieder seinem narzißtischen Bild, *sich selbst gegenüber*. Nun wissen wir aber – und hier liegt der Hauptgrund seiner Fixierung (die Ablehnung durch das Objekt der narzißtischen Bestätigung und die daraus sich ergebende Unreife) –, daß er sich haßt (er haßt sein eigenes Ich) und schließlich zwangsläufig anfängt, das Objekt zu verachten. (Man könnte in Abwandlung des Freudschen Satzes sagen: »Der Schatten des Ich ist auf das Objekt gefallen, weil der Schatten des Objektes auf das Ich gefallen ist«, nämlich als sich das oben erwähnte Trauma ereignet hat.)

Somit sucht der Depressive das Objekt immer in seiner Funktion als narzißtische Identität, die ihm den einzig möglichen Weg zu einer realen Objektbeziehung zu öffnen scheint; mit eben dieser Identität hängt es aber auch zusammen, daß er sich gleich darauf wieder vom Objekt abwendet.

Der Fall liegt natürlich anders, wenn das Subjekt am Realobjekt beide Aspekte seiner entzweiten Ich-Aktivität erlebt.

So macht z. B. eine Frau (die gewöhnlich weniger »Ersatzobjekte« benutzt als der Mann) aus ihrem Realobjekt, dem Mann, gleichzeitig ihr Ich-Ideal und ihre versagende Mutter. Dies führt unvermeidlich zur Zerstörung ihrer Objektbeziehung, denn die narzißtische Instanz, von der sie geliebt werden will, und die Mutterimago, mit der sie in permanentem Konflikt lebt, sind im gleichen Objekt miteinander verkettet[28].

8.5

Diese Doppelabhängigkeit vom Ich-Ideal und vom Konflikt mit der Mutter, wobei das Niveau dieser beiden Positionen topisch unterschiedlich ist (narzißtisch und triebhaft), erklärt uns zwei wichtige Aspekte des depressiven Verhaltens, nämlich die Aggressivität und das, was man Pseudomasochismus nennen könnte.

Alle Autoren, die sich wie Nacht und Racamier[29] mit der Untersuchung der Aggressivität des Depressiven beschäftigt haben, haben stets auf deren regressiven Charakter – der übrigens an eine bestimmte Phase der Krankheit gebunden ist – hingewiesen. Wenn sich der Depressive die Äußerung seiner Aggressivität erlaubt, macht er den Eindruck eines tyrannischen und bösartigen Menschen. Er provoziert seinen Gesprächspartner, ist ihm gegenüber rachsüchtig, quält ihn, indem er ihn mit Vorwürfen überschüttet und immer neue Klagen

---

28 Die Empfindlichkeit des Subjektes gegenüber Veränderungen seines narzißtischen Gleichgewichts steigert sich mit der Abnahme der Besetzung seines Ich: Je stärker nämlich dem Ich die narzißtische Besetzung entzogen wird, um so mehr erfaßt sie das Ich-Ideal, d. h. sie erhöht dessen narzißtische Forderungen. Dies macht auch die Überempfindlichkeit des Depressiven besser verständlich, denn sein Ich wird immer schwächer, während seine Selbstentwertung in dem Maße fortschreitet, wie sein Ich-Ideal an Stärke gewinnt.

29 Nacht und Racamier: *Les états dépressifs: étude psychanalytique*, in: R. F. P. 1959.

vorbringt. Wir erkennen darin den »injustice collector« von Bergler wieder[30].

Bei der näheren Untersuchung dieses Verhaltens fällt sofort dessen irrationale Seite auf. Die Aggressivität des Depressiven, der unaufhörlich die gleichen Themen wiederkäut (eine Art von Rauchschleier, den er um sich verbreitet, um die realen Beschwerden zu verbergen), erscheint manchmal wie ein Versuch triebhaften Abreagierens (in gewissem Umfang trifft das auch zu); gleichzeitig stößt sie aber auf ihre eigene Unreife, wird gebremst und zu ständiger Wiederholung verurteilt, ohne jemals aus dieser Sackgasse herauszukommen.

Das Element von *Widerspruch und Protest*, das diesem aggressiven Affekt beigemischt ist, geht letzten Endes auf die frühe Versagung der narzißtischen Bestätigung zurück, während das Element von Zögern, Willenlosigkeit und Boshaftigkeit nicht direkt mit der Versagung und ihrer Folge, der Depression, zusammenhängt; es ist vielmehr den *Versuchen der narzißtischen Wiederherstellung* zuzuordnen, die mit ödipaler und präödipaler Triebschuld belastet sind, wodurch die Heftigkeit der aggressiven Reaktion noch zusätzlich erhöht wird.

Die erhebend-erhabene narzißtische Befreiung – die sich in der gleichen Weise sehr eindrucksvoll in der Analyse ereignet – setzt gleichzeitig die Triebaggressivität frei, wodurch wiederum rückwirkend die narzißtische Befreiung gebremst und kompliziert wird.

Der projektive Charakter der Aggressivität des Depressiven rührt daher, daß er dem Objekt eine Eigenschaft zuschreibt, die vom Ich-Ideal verworfen wurde, weil sie Ursache einer narzißtischen Wunde ist. Der Depressive klagt das Objekt nicht wegen einer bestimmten Handlung an, sondern weil es auf die eine oder andere Art kritisierbar *ist*, d. h. weil es aus narzißtischer Sicht unzureichend ist[31].

Die Klage über erlittene Ungerechtigkeit entspricht auf dieser Ebene einer Zurückweisung der narzißtischen *Selbstanklage* und wird damit im Grunde eher eine Selbstentwertung nach

---

30 Bergler, E.: »La névrose de base«.
31 Die autoaggressive Krise des »morgendlich Depressiven« hat ihre Entsprechung im *querulierenden* Depressiven, der, sobald er aufgewacht ist, einer Sturzflut von Protest und Widerspruch ihren Lauf läßt.

dem Motto: »Von Natur aus bin ich in Ordnung, aber ich bin das Opfer einer ungerechten Behandlung, die mich daran hindert, ich selbst zu sein.« Diese Projektion mißlingt jedoch; das erklärt ihren entkräfteten und verzweifelten Unterton. Denn das Unbewußte läßt sich nicht täuschen, und die beleidigte Instanz, das narzißtische Selbst, weist das Manöver zurück. Das Ich wird deshalb plötzlich vom Überich übermannt und steht vor der ursprünglichen narzißtischen Wunde, die mit der Aufhebung der Projektion wieder erscheint. Das Ich steht nun vor dieser Instanz in aller Nacktheit, und man versteht, daß der Grund der Depression nicht in der Triebohnmacht selbst liegt, sondern vielmehr in der durch sie wiederbelebten narzißtischen Wunde, die sich das Ich nun über seine narzißtische Instanz zum Vorwurf macht. Bibring sagt: »Die Wendung aggressiver Triebimpulse gegen sich selbst ist nur die Folge des Zusammenbruchs des Selbstgefühls«[32].

Meiner Meinung nach muß man Freuds Behauptung, die Selbstanklagen seien in Wirklichkeit ursprünglich gegen das Objekt gerichtet und würden dann auf das mit dem introjizierten Objekt identifizierte Ich gewendet (*Abriß der Psychoanalyse, Ges. Werke* 17, S. 137; *Trauer und Melancholie, Ges. Werke* 10, S. 431–439) genau umkehren. Tatsächlich sind nämlich die Anklagen gegen das Objekt eigentlich Anklagen des Ich-Ideals gegen das Ich, und wenn beim Depressiven Selbstanklagen auftreten, haben wir es mit dem *Versagen des projektiven Systems* zu tun, das das Subjekt vor der Selbstzerstörung schützt.

Um diese Gedanken zu belegen, soll hier ein Fall aus der analytischen Praxis wiedergegeben werden.

Es handelt sich um eine junge Frau, die ich vor einigen Jahren in Analyse nahm, und deren Behandlung genauso atypisch wie ihr Krankheitsbild war und jeglicher Klassifikation widerstand. Da sie wegen Charakterschwierigkeiten kam (sie wurde mir von ihrem Verlobten geschickt, der seine Analyse zwei Jahre vorher bei mir beendet hatte), war ich versucht, sie trotz

---

32 Anders ausgedrückt: Der Mensch ist nicht deprimiert, weil er irgendeine Befriedigung nicht erhalten hat, sondern weil er nicht *fähig war*, sie sich zu verschaffen. Das beweist der Umstand, daß er, wenn er davon überzeugt ist, sich eine Befriedigung verschaffen zu können, keine Lust mehr verspürt, sie sich tatsächlich zu nehmen.

einer ganzen Anzahl verschiedenartiger und diffuser Symptome als »Charakterneurose« einzuordnen, dies um so mehr, als der hervorstechendste Aspekt ihrer Analyse diese Diagnose vollauf bestätigte. Sie jammerte, war übelgelaunt, immer aggressiv und böswillig. Manchmal schrie sie heftig, dann wieder brach sie in Tränen aus, hörte nicht auf, sich zu beschweren und protestierte insbesondere gegen die Behandlung. Dabei schimpfte sie über die Methode und mich selbst. Keine Deutung der Lebensgeschichte, der Übertragung oder des Widerstandes konnte dieses Verhalten beeinflussen, so daß ich schließlich die Initiative ergriff und ihr die Beendigung der Behandlung vorschlug. Dagegen wehrte sie sich nun entschieden. Sie führte dabei nicht nur eine Besserung ihres Zustandes an, der von der Umgebung bestätigt worden sei, sondern zeigte sich in diesem Augenblick auch fest entschlossen, die Analyse fortzusetzen und erklärte, ohne sie nicht mehr auskommen zu können.

Ich übergehe hier meine Versuche, ihr Verhalten zu deuten; es behielt etwas Rätselhaftes und Unerklärliches. Zweifellos hatte ich es hier mit einem sehr gebrechlichen Ich zu tun, das verschiedene Anzeichen einer depressiven Struktur aufwies. Die extreme Aggressivität jedoch, die gleichzeitig ganz verschiedene Diagnosen gerechtfertigt hätte, verdeckte die verborgenen Symptome jener Struktur, die über lange Perioden hin fast unkenntlich blieben.

Während des Zeitraums, in dem das Ende der Analyse vorbereitet wurde (eine Stunde pro Woche) nahm ihre Aggressivität ganz neue, bisher ungewohnte Formen an: Die Reaktionen der Patientin wurden immer weniger vorhersehbar, sie reichten von der Weigerung, am Ende der Stunde wegzugehen, bis zu regelmäßigen Telefonanrufen mit Beschimpfungen, wenn sie genau wußte, daß ich in der Stunde war usw. Schließlich beruhigte sie sich nach einer besonders heftigen Krise, in der ihre Reden die Form ausdrücklich beleidigender Provokation annahmen; ich hatte den Eindruck, einer Entspannung beizuwohnen, die eine grundlegende Veränderung erwarten ließ. Ich nutzte diese »Windstille« und gab ihr eine Reihe von Deutungen, denen ich geeignetes Material aus der Stunde selbst zugrunde legte. Ich zeigte ihr, daß sie davon träume, verstanden zu werden, aber gleichzeitig alles daran setze, nicht verstanden zu werden, denn sie selbst nehme sich ihren Wunsch übel und versuche, dem anderen das zuzuschieben, was sie sich selbst unaufhörlich vorwirft. Ich sagte ihr, daß sie sich nicht liebe und daß sie versuche, ihren Haß loszuwerden, indem sie ihn auf den anderen projiziert und daß sie schließlich, wenn sie mich innerhalb von Analysestunden anrufe, schon vorher wisse, daß ich die Unterhaltung sehr kurz halten müsse, und daß sie mich aus diesem Grund unfreundlich und frustrierend nennen könne. Sie verschaffe sich auch Erleichterung dadurch, daß sie in ihre Reden Verwünschungen einflechte.

Diese Deutungen schienen sie zum ersten Male zu bewegen, und sie sagte in völlig verändertem Ton: »Ich gestehe Ihnen, als ich Sie das letzte Mal anrief (es war am Vorabend dieser Stunde) erwartete ich tatsächlich, Sie würden wütend werden und gereizt auf mich reagieren. Aber Sie waren korrekt, freundlich, und zum ersten Mal *hat mir das gefallen*.«

Was ich hier berichtet habe, ist zweifellos weder die Geschichte einer masochistischen Provokation noch die eines »Auf-die-Probe-Stellens-um-den-Beweis des eigenen Wertes zu erhalten«, wie sie die Schweizer Autoren betonen und von Germaine Guex[33] bei Verlassenheitsneurotikern beschrieben wurde, die häufig ein meiner Patientin ähnliches psychologisches Profil aufweisen. Es handelt sich um eine Projektion der gegen das eigene Ich gerichteten Aggressivität, die gerade mit Hilfe der analytischen Situation gelungen ist. Diese ermöglichte es der Patientin, meine Haltung als narzißtische Bestätigung zu benutzen, und konnte schließlich den frühen Verlust dieser Bestätigung schon zu Beginn ihres Lebens ausgleichen (es handelte sich tatsächlich um eine Patientin, die ihre Mutter im ersten Lebensjahr verloren hatte).

Dieser Fall verlangt es, etwas über den Unterschied zwischen Masochismus und Depression zu sagen; obwohl ein Depressiver zugleich Masochist sein kann (im allgemeinen ist er es auch) und umgekehrt[34].

33 Guex, G.: *La névrose d'abandon*, Presses Universitaires de France 1950.
34 Diese Unterscheidung zwischen der Selbstzerstörung des Depressiven und dem Masochismus macht wichtige Veränderungen in der Technik notwendig: Wenn nämlich die Analye masochistischen Verhaltens schon zu Beginn der Behandlung durchaus möglich ist und sich allgemein als sehr wirksam erweist, so kann die Verkennung des depressiven Charakters eines provo-

Auch wenn es mitunter nicht so aussieht, sucht der Depressive keine Schläge, sondern sammelt Ungerechtigkeiten, er unterwirft sich nicht, sondern ganz im Gegenteil protestiert und klagt an. Er steckt infolge seiner anfänglichen Niederlage, die er sich zum Vorwurf macht, in einem Teufelskreis der Selbstzerstörung, während der Masochist die Niederlage nur vortäuscht, um so zur Lust zu gelangen.

Die Aggressivität des Depressiven ist unreif, während die Wirkungen seiner Selbstzerstörung real sind. In seiner konflikthaften Objektbeziehung ist der Masochist seinem Partner durchaus überlegen; er beherrscht ihn, denn er ist es, der *sich schlagen läßt*, und die Mobilisierung eines Dritten organisiert, um seine Herrschaft hinter einer künstlichen und manchmal nur symbolischen Autoaggressivität zu verstecken. Er läßt sich bestrafen, um sich lieben und Lust verschaffen zu können, wäh-

katorischen Verhaltens, das dem masochistischen sehr ähnlich ist, zur vorzeitigen Aufhebung eines für die Selbsterhaltung notwendigen Abwehrmechanismus führen; das wäre besonders deshalb schädlich, weil das Funktionieren dieses Mechanismus die Basis für den Heilungsprozeß, d. h. für die Wiederherstellung des narzißtischen Gleichgewichtes im Subjekt darstellt.

Einer meiner ersten Patienten, ein an Tuberkulose schwer erkrankter Mann, zeigte nach eineinhalbjähriger Behandlung eine gewisse Besserung seines körperlichen Zustandes. Seine Röntgenbilder waren sehr zufriedenstellend geworden. Hingegen wurde er depressiv, genau so wie er es vor Ausbruch der körperlichen Erkrankung gewesen war.

Da die masochistischen Mechanismen bei ihm allem Anschein nach immer vorrangig waren, fuhr ich fort, sie zu analysieren; eine besondere Gelegenheit bot dabei ein Brief, den er seiner Verlobten schrieb, und den er mir vor dem Absenden noch einmal zeigte. Ich muß hinzufügen, daß seine Homosexualität (negativer Ödipus) gründlich analysiert war, vor allem hinsichtlich seines Masochismus. Nun, dieser Brief stellte eine echte Provokation dar, da er ausgesprochen aggressiv gehalten war. Ich deutete nun sein Verhalten als typisch masochistisch, mit dem Ziel, sich durch den Objektverlust bestrafen zu lassen (die Motivationen lasse ich hier beiseite). Er verließ die Stunde und mußte am nächsten Tage wegen eines Rückfalls wieder ins Krankenhaus.

Was war passiert?

Sein Verhalten war keine masochistische Provokation, sondern gehörte, wenn man den Zusammenhang beachtet, zu der Kategorie von Beziehungen, die ich beim Depressiven beschrieben habe.

Als er mir den Brief zeigte, wollte er mir, auf den er sein Ich-Ideal projiziert hatte, beweisen, daß das, was ich ihm vorwarf nicht in ihm, sondern in seinem Objekt war. Ich hätte schweigen müssen. Als ich nun seine Handlung als Provokation deutete, mußte er auf einen dramatischen Kampf mit einem äußeren Objekt verzichten und konnte seine Aggressivität nun nur noch in somatischer Form gegen sein Ich wenden.

rend der Depressive sein Ich in echtem Selbsthaß verwirft. Somit erweist sich die masochistische Bewegung aus ökonomischer Sicht als positiv, sie gibt dem Ich des Subjekts eine Struktur. Das Ich erreicht so eine ödipale Beziehung mit stark analsadistischer Komponente, während der einzige Triumph des Depressiven zur eigenen Vernichtung führt. Der »schädliche Dritte« ist für den Depressiven nur ein Verbündeter, der es ihm erlaubt, der Selbstzerstörung zu entgehen; dagegen hilft der Partner dem Masochisten, das eigene Überich zu prellen und somit zur Lust zu kommen.

8.6 Zusammenfassung

Im Verlauf dieser Betrachtung habe ich versucht, die Depression topisch einzuordnen, und den für sie charakteristischen Konflikt zu definieren. Ich habe damit der Reihe *Trieb – Schuldgefühl (Überich) – Angst*, die zur eigentlichen Neurose gehört, eine andere *Narzißmus – narzißtische Wunde (Ich-Ideal) – Depression* gegenübergestellt.

Ich bin mir natürlich des schematischen Charakters dieser Sichtweise völlig bewußt, insbesondere, was den Gegensatz zwischen Überich und Ich-Ideal anbelangt. Denn meistens verschwimmen die beiden Instanzen miteinander, weil das Überich selbst narzißtisch besetzt ist und damit das, was ursprünglich Scham war, später zum Fehler oder zum Verbrechen (und umgekehrt) wird.

Der Erzieher benutzt so den Narzißmus des Kindes und gibt dem Überich die Unterstützung des Ich-Ideals, indem er dem Kind Dinge ausredet, die man nicht tut, »wenn man sich selbst achtet«.

Dies ist aber nicht immer der Fall, und besonders in der analytischen Situation erreicht man leichter das Überich als das Ich-Ideal. Wenn nämlich der Analysand seinem Analytiker gewisse Tatsachen bewußt verschweigt, so handelt es sich dabei allgemein um Dinge, die seinen Narzißmus berühren, und er versteckt sie nicht wegen seiner Schuldgefühle, sondern weil er sich vor seinem Ich-Ideal, dem Analytiker, der zur Projektionsfläche seines Narzißmus wird, schämt.

Die Instanzen können sich also voneinander unterscheiden und in dialektische Beziehung zueinander treten, so daß eine bestimmte, vom Überich verbotene Handlung vom Ich-Ideal erwünscht und je nach ihrem Wert auch gefordert wird.

Ich bin mir natürlich der Begrenztheit meines Blickwinkels bewußt und sehe bei der Vielzahl von möglichen Ansatzpunkten auch die Bedeutung der Faktoren, die ich in dem begrenzten Rahmen meiner Ausführungen nicht behandeln konnte. Ich meine jedoch, daß meine Unternehmung gerechtfertigt ist, wenn sie etwas zur Erkenntnis der depressiven Struktur beiträgt und dadurch eine bessere Anwendung der psychoanalytischen Methode bei der Heilung dieser gefürchteten und immer weiter verbreiteten Erkrankung möglich macht.

9. Der Selbstmord des Melancholikers[1]

9.1

> »Der Suizid ist das Resultat eines Gefühls, das
> wir, wenn Sie wollen Selbstwertgefühl nennen,
> um es nicht mit dem Wort ›Ehre‹ zu ver-
> wechseln.
>
> An dem Tag, an dem sich der Mensch ver-
> achtet, an dem Tag, an dem er sich verachtet
> sieht, in dem Moment, in dem die Realität
> seines Lebens in Mißklang mit seinen Hoff-
> nungen steht, tötet er sich und ehrt somit die
> Gesellschaft, vor der er nicht seiner Tugenden
> und seines Glanzes entblößt bleiben will.«
>
> Balzac (Lucien Rubempré)
> *Les illusions perdues*

Der Selbstmord des Melancholikers, dessen Untersuchung wir
hier vornehmen wollen, verdient unsere besondere Aufmerksamkeit aus zwei Gründen:
1. scheint er eine gewissermaßen unvermeidbare Endphase dieser Erkrankung darzustellen,
2. überraschen die Bedingungen, unter denen er sich ereignet,
   manchmal auch die erfahrensten Beobachter durch ihren ungewöhnlichen Charakter.
Wegen des begrenzten Raumes verzichten wir auf einen kritischen Überblick über die Arbeiten, die diesem rätselhaften und
faszinierenden Thema schon gewidmet wurden, und beschränken uns auf einige grundsätzliche Überlegungen zur Orientierung dieser Untersuchung.
Die Melancholie ist eine Erkrankung des Narzißmus, sagt
Freud (*Trauer und Melancholie, Ges. Werke* 10, S. 435–439).
Diese Feststellung soll uns als Ausgangspunkt dienen. Sie wird
unsere Argumentation vorwiegend, wenn nicht ausschließlich,
anleiten und ihr eine gewisse Geschlossenheit sichern. Nachdem
wir dem Narzißmus die Würde einer psychischen Instanz zu-

---

1 Vortrag vor der Société Psychanalytique de Paris im Rahmen des »Sé-
minaire de Perfectionnement« vom 29.—31. 1. 1966.

erkannt haben und ihn nun als eine besondere Dimension der Psyche betrachten, gestehen wir ihm hier auch eine gewisse Autonomie zu, weil die Krankheit, die uns jetzt beschäftigen soll, vor allem, wie das Zitat Freuds zeigt, die spezifische Problematik des Narzißmus betrifft.

Ich bin weit davon entfernt, die Wichtigkeit anderer, in der Vergangenheit immer wieder hervorgehobener Faktoren in Frage zu stellen; mir erschien aber diesmal eine eng umschriebene Perspektive unentbehrlich, was nicht heißen soll, daß wir diese Untersuchung später unter einem anderen Blickwinkel nicht wieder aufnehmen werden.

Diese Eingrenzung schützt uns zunächst vor einer Verwirrung, die man in der Literatur häufig bei Autoren findet, die gerne Elemente der Zwangsneurose mit solchen der manisch-depressiven Psychose oder neurotischen Depression vermengen. Sie erlaubt es uns auch, das Problem der »Neurosenwahl«, wie es Abraham aufgeworfen hat, und die theoretischen Schlußfolgerungen, zu denen seine Überlegungen führen, zu umgehen. Abraham fragt sich nämlich, nachdem er feststellte, daß der pathogene Triebkonflikt in beiden Fällen identisch zu sein scheint: *»Warum Melancholie und nicht Zwangsneurose?«*

Wir antworten ihm darauf, daß es sich hier um ein falsch gestelltes Problem handelt, denn man kann unter einer Melancholie oder einer schweren Depression leiden und zugleich zwanghaft, charakterneurotisch, paranoid oder hysterisch sein, und sogar gleichzeitig in mehrere dieser Kategorien gehören. Die beiden Arten von Störungen entsprechen nämlich Konfliktsituationen auf verschiedenen Ebenen und stehen nicht im Verhältnis von Alternativen, sondern von *Parallelen* zueinander. Derselbe Parallelismus, der zwischen Neurose und Depression besteht, trennt das Schicksal des Narzißmus von dem der eigentlichen Triebkonflikte, die deshalb gesondert untersucht werden müssen.

Wenn die klassische Untersuchung der Melancholie sich auf einen Triebkonflikt konzentriert und den Suizid notwendigerweise als eine Möglichkeit unter anderen betrachtet – denn es handelt sich immer um die oral-sadistische Introjektion, und einzig der quantitative Faktor entscheidet über die Richtung ihrer Entwicklung –, so sind wir genau entgegengesetzter Ansicht. Wir postulieren den unvermeidlichen Charakter des Selbstmords als Hauptsymptom dieser Erkrankung, der die Folge nicht eines Triebkonflikts, sondern einer bestimmten ursprünglichen *Position* ist, ganz gleich, ob sie die nosologische Einheit der Melancholie hervorbringt oder nicht.

Wir finden nämlich die thanatotrope Position in sehr verschiedenen Erkrankungen wieder, besonders wenn wir uns auf streng klinischem Boden bewegen. Ich erinnere hier an das klinische Bild der Melancholie mit ihrer klassischen Symptomatologie, die so bekannt ist wie die irgendeiner somatischen Erkrankung mit wesentlich psychologischem, vom jeweiligen Einzelfall unabhängigem Inhalt, bei der das Material in fast allen Fällen identisch ist und die Freudsche Genetik außer Kraft gesetzt wird. Die beschriebene Position findet sich auch bei manchen Depressionen, die zwar ein schlimmes Ende nehmen, die sich aber zunächst scheinbar in keiner Weise von einer beliebigen neurotischen Depression unterscheiden, einer Störung also, die ihrer Struktur nach keineswegs jene fatale Folge nach sich zieht – ja man ist sogar versucht, das Gegenteil zu behaupten. Mit Freud können wir annehmen, daß der Suizid in manchen lautlos verlaufenden Fällen als letzte Phase einer verborgenen Entwicklung angesehen werden muß, die man im Nachhinein oft leicht durchschauen kann. Es gibt jedoch Fälle, in denen das Subjekt von einem unbezwingbaren Drang zum Suizid getroffen wird, der ohne jedes Vorzeichen und ohne erkennbare strukturelle Schwäche, die man mit einer besonderen neurotischen Störung in Verbindung bringen könnte, plötzlich auftritt. Ich habe das selbst bei einem Menschen erleben können, dessen Leben für mich wie ein offenes Buch war. Er war psychisch völlig gesund und besaß ein allen Anforderungen gewachsenes seelisches Gleichgewicht, erlitt aber nach einer tiefen narzißtischen Verletzung einen typischen und totalen melancholischen Zusammenbruch. Er war wie vom Blitz niedergestreckt, zweifellos gerade wegen seiner Gesundheit, die ihn bis dahin vor allen Anwandlungen von Krankheit bewahrt hatte.

Der Selbstmord des Melancholikers entspringt einer besonderen topischen Konstellation, die sich jeweils aufgrund verschiedener Faktoren herausbilden kann, deren Wurzeln aber bis zur Geburt oder noch darüber hinaus reichen. Aus dieser Sicht müßten seine Entsprechungen nicht unter anderen Suiziden (vertikale Untersuchung) gesucht werden, sondern unter anderen, häufig verborgenen pathologischen Positionen, die den gleichen besonderen Thanatotropismus aufweisen und auf die eine oder andere Art, immer jedoch vorzeitig, zum Exitus führen (horizontale Untersuchung). Freud sprach vom Ich des Melancholikers: »Es sieht sich von allen schützenden Mächten verlassen und läßt sich sterben« (*Das Ich und das Es, Ges. Werke* 13, S. 288). Aber selbst wenn es nicht so aussieht, läßt sich der schwer Depressive nicht passiv sterben, sondern tötet sich aktiv; das beste Beispiel hierfür liefert uns gerade der Melancholiker. Aber dieses Beispiel steht keineswegs einzig da[2].

Man könnte in diesem Licht verschiedene klinische Bilder erneut untersuchen, die teilweise bereits beschrieben worden sind, etwa den Hospitalismus, der durch René Spitz untersucht worden ist, oder die Magersucht, eine Störung, die wir schon bei anderer Gelegenheit zusammen mit der Tuberkulose[3] und Suchterkrankungen im gleichen Sinn erwähnt haben.

Es gibt die verschiedensten Erkrankungen, die einzig und allein aus psychischen Gründen einen tödlichen Ausgang nehmen; das mag auf manche unerklärliche plötzliche Todesfälle ebenso zutreffen wie auf den Tod durch senile Involution. Haben wir nicht mit Henri Ey feststellen können, daß 40 Prozent aller von melancholischem Selbstmord mit dem Faktor der Involution zusammenhängen?

9.2

Im Verlaufe früherer Untersuchungen habe ich betont, welche entscheidende Rolle im Fall einer gestörten psychosexuellen

2 Aus diesem Grund widersprechen wir einer Konzeption, wie sie etwa von Joffe und Sandler (*Notes on Depression and Individuation*) vertreten wird, die den Begriff der »Resignation oder Kapitulation des Depressiven vor seinem Schmerz« einführen. Wenn man resigniert ist, läßt man sich gehen, aber man tötet sich nicht.
3 Die Verbindung, die wir zwischen schwerer Depression und einigen psychosomatischen Erkrankungen herstellen, sagt wohlgemerkt noch nichts über ihre nosologische Autonomie.

Entwicklung das Fehlen einer Koordination der beiden Aspekte des Entwicklungsprozesses – nämlich des narzißtischen Faktors und des Faktors der Triebreifung – spielt. Anstatt in eine Synthese einzumünden, divergieren diese beiden Faktoren und führen durch wechselseitige Überlagerungen zu widersprüchlichen Situationen innerhalb des Systems selbst.

Es handelt sich hierbei um eine für die neurotische Depression charakteristische Situation, die wir allerdings auch in anderen Neurosen entdecken, denen ein depressiver Kern niemals völlig fehlt. Diese Störung hemmt die Triebreifung und führt darüber hinaus zu einem Zustand von Dysthymie, den wir unter dem Namen der Depression kennen. Es kann jedoch ein gewisser Gleichgewichtszustand zwischen Narzißmus und Triebreifung um den Preis vielfältiger Schwierigkeiten erreicht werden; er bleibt heikel und ist schon der geringsten Überbesetzung ausgeliefert, die zu Schwankungen und damit zu einer Verschlimmerung der Dysthymie führt, ganz gleich, ob die Überbesetzung in negativer oder positiver Richtung erfolgt.

Wenn ein normaler Mensch auf eine besonders ungünstige Lage mit Depression reagiert, so erfüllt ihn ein angenehmes Ereignis, ein Erfolg mit Freude. Der Depressive hingegen reagiert auf die geringste Versagung mit gereizter Empfindlichkeit, wird aber ebenfalls beim geringsten Erfolg, der die sehr niedrige Schwelle seiner narzißtischen Besetzungsmöglichkeiten überschreitet, von Panik ergriffen. Ein großer Depressiver wie Kafka sagte: »*In mir ist diese Müdigkeit und diese tödliche Leere, die sich meiner jedesmal bemächtigt, wenn mich etwas entzückt*«[4].

Wenn sich der Masochist Lust durch Bestrafung erkauft, so bestraft sich der Depressive, weil er keine Lust empfindet und dabei versagt hat, sie sich zu verschaffen.

Seine narzißtische Instanz bestraft sein Ich wegen dessen Unzulänglichkeit, weil es unfähig ist, wirksam Lust zu suchen und sie dann anzunehmen. Da nun jedes Versagen auf seine Handlungsmöglichkeiten zurückschlägt, zieht die Verminderung seines Funktionswertes Sanktionen seitens der narzißtischen Instanz nach sich, die wiederum seine Handlungsmöglichkeiten

4 Ianouch: *Kafka m'a dit.*

einschränken usw. Somit entsteht ein regelrechter Teufelskreis im Zeichen permanenter Autoaggressivität, die aber nicht wie beim Masochisten nur formal oder symbolisch ist, die vielmehr eine unerbittliche Wirklichkeit besitzt.

Da wir schon an anderer Stelle sowohl die Objektbeziehung als auch die reaktionelle Aggressivität des Depressiven diskutiert haben, werden wir hier nicht auf Einzelheiten eingehen. Wir heben aber hervor, daß sein spezifisches Verhalten mit der ursprünglichen Trennung und der Antinomie zwischen narzißtischer Komponente und Triebreifung zusammenhängt.

Wo Freud von der Todesangst des Melancholikers[5] spricht, verbindet er diesen Sachverhalt mit der Angst vor der Geburt; er bestätigt also deren frühen Ursprung. Es fällt uns jedoch schwer, ihm hinsichtlich des verwendeten Begriffs zu folgen, denn der Ort der Angst ist das Ich, und nach Freuds eigenen Feststellungen (*»Eine dem Ich vergleichbare Einheit ist von Anfang an nicht vorhanden; das Ich muß entwickelt werden«. Zur Einführung des Narzißmus, Ges. Werke* 10, S. 142) fehlt diese Instanz zu dem betreffenden Zeitpunkt noch. Sicher gibt es Angst in den Todesstrebungen des Melancholikers, aber diese ist triebhafter Natur und an einen Objektkonflikt gebunden, während die Eigenart dieses Affekts der Depression zuzuschreiben ist; den Ursprung eben dieser Komponente versuchen wir bis zurück zur Geburt zu verfolgen (am Rande sei vermerkt, daß diese Sichtweise mit unserer Auffassung übereinstimmt, derzufolge die Depression eine Störung des Narzißmus ist, der seinerseits einen pränatalen Ursprung hat).

Wir müssen also diesen Narzißmus pränatalen Ursprungs, der bei der Geburt vorhanden ist, topisch in eine Beziehung zum Ich bringen, das in diesem Augenblick noch nicht existiert. Hier muß an Federn erinnert werden, für den der Beginn des Lebens von einem *»Ichgefühl«* mit narzißtischem Charakter beherrscht wird; diese Formation nennt er das *»egokosmische Ich«*.

Sie entspricht nicht der Freudschen Definition des Ich (als einer dem Es oder dem Überich ähnlichen Instanz, die sich unter dem Einfluß äußerer und innerer Reize vom Es löst und eine besondere Strukturierung erfährt, die es dazu befähigt, als

5 Freud, S.: *Das Ich und das Es, Ges. Werke* 13, S. 287—288.

Vermittler zwischen Es und Realität zu dienen). Das egokosmische Ich ist vielmehr eine *eigenständige psychische Realität* mit narzißtisch-libidinöser Besetzung.

Ich habe häufig davon gesprochen, daß die Annahme eines pränatalen erhebend-erhabenen Lebens durch verschiedene Erinnerungen, die das kollektive oder individuelle Unbewußte in der einen oder anderen Form aufbewahrt, bestätigt wird, aber ich hatte noch keine Gelegenheit, auf das hinzuweisen, was als Gegenpart der positiven Erinnerung betrachtet werden könnte; diese verdoppelt sich sozusagen entsprechend dem psychischen Erleben und umfaßt auch den dramatischen Zusammenbruch dieses Glückszustandes. *Es handelt sich um das verlorene Paradies; der Prozeß umfaßt zwei Phasen, und in seinem Verlauf wird die erste durch die zweite in einer Art von Katastrophe beinahe vernichtet.* Alles weist darauf hin, daß das, was in dieser Erinnerung wiedererlebt wird, der ursprünglich erhebend-erhabene Zustand und die notwendigerweise darauf folgende Versagung sind. Da der narzißtische egokosmische Kern mit dem Universum des Subjekts und darüber hinaus mit dem Universum überhaupt verschmilzt, überrascht es nicht, daß beide Phasen mit einer Heftigkeit wiedererlebt werden, die dieser einzigartigen Position des Subjekts entspricht, die erste auf erhebend-erhabene Weise und die zweite als ein entsetzliches und unheilbares Unglück. Die besondere Art, in der diese Erinnerung aufbewahrt ist, hängt zweifellos mit der Abwesenheit eines Ich zusammen, das in unserem Sinne zu Wahrnehmungen fähig wäre; die Aufnahme der Erinnerung erfolgt also einzig und allein affektiv; ihre Macht ist gerade deshalb so groß, weil es noch kein Ich gibt, um sie zu kontrollieren, und sei es nur, um sie in Angst umzuwandeln.

Das Ich verarbeitet später diese besonderen Erinnerungsspuren und überliefert uns davon ein dysthymisches Relikt in Form der Depression, die immer dann ausgelöst wird, wenn eine neue Spannung zwischen Ich und Narzißmus sie reaktiviert. In der Melancholie, die als regressiver Zustand dem ursprünglichen Erlebnis viel näher steht als die neurotische Depression, finden wir sowohl die zentrale narzißtische Position (das Subjekt klagt sich beispielsweise an, die Ursache weltweiter Umwälzungen zu sein) als auch die katastrophische Erinnerung an das

Ereignis. Diese *Selbstanklagen*, die sich leicht auf das ganze Universum erstrecken, beinhalten immer *die Klage über den Verlust eines ursprünglich glücklichen und vollkommenen Zustandes, den das Subjekt aus eigener Schuld zerstört hat.* Das erstaunt uns nicht, denn gerade in dem Augenblick, an den uns der Melancholiker erinnert, wenn er von seinem Unglück erzählt, waren er und die Welt miteinander verschmolzen (»egokosmisches Ich«). Er kommt immer wieder auf *das Vergangene* zurück (zu diesem Zweck benutzt er einen bestimmten Inhalt, der uns später noch beschäftigen wird), denn es handelt sich tatsächlich um seine am weitesten zurückliegende Vergangenheit, die im Affekt durch einen regressiven Prozeß aktualisiert wird. Im Vorgriff auf das Folgende können wir hinzufügen, daß er versucht, seinen Narzißmus auf Kosten seines Ich freizusetzen, und eine ihrem Wesen nach vorichhafte Empfindung zu rationalisieren, deren reale historische Grundlage ihm entgehen muß. Es handelt sich um einen sehr peinlichen Affekt, der zur Quelle heftig erlebter Qualen werden kann, die allein der stuporöse Zustand etwas zu mildern vermag.

Dem ursprünglich erhebend-erhabenen Zustand nun, dem die automatische Erfüllung physiologischer Bedürfnisse entspricht, noch bevor sich diese als solche ausgeprägt haben, muß irgendwann einmal eine Störung widerfahren, die ein bestimmtes Maß übersteigt und damit die narzißtische Galaxis, als die das zukünftige Ich in diesem Moment erscheint, in ihren Grundfesten merklich erschüttert. In diesem kritischen Augenblick gibt es weder Ich noch Objekt noch irgendeine Repräsentation. *Der Stoß dieser Erschütterung kann nur durch die narzißtische Masse selbst aufgefangen und in der Erinnerung festgehalten werden*; gleichzeitig löst er den Beginn der Differenzierung des Triebapparates aus, die schließlich zur Ich-Bildung beiträgt. Das Wichtigste für uns ist hierbei, die Wirkung dieses Urtraumas auf den primitiven Narzißmus abzuschätzen.

Die Merkmale, die wir dem Narzißmus später zuschreiben, zeigen, daß er als eine besondere erhebend-erhabene Koenästhesie, als Quelle einer allgemeinen Besetzung der Funktionen und der Objektbeziehungen, als Stütze der Position des Individuums in der Welt, seiner Sicherheit usw. erlebt wird. Einige Elemente dieser Koenästhesie werden wie von selbst in die Begriffe Allmacht, Unendlichkeit und Ewigkeit übertragen. Das Trauma stürzt die narzißtische Masse in einen Zustand, der die völlige Negation ihres Wesens ist und die Frage nach ihrem Überleben aufwirft. Auf diesen Zustand stoßen wir auch angesichts der narzißtischen Wunde, er ist für die eigenartige Gemütslage verantwortlich, die wir Depression nennen.

Die Depression ist das Gegenteil der erhebenden Erhabenheit, denn sie steht für die Umkehrung des Vorzeichens beim Narzißmus und setzt an die Stelle der Euphorie die Dysphorie. Wir befinden uns inmitten eines Konflikts zwischen dem traumatisierten Narzißmus und einem nurmehr angedeuteten Ich, das gerade aus dem Trauma, das den Konflikt verursacht hat, hervorgeht. Da sich der Narzißmus seinem Wesen nach der Anerkennung der eigenen Niederlage widersetzt, wird diese auf das zukünftige Ich projiziert, und *auch später wird man dem ausgebildeten Ich dieses Erbe immer anmerken.* Dieser Konflikt ist für den Bruch und die andauernde Spannung zwischen Narzißmus und handelndem Ich verantwortlich und ruft die verschiedenen Varianten depressiver Erkrankungen hervor. Wenn es dem Subjekt nicht gelingt, dieses frühe narzißtische Trauma zu überwinden, wird es nicht nur eine besondere Überempfindlichkeit zurückbehalten, auch seine psychosexuelle Entwicklung wird auf jeder Stufe durch die mangelhafte wechselseitige Integration der beiden daran beteiligten Faktoren (Narzißmus und Ich) behindert werden; dabei überträgt der Narzißmus seine eigene Pathologie auf das Ich.

9.3

Nach Freuds erster Hypothese über die Melancholie ist für ihre Entstehung der Objektverlust verantwortlich. Aber er präzisiert im Verlaufe der gleichen Untersuchung (*Trauer und Melancholie, Ges. Werke* 10, S. 430–431) – und zwar unabhängig von den allgemeinen Einschränkungen, mit denen er üblicherweise die Reichweite seiner Hypothesen genauer bestimmt –, daß »die Ursachen der Melancholie den festumrissenen Rahmen eines Objektverlustes durch den Tod überschreiten und Situationen der Erniedrigung, Beleidigung und Ent-

täuschung umfassen«, kurz gesagt: die narzißtische Wunde.
An einer anderen Stelle desselben Artikels stellt er sich die
Frage: »Ob ohne Berücksichtigung des Objekts ein Ich-Verlust
nicht genüge, um die manisch-depressive Neurose zu verursachen.«
Diese Stelle gewinnt für uns eine besondere Bedeutung, denn
Freud faßt hier nicht nur die rein narzißtische Ätiologie der
melancholischen Depression ins Auge, er möchte auch einen von
Natur aus im Ich ablaufenden Prozeß für den Objektverlust
verantwortlich machen; dieser würde dann nicht vom fremden
Objekt, sondern vom Narzißmus abhängen. Freud gibt hier
seine ursprüngliche Hypothese auf und weist uns außerdem
einen Weg, der von der anal-sadistischen Phase wegführt und
der ständigen Verwechslung mit der Zwangsneurose ein Ende
bereitet. Wir nähern uns also der narzißtischen Phase und damit dem Hauptgedanken dieser Untersuchung. Aber man kann
eine Verbindung zwischen beiden Auffassungen herstellen,
wenn man sich daran erinnert, daß die Objektwahl des Melancholikers narzißtisch ist, und der Objektverlust immer einer
narzißtischen Wunde entspricht und umgekehrt. Das Subjekt
liebte das Objekt narzißtisch, d. h. als Spiegel, und projizierte
auf ihn seine narzißtische Besetzung. Wenn nun das Objekt
verschwindet, verschwindet es vor allem als Projektionsfläche,
auf die sich die narzißtische Besetzung richtete, die nun ebenfalls verlorengeht (wir erinnern hierbei an die daraus sich ergebende *narzißtische Entwertung* des Subjekts, die von diesem
aus Gründen, die wir später behandeln werden, anal-sadistisch,
d. h. als *wirkliche, materielle Verarmung* ausgedrückt wird.
Seine Klagen hierüber stellen – wie wir wissen – ein wesentliches Element des klinischen Bildes in der akuten Phase der
Erkrankung dar).
Dies wird noch klarer, wenn wir die Phase nach dem Objektverlust betrachten. Freud erklärt nämlich (*Trauer und Melancholie, Ges. Werke* 10, S. 438) den Suizid des Melancholikers
mit dem Rückfluß der Libido auf das Subjekt, von dem sie
narzißtisch – um damit den Objektverlust wettzumachen –
für die Identifikation mit dem verlorenen Objekt benutzt
wird; da die gleichzeitig damit auftretende Introjektion auf
oral-sadistischer Ebene erfolgt, führt sie zum Mord des Ob-

jekts, d. h. über den Umweg der narzißtischen Identifikation zum Selbstmord. Übertragen wir den Prozeß auf die narzißtische Ebene, so zeigt sich eine wirkliche Unvereinbarkeit der narzißtischen Regression und des Sadismus; gelänge es überdies dem Subjekt wirklich, auf diesem Umweg das verlorene Objekt wiederzufinden, brauchte es dieses nicht zu töten, d. h. sich selbst nicht umzubringen.

Das Subjekt trifft eine narzißtische Wahl, weil sein Narzißmus konflikthaft und deshalb nicht genügend integriert war; gerade durch diesen Umstand wurde das Subjekt zu seiner unreifen Objektwahl getrieben. Es konnte auf eine permanente narzißtische Zufuhr von außen nicht verzichten, und weil es gleichzeitig seine narzißtische Einzigartigkeit auf das Objekt projizierte, wurde dieses unersetzlich. Mit Hilfe dieser Zufuhr seitens des Objekts konnte es ein vom ökonomischen Gesichtspunkt her befriedigendes narzißtisches Gleichgewicht herstellen. Wir verstehen aber sofort, warum der Objektverlust das Subjekt in die Hoffnungslosigkeit – oder ökonomisch ausgedrückt, in den Konkurs – stürzen muß. Die durch den Tod des Objektes freigesetzte Libido fließt nämlich zu ihm selbst zurück. Weil seine eigene narzißtische Libido aber konflikthaft und nicht integriert ist, kann es diese zusätzliche Menge narzißtischer Libido nicht verkraften. Erinnern wir uns daran, daß seine narzißtische Unreife bereits damals seine besondere (narzißtische) Objektwahl bestimmt hat.

Diese Libidozufuhr kann also nur den Anteil *negativer* Libido erhöhen, die er als Depressiver schon immer unterzubringen hatte. Das Anwachsen seiner negativen Libido muß nun sein narzißtisches Gleichgewicht in einem Maße beeinträchtigen, wie er es bisher noch nie erlebt hat. Es erübrigt sich zu erwähnen, daß diese flottierende Libido, die zu einer schweren Verstimmung führt, auch nicht zur Identifikation verwendbar ist, weil nämlich die Identifikation bereits einer gewissen Objektbeziehung entspricht, wohingegen der Druck flottierender Libido das Subjekt nur in eine vorobjekthafte Regression stürzen kann, in der es den Abgrund des ursprünglichen narzißtischen Traumas selbst streift. Hierbei befinden wir uns im Universum der Projektion und nicht der Introjektion.

Obwohl dieses Trauma verdrängt bleibt, äußert es sich immer

wieder vom Beginn des Lebens an durch Überempfindlichkeit gegenüber narzißtischen Wunden und durch eine andauernde dialektische Bewegung zwischen Ich und narzißtischer Instanz. Solange diese Bewegung abläuft, entzieht die narzißtische Instanz dem Ich eine bestimmte Menge Libido; das muß, wie oben bereits ausgeführt, zu einem Teufelskreis führen. Jedes Mal, wenn Besetzungsenergie abgezogen wird, verfälscht das notwendigerweise die narzißtische Bilanz des Subjekts, das jedesmal das gestörte Gleichgewicht wiederherstellen muß. Das Ich versucht nun mit mehr oder minder großer Anstrengung, sich in dieser Lage einzurichten, bis zu dem Moment, in dem eine Art Dekompensation eintritt. An diesem Punkt treten nun die Symptome der neurotischen Depression auf, beispielsweise Willenlosigkeit, eine objektiv nicht gerechtfertigte, paradoxe Müdigkeit, mangelnder Eifer, ein undefinierbares Unbehagen, eine Art Ekel, Taedium vitae oder Spleen, entsprechend dem Wortschatz der jeweiligen Epoche.

Zwar bringen diese Symptome die Ermüdung von Ich-Funktionen zum Ausdruck, die scheinbar an der Oberfläche liegen, sie bezeugen jedoch darüber hinaus die Zerstörung des allgemeinen narzißtischen Gleichgewichts.

Diese Symptome erinnern auch daran, daß wir es hier mit der aktuellen Phase eines Kampfes zu tun haben, der seit der Geburt, beziehungsweise in gewissem Sinne noch länger andauert. Ganz gleich, ob sich nun mehrere kleine narzißtische Wunden nach und nach summieren, oder ob eine einzige, aber massive narzißtische Versagung das Subjekt unerwartet mit ganzer Stärke trifft, der Besetzungsentzug nimmt qualitativ und quantitativ ein solches Ausmaß an, daß das Ich ihm mit seinen gewohnten Mitteln nicht mehr widerstehen kann. Hier nun geht die neurotische Depression in eine schwere oder melancholische Depression über.

9.4

Untersuchen wir das klinische Bild des Melancholikers, so bemerken wir, daß seine Symptomatologie uneinheitlich ist. Sie umfaßt nämlich Elemente, die von einem *Entzug narzißtischer*

Besetzung herrühren, außerdem Anzeichen von *Traurigkeit,* in gewissem Ausmaß auch eine *Revolte* des Subjektes gegen seine Niederlage und schließlich Anzeichen eines *eigenartigen Verfalls,* zu dem wir, anschließend einige Worte sagen werden.

Bei der ersten Kategorie von Symptomen[6] (Entzug von narzißtischer Besetzung) bemerken wir neben den eigentlich narzißtischen Symptomen (Interessenverminderung, Verlust des Selbstvertrauens, Verlust des Wunsches, sich Ansehen zu verschaffen), daß die Koenästhesie des Patienten, sein »In-dieser-Welt-Sein« angeschlagen ist, und daß vor allem eine positive narzißtische Besetzung aller physiologischen Funktionen des Kontaktes fehlt. Dieser Mangel betrifft den gesamten sensorischen Apparat, der den auf das Objekt gerichteten Regungen des Subjekts als Grundlage dient; das Funktionieren des ganzen Körper-Ich als Beziehungsorgan weist Anomalien auf (es handelt sich hierbei keineswegs um funktionelle physiologische Störungen, denn für seine Suizidpläne, d. h. um sich gegen das eigene Ich zu wenden, erreicht das Subjekt plötzlich eine Stufe, auf der der sensorische Apparat weitaus besser funktioniert, als das normalerweise der Fall ist). Das Subjekt klagt über ein Gefühl der Verarmung, denn es erlebt sich narzißtisch verringert, und wir wissen, daß die Vorstellung der narzißtischen Vollkommenheit mit dem Bewußtsein über den eigenen Wert eng zusammenhängt (»Regulierung des Selbstwertgefühles«).

Wenn man sich verkleinert fühlt, kommt man sich wirklich verarmt vor. Weil die Objektbeziehung aus ökonomischer Sicht (Besitz, Verlust, quantitative Faktoren) dem anal-sadistischen Register angehört, kann das Subjekt seine koenästhetische Stö-

---

6 Appetitstörungen, Geschmacksveränderungen, manchmal Heißhunger, übelriechender Atem, Anzeichen neurovegetativer Dysfunktion, Blähungen, Gewichtsveränderungen, Verstopfung, Harndrang, Pollakisurie;
Störungen der endokrinen Funktionen, Menstruationsstörungen, Amenorrhoe, Störungen des Sexualverhaltens, vor allem Libidoverlust;
Kardiovaskuläre Störungen, Hochdruck, Dyspnoe, Kopfschmerzen, Schwindelgefühle;
Amblyopie, Photophobie;
Erbrechen, Ohrensausen, akustische Hyperästhesie;
Irrealitätsgefühl, Störungen des Körperschemas, Reizbarkeit, übertriebene Empfindlichkeit mit gleichzeitiger gedämpfter Empfindungsfähigkeit, Schmerzunempfindlichkeit, Nachlassen der Aufmerksamkeit, Gedächtnisschwäche usw.

rung nur in den Begriffen dieses Registers ausdrücken, genauso wie in der Manie, wo es seiner triumphierenden Koenästhesie ebenfalls materiellen Ausdruck verschafft (»Ich habe alle diese Titel, besitze eine Menge Schlösser, ich habe ein Vermögen von so und so vielen Milliarden usw.«)[7].

Die Symptome der zweiten Kategorie (Traurigkeit und Auflehnung gegen den narzißtischen Besetzungsentzug) spiegeln sehr deutlich die Heftigkeit, mit der der Entzug der narzißtischen Besetzung das Subjekt in einer Atmosphäre von Erschütterung und Vernichtung trifft[8]. Seine gesamte Koenästhe-

---

7 Freud erklärt die Angst vor der Verarmung durch eine regressive Analerotik (*Trauer und Melancholie, Ges. Werke* 10, S. 439), was unserer Auffassung keineswegs widerspricht. Wir nehmen nämlich an, daß die energetische Triebgrundlage vor allem von der anal-sadistischen Komponente geliefert wird; weil nun dieser Komponente narzißtische Besetzungsenergie entzogen wird, wird sie wie auch die anderen Komponenten der Objektbeziehung gestört. Dies erklärt auch die verschiedenen Ängste, die den Melancholiker quälen. Er fürchtet, er könne die Welt angreifen, oder selbst von allen möglichen erschreckenden Projektionen seiner eigenen Aggressivität angegriffen werden, die um so bedrohlicher ist, als sie sich vom geschwächten Ich gelöst hat. Wir wissen, welche Wichtigkeit Abraham der *Oralerotik* in der Ätiologie der Melancholie zugebilligt hat. Wir meinen jedoch, daß diese Komponente nicht die besondere Stellung beanspruchen kann, die ihr der Autor zugesteht. (Auch wenn er nicht das Rätsel des melancholischen Selbstmords gelöst hat, hat er doch auf den prägenitalen Faktor als wesentlichen Aspekt dieses Prozesses hingewiesen. Später werden wir darauf noch eingehen.) Freud sagt über die Schlaflosigkeit: »Die Schlaflosigkeit der Melancholie bezeugt wohl die Starrheit des Zustandes, die Unmöglichkeit, die für den Schlaf erforderliche allgemeine Einziehung der Besetzungen durchzuführen« (*Trauer und Melancholie, Ges. Werke* 10, S. 439). Wir meinen, daß er sich damit in der Sichtweise von uns unterscheidet. Der Melancholiker vermag nämlich nur allzu gut, seiner Umgebung die Libido zu entziehen; er vollzieht damit eine regelrechte narzißtische Regression, die aber konflikthaft ist. Er denkt nur noch an sich selbst und kann seine Gedanken von diesem Punkt nicht mehr abwenden. Dieser Gedanke wird jedoch zur unerträglichen Qual, zur regelrechten Folter. Ihm fehlt also zum Einschlafen die Fähigkeit, die Funktion des Schlafs positiv narzißtisch zu besetzen, dies aber wäre beim Schlaf wie auch in anderen Fällen für ein reibungsloses Funktionieren unentbehrlich.
8 Der Patient ist in Gedanken versunken und verstört; die verschiedenen Autoren benutzen Begriffe wie: verwirrt, furchtsam, eingeschüchtert, verzweifelt usw. Begriffe, die einen Zustand tiefen Elends ausdrücken: »Warum passiert gerade mir das? Womit habe ich das verdient?« Seine Gesichtsfarbe verändert sich, der Kopf ist gesenkt, die Stirn liegt in Falten, sein Blick wirkt getrübt, die Schultern fallen, die Muskulatur ist schlaff — alles Anzeichen eines schwachen Ich, das unter der Last eines unermeßlichen Unglücks zusammenbricht. Er hält sich für wertlos und unfähig, zittert und hat Angst vor allem.

sie war nämlich an sein narzißtisches Gleichgewicht gebunden, das den Melancholiker mit der Welt verband (unbewußt nimmt er in ihr immer einen zentralen und triumphierenden Platz ein), während er jetzt nur noch machtlos seiner völligen Entblößung und dem schrittweisen, systematischen und unerbittlichen Zusammenbruch seiner ganzen Ich-Struktur zusehen kann. Weil alle Komponenten dieser Instanz vom Entzug der Besetzung betroffen sind (nicht nur die Grenzen des globalen Ich, sondern auch die der darin eingeschlossenen Elemente, die Objektrepräsentanzen, Objektbilder, Identifikationen, die übrigen Instanzen, die Imagines und alle Introjekte) regrediert die Ich-Struktur, und die Äußerungen des Narzißmus, wie sie durch das weitgehend desorganisierte Ich in Erscheinung treten, sind immer weniger angepaßt und werden sogar widersprüchlich.

Durch seine Selbstentwertung drückt das Ich seine narzißtische Megalomanie aus; *das unterbesetzte Ich und der vom Ich freigesetzte Narzißmus äußern sich gleichzeitig:* »Ich bin der größte Sünder dieser Welt.« Es klammert sich an seinen Ichhaften Narzißmus und versucht, sich dem Entzug der Besetzung entgegenzustellen, ohne jedoch dem unerbittlichen Verlauf dieser Entwicklung Einhalt gebieten zu können. Der Melancholiker klagt sich nicht an (wenn sein Überich noch existieren würde, könnte er es zur Unterstützung benutzen, indem er sich einer Bestrafung mit dem Gefühl des Wertzuwachses aussetzt), sondern er *wertet sich ab,* d. h. er schreit seine Erniedrigung in die Welt hinaus. Er verhält sich so, als fühlte er besonders stark die Härte, die darin liegt, daß ihm sein Wert, und d. h. alles, gerade vom Narzißmus geraubt wird, also der Instanz, die sein Selbstwertgefühl eigentlich erheben sollte, um damit seine Existenz an die narzißtische Achse von Glückseligkeit und Allmacht anzunähern. Bei seinen Protesten, die kosmische Ausmaße annehmen, stoßen seine Mikro- und seine Megalomanie noch einmal aufeinander; letztere zeigt das Wirken eines von jeder Ich-Kontrolle losgelösten Narzißmus, während die erste das tiefe Elend seines Ich ausdrückt. Das Ich kann nicht mehr von seinem Narzißmus profitieren, im Gegenteil: die regressive Entwertung erfaßt auch die unbewußte Erinnerung an das ganze Trieberleben (einen anderen Ich-Inhalt). So wird nach der Gegenwart auch der ganzen Vergangenheit die narzißtische Besetzung entzogen; nachträglich wird auch die Vergangenheit entwertet. Die abgezogene Besetzung kommt jetzt noch zur Masse des negativen Narzißmus des Subjekts hinzu. Der normale Mensch versucht in der narzißtischen Besetzung der Vergangenheit eine Kompensation für die Versagung der Gegenwart zu finden und spricht gerne von der »guten alten Zeit«. Dagegen muß der Melancholiker, weil das Vorzeichen seines Narzißmus umgekehrt ist, auch die *Vergangenheit* entwerten, dies um so mehr, als in ihr, wie wir schon erwähnt haben, *tatsächlich die Quelle seines Unglücks liegt.* Auch die Zukunft existiert nicht, denn es fehlt ihr die Besetzung.

Ohne Besetzung ist die Zukunft im eigentlichen Sinne unbegreiflich, und der Kranke kann sie nur (in Ermangelung dieser positiven Besetzung) als eine Art kosmischer Katastrophe erleben.

Wenn wir nun schließlich zur Untersuchung der letzten Symptomkategorie – nämlich den Anzeichen eines spezifischen melancholischen Verfalls – kommen[9], so müssen wir zunächst etwas zur Natur des Besetzungsentzugs sagen. Ich erinnere bei dieser Gelegenheit daran, daß die Kräfte, die hier am Werke sind, sich zumindest zu dem betreffenden Zeitpunkt der Kontrolle durch die Instanzen entziehen, und daß der Besetzungsabzug in seiner Negativität nur ein aktiver Prozeß sein kann, weil das Unbewußte keine Indifferenz und keine Neutralität kennt. Nicht mehr lieben, bedeutet auf dieser Ebene nicht nur, das früher einmal introjizierte Objekt aufzugeben, sondern es aktiv mit allen Folgen, die diese Introjektion hatte, aufzugeben; das muß zu dessen Verfall und systematischer Zerstörung und schließlich zum Auswurf führen. Diese Vorgänge gehören zur anal-sadistischen Komponente, deren Funktion unter anderem im Ergreifen, der Verdauung und totalen Fäkalisierung des Objekts besteht. Ich erinnere hier daran, daß Zurückwei-

9 »Ich kann an mir nur noch das Schmutzige, Schlechte, Beschämende und Schuldhafte sehen. Ich habe nur noch meine Fehler im Kopf, kann nichts Gutes mehr an mir finden. Ich habe Ekel, mich anzusehen«. Tatsächlich vernachlässigt der Depressive seine Hygiene, aber abgesehen davon scheint der Melancholiker unter den Auswirkungen eines ganz besonderen Abstiegs zu leiden.

sung für viele Menschen die Bedeutung von Fäkalisierung annimmt, und daß ein Objekt, dem seine Besetzung verweigert wird, schlecht, *schmutzig*, d. h. zum Abfall und zum Exkrement wird. So nennen wir einen Krieg, den andere führen, einen schmutzigen Krieg, eine Aufgabe, die uns mißfällt, eine »Dreckarbeit«, einen Sündenbock, auf den wir unseren analsadistischen Trieb projizieren, einen »dreckigen Itaker«, »dreckigen Türken« oder »dreckigen Juden«. Der Melancholiker, der sein eigenes Ich verwirft, läßt es mit dieser Haltung nicht genug sein (im Unterschied zum neurotisch Depressiven, der sich zwar auch nicht liebt, aber darin nicht weiter geht), er zerstört sich, verdaut sich, mit einem Wort: Er »analisiert sich«.

Je weiter der Besetzungsentzug voranschreitet (er kann in manchen Fällen auch im verborgenen vor sich gehen und zeigt sich dann erst am Ende in einem überraschenden Zusammenbruch), führt er nicht nur zur Verarmung, sondern auch zur Verkleinerung, zu einer wirklichen Schmälerung und Schrumpfung, die vom Subjekt wegen des regressiven Charakters des Prozesses als solche erlebt werden. Das Ich fühlt sich überschwemmt und erschreckt von seinen eigenen Inhalten, die ihm nun entgleiten, und deren Ausmaße sich nicht verändert haben. Es kommt sich vor wie der machtlose Zwerg aus einem Alptraum, der von einer Armee drohender und grinsender Riesenungeheuer umringt wird. Die Introjekte entziehen sich der Kontrolle des Ich und neigen auf Grund des regressiven Prozesses dazu, ihre ursprünglichen (objekthaften) Formen wieder anzunehmen; sie kommen gleichzeitig den Gestalten der Imagos näher, die dadurch noch mehr entstellt sind, daß auf sie die bei der Auflösung des Ich frei gewordene Aggressivität projiziert wird: *Die Tendenz zur Reobjektivierung tritt gleichzeitig mit der Zerstreuung von Ich-Inhalten auf.* Das Ich ist allein, in Schrecken versetzt, verkleinert und zittert; ist nackt wie am Anfang, aber ohne die immense narzißtische Reserve, die es zu Beginn seines Lebens im Gepäck bei sich trug. Man hat den Eindruck, daß die narzißtische Instanz, die früher einmal dem Urtrauma entgegentreten mußte, und die die Verantwortung dafür dem sich bildenden Ich zugeschoben hatte, nun nahe daran ist, Rache zu nehmen.

Das düstere Bild, das wir gezeichnet haben, gibt eine dialektische Situation wieder, die von der Störung des narzißtischen Gleichgewichts abhängt; wir sind nun imstande, ihre klinische Entwicklung zu verfolgen. Wir haben schon erwähnt, daß, ganz im Gegensatz dazu, die gleiche Konstellation klinisch völlig im verborgenen bleiben kann. Das Subjekt lebt nahezu normal, auf jeden Fall ohne eine charakteristische Symptomatologie, und ganz plötzlich, wie ein Blitz aus heiterem Himmel, ereignet sich der Selbstmord. Mit einem Bild aus der Chemie könnte man sagen, daß die Suizidhandlung zunächst wie eine Flüssigkeit im Suspensionszustand vorhanden ist, die auf einen Schock, dessen Eigenart man nicht recht kennt, wartet, um auszufällen. Manche besonders spektakulären Fälle sind Anlaß für Berichte in der Presse, denen man bestimmte ungewöhnliche Einzelheiten entnehmen kann. Zunächst liest man oberflächliche und alltägliche Feststellungen, deren monotone Wiederholung bei jedem neuen Fall allerdings zu denken gibt. Man liest beispielsweise regelmäßig – es handelt sich um Aussagen aus der Umgebung des Suizidenten –, er »hatte alles, um glücklich zu sein, hatte keinerlei Grund, sich umzubringen, im Gegenteil, er war lustig, hatte anscheinend überhaupt keine Sorgen«, und im entscheidenden Augenblick »sah er so aus, als gehe es ihm gut, ja so gut wie selten zuvor« oder: »er sah dem Zug, der ihn überfahren sollte, mit unerschütterlicher Ruhe entgegen«. Mit Überraschung nimmt man dann Einzelheiten darüber zur Kenntnis, was der Suizident kurz vor seiner Handlung getan hat; sehr häufig geht es dabei um Körperpflege: »Ich werde mir die Haare schneiden lassen«, sagte ein Schneider zu seiner Frau; er ging weg, und man sah ihn nie wieder. Ein Mannequin bestellt eine Reihe verschiedener Perücken und bringt sich um. Eine Stewardess spricht mit mehreren Leuten über ihre neue Wohnungseinrichtung (es geht besonders um die Vorhänge), am nächsten Morgen findet man sie tot auf. Ein junger Mann will Schallplatten einkaufen, um sich an ihnen zu erfreuen, und ertränkt sich usw.

Allen diesen Fällen ist zunächst gemeinsam, daß die erwähnten Details mit dem Plan, in kurzer Zeit sterben zu wollen, unvereinbar sind, und dann auch, daß diese Beschäftigungen – selbst wenn sie nicht immer die Körperpflege betreffen – *narzißtischen Zwecken dienen, allerdings auf prägenitalem Niveau.* Sie berühren also zumindest indirekt das Körper-Ich.

Man könnte diese Randerscheinungen für uninteressant halten, aber wir wissen, daß sich die Perspektive des Unbewußten aus anderen Elementen als denen unseres bewußten Denkens zusammensetzt. Auf die gleiche eigenartige Situation trifft man übrigens häufig auch in psychologisch anders zu bewertenden Ebenen: Wir wissen, daß viele Melancholiker sich gerade dann töten, wenn sie aus dem Krankenhaus entlassen worden sind und ihre wiedergewonnene Freiheit und alle Vorteile und Annehmlichkeiten eines zivilisierten Lebens ausnutzen können (ich spreche hier natürlich nicht von den Wechselfällen einer Schocktherapie). Überlebende aus Konzentrationslagern reagieren oft mit Suizid auf die schreckliche narzißtische Wunde, die ihnen zugefügt wurde. Das geschieht aber häufig erst Jahre nach ihrer Befreiung, und nachdem sie den materiellen Wohlstand, den sie während ihrer Gefangenschaft entbehren mußten, ausgiebig genutzt haben. Depressive bringen sich häufig in einem, eventuell auch eigens herbeigeführten erhebend-erhabenen physiologischen Zustand um; hinzu kommen Suizidimpulse, die während der Liebesekstase auftreten und im Nachhinein mit umständlichen und phantastischen Rationalisierungen versehen werden; so hat irgendein Literat in einem ähnlichen Fall die Formel »Selbstmord aus Enthusiasmus« geprägt. (Ich wiederhole, daß ich hier nur den narzißtischen Faktor ins Auge fasse und die Untersuchung von Beziehungsveränderungen, Projektionsmöglichkeiten usw. beiseite lasse.)

In all diesen Fällen gibt es so etwas wie eine Begegnung zwischen der libidinösen und der narzißtischen Komponente, die zu einer Synthese führen könnte. Diese scheint jedoch verboten zu sein, und beide Faktoren verhalten sich im Falle einer Berührung so, als seien sie explosiv. Das Phänomen kann man noch deutlicher in der *Anrufsituation* durch ein Objekt beobachten. Hierzu möchte ich kurz einen Fall berichten: Eine meiner Analysandinnen sprach sehr häufig vom Selbstmord ihrer Mutter. Diese Person war schwer depressiv und besaß eine

hysterische Struktur. Sie verbrachte den Tag zwischen oberflächlicher Lektüre und einer fast ständigen Somnolenz, die sie
durch Einnahme von Schlafmitteln aufrechterhielt. Eines Tages, als sie gerade aufgestanden war, trat sie auf den Balkon
hinaus und stützte sich dabei auf das Geländer. Da rief ihr
Mann sie mit ihrem Namen. Sie zuckte wie aus dem Schlaf
gerissen zusammen und warf sich in die Tiefe. Gewiß, wir
wissen nicht, was ihr Mann unbewußt und bewußt für sie
bedeutete, und was sich im Augenblick dieses Anrufs ereignete.
Aber durch die Beobachtung einiger mehr oder weniger gleich-
artiger Fälle bin ich zur Überzeugung gekommen, daß die
plötzliche Spannung, die sie in den Tod gestürzt hat, dem Konflikt zwischen einer tiefen trieblosen narzißtischen Regression
und der objekthaften, trieborientierten Materialität dieses Anrufs, der ihr Ich betraf, entsprungen ist (obendrein wurde sie
noch' bei ihrem Namen angerufen). Courchets Patientin[10] hatte
wundervolle Ferien verbracht und kehrte ohne das geringste
Anzeichen einer Depression zurück. Sie nahm ihre Analyse
wieder auf, und nach der ersten Stunde stürzte sie sich aus
dem Fenster. Man kann vermuten, daß hier der gleiche Konflikt
zwischen den Triebbefriedigungen einerseits (ausgefüllte und
sehr befriedigende Ferien) und der regressiven narzißtischen
Exaltation der analytischen Situation andererseits vorliegt.
Der Appell kann übrigens auch durch starke innere Triebreize
hervorgebracht werden. Dies scheint meistens der Fall zu sein,
wenn es keinen eigentlichen Suizid gibt, sondern Krankheit,
Unfall oder ein plötzlicher Tod ohne offensichtliche Ursache
vorliegen. Die Ärzte wissen, daß manche Tuberkulosepatienten oder Magersüchtige, selbst wenn sie sich behandeln lassen,
trotzdem den Wunsch und den Willen zu sterben beibehalten;
sie machen ihrem Ich deswegen Vorwürfe und zögern, wenn
sie können, nicht, den Arzt zu täuschen, der für ihre Behandlung verantwortlich ist und versucht, ihr Ich zu retten.
Manche Tuberkulosepatienten genießen den Zerfall ihres Ich,

10 Courchet: »Nach herrlichen und frohen Ferien löste eine Reihe von Er-
eignissen heftige Angst aus.
Sie kam wieder zu mir und erreichte es bei unserem ersten Treffen — und
dies ist charakteristisch —, mir gegenüber sitzen zu bleiben, ging dann nach
Hause und stürzte sich aus dem Fenster« (*Étude psychanalytique du suicide.
Évolution Psychiatrique*, 1955, 3).

als wohnten sie der Vernichtung ihres Todfeindes bei. Ihr schwarzer Humor maskiert manchmal mehr schlecht als recht diese Suizidtendenzen: »Je suis le tubard que les bars tuent«, sagte ein tuberkulöser Alkoholiker, und seine gegen sich selbst, oder genauer: *gegen sein Ich gerichteten aggressiven Absichten* schlossen jeden Zweifel an ihrer Echtheit aus. (In diesem Lichte müssen wir meiner Meinung nach auch das paradoxe Verhalten jener Tuberkulosekranken verstehen, die bis zum Schluß die Schwere ihrer Krankheit ignorieren und nicht aufhören, Zukunftspläne zu schmieden, wenn sie eigentlich bereits tot sind. Es handelt sich um die gleiche Spaltung, die wir beim Melancholiker gezeigt haben. *Das Körper-Ich stirbt, aber der Narzißmus triumphiert,* und er allein ist für den Optimismus des Patienten und für seine Zukunftspläne verantwortlich.)

Um den zu untersuchenden Konflikt genauer einzugrenzen, müssen wir das wieder aufnehmen, was wir über die narzißtische Besetzung und ihr Gegenteil, den Besetzungsabzug, gesagt haben, der direkt zu einer *»Analisierung«* seines Objekts, bzw. *des Ich des Subjekts* führt. Auch wenn das Ich sogar die Gründe seiner narzißtischen Wunde, also die Identifizierung des Objektverlusts, in der Verdrängung halten kann, so gelingt ihm das mit dem depressiven Affekt selbst nicht, und vor allem kann es sich nicht über die Zerstörung hinwegtäuschen, deren Opfer es ist. Es entspricht der tiefen Bedeutung dieses Prozesses, daß es sich schließlich als Abschaum betrachtet, als stinkendes Exkrement, von dem die Welt gereinigt werden muß. In Bergmans Film »Die Abendmahlsgänger« tötet sich ein Melancholiker, weil er sein Ich mit der kosmischen Aggressivität identifiziert, die in der Atombombe ihren objektiven Ausdruck findet. Kafka, der an einer Tuberkulose starb, sieht sich in der Erzählung *Die Verwandlung* als riesige Kellerassel, die ein Symbol des Schmutzes ist, das man mit Ekel und Schrecken von sich wirft[11]. Obwohl sich der Schriftsteller auf diese Weise mit seinem Körper-Ich identifiziert (sein anti-narzißtisches Ich wollte sein Werk nach seinem Tode zerstört wissen), war es dennoch schöpferisch, und sein triumphierender Narzißmus hat uns ein Meisterwerk der Weltliteratur geschenkt. Wir stoßen

11 Eine depressive Patientin sagte: »Ich tauge zu nichts; ich sollte mich in die Toilette werfen und hinunterspülen«.

hier auf die Quellen des Manichäismus und das Problem von Gut und Böse, ohne uns freilich dabei aufhalten zu können. Da jeder von uns in sich einen depressiven Kern birgt, kommt der Prozeß der *Analisierung* häufig in Gang; es sieht aber so aus, als ob er sich unter bestimmten Umständen beschleunigen könnte: Wenn der Primitive ein Tabu übertreten hat, so verhält er sich, als ob er plötzlich zum Träger der ganzen Analität des Stammes geworden sei; unter dieser Last bleibt ihm kein anderer Ausweg als der Zusammenbruch. Aber warum?

Wer »Konflikt« sagt, spricht von Kräften, die miteinander im Kampf liegen. Wir waren von dem ursprünglichen narzißtischen Zustand des egokosmischen Ich, das seinem Wesen nach erhaben ist, ausgegangen. Die Ursache für die Störung dieses idealen erhebend-erhabenen Zustandes vermischt sich aus der Sicht der primitiven narzißtischen Instanz mit dem in der Entstehung begriffenen operationalen Ich (Ego Faber). Wenn dieser Konflikt zwischen Narzißmus und Ich fortbesteht und die Ausbildung dieses Gegensatzes voranschreitet, wird das operationale Ich in seiner Gesamtheit zu einem bestimmten Zeitpunkt durch den Analisierungsprozeß erschüttert, wobei sich der ganze Narzißmus des Subjekts auf das alte egokosmische Ich konzentriert. Es genügt also ein Anstoß – eine entscheidende Veränderung des Kräfteverhältnisses zwischen den beiden Protagonisten –, und die Herrschaft über das globale Ich gleitet aus den Händen des operationalen Ich in die der narzißtischen Instanz, was zur Umkehrung der Positionen führt. Weil das Ich im Verlauf dieser Veränderung bis zu einem Punkt regrediert, wo es seine Vormachtstellung der narzißtischen egokosmischen Masse abtritt, *kehrt es automatisch zu einem vorkonflikthaften Zustand zurück; das kommt einer Annullierung der narzißtischen Wunde gleich*, bedeutet aber auch Unterdrückung des Ich. Da mit dieser Machtverschiebung eine Vereinheitlichung der neuen Souveränität einhergeht (der Narzißmus ist grundsätzlich totalitär, und Minoritäten werden unter seiner Herrschaft nicht geduldet), kann der Rest des operationalen Ich – als eine Masse von Abfällen – nur noch eliminiert werden, wie es auch tatsächlich geschieht. Das auf diese Weise befriedete globale Ich gewinnt seine Ruhe wieder; zwar ist das nur eine scheinbare Ruhe, denn das globale Ich hat nichts davon, ihre Auswirkungen sind aber doch erkennbar. *Hat nämlich der Melancholiker seine unheilvolle Entscheidung getroffen, so gewinnt er seine Ruhe wieder, noch bevor er seinen Plan ausführt.*

Die Menschen, die ihn einige Zeit vor seinem Selbstmord gesehen haben, erinnern sich an seine Ruhe und Entspanntheit; aber diese Anzeichen, die sie als Hinweis auf eine Besserung, als das Gegenteil einer Suizidabsicht angesehen hatten, müssen selbst als Folgen des fatalen Entschlusses erkannt werden. Wenige Tage zuvor war das Subjekt noch irritiert, aggressiv, querulierend und machte' Pläne – alles Manifestationen seines Ich –, während nun *sein neues glückliches und lächelndes Gesicht die Position der narzißtischen Instanz widerspiegelt, die von nun an sein Ich besetzt hält.* Er protestiert nicht mehr, denn die Würfel sind gefallen. Sein Ich ist nämlich eigentlich schon tot.

Diese rettende Regression auf die egokosmische Stufe ist für die manisch-depressive Psychose spezifisch. Wir wissen, daß der neurotisch Depressive die Heilung sucht, und daß auch der Schizophrene in bestimmten Momenten, wenn er vor Angst unter der Last einer schrecklichen Schuld zittert, verzweifelt nach Hilfe ruft; der Melancholiker dagegen sagt, er sei es nicht wert, daß man sich um ihn kümmert, und weist jede Hilfe zurück.

Da die Regression des Melancholikers durch einen Konflikt zwischen Ich und Narzißmus verursacht wird, fühlt sich das Ich von der narzißtischen Instanz verlassen und verdammt. Beim depressiven Neurotiker dagegen ist die Spaltung zwischen beiden Protagonisten noch nicht vollendet; sein Ich kann sich gegen die einbrechende Störung wehren und entgeht so der Regression.

Wenn der Schizophrene von einem »Ich-Zustand« auf einen anderen regrediert, behält sein Ich, obwohl auf veränderter, d. h. wahnhafter Grundlage, seine funktionelle Einheit. Im Cotard-Syndrom ist zwar das Körper-Ich unterbesetzt (Eindruck der Leere, Fehlen von Organen), aber die Grenzen des globalen Ich bleiben narzißtisch besetzt. Daraus ergibt sich eine Art abstraktes globales Ich, das zur totalen Starre verurteilt ist; über das Gefühl der Unsterblichkeit, das nun entsteht, beklagte sich das Subjekt, denn es weiß, daß Sterben immerhin noch bedeuten würde, ein Ich zu besitzen, d. h. zu leben.

9.6

> »Wenn ich mich töte, so nicht um mich zu zerstören, sondern um mich wiederherzustellen.«
>
> Antonin Artaud

> »... glücklich warf ich, ehe ich an Bord ging, das Lumpenpack der Büchse, der Tasche, des Jagdgewehrs vor mir hinunter, das ich immer stolz getragen hatte, und in das Totenhemd schlüpfte ich wie ein Mädchen ins Hochzeitskleid.«
>
> Kafka, *Der Jäger Gracchus*

> »Aber ich weiß, daß mein Erlöser lebt, und als der letzte wird er über dem Staub sich erheben. Und ist meine Haut noch so zerschlagen und mein Fleisch dahingeschwunden, so werde ich doch Gott sehen.«
>
> *Das Buch Hiob*

> »In der zukünftigen Welt ißt man nicht, trinkt man nicht, treibt man keinen Handel: Aber die Gerechten werden Kronen auf dem Kopfe tragen und sich der Gegenwart der göttlichen Majestät erfreuen.«
>
> Rabbi Nathan in: *Sprüche der Väter*

Wenn der Melancholiker die Negation erreichen würde, die typisch für das Cotard-Syndrom ist, so würde er sich nicht töten, weil es nichts zu töten gäbe, denn das verabscheute Ich ist das Körper-Ich. »Das Ich ist verabscheuungswürdig«, dieser Satz ist nicht etwa Ausdruck eines von außen kommenden Überich-Einflusses; das gegen das Ich gerichtete Überich ist ja selbst Ausdruck einer narzißtischen Tendenz (am Ursprung des Überich steht das Ich-Ideal), die zur Trennung der beiden Instanzen führt. In allen Religionen wird das durch die Linie dargestellt, die das Körperbild in zwei Teile trennt, Himmel und Hölle, hoch und tief. In uns allen gibt es die Tendenz, die Abhängigkeit von unserer sterblichen Hülle zu überwinden, und es gibt viele Situationen, in denen der Mensch mit äußerster Leichtigkeit sein Körper-Ich verleugnet. Über-sich-Hinausgehen, d. h. die sklavische Abhängigkeit von körperlichen Bedürfnissen überwinden, ist sogar das entscheidende Merkmal unserer geistigen und moralischen Erhebung. »Du zitterst, Gerippe«, sagte Turenne zu seinem Körper-Ich, während er sich peitschte und seine leibliche Existenz aufs Spiel setzte, um den Anforderungen seines narzißtischen Ideals zu genügen. Zeigen nicht Worte wie Erhöhung, Erhebung und Ekstase (ek-stasis) den einen Wunsch des Menschen, sein Körper-Ich zu überwinden und es zu verlassen[12].

Wie wir weiter oben gesehen haben, hat der Melancholiker seinem Körper-Ich die Besetzung entzogen; das vollzieht sich jedoch ausschließlich im Zeichen des Konflikts zwischen narzißtischer Instanz und Ich; d. h. was nicht unmittelbar am Konflikt beteiligt ist, scheint dem Prozeß in einem gewissen Maß zu entgehen. Angesichts der Reste eines geschrumpften und erniedrigten, von Triebreserven aber immer noch gestützten Körper-Ich nimmt die Hoffnung des Melancholikers auf den eigenen Untergang einen erhebenden Glanz an. Denn zweifelsohne steht der erhebend-erhabene Faktor hinter jeder Suizidhandlung, ganz unabhängig von der Bedeutung der sadistischen Komponente, die in den klassischen Beschreibungen stets hervorgehoben wird, während alle übrigen Komponenten vernachlässigt werden.

Der Selbstmord des Melancholikers strahlt immer einen gewissen inneren Glanz aus, auch wenn er von außen wie ein undurchschaubares, erbärmliches Abgleiten in die Selbstzerstö-

---

12 Wir können die manische Krise (die manchmal, aber nicht immer mit der melancholischen alterniert) als einen Versuch des Subjektes betrachten, sich seines Ich (und seines Überich) zu entledigen, indem es *an ihre Stelle seinen freien und allmächtigen Narzißmus setzt*. Das degradierte Ich wird dann zum Diener eines rein narzißtischen Es.
Auf Grund der narzißtischen Vorherrschaft fehlt jede anale Kontrolle bei diesem Fest. Daneben verliert das Ich, indem es all seine Energiereserven in einem Anfall von narzißtischem Größenwahn und offensichtlicher Scheinaktivität verpulvert, immer mehr an Kraft. Der Zusammenbruch läßt nicht lange auf sich warten, und die narzißtische Wunde, die er dem Subjekt zufügt, stürzt dieses wieder in die Depression.

rung erscheint; diese wird aber mit unvermuteter Meisterschaft und um den Preis von Leiden verwirklicht, die – selbst wenn wir einen gewissen Grad an Gefühllosigkeit durch Unterbesetzung der Sinnesfunktionen in Betracht ziehen – das Verständnis überschreiten.

Wenn der Melancholiker sagt: »Ich sterbe, damit die anderen glücklich sind«, versetzt er sich in seiner Kleinheit in die Rolle des Erlösers, der weiß, daß die Welt ihm die Ankunft eines neuen Zeitalters vollkommener Glückseligkeit verdankt. Seine megalomane Handlung scheint jedoch gleichzeitig von sehr großer, allerdings völlig unbewußt bleibender Triebbefriedigung begleitet zu sein. Er realisiert somit im letzten Moment, den er zum Höhepunkt, ja zur Apotheose umformt, die ersehnte und vorher nie erreichte Synthese zwischen seinem Narzißmus und seinen Trieben. So erreicht er im Tod die höchste Befriedigung, die sein – manchmal langes – Leben ihm stets verweigerte.

10. Das Kind in der Schatztruhe und die Vermeidung des Ödipus[1]

In einem früheren Vortrag[2] anläßlich des Congrès des Psychanalystes de Langues Romanes in Lausanne haben wir einen wesentlichen Aspekt der kindlichen Psyche beschrieben, nämlich den Versuch des Kindes, die Illusion seiner narzißtischen Integrität (phallisches Bild) aufrechtzuerhalten und dabei die neuen Gegebenheiten des postnatalen Lebens zu verleugnen. Ausgehend von dem Problem der Entwicklung des Wirklichkeitssinnes aus der narzißtischen Allmacht, das schon Ferenczi untersuchte, sagten wir, das Kind versuche sich auf einer magisch-narzißtischen Grundlage zu reorganisieren, auf der gleichen Grundlage, die sein Pränatalleben stützte, das endgültig aufzugeben es nicht für notwendig hält. Diese Haltung haben wir als *taktisch* gekennzeichnet. Ohne hier genau auf die Art, in der sie in der allgemeinen Entwicklung wirksam wird, eingehen zu können, betrachten wir sie als ersten Versuch, der *strategischen* Tendenz zum Durchbruch zu verhelfen, die auf narzißtische Vollkommenheit abzielt. Wir können also sofort zur Untersuchung der nächsten taktischen Phase überleiten, die ihrem Wesen nach der ersten völlig entgegengesetzt ist, obwohl sie das gleiche Ziel verfolgt. Schematisch betrachtet handelt es sich um den Augenblick, in dem das Kind in triebökonomischer Hinsicht dem Höhepunkt der anal-sadistischen Phase zustrebt. Da es nun über einen neuen mächtigen energetischen Faktor verfügt, kehrt sein Narzißmus sich in gewissem Maße von der erhebend-erhabenen Position, auf die die frühere Taktik gerichtet war, ab und besetzt die anal-sadistische Strömung, die im Gegensatz zur oral-narzißtischen steht. Diese massive libidinöse Besetzung der Analität liefert dem Ich des Kindes gewisse zum Erwerb des Wirklichkeitssinns nützliche Elemente. Da der Prozeß sich jedoch noch im Anfangsstadium befindet, wendet

---

1 Vortrag vor der Société Psychanalytique de Paris am 21. 2. 1967, geschrieben 1966.
2 Vgl. unten die Untersuchung *Ödipus und Narzißmus*, S. 318 ff.

das Kind zunächst seine neue Taktik in ebenso absoluter und übertriebener Weise an wie die frühere. Sein Narzißmus geht über auf die charakteristischen Merkmale einer allmächtigen, megalomanen analen Herrschaft, deren grundlegende narzißtische Züge wir hervorheben möchten.

Freud hat das »*Kind auf dem Thron*« beschrieben, wobei er auf den Faktor der Allmacht besonderen Wert legte; nach ihm haben Abraham und Ferenczi die Untersuchung der anal-sadistischen Phase im selben Geist vorangetrieben. (Ich erinnere hier an den bekannten Fall des letzteren Autors, einen kleinen Jungen, der sich über sein Kindermädchen ärgerte und ihr drohte: »Wenn du mich ärgerst, dann scheiße ich dich nach Ofen hinüber«; Abraham: *Versuch einer Entwicklungsgeschichte der Libido*, in: *Psychoanalytische Studien zur Charakterbildung* Band 1, S. 121). Ich möchte das Überwiegen des narzißtischen Faktors in diesen analen Verhaltensweisen besonders betonen. Einen meiner Patienten, der sich an eine solche »Topfsitzung« erinnerte, überraschte im Nachhinein die Wichtigkeit dieser Komponente: »Ich hatte den Eindruck, einen einzigartigen persönlichen *Wert* darzustellen, und ich empfand unermeßlichen Stolz; ich frage mich seither, was ein solch megalomanes Gefühl hat rechtfertigen können.« Genau dieses megalomane Gefühl schwingt im kategorischen »*Nein!*« mit, das das Kind in der anal-sadistischen Phase seiner Umgebung entgegenschleudert, um sich durch die absolute Beherrschung des Objekts seiner narzißtischen Integrität zu versichern. Dies ist – wie wir schon mehrmals unterstrichen haben – für die anale Objektbeziehung typisch.

Diese Taktik ist derjenigen, die wir in unserem Vortrag in Lausanne beschrieben haben, diametral entgegengesetzt[3]. Dabei haben wir der »*Phantasie des göttlichen Kindes*« einen besonderen Platz eingeräumt (sie umfaßt die »*narzißtische Triade*«, in der das Kind auf einer triebfreien, regressiven Ebene in das elterliche Paar eingefügt ist und damit den Ödipus und die Primärszene abwehrt). An die Stelle dieser Phantasie tritt nun eine ganz andere Vorstellung: Anstatt sich in das Elternpaar

---

3 Eine erste Beschreibung haben wir in dem Artikel *Betrachtungen zur Spaltung zwischen Narzißmus und Triebreifung* (vgl. S. 189 ff.) versucht.

einzufügen und so den ödipalen Konflikt zu umgehen, versucht das Kind jetzt, auf die elterliche Unterstützung zu verzichten, und sich mit einem Schlag als fertiges Individuum zu setzen. Die narzißtische Komponente dieser Position hat einen deutlichen *phallischen* Unterton, der ihren anal-sadistischen Aspekt überlagert. Das Kind möchte alles *tun*, vor allem möchte es nach der charakteristischen Formel dieser Phase »*ich ganz allein*« ohne die Erwachsenenwelt auskommen. Diese Suche nach Selbständigkeit richtet sich natürlich auf die narzißtische Integrität. Sie ist aber auch eine Art Flucht vor der ödipalen Situation, die immer gegenwärtig ist, vom Kind jedoch noch nicht bewältigt werden kann[4]. Es löst diese Schwierigkeit, indem es den ödipalen Kampf *vermeidet* und versucht, statt dessen auf magisch-narzißtische Weise über den ödipalen Rivalen zu triumphieren, ohne mit ihm in eine Situation wirklicher Rivalität zu geraten. Die Konfrontation zwischen dem Großen und dem Kleinen, die die Phantasien dieser Phase beherrscht, erfolgt immer auf mythische, magische und wunderbare Weise. Trotz seiner offensichtlichen und objektiven Unterlegenheit, triumphiert das Kind stets über den Riesen, der doch über all die Mittel verfügt, die dem Kleinen fehlen[5].

Die normale Entwicklung des Kindes verläuft über die Integration der Analität in das genitale Triebbündel und die Ich-Struktur; dies ist für die psychosexuelle Reifung von entscheidender Bedeutung. Die Integration der analen Komponente ist zum einen der zentrale Punkt dieser Entwicklung, wenn

---

4 Wie wir schon bei anderer Gelegenheit bemerkt haben, entsteht die ödipale Struktur sehr früh, ja mit der Geburt. Sie darf jedoch keinesfalls mit der späteren klassischen ödipalen Position verwechselt werden. Die ödipale Struktur ist zu Beginn schematisch, abstrakt, eine Möglichkeit, vergleichbar einem leeren Koffer, mit dem das Kind zur Welt kommt, und den es erst nach und nach, wenn es die Etappen seiner prägenitalen Reifung durchläuft, füllt. Wollte man immer nur vom leeren Koffer ausgehen, so würde man dem Ödipus seine gesamte Substanz und seine Materialität nehmen; der Begriff bliebe dann eine dürre Abstraktion.

5 Der Wunsch des Kindes nach Selbständigkeit, der mit seiner analsadistischen Weltvorstellung verbunden ist, tritt besonders klar im Wunsch des Menschen zu gebären in Erscheinung, der sehr archaisch und meistens tief verdrängt ist. Die Mythen Ozeaniens und Amerikas sind reich an Berichten über Selbstbefruchtungen, und häufig werden in ihnen die Menschen aus Kot erzeugt. Und ist nicht der erste Mensch nach der Bibel aus Lehm (= Kot) und damit ohne Eltern gemacht worden? (Siehe Freud: *Über Triebumsetzungen, insbesondere der Analerotik, Ges. Werke* 10, S. 402–410).

man die Vielfalt ihrer zukünftigen Aufgaben bedenkt – alle Aktivitäten, alle affektiven und sexuellen Positionen, alle Objektbeziehungen besitzen eine anale Komponente –; zum anderen ist sie die Längsachse dieser Entwicklung, wenn man sich vor Augen hält, wie lange der Prozeß der Integration, der sich bis ins Erwachsenenalter mit der Triebreifung vermischt, bis zur Vollendung benötigt. Da die phallische Phase, die der analen folgt, einen großen Anteil anal-sadistischer Libido anzieht, die nun durch die Entwicklung der Genitalität und des Ich gewissermaßen absorbiert wird, verlieren die typischen Erscheinungen der analen Komponente an Deutlichkeit. Falls die ödipale Phase erfolgreich bewältigt worden ist, kann der Prozeß ihrer Integration in diesem Augenblick als abgeschlossen gelten. Eine solche Entwicklung in gerader Linie ist jedoch recht außergewöhnlich und sehr häufig geschieht es, daß *die anale Komponente schlecht integriert wird* und daß der Gang der psychosexuellen Entwicklung deshalb stark von diesem idealen Schema abweicht. Außerdem geht die mangelnde Integration der Analität in das Ich – deren Ursachen vielfältig sein können – mit einer anormalen Entwicklung des narzißtischen Faktors einher. Letzteren wird man hauptsächlich für die auftretenden Schwierigkeiten verantwortlich machen müssen, aber wir können uns hier nicht bei dem ätiologischen Aspekt dieses Problems aufhalten. Ausschlaggebend ist die befriedigende Synthese zwischen beiden Faktoren innerhalb des sich entwickelnden Ich, wobei diese Synthese von einem kohärenten Ich abhängt und umgekehrt. In dem uns hier beschäftigenden Fall erfolgt die Entwicklung beider Faktoren nunmehr großenteils *außerhalb des Ich*. Diese Anomalie wirkt sich auf die Zentralinstanz des Ich in Form eines Bruchs aus, dessen Untersuchung wir uns vorgenommen haben. Dazu wählen wir als Ausgangspunkt das »Kind in der Schatztruhe«.

10.2

Jeder von uns hat gelegentlich beobachten können, daß sich Kinder einen »*Schatz*« zulegen, der auch vom Kind selbst so bezeichnet wird. Diese Benennung entspricht einer außerordentlich starken narzißtischen Besetzung. Der »Schatz«, der häufig gleichzeitig versteckt, zur Schau gestellt und eifersüchtig bewacht wird, besteht paradoxerweise und per definitionem aus *heterogenen, abgenutzten, entstellten, nicht zusammenpassenden und schmutzigen Objekten, die an sich keinerlei Nutzen und Wert besitzen.* Es scheint nun, daß das Kind den *Abfall-charakter* dieser Objekte durchaus sieht, und mehr noch, daß es diese Eigenschaft für entscheidend hält. Es zögert nicht, der Stärke seiner spezifischen Besetzung Ausdruck zu geben, wenn man ihm beispielsweise vorschlägt, diese Objekte gegen neues, unbeschädigtes und objektiv wertvolles Spielzeug einzutauschen, dessen realen Wert das Kind durchaus ermessen kann. Der Ursprung dieser Objekte liegt meistens im Dunkeln; sie sind nicht gekauft, es sind keine Geschenke, sie sind vielmehr gefunden, heimlich aufgelesen oder einfach stibitzt worden – ein bedeutsames Detail, auf das wir noch zurückkommen werden[6].

Wenn wir die verschiedenen Eigenschaften des Schatzes analysieren, entdecken wir sehr schnell, daß es sich für das Kind vor allen Dingen darum handelt, sich ein Objekt zu verschaffen, das es (je nach Art und Weise seines Erwerbs) besitzt, ohne den Weg der normalen Objektbeziehung gehen zu müssen, ja gerade um ihn zu *vermeiden.* Es handelt sich hierbei um eine Objektbeziehung, die eigentlich gar keine ist, weil die anale Komponente nicht hinreichend integriert ist. Wir finden das bei manchen kleptomanen Kindern, die stehlen, um nicht bitten zu müssen, d. h. um sich nicht in eine Objektbeziehung einlassen zu müssen. Der verborgene Ursprung der Objekte begünstigt außerdem eine sehr reiche Phantasiebildung, z. B. im Sinne der *narzißtischen Autonomie,* von der weiter oben die Rede war. Da der Schatz schließlich von niemandem kommt, ist ein *ödipaler Ursprung* und das damit zusammenhängende

6 Ohne hier eine differentialdiagnostische Untersuchung in Angriff nehmen zu wollen, betonen wir, daß es manchmal schwierig ist, den eigentlichen Schatz von anderen Inhalten des Kinderzimmers, von Puppen, Spielzeug und den verschiedenartigsten »Sammlungen« zu unterscheiden. Er unterscheidet sich jedoch vom *»Übergangsobjekt«* dadurch, daß er aus mehreren Dingen besteht, die ein »System« bilden, und daß die Wandlungen dieses Systems als solche während der gesamten späteren Entwicklung des Kindes verfolgt werden können.

System von Objektbeziehungen ausgeschlossen. Weil der Schatz vom Kind *geschaffen* wurde und seine »Erfindung« ist (auch im juristischen Sinne, der die Beziehung der Erwachsenen zu ihrem »Schatz« kennzeichnet – Münzen, die bei Erdarbeiten gefunden werden z. B.), kann es sich auf ihn in magisch-narzißtischer Weise projizieren und sich so ein eigenes Universum schaffen, in dem es der Herr ist.

Die Bedeutung des *heterogenen* Charakters der »Elemente« des Schatzes scheint stark überdeterminiert zu sein. Die vielfältigen Projektionen und das Fehlen eines Zusammenhalts deuten auf ein Ich hin, dessen Bestandteile noch nicht integriert sind. In bezug auf das globale Ich sind sie noch brüchig. Dem entspricht die Ich-Schwäche, die wir oben beschrieben haben. *Die Vielzahl und die fehlende Assimilation der Introjekte werden aufrechterhalten*, was man im Sinne dieser Untersuchung als narzißtische Abwehr der »Ödipalisierung« betrachten kann; dagegen ist *das ödipale Objekt in jedem Abschnitt des ödipalen Konflikts einheitlich*. Das Kind befindet sich also in einer *polytheistischen* Situation im Unterschied zum Monotheismus, der als Projektion der ödipalen Position verstanden werden kann[7].

Gemeinsam ist den Schatzelementen ihre narzißtische Besetzung. Daß es sich um individuelle Objekte handelt, ist unwichtig; weder ihre Nützlichkeit noch ihr Wert, die – wie wir gesehen haben – objektiv gleich Null sind, zählen; ihre Existenzberechtigung und phantasierte Individualität hängt einzig und allein von der narzißtischen Besetzung ihres Besitzers ab. Wenn der Schatz einmal geschaffen ist und seine Elemente vereinigt, d. h. mit narzißtischer Besetzung ausgestattet sind, dann stellt er ein regelrechtes *Schutzsystem* gegen Kastrationsängste dar. Diese Ängste tauchen zwangsläufig in großer Zahl und mit einiger Macht im Unbewußten des Kindes, das an der Schwelle zur Latenzperiode steht, auf, weil der erste ödipale Schub wegen der nicht integrierten Analität und des hypertro-

---

7 Indem das Gesetz Mose die bildliche Darstellung menschlicher und tierischer Gestalten verbot, wollte es die Herstellung von Idolen, d. h. die Regression auf den Polytheismus verhindern. Gleichzeitig fand in ihm die Anerkennung der wirklichen Entstehung des Menschen Ausdruck, also die Unterwerfung unter den Vater, der die Einsicht spricht, daß sich der Mensch eben nicht selbst erzeugen kann.

phen Narzißmus nicht bewältigt werden konnte. Verzweifelt kämpft es also nicht nur gegen seine aggressiven Triebphantasien an, sondern auch gegen den Ödipuskomplex. Über die damit verbundenen Identifikationsschwierigkeiten werden wir im folgenden Abschnitt sprechen. Das Schutzsystem, das der Schatz darstellt, kann auch zur Qual werden, es nimmt dann einen verbindlichen und zwanghaften Charakter an.

Was nun den analen Aspekt (Schmutz und Abfallcharakter) des Schatzes betrifft, so verwandelt die narzißtische Besetzung seinen Unwert in Wert; das entspricht dem uralten Traum der *Alchemisten*, die niemals die Hoffnung aufgegeben haben (auch in unseren Tagen noch nicht), wertloses Blei (ein Exkrement) in edles Metall, nämlich Gold, zu verwandeln[8]. Dieser Traum drückt den Wunsch aus – von dem ich auf dem Kongreß in Lausanne bereits sprach –, *den langen, ungewissen Prozeß der Triebreifung, der auf einer Folge verschiedener Identifikationen innerhalb des ödipalen Rahmens beruht, kurz gesagt: den Ödipus zu überspringen.* Der Schatz ist ein magisch-anales Partialobjekt, das es zu introjizieren gilt, indem man ihm einen phallischen Wert verleiht, so *als sei es* das Resultat eines abgeschlossenen Reifungsprozesses, der alle Phasen der ödipalen Entwicklung durchlaufen hat. Wir befinden uns hier auf einer regressiven Stufe; der Schatz ist ein anales Objekt, das sich gegenüber dem primitiven Kot-Objekt kaum weiterentwickelt hat. Die Elemente des Schatzes sind verstümmelt, in ihrem Kern verletzt und kastriert, d. h. fäkalisiert; die Kastration und der Mangel werden nun zum Wert und zur Quelle der magischen Allmacht, die bei einigen Stammesvölkern den

8 Janine Chasseguet-Smirgel hat an den alchemistischen Versuchen Strindbergs gezeigt (*Pour une psychanalyse de l'art et de la créativité*), daß der Paranoiker gezwungen ist, aus allen möglichen Teilen einen autonomen magischen Phallus zu schaffen, um die Phase der analen Introjektion des väterlichen Penis zu umgehen. Während aber nur die Angst um das Ich, die mit massiven Projektionen auf den Vater und seinen Penis verbunden ist, den Prozeß zur Herausbildung eines autonomen magischen Phallus in Gang setzt, projizieren Patienten, die uns hier interessieren:
a) den Phallus auf den Schatz als Schutzsystem oder auf ein Äquivalent, z. B. eine heterogene Ansammlung von Konzepten, in deren Zentrum ein Vermittler steht; außerdem verstärken sie — wie wir später sehen werden — diese narzißtische Projektion durch Spiegelung;
b) nicht nur die Angst um das Ich, sondern auch Schuldgefühle und die Unreife insgesamt stehen hier zur Debatte.

Krüppeln, den Kastrierten und den Mißgeburten zugeschrieben wird.

Wir haben betont, wie wichtig die materielle Grundlage für jede Projektion ist und erinnern hier an das, was wir über den Narzißmus ausgeführt haben. Der Narzißmus kann als Instanz, d. h. soweit er an der Dialektik innerhalb des globalen Ich beteiligt ist, auf eine Triebgrundlage nicht verzichten. Gelegentlich (bei einer Konstellation, wie wir sie hier vorfinden) kommt es jedoch zu einer Regression im Hinblick auf die materielle Grundlage; dann verlieren die Bestandteile dieser Grundlage ihre ursprüngliche Individualität und bilden nur noch eine homogene und anonyme Masse (Exkrement), die ihr Dasein und ihren Sinn allein durch den magisch-narzißtischen Faktor erhält[9]. Es kommt zu einer doppelten – analen und narzißtischen – Regression, allerdings auf verschiedenen Stufen, was dem Subjekt eine gewisse funktionelle Freiheit in Hinsicht auf seine Analität und seinen Narzißmus verschafft. Die relativ freien Komponenten des globalen Ich (Narzißmus und Analität, die zu dem System gehören) entziehen sich dem Überich, das sich erst herausbildet; das Subjekt ist relativ frei von Schuldgefühlen und damit weniger gehemmt als in den Bereichen seines Ich, die Bestandteile des globalen Ich sind. Das kann dazu führen, daß das Subjekt eine motorische, geistige und verbale Geschicklichkeit besitzt, die sich der Konfliktualisierung entzieht, und in peripheren Bereichen seines Handelns einen gewissen Grad an Perfektion erlangt. Gleichzeitig kann sich sein Narzißmus, der der Ich-Kontrolle entgeht, freien Lauf lassen; dabei kommt er der Megalomanie sehr nahe.

9 Ein Beispiel für die Anonymität bieten die *Abzählverse der Kinder*. Es handelt sich dabei um eine entfernte Variante des Schatzes, deren entscheidende Funktionen aber auf ihn zurückgeführt werden können. (Wir vernachlässigen dabei wohlgemerkt den rein spielerischen Aspekt, aber wir sind zu der Überzeugung gelangt, daß die Abzählverse wie ein Schutzsystem funktionieren, und das gilt sicherlich in einem gewissen Maß für alle Spiele.) Ihre verbale Grundlage (beispielsweise die Worte: ene, mene, muh) hat keinerlei Sinn, ist jedoch narzißtisch stark besetzt. Die feste Stellung der Worte innerhalb des Systems ist unentbehrlich; außerdem wird der materielle Rahmen durch ein ebenfalls starres Ritual erweitert. Nur die Kinder nehmen daran teil, was unter ihnen eine ganz besondere Verbindung erzeugt, die sie von der ödipalen Erwachsenenwelt abhebt, gegen die das System gerichtet ist. In bestimmten Abzählversen ist diese Spitze gegen die Erwachsenenwelt besonders deutlich.

Die psychosexuelle Entwicklung des Menschen umfaßt – wie
wir wissen – zwei Abschnitte, insofern das Individuum während der Pubertät die verschiedenen Phasen seines prägenitalen
und genitalen Reifungsprozesses wieder aufnimmt. Wir wissen
ebenfalls, daß der Ödipus im klassischen ödipalen Alter noch
keineswegs gelöst wird und daß der Mensch seine sexuelle Reife und die Fähigkeit, Objektbeziehungen aufzunehmen, erst
viel später erreicht. Diese Reifungsperiode kann als eine lange
Reihe ödipaler Positionen betrachtet werden, die im Rahmen
einer dialektischen Bewegung über die jeweils entsprechenden
Identifikationen bis zu dem Punkt führt, wo das Individuum – nachdem es die Reihe der Identifikationen in sein Ich
integriert hat – die Reife erlangt, d. h. den Prozeß durch *Erreichen seiner eigenen Identität* abschließt, sich selbst identisch
wird oder anders ausgedrückt: sein eigener Vater oder seine
eigene Mutter ist. Natürlich vollzieht sich die *sexuelle Differenzierung* parallel zu den Fortschritten der *Individuation*
und hängt also von den gleichen Faktoren, den Identifikationen und dem ödipalen Konflikt ab, die im übrigen lediglich
zwei verschiedene Aspekte desselben Prozesses darstellen. Die
Dialektik von ödipalem Konflikt und Identifikation bleibt
stets erhalten. Gerade im Verlauf der Analyse stoßen wir auf
sie mit einer Regelmäßigkeit, die geradezu als störend empfunden werden könnte. Die analytische Situation selbst kann aus
dieser Sicht als eine Eltern-Kind-Beziehung betrachtet werden;
das Voranschreiten der Behandlung ist dem Wachstum selbst
vergleichbar, und ihr Abschluß entspricht dem Augenblick, in
dem das Analysanden-Kind erwachsen wird, d. h. selber Vater
oder Mutter sein kann. Die Identifikation ist – wie wir wissen – auf die *Introjektion*[10] gegründet, die am Anfang eines
Stoffwechselprozesses (mit einem *unbewußten*, in der Analyse
jedoch deutlich wiedererlebten *viszeralen* Aspekt) steht und
eine Reihe entsprechender Phantasien hervorruft.
In Übereinstimmung mit dem bisher Gesagten haben wir alle

10 Siehe hinsichtlich dieses Themas den hervorragenden Bericht von Pierre
Luquet über die Identifikation anläßlich des Congrès de Psychanalystes des
Langues Romanes, Paris 1961.

die Erfahrung der Vorherrschaft ödipalen Materials zu Beginn der Analyse gemacht; und selbstverständlich ist während der gesamten Behandlung die Hauptarbeit der ödipalen Dialektik gewidmet. Allerdings trifft das nicht immer zu. Wir begegnen immer mehr Fällen, bei denen zunächst präödipale Schichten abgeräumt werden müssen, bevor man den Ödipus dynamisch wirkungsvoll angehen kann. Selbst unter den Lehranalysanden finden wir einige, die in ihrer eigenen analytischen Arbeit deutliche Schwierigkeiten bei der Analyse ödipaler Situationen haben. Das kann sich nicht nur in therapeutischer Hinsicht ungünstig auswirken, es kann auch zu einem echten Hindernis für die berufliche Laufbahn des jungen Analytikers werden. In der Ausübung seines Berufes muß der Analytiker gegenüber dem Analysanden-Kind die Rolle des Erwachsenen übernehmen, und wenn er dies nicht kann, wird er in der Ausübung seines Berufes stark behindert. Unser Vorschlag zu diesem Thema besteht darin, eine Verbindung zwischen dieser ödipalen Unreife und der Ich-Schwäche herzustellen, zu deren Untersuchung diese Arbeit einen Beitrag leisten möchte.

Wir haben dem Umstand, daß die anale Komponente nur mangelhaft integriert wird, weil die Verbindung mit dem Narzißmus fehlt, große Bedeutung zugemessen. Beide Faktoren entwickeln sich nämlich nun sozusagen außerhalb des globalen Ich selbständig weiter. Da nun die Introjektion im wesentlichen ein strukturierender Faktor des Ich ist, entgeht die relative Freiheit des Introjektionsprozesses nur sehr schwer einer vorzeitigen Sexualisierung, dies um so mehr, als die Sexualisierung durch diese Freiheit begünstigt wird. Das führt schließlich zu einer konflikthaften Objektbeziehung, aber nicht zu einer Introjektion, die die Integration in das Ich mit sich bringt. Den Wandlungen dieser nicht integrierten Analität werden wir nicht weiter folgen und setzen statt dessen die Untersuchung des Narzißmus fort.

Weiter oben haben wir schon gesehen, daß das Kind in der analen Phase versucht, seine narzißtische Autonomie nach dem Wahlspruch: »Ich ganz allein!« zu verwirklichen. Eines der wesentlichen Charakteristika des Narzißmus (eines bestimmten Narzißmus) besteht darin, daß er sich der Introjektion prinzipiell widersetzt und damit, wie wir wissen, eine der wichtigsten Quellen des Widerstands ist. Der Narzißt will der bleiben, der er ist, und weigert sich, irgend etwas in sein Ich zu integrieren, wobei sich diese Opposition auf ein sehr früh angelegtes Verhalten stützen kann. Wir wissen, daß die Objektwelt das Kind mit der Liebe, die es ihm entgegenbringt, überreden muß, zum eigenen Wohl seinen Triebregungen nachzugeben und den vollkommenen ursprünglichen Narzißmus zu verlassen, indem es die Introjektion akzeptiert, die zunächst – und häufig noch lange Zeit – nur ein Eindringen sind. Der Narzißt »ähnelt niemandem«, d. h. er *lehnt die Identifikation ab*; der gleiche Narzißmus, der sich zur Rettung seiner Integrität an den Ödipus klammert, geht auf eine frühere Position zurück und verweigert – wie wir später sehen werden – den Ödipus ebenso wie alle sich daraus ergebenden Formationen. Er verweigert den Ödipus und die Identifikation wegen der *viszeralen Nebenbedeutung des Prozesses,* den er als Einbruch in seine Grenzen erlebt[11]. Das »Kind in der Schatztruhe« hat sein System erschaffen, um sich in ein narzißtisches Universum, das seine eigene, allerdings endogene Projektion darstellt, zu integrieren und damit die eigentliche objekthafte Identifikation zu vermeiden. Für solche Subjekte würde schon die bloß vorläufige Projektion ihres Narzißmus auf das ödipale Objekt einen Kompromiß, d. h. einen teilweisen Verzicht auf ihren Narzißmus bedeuten.

Das »Kind in der Schatztruhe« errichtet seinen antiödipalen Schutzmechanismus in einem Alter, in dem die sexuelle Strömung fast oder ganz zur Ruhe gekommen ist (Latenzphase). Das verleiht dem Mechanismus eine gewisse Stabilität. Später jedoch in der Pubertät hat der *Adoleszente* eine neue mächtige

---

11 Normalerweise vollzieht sich diese Introjektion, wie wir schon an anderer Stelle gezeigt haben, in sehr frühem Alter und auf unbewußte, phantasierte Weise, sozusagen spielerisch. Schwierigkeiten treten im Falle einer frühzeitigen Erotisierung oder einer Konfliktualisierung der mütterlichen Identifikation usw. auf. Es kann beim Überwiegen narzißtischer Ängste zu einer paranoiden Entwicklung kommen. Daneben muß sich das Kind auch — und manchmal vordringlich — mit seinen Schuldgefühlen gegenüber dem Vater auseinandersetzen. In den uns hier interessierenden Fällen sind beide Faktoren beteiligt. Die Abwehrmechanismen gegen den körperlichen Aspekt des Prozesses drängen zur Entmaterialisierung der ödipalen Beziehung und zur Verleugnung ihrer erotischen Komponenten auf beiden Seiten; das führt dazu, die Körperlichkeit durch Abstraktionen und Worte zu ersetzen, z. B. auf der Ebene der analytischen Theorie.

Triebströmung zusammen mit einem entsprechenden narzißtischen Schub zu bewältigen, was selbst unter normalen Bedingungen unvermeidlich zum Einsturz der vorhandenen Schutzvorrichtungen führt. Dies ist die klassische Pubertätskrise. Sie ist normal, darf eine bestimmte Länge aber nicht überschreiten. Verlängert sie sich über Gebühr – *ein immer häufiger werdendes Phänomen, das für die gegenwärtige Zivilisation kennzeichnend zu sein scheint* –, so verrät sie eine schwere Störung des Ich, deren Erklärung in der Richtung zu suchen ist, in der wir unsere Untersuchung vorantreiben.

Sehr häufig unterscheidet sich die pathologische Adoleszenzkrise von der normalen Pubertätskrise in ihrer Dauer und den mit dieser ungewöhnlichen Verlängerung verbundenen qualitativen Modifikationen. Wir haben es mit Individuen zu tun, die den Prozeß ihrer Reifung nicht vollenden können, weil sie ihre frühen Identifikationen nicht auf befriedigende Weise vollzogen haben. Jeder kennt die Reaktion von Jugendlichen, die auf der Straße vor einem 35- oder 36jährigen bürgerlich gekleideten »Alten« – mit leichtem Bauch und beginnender Glatze – stehenbleiben und mit Widerwillen ausrufen: »So ein Scheusal werden? Lieber sterben!« Aber diese Reaktion vergeht, und wir wissen, was dann kommt, während die Verewigung einer solchen Haltung beunruhigend wirkt, vor allen Dingen, wenn es sich beispielsweise um einen Fünfzigjährigen handelt. Was man die »*Jugendkrise*« genannt hat, ist im Grunde ein Protest gegen die Identifikation mit der Erwachsenenwelt, und wenn sie fortbesteht, bedeutet dies, daß der zugrunde liegende Narzißmus die ödipale Identifikation verweigert, daß er sie immer schon verweigert hat, und daß er nun bei diesem Verhalten bleiben wird. Wenn die Parole »Ganz wie Papa« nicht aufgegeben und streng befolgt wird, so deutet das auf eine Fixierung am negativen Ödipus hin; aber auch die Haltung, mit System das Gegenteil von all dem zu tun, was Papa tat, zeigt, wenn sie etwa über das 18. Lebensjahr beibehalten wird, daß der Ödipus nicht bewältigt ist und es auch niemals sein wird. Wir haben es hier mit Verhaltensweisen zu tun, deren Ungewöhnlichkeit und Dauerhaftigkeit niemanden im unklaren läßt: *Es handelt sich nicht um einen Vorstoß auf den ödipalen Konflikt, sondern um dessen systematische Vermeidung.* Es geht nicht darum, den Vater ödipal zu besiegen (in der Rivalität und im Wetteifer), sondern darum, ihn fernzuhalten, um sich nicht mit ihm messen zu müssen, oder ihn anal-sadistisch zu vergewaltigen, um die genitale Begegnung mit ihm zu vermeiden. Wir wissen, daß den Vater zu töten und mit der Mutter zu schlafen einem regressiven Verhalten entspricht, das der kleine »Wilde«, von dem Diderot spricht, verwirklichen könnte, hätte er nur die Kraft des Erwachsenen. Die Tragödie des Menschen und damit die Quelle der ganzen ödipalen Dynamik besteht nun aber darin, daß der ödipale Wunsch und die Möglichkeit, ihn zu verwirklichen, am Anfang nicht zusammentreffen. Daraus resultiert ein gewisser Hominisierungsprozeß, der nur in Fällen wirklicher Regression rückgängig gemacht werden kann, z. B. im Fall der Debilität oder bei manchen Psychosen. Wir wissen ebenfalls, daß die »Erledigung« des Ödipus einem Zustand entspricht, in dem die Urphantasie weitgehend im Ich integriert ist und ihre Dynamik ökonomisch befriedigend genutzt wird.

Die Fixierung an eine *Gegenidentifikation* beweist das Fehlen der Bereitschaft, dem Ödipus zu begegnen, und deutet auf eine Distanzierung von ihm hin. Jugendliche, die an diese Position fixiert bleiben, vermeiden jede mögliche Begegnung mit denen, die ihre Rivalen sein müßten, und schließen sich völlig ab. Sie isolieren sich in einem narzißtischen Universum, in dem es nur Gleichgesinnten, d. h. Abbilder ihrer selbst (in Sprache und Kleidung) gibt, die miteinander in einem Zustand sexueller Ununterschiedenheit leben[12].

Die Entfaltung einer gewissen Aggressivität gegen ihren Pseudofeind, den Erwachsenen, erinnert an die Flüche, die bei Homer die Krieger von zwei Flußufern einander zuriefen. Dabei hüteten sie sich, das *Niemandsland* zu überschreiten, das sie vor *einer Begegnung mit dem Feind schützte.* Es handelt sich also nicht darum, den Platz des Vaters einzunehmen; der Adoleszente tut so, als habe der Vater niemals existiert, und wenn er

12 Dies alles weist auf einen Prozeß der Gegenidentifikation hin; die Erwachsenenwelt besteht aus Individuen, während die Welt der Adoleszenten — wie wir sie gerade beschrieben haben — aus einer Gruppe besteht, deren Mitglieder gewissermaßen austauschbar sind. Der Adoleszente gibt sich *›anders‹* als der Erwachsene, aber er ist kaum *›originell‹* unter seinesgleichen; dort ähneln sich alle wie Brüder.

sich, von seinen aggressiven Antrieben geleitet, dennoch auf den Stuhl seines Erzeugers setzt, wird er alles auf den Kopf stellen, und den ödipalen Rahmen mit irgendeinem Inhalt füllen, der sich von all dem, was vorher bestand, so sehr unterscheidet, daß man keinen Zweifel mehr über seine extra-ödipale narzißtische Existenz hegen kann, und *ihm vor allem nicht vorwerfen kann, irgend etwas von seinen Eltern angenommen zu haben.* Somit ist ihm schließlich die Vermeidung der ödipalen Situation gelungen. Er verläßt seinen Platz in der Nachkommenschaft, durchbricht das gesamte Generationensystem und sucht sich danach außerhalb einen Platz[13].

10.4

Nachdem wir kurz klargelegt haben, was wir unter ödipaler Reifung verstehen, erscheint es uns sehr reizvoll, die Analyse des Ödipusmythos noch einmal aufzunehmen und dabei auch den Text des Sophokles einzubeziehen. Dabei stellen wir seltsamerweise fest, daß es unter allen Deutungen des Ödipusmythos nach unserer Kenntnis nicht eine einzige gibt, die wirklich in der Lage wäre, ein zentrales Motiv dieses Mythos, die Sphinx, in den Zusammenhang zu stellen. Es handelt sich hierbei zweifellos um einen blinden Fleck, den man mit dem Widerstand erklären kann. Freud selbst kümmert sich weniger um die Sphinx, als vielmehr um das Rätsel, das sie stellt, und wir kennen den Sinn, den er ihm zuspricht (die Frage, woher die Kinder kommen). Er spricht von der Sphinx als solcher nur ein einziges Mal und macht aus ihr eine väterliche Figur, deren Ermordung durch Ödipus gewissermaßen die des Laios ankündigt. An diesem Punkt wollen wir nur noch daran erinnern,

---

13 Die gierige Suche nach Neuem, ganz gleich um welchen objektiven Wert es sich dabei handelt, stellt einen ähnlichen Versuch dar, die ödipale Situation zu vermeiden. Man will sich nicht in die Tradition einreihen; auch hier muß die Generationenfolge zerschlagen werden. Die Faszination, die die Neuigkeit als solche auf manchen ausübt, hängt mit der von ihr angebotenen Lösung des Ödipuskomplexes zusammen, die darin besteht, ihn zu umgehen. Ein wirklich origineller Gedanke oder eine echte revolutionäre Entdeckung wurzeln nämlich in der Vergangenheit, aus der sie sich nähren, und die sie umformen. Anders ausgedrückt: sie richten sich nach dem Prinzip der Generationenfolge.

daß Freuds Auffassung sich in diesem Fall nicht durchgesetzt hat; die Autoren unserer Tage neigen sehr dazu, im Bild der Sphinx eine Darstellung der phallischen Mutterimago zu sehen. Unserer Meinung nach bedeutet der Triumph des Ödipus über die Sphinx nicht die Vorankündigung des Vatermordes, und ihre Bedeutung geht auch weit über das hinaus, was man gewöhnlich die phallische Mutter nennt.

Die Sphinx ist ein mythisches Wesen, das in vielen Varianten vorkommt. Die thebanische Sphinx hat das Gesicht einer Frau, Pfoten und Schwanz eines Löwen und Flügel. Es ist nun zu beachten, daß es sich hierbei um eine Anhäufung verschiedener Symbole handelt und nichts sonst; die Sphinx hat keinen Körper und ist bloß eine leere Trägerin von Symbolen[14]. Diese Symbole haben ganz verschiedene Ursprünge; es handelt sich um ein Sammelsurium von Projektionen, womit eine Beziehung zum Schatz angedeutet ist[15]. Es entspricht dem archaisch narzißtischen Charakter der Sphinx, daß sie wie der Schatz »zusammengeschustert« ist.

Die Sphinx wird bald männlich, bald weiblich dargestellt und ist damit ein Ungeheuer unbestimmten Geschlechts.

Ihr psychischer Ursprung ist vielseitig, entsprechend den auf sie gerichteten Projektionen. Man könnte eine lange Liste dieser Projektionen aufstellen. Uns erscheint es jedoch fruchtbarer, nach dem Grundgedanken ihrer Ausgestaltung zu suchen, auf dem ihre Funktion im Mythos beruht.

Wir sahen, daß eine gewisse Ich-Schwäche den Jugendlichen häufig daran hindert, den Prozeß der Reifung *einheitlich* (Individuum = ungeteilt) abzuschließen, so daß sein Ich zerstreut bleibt (ein Ich, das dem Flickenmantel eines Harlekins ähnelt), und er seine ödipale Identifikation nicht zu Ende führen kann (deren Ziel kann nur die Vereinigung der Persönlichkeit sein: Es gibt nur einen Vater und eine Mutter). Er errichtet nun *ein*

14 Dies ist keine intellektuelle Spitzfindigkeit. Die Ägyptologen, die eine Sphinxskulptur untersucht haben, waren äußerst erstaunt über die Entdeckung, daß es im Inneren der Sphinx — ganz im Gegensatz zu allen anderen alten ägyptischen Monumenten — weder Durchgang, Tempel noch Grab gab; sie war leer.
15 Die Sphinx — vor allem ihre ägyptische Variante — wird als Schatzhüterin angesehen, und diese Funktion ist bei ihrer Verwendung in der Architektur deutlich erkennbar. Überall in den Ländern des Vorderen Orients finden sich dafür Zeugnisse.

System vielfältiger Projektionen, das dem Schatz entspricht.
Dabei verstärkt sich sein Narzißmus durch zahlreiche Spiege-
lungen, die er mit einer ganzen Gruppe von Adoleszenten,
denen das System ebenfalls nützt, teilt. Da die gesamte narzißtische Energie an diesen Prozeß fixiert ist, wird nur das Universum, das sich innerhalb dieses Systems befindet, narzißtisch
besetzt; ein entsprechender Betrag narzißtischer Besetzung
wird von der Erwachsenenwelt abgezogen, so daß sie schließlich völlig unterbesetzt ist und eigentlich gar nicht mehr existiert. Sie ist demnach »wertlos«, kann also weggeworfen werden (zumindest zielt der Adoleszente darauf ab, und in gewissem Sinne versteht man seine Empörung gegenüber dem
Erwachsenen, dessen Ansichten hierin nicht mit den seinen
übereinstimmen).

Es kommt auch vor, daß sich diese narzißtischen Projektionen
um eine zentrale Figur konzentrieren, die auf einer höheren
Ebene die Hoffnungen der Gruppenmitglieder darstellt, und
die man dem *Idol* gleichstellen kann (dabei kann es sich auch
um einen Zauberer oder Wahrsager handeln). Seine Haupt-
funktion besteht darin, seine »Fans« mit Hilfe seiner magischen Macht, die analen Charakter hat, in ihrem Abwehr-
kampf gegen den Ödipus zu unterstützen. Wir werden auch
noch sehen, daß das Geschlecht dieses Idols unbestimmt bleibt.
Anna Freud[16] hat darauf hingewiesen, daß die Jugendlichen
häufig an einer Person hängen, die sie »Führer« nennen und für
eine Art Vermittler halten. Es ist »ein Subjekt, dessen Alter
zwischen dem der Jugendlichen und dem ihrer Eltern liegt«, das
sich also in den ödipalen Rahmen eingliedert. Meiner Meinung
nach handelt es sich dabei aber nicht um einen Vermittler; diese
Gestalt steht ganz im Gegenteil an der Spitze des Widerstandes gegen die Erwachsenenwelt, d. h. gegen den Ödipus. Sie ist
der Träger der megalomanen narzißtischen Projektion ihrer
Anhänger, für die sie zum Sammelpunkt wird, und die sie mit
ideologischen oder sonstigen Inhalten ausrüstet, die die Ab-
wehrbewegung gegen den Ödipus stützen. Das Idol ist um so
mehr der »Chef«, als die Verbindung zu ihm seinen Anhängern eine große Triebfreiheit und die entsprechende narzißti-

---

16 Freud, A.: *Probleme der Pubertät*, in: *Psyche*, 1960.

sche Befriedigung verschafft: Tatsächlich hat der Adoleszente kein vollständiges ödipales Überich, weil er den Ödipus nicht integriert hat; so verteidigt er sich – ausgerüstet mit einem archaischen mütterlichen Überich und einem wegen seines Narzißmus ästhetisierenden Ich-Ideal – gegen Ängste, die die Folge seiner fundamentalen Ohnmacht sind, gegen seine Kastrationsängste und die Unentschlossenheit in bezug auf seine reale Identität und sein Geschlecht. Nun räumen die Identifikation mit dem Idol (ich erinnere mich an den Brief eines Fans an sein Idol: »Ich liebe Dich, *ich bin* Dein Idol fürs Leben.«) und der davon ausgehende Schutz all diese Schwierigkeiten dadurch aus dem Weg, daß sie die Befreiung vom Überich gestatten. Das Idol ist nicht das Überich, sondern im Gegenteil der Beweis der Inexistenz dieser Instanz, die es vorteilhaft ersetzt: »*Es kann alles*«, d. h. es hat das Überich und damit den Ödipus besiegt. Überschreitungen, die es sich erlaubt, sind Heldentaten; es kann und weiß angeblich alles. Ihm anzugehören ist ein regelrechtes manisches Fest, alles, was es tut oder sagt, ist vollkommen. Die geringsten Aussprüche des Idols (des Zauberers oder des Orakels) werden ausgelegt und vertieft, denn sie zeugen von einem ihm zugeschriebenen magischen Phallus. Tatsächlich ist dieser Phallus aber eher erahnt und versprochen (verschleiert wie eine Verlobte); sein Genuß wird immer wieder auf den nächsten Tag verschoben[17]. Gerade dieses ständige Hinausschieben droht die Beziehung zwischen dem Idol und seinen Anhängern zu stören, eine Beziehung, die im übrigen von Anfang an ziemlich ambivalent zu sein scheint. Hinter der Prahlerei, der galligen Mißachtung und dem Hohngelächter der Verächter des Ödipus errät man die versteckte Überzeugung, daß der eigentliche Phallus doch derjenige des Vaters ist; genau dies verdeckt die absichtlich aufrechterhaltene Doppeldeutigkeit, die den vom Idol versprochenen Phallus und das Idol selbst umgibt. So wie die Sphinx in einem gewissen Sinne tatsächlich die anal-sadistische Mutter darstellt, deren dunkle und verborgene Eingeweide das väterliche Attribut in sich zu bergen scheinen, so läßt das stumme Versprechen der Sphinx

17 Wie der Fisch »Leviathan«, auf dem nach einer hebräischen Überlieferung die Welt ruht, und dessen Genuß Gott den Gerechten vorbehält, die sich am Tage des Jüngsten Gerichts daran erfreuen sollen.

(oder des Idols) nicht nur den Erwerb dieses Phallus ahnen, sondern auch, daß sich dieser Erwerb *auf magische Weise durch Vermeidung* vollzieht, indem der Reifungsprozeß, *die Identifikation mit den Eltern und der Ödipus übersprungen* wird. Wir wissen, daß die Sphinx junge Menschen tötete und »so das Land verwüstete«, aber damit diese jungen Menschen zu ihr kamen, mußte sie zugleich Faszination auf sie ausüben. Wir müssen uns fragen, warum die Sphinx gleichzeitig furchteinflößend und anziehend war.

In diesem Zusammenhang erinnern wir an das, was wir über die direkte Ursache der Ich-Schwäche sagten; sie liegt in der mangelhaften Integration der anal-sadistischen Phase, die der Adoleszente wegen seiner Unreife nicht verkraften, d. h. nicht in sein Ich integrieren kann. Seine Aggressivität bleibt damit eine Pseudoaggressivität, die sich auf verschiedene Weise Luft macht, aber stets außerhalb der ödipalen Struktur. Alles läuft nun so ab, als ob der »Fan« sein ödipales Integrationsvermögen auf das Idol überträgt und es diesem überläßt, das Problem für ihn zu lösen, zumal das Idol für die Quelle einer magisch-analen allmächtigen Aggressivität gehalten wird. Diese Haltung führt aber nicht zur Erhellung der Position des Idols, denn der Adoleszente wendet sich zwar an das Idol, damit es seine anale Aggressivität in die Waagschale wirft, hofft aber gleichzeitig, von ihm die Gewißheit zu erlangen, daß seine Wünsche auch ohne Rückgriff auf die anale Komponente erfüllt werden. Die Sphinx stellt also den mächtigen und gefährlichen analen Phallus dar (daher die große Furcht, sich ihr zu nähern), steht aber auch für das wunderbare Versprechen, das ihre Faszination ausmacht (die Sphinx ist auch das Orakel). Wenn die Beziehung, in die wir Sphinx und Idol zueinander gestellt haben, tatsächlich besteht, muß sie sich mit Hinweisen auf das entsprechende mythische Material erhärten lassen.

In einer früheren Arbeit[18] haben wir die anal-sadistische Aggressivität auf das Funktionieren des Verdauungsapparates selbst bezogen, insbesondere auf die Funktion des Darms, der verdichtet, homogenisiert und fäkalisiert, und auf die Funktion des Anus, der zurückhält und ausstößt. Wir haben die Hölle,

---

18 Grunberger, B.: *Untersuchung der analen Objektbeziehung*, s. o. S. 164 ff.

den Ort der Dunkelheit und der Verbrennung, aus dem Schwefeldämpfe emporsteigen, in den Verdauungstrakt verlegt; dieser wird zum Sitz der Macht des Teufels, denn unserer Meinung nach resultiert jedes tiefe Schuldgefühl bei der Triebbefriedigung aus der am Triebakt beteiligten analen Komponente. Wir wollen nicht weiter auf diesen Punkt eingehen, erinnern aber daran, daß die Schuld der ödipalen Handlung selbst auf das Verbrechen des Laios zurückgeht, der den Chrysippos, Sohn des Pelops, vergewaltigt hatte. Zwar wurde Homosexualität im antiken Griechenland niemals als Verbrechen angesehen, aber hier ging es um eine Vergewaltigung, d. h. um die Mobilisierung der eigentlich analen Komponente. Um Laios für diese Handlung zu bestrafen, wurde ihm geweissagt, er werde von seinem Sohn getötet; deshalb hat er den Ödipus später ausgesetzt. Ödipus selbst ist verwundet; es findet sich bei ihm also das Element analer Kastration. Geht man noch weiter zurück, so findet man am Ursprung der Bestrafung des Laios den Zorn der Göttin Hera. Dort entdecken wir ebenfalls die anal-sadistische Komponente in Form der *Schlange*. Wir wissen, daß der Seher Teiresias bei der Paarung zweier Schlangen die Frage entscheiden mußte, welche der beiden Schlangen – das Weibchen oder das Männchen – den größeren Genuß dabei hätte. Er entschied sich für die weibliche Schlange und zog sich dadurch den Zorn der Göttin zu. Nun ist die Schlange das typische Bild der analen Sexualität, gleichzeitig Phallus und Exkrement, und wir wissen, daß ihr die Genesis alle Schuld an der Erbsünde zuschreibt. Der typisch anale Zusammenhang läßt keinen Zweifel hieran aufkommen. Tatsächlich ist nämlich die Sphinx auch Schlange: So lesen wir in der *Encyclopaedia Britannica* unter dem Stichwort »Sphinx«: »Die Sphinx ist die Tochter von Typhon, einem Riesen mit Schlangenkörper, dessen Rachen Feuer speiht und Echidna, einer Kreatur halb Frau, halb Schlange. Das ungleiche, giftige Paar brachte folgende Kinder zur Welt: Kerberos; die Hydra von Lerna, eine riesige Wasserschlange mit neun Köpfen; die Chimaira, vorn Löwe, in der Mitte Ziege und hinten Schlange; die Sphinx; den Drachen, eine Riesenschlange mit Flügeln; schließlich die Gorgonen, als weibliche Geschöpfe mit Flügeln dargestellt, die anstelle der Haare Schlangen auf dem Kopf haben.«

Alle diese Abkömmlinge Echidnas, Brüder und Schwestern der Sphinx, stehen mit der Schlange in Verbindung, d. h. mit dem analen Penis und der *Kastration*. Nicht bloß der Kerberos und die Hydra von Lerna, die von Herkules getötet wurde, sind vielfach enthauptet worden; auch die übrigen Ungeheuer wurden von einem Helden getötet: die Chimaira von Bellerophon, die Medusa von Perseus, und die Sphinx von Ödipus. Die Sphinx besitzt nicht die Attribute der Schlange oder hat sie verloren, aber man darf sie auch ihr sicherlich wieder zuschreiben, denn der gesamte Zusammenhang zeigt, daß es sich hier um untereinander austauschbare Varianten handelt.

Man könnte mir nun vorhalten, Schlangen seien Schlangen, und nichts würde mich berechtigen, sie mit der analen Komponente der Sexualität, d. h. mit Darm und Anus oder deren Funktionen (der Kompression oder des Zusammenschnürens) zu identifizieren. Ich möchte dem mit einem Hinweis auf die Etymologie begegnen. Kenner des Griechischen können beispielsweise das *Dictionnaire étymologique de la langue grecque* von Émile Boisacq, Professor an der Universität Brüssel, das im Jahre 1938 erschienen ist, zu Rate ziehen. Nach diesem Wörterbuch bedeutet die Wurzel von »Sphinx«, »sphaig«, soviel wie »Zusammenschnüren«, und mehr noch: »Band« oder »Sphinkter«, außerdem soviel wie »Knoten« (es handelt sich um Ableitungen von »spaiglis« oder »spaigle«) oder »Gabel zum Essen von Krebsen«. Im *Wörterbuch der griechischen Eigennamen* von Dr. W. Papes von 1863–1870, wird »sphaig« durch »die Schlinge (man beachte die Ähnlichkeit zu Schlange), die zusammenschnürende, würgende« usw. übersetzt.

Erinnern wir uns der Falle, die die Sphinx durch ihre Rätsel stellte; sie verdunkelte deren Verständnis mit Hilfe einer sibyllinischen (die Sibyllen sind Orakel) Sprache, und einer besonderen »Orakeltechnik«[19], vor allem aber durch die Furcht, die sie einflößte, weil sie ein Monopol innehatte. Die Worte des Orakels kommen von der Gottheit, und sie allein hatte das Recht, sie zu deuten – ein unschätzbares Privileg, das zum

19 Orakel befinden sich in Grotten oder an anderen geheimnisvollen Orten mit entsprechender Umgebung und bestimmten Requisiten, wie man sie auch noch in unseren Tagen sieht; stets haben sie analen Charakter, etwa Skelette, Schädel, Tiergedärm, Kaffeesatz, Tintenflecken u. v. a.

Mißbrauch reizt. Sobald man sich aber ein gewisses Ansehen beim Orakel verschafft hat, anstatt vor seinem Zorn zu zittern, nimmt man an seiner göttlichen Macht teil: Man hat keine Angst mehr vor der Falle, denn man *ist* selbst die Falle[20].

Die Dunkelheit der Orakelsprache erlaubt alle Deutungen, die dem Narzißmus des fragenden Subjekts genehm sind, selbst wenn es dafür mit Angst und Furcht bezahlen muß, was auf einer tieferen Ebene auch wieder Lust bereitet. (Die Technik der dosierten Dunkelheit ist all denen wohlbekannt, die die Gutgläubigkeit der Menschen ausnutzen; es zieht sich eine gerade Linie von den Hexern und Auguren bis hin zu den Zauberern, Wahrsagern, Taschenspielern u. ä.). Der Seher verbirgt und spricht gleichzeitig, zieht zunächst an, vertröstet dann auf morgen und sichert sich dadurch ständige und getreue Kundschaft. Er stellt andauernd Wechsel auf die Zukunft aus, und dieses System erlaubt es ihm, im Abstrakten, Ungenauen und Nebelhaften, bei Anspielungen, paradoxen Formeln und Slogans zu bleiben; immer läßt er ein Hintertürchen in eine Zukunft offen, in der alles möglich sein wird und einem die gebratenen Tauben in den Mund fliegen.

Der Kontakt mit dem Zauberer oder dem Seher entrückt das Individuum sofort in den Primärprozeß, wo Vernunft und Logik ihre Rechte verlieren. Einige verführerische Gesten, Zweideutigkeit und Dunkelheit genügen dazu (die Sprache selbst muß den Charakter des Unaussprechlichen annehmen). Ist einmal die Regression hergestellt, taucht man in eine Herrlichkeit hinab, die Pforten zum narzißtischen Universum unbegrenzter Möglichkeiten öffnen sich – man braucht nur daran zu glauben. Wenn der Zauberer das Subjekt dorthin versetzt, beraubt er es gleichzeitig der Mittel, die nötig sind, um von dort zurückzukehren. Das Subjekt rührt sich nicht, entgeht aber den Schrecken, die den Reifungsprozeß begleiten.

20 Das Rätsel an sich ist ein anales Phänomen, denn Rätsel bedeutet immer anale Falle. Man stellt den anderen vor eine Schwierigkeit, ein Hindernis, während man selbst ganz Herr der Situation ist. Man sieht, wie sich der andere immer mehr verstrickt; seine Not ist umso größer, als mit dem Rätsel ein Verlust verbunden ist (Kastration oder Tod wie im Fall der Sphinx). Dunkelheit ist an und für sich bereits eine anale Falle: Man läßt sein Opfer »reinfallen«. Täuschen heißt im Deutschen »jemanden hinter's Licht führen«.

Die Furcht, sich auf die ödipale Situation einzulassen, erfüllte den antiken Menschen mit Angst und Schrecken; angesichts seiner Triebangst *wendet er sich an das Orakel* und unterwirft sich den Entscheidungen der Gottheit. Die Lektüre der Werke des Sophokles, die doch aus dem Zeitalter des Perikles stammen, zeigt, wie sehr das Schicksal des Menschen vom guten Willen der Götter abhängig gemacht wurde. Man kann ganz allgemein annehmen, daß sich der Mensch jedesmal an das Orakel wandte, wenn seine ödipalen Triebe oder deren Abkömmlinge im Spiel waren.

In seiner Studie über das »griechische Wunder«[21] stellt sich Raymond de Saussure die Frage nach den Faktoren, die diesen Zustand verändert haben und es den Menschen möglich machten, sich aus dieser Abhängigkeit zu befreien und so unsere Zivilisation zu begründen. Er führt insbesondere Epikur an, den er in den Mittelpunkt dieser Revolution stellt und mit Freud vergleicht. Die Lehre Epikurs – gewissermaßen die Synthese des ungeheuren Umbruchs, der sich gerade vollzogen hatte – führt zur Autonomie des Individuums; sie ruft zu einer andauernden Selbstkritik auf, die sich an der Wirklichkeit (und vor allem der menschlichen Wirklichkeit) und nicht länger an einer äußeren Autorität orientiert (bezeichnenderweise taucht unter den wenigen griechischen Worten, die die Bibel übernommen hat, sein Name auf: »Epikur« bedeutet im Hebräischen »gottlos«).

Die Revolution im Zeitalter des Perikles, die sich bis in unsere Tage fortsetzt, hat den Obskurantismus keineswegs besiegt; neben der Entwicklung der modernen Gedankenwelt lebt er weiter und die Auseinandersetzung zwischen beiden Positionen ist so wenig abgeschlossen wie der ewige Kampf zwischen Ormuzd und Ahriman.

Sophokles, eine der größten Gestalten seiner Epoche, muß aktiv an einer Krise Anteil genommen haben, einem Zweikampf nicht zwischen zwei Generationen (er war 75 Jahre alt, als er den *Ödipus Rex* schrieb, und 90 Jahre, als er den *Ödipus auf*

---

21 Saussure, R. de: *Miracle greque*, in: *R. F. P.* 1938.

Kolonos spielen ließ), sondern zwischen zwei Welten, derjenigen der Klarheit und der der Dunkelheit, der Vernunft und des Aberglaubens, die mit Gewalt aufeinanderprallten. Ihm muß klargeworden sein, daß trotz der Befreiung des menschlichen Denkens die Priesterschaft, die den Sterblichen den Willen der Götter kundtat, auf die Menschen einen Druck ausübte, und daß man sich zu den Orten drängte, an denen sich die Orakelmystik, eingehüllt in den Rauch der Unwissenheit, und die Magie des Beschwörungsrituals, ausbreitete. In der Hoffnung auf Seelenfrieden stürzten sich junge Menschen in die schwarzen Gedärme der Sphinx, und wurden von der magischen und erschreckenden Rätselsprache, zu der sie allein den Schlüssel besaß, in Taumel versetzt.

Es ist klar, daß das Duell zwischen Ödipus und Sphinx für Sophokles im Mittelpunkt des Dramas steht. Zweifellos griff Sophokles bewußt den Obskurantismus an, der in jeder Epoche unter verschiedenen Masken wieder auflebt: im intellektuellen Terror, der sich auf die Angst der Schwachen stützt, im Aberglauben dessen, der vorgibt, dem Wort Gottes Ausdruck zu verleihen und in der Mystik, die in den Geist der Jugend dringt und sie vergiftet.

Es scheint, daß Ödipus als Bezwinger der Sphinx auf bewußter Ebene ein Held ist, nicht weil er das Rätsel gelöst hat, sondern weil er mit dieser Tat eine ganze Pseudozivilisation aus Hexerei, magischen Formeln und Angst vor dem Mysterium zurückgedrängt hat. Er hat bewiesen, daß man auch ohne jene Projektionen leben kann, die von den Unreifen auf die Sphinx gerichtet wurden und die ihr einzig zum Leben und zu allmächtiger Autorität verhalfen. Er hat dem Ungeheuer ein Ich ohne Schwäche entgegengesetzt und es damit besiegt. Indem er der Sphinx die Maske herunterriß, hat er ihre Leere offenbart und sie in das Nichts gestürzt.

11. Ödipus und Narzißmus[1]

Das Ziel dieser Arbeit besteht darin, unsere Auffassung des Narzißmus auf die Untersuchung der Genese des Ödipuskomplexes anzuwenden. Einen ersten Versuch über die Beziehung zwischen Ödipus und Narzißmus haben wir bereits 1956 in unserem Bericht *Analytische Situation und Heilungsprozeß* vorgelegt[2]. Was unsere allgemeinen Auffassungen über den Narzißmus angeht, so möchten wir den Leser auf Arbeiten verweisen, die wir speziell dieser Frage gewidmet haben. Unsere Hypothesen sollen auch auf die Untersuchung des Inzests bezogen werden. Wir argumentieren dabei aus der Perspektive einer Dialektik zwischen Narzißmus und Trieb. Wir wollen also ein genau umgrenztes Vorhaben ausführen und beabsichtigen nicht, hier eine vollständige Theorie des Ödipus oder des Inzests vorzulegen, zumal hierbei Überschneidungen mit den beiden Vorträgen, die auf diesem Kongreß gehalten worden sind, entstehen würden. Diese Arbeiten kannten wir bei der Abfassung unseres Textes leider noch nicht. (Mit Freude habe ich beim Lesen der ausgezeichneten Arbeit von C. J. Luquet-Parat festgestellt, daß viele der dort niedergelegten Gesichtspunkte meinen Ansichten sehr ähnlich sind, vor allem im Hinblick auf die Verbindungen zwischen Ödipus und Narzißmus. Von der grundlegenden Arbeit Marcel Rochs war ich besonders beeindruckt, da ich feststellen konnte, daß seine sehr persönliche und originelle Ausarbeitung des Themas mit meinen diesbezüglichen Gedanken übereinstimmt. Die Konzeption, die auf eine Verdopplung der Überich-Instanzen hinausläuft, gewinnt unter seiner Feder Ausdruckskraft und Klarheit und

---

1 Diskussionsbeitrag auf dem 27. Congrès des Psychanalystes de Langues Romanes in Lausanne vom 29. 10.—1. 11. 1966; erschienen in: *R. F. P.* 1967, 5/6.
2 Besonders im Kapitel »Narzißmus und Ödipus« (s. o. S. 67 ff.); außerdem bitten wir die Teilnehmer unseres Seminars, zu entschuldigen, daß wir hier eine ihnen schon bekannte These über die Beziehungen zwischen menschlicher Frühreife und Inzestschranke vortragen.

wird von Argumenten gestützt, die ihre klinische und theoretische Tragweite deutlich hervorheben.)

Als Ausgangspunkt wollen wir zwei bekannte Formulierungen Freuds benutzen. Es handelt sich einerseits um die narzißtische Besetzung, die der Junge seinem Penis zukommen läßt, indem er auf seine ödipalen Wünsche verzichtet, um der Kastration zu entgehen[3]. Andererseits geht es um Freuds Erklärung des Kastrationskomplexes als einer dem Vater *zugeschriebenen* sexuellen Einschüchterung[4]. »Zuschreibung« beinhaltet »Projektion«, und dies bestätigt – wir haben schon oft darauf hingewiesen –, daß der Kastrationskomplex und die ödipale Situation mit einer viel tiefer liegenden und stärker verdrängten narzißtischen Angst verbunden sind; damit wird das lebensgeschichtliche Argument ebenso verworfen (die *reale* Kastrationsdrohung durch die Eltern oder Erzieher verschwindet immer mehr) wie die phylogenetische Argumentation (die von Darwin und Atkinson übernommene Theorie der Urhorde und des Vatermords hat ihren Wert im Licht neuerer soziologischer Untersuchungen verloren).

Unter diesem Gesichtspunkt wäre es auch illusorisch, von der »Inzestschranke« als solcher zu sprechen, da es sich dabei um eine *Projektion* handelt; hinzu kommt, daß in den Analysen die ödipale Situation (die gewissermaßen auf allen prägenitalen Stufen im jeweils entsprechenden Modus aktualisiert wird), und mithin auch die Inzestschranke auf eine immer fernere Vergangenheit *projiziert* werden (wenn Freud das ödipale Alter mit 3–4 Jahren angegeben hat [*Über die weibliche Sexualität, Ges. Werke* 14, S. 536], haben andere Autoren diesen Zeitpunkt auf das zweite Jahr vorverlegt, und bei Melanie Klein entspricht die ödipale Periode der zweiten Hälfte des ersten Lebensjahres). Wir nähern uns damit immer mehr den Anfängen der postnatalen Existenz, und man kann sich fragen, ob wir unsere Forschungen nicht auf den Bereich jenseits dieser Grenze erweitern sollten.

---

3 Wir erinnern in diesem Zusammenhang an unsere Arbeit *Das phallische Bild* (vgl. S. 227 ff.) und an die wichtige Rolle, die dieses Bild im Hinblick auf die narzißtische Integrität und Vollkommenheit spielt.
4 Hervorhebung durch den Autor.

>»Herr, ich war im Nichts, unendlich nichtig und ruhig; Du hast mich aus diesem Zustand herausgeholt, um mich in diesen seltsamen Karneval zu werfen.«

Paul Valéry, *Monsieur Teste*

Wir kennen alle die Auffassung Otto Ranks, der dem »Geburtstrauma« eine außerordentliche Wichtigkeit zuschrieb, was Freud als eine »interessante Ergänzung« seiner Theorie betrachtete[5]. Vor allem durch die Arbeiten Ferenczis beeinflußt, neigen wir gegenwärtig zu der Auffassung, daß der ödipale Wunsch, in das Objekt einzudringen, auf einer tieferliegenden Ebene dem regressiven narzißtischen Wunsch entspricht, in den mütterlichen Uterus zurückzukehren. Wie wir mehrmals betont haben, legen wir ebenfalls besonderen Wert auf den narzißtischen Charakter des Fötallebens, aber wir möchten bei dieser Gelegenheit einmal auf den unserer Meinung nach wesentlichen Unterschied zwischen unserer Konzeption und der des »Geburtstraumas« hinweisen. Wenn für Rank die Mutter ein libidinöses Objekt darstellt, so ist die Geburt für das Kind deshalb ein Trauma, weil mit ihr die bis zu diesem Augenblick bestehende Mutter-Kind-Beziehung unterbrochen wird. Für uns dagegen bilden Mutter und Kind erst *nach* der Geburt ein Paar. Wir haben immer auf der postnatalen Abhängigkeit des Kindes von seiner Mutter (und von der Welt) bestanden, während es vor der Geburt – psychologisch gesehen – absolut autonom und *unabhängig* von seiner Mutter (und der Welt) war, deren Existenz es noch nicht kannte. Für uns besteht der narzißtische Urzustand nicht in der narzißtischen Verschmelzung von Mutter und Kind, die in einem gewissen Umfang und während einer bestimmten Zeit nach der Geburt noch aufrechterhalten wird, sondern in der Verschmelzung des Kindes mit *seiner Welt*; für das Kind ist das *die* Welt schlechthin (Federns »egokosmisches Ich«). Später versucht das Subjekt in einem anderen Zusammenhang und auf anderen Ebenen, diese Welt in der Form eines erhebenden Gefühls wiederzufinden, mit

5 Briefwechsel Freud — Abraham.

dem sich die Illusion der für einen Augenblick wiedererlangten Allmacht verbindet.

Die Unterscheidung zwischen diesen beiden Perspektiven, von denen die eine vom vereinigten Paar Mutter-Kind ausgeht und zu einer *triebhaften* Beziehung gelangt, während die andere aus einem asexuellen *narzißtischen* Zustand hervorgeht und schließlich zur Konfliktualisierung führt, läßt die beiden Pole eines dialektischen Verhältnisses hervortreten. Bevor sie zur Synthese gelangen, durchlaufen beide Grundtendenzen, die im Prinzip antagonistisch sind, eine Reihe verschiedener Zwischenstadien, die wir im Hinblick auf ihre Konflikthaftigkeit untersuchen werden.

Der Begriff Geburtstrauma (für uns das narzißtische Initialtrauma als Folge der postnatalen Frustration des primitiven Narzißmus) führt uns notwendigerweise zum Problem der *Neotonie*[6], einem wichtigen Faktor in der Entwicklung des Menschen. Wir dürfen dabei nicht aus den Augen verlieren, daß der Mensch zwar bei seiner Geburt neotenisch ist, *es aber nicht während seines Fötallebens war*; wenn wir die Auswirkungen seines In-die-Welt-Kommens richtig beurteilen wollen, müssen wir uns vergegenwärtigen, daß der Mensch neben dem durch die Unterbrechung des narzißtischen Urzustands hervorgerufenen Trauma einen grundsätzlichen Wandel durchmacht. *Der Mensch geht bei der Geburt vom Tierreich zum Menschenreich über.* Daß er diesen Übergang als höchst traumatisch zu erleben scheint, bezeugen die Mythen und besonders der Mythos der Genesis[7].

6 Siehe die Arbeiten Géza Róheims.
7 Der ursprüngliche Narzißmus, dessen Wesen wir zu ergründen versuchen, scheint unter anderem Ausdruck bestimmter Aspekte der ursprünglichen Animalität des Menschen zu sein. Wir kennen einen narzißtischen Typus — man könnte sagen, es ist *der* Narzißt schlechthin, der übrigens in jedem Menschen irgendwie angelegt ist —, der so lebt wie »vor dem Fall«, sein Leben als etwas unmittelbar Gegebenes betrachtet und die bedingungslose Verwirklichung seiner Wünsche für selbstverständlich hält. Begriffe wie Anstrengung, Rechtfertigung oder Verdienst haben für ihn keinerlei Sinn, und er lebt in einem Zustand animalischer Spontaneität und Unschuld, den Freud meint, wenn er vom animalischen Charme bestimmter narzißtischer Frauen spricht. Freud hat ebenfalls in *Das Unbehagen in der Kultur* (*Ges. Werke* 14, S. 420—506) aufgezeigt, wie teuer der Mensch seine »Kultivierung« bezahlt, in der er seine ursprüngliche tierische Unschuld verliert. Für uns besteht kein Zweifel darüber, daß die Trieb‑

Wenn auch der Pränatalzustand in Form eines ursprünglichen Narzißmus weiter besteht, so ist doch das narzißtische Gleichgewicht des Menschen nicht länger eine Selbstverständlichkeit, die sich in einer allgemeinen Koenästhesie niederschlägt. Es wird nun vielmehr vom Triebapparat übernommen, der bis dahin ruhte. Der Mensch bringt also einerseits bei der Geburt ein narzißtisches Erbe mit, dessen an das Fötalleben gebundene Grundlage ihm geraubt wurde, und besitzt andererseits einen sexuellen Apparat, der noch nicht funktioniert, obwohl es sichere Anzeichen dafür gibt, daß eine sexuelle Spannung bestrebt ist, ihn frühzeitig in Gang zu bringen. Das Kind ist demnach gleichzeitig aus zwei Welten geworfen, und in dieser Situation der Unsicherheit in einem existentiellen *Niemandsland* klammert es sich verzweifelt an seine Mutter oder besser gesagt an das, was sie für das Neugeborene in diesem Augenblick darstellt: eine Möglichkeit zur Verlängerung des pränatalen narzißtischen Zustands und zur Integration in ein neues Universum auf triebhafter Grundlage. Die Frustration des Kindes, das zwei anfangs im Widerspruch zueinander stehenden Systemen zugleich angehört, mobilisiert seine Urphantasien (Freud). So verwandelt sich das latente archaische Schema »Form-Inhalt« (typisch für das primitive narzißtische System, im Unbewußten vom »phallischen Bild« repräsentiert) beim Übergang zum antagonistischen System auf dem neuen, triebhaften Niveau in einen primitiven phantasierten Koitus (Form – Inhalt) oraler, analer oder genitaler Art[8]. *Diese Position entspricht nun in schematischer Form genau der frühen ödipalen Position, die das Kind jedoch wegen seiner funktionellen Unreife nicht verwirklichen kann.* Außerdem scheint das Kind diesen Mangel und den Gegensatz zum Zustand absoluter Vollkommenheit, der ihm vorausging, in einem gewissen Aus-

verzichte, die der Mensch beim Eintritt in den Kulturzustand leisten muß, schmerzlich sind, zum großen Teil, weil sie als narzißtische Wunden empfunden werden, die durch eine Besetzung der Kultur als Wert nur in geringem Maße kompensiert werden können.

8 Wie man mir zurecht entgegengehalten hat, kann die pränatale Glückseligkeit durch eine ganze Reihe verschiedener Faktoren gestört werden. Dies ändert jedoch nichts an dem Wert, den auf psychophysiologischer Ebene der zumindest angedeutete und virtuell vorhandene absolute narzißtische Zustand besitzen kann, wovon — und dies habe ich immer wiederholt — Mythen, Träume, Phantasien und Kunstwerke Zeugnis ablegen.

maß wahrzunehmen. Denn sowohl das relative Bewußtsein seiner erwachenden Sexualität als auch das Bewußtsein seines Versagens sind zweifellos Folgen der Neotonie.

Man kann verstehen, daß die heftig schmerzende Erinnerung an diese Niederlage das Kind sensibilisiert und eine wirksame Verdrängung dieses Traumas nahezu unmöglich macht. Daneben wird es gleichzeitig als etwas Unumgängliches erlebt. Wegen der inneren und äußeren Kontinuität ödipaler Erregungen wird das Subjekt mit jedem neuen Triebschub auf die Schrekken der narzißtischen Wunde gestoßen, die durch die Erinnerung an die erste Niederlage immer wieder gereizt wird. Es wird nun verständlich, *daß das Kind das narzißtische Trauma (das aus seiner eigenen Ohnmacht resultiert) durch ein äußeres und damit seinen Narzißmus unendlich weniger verletzendes Verbot ersetzen will.*

Aus dem bisher Gesagten könnten wir nun auch die Tragweite einer *Institutionalisierung der »Inzestschranke«* ersehen. Denn das, was allgemein verboten ist, kann zwar als Triebfrustration erlebt werden, berührt aber nicht den Narzißmus, der per definitionem mit der Individualität jedes einzelnen verbunden ist; und diese psychologische Wahrheit kann – wie wir wissen – zu einem *Führungsprinzip* gemacht werden[9].

9 Wenn wir zugeben — und dies ist unsere Überzeugung —, daß der Patient mit der unbewußten Hoffnung in Analyse kommt, seinen Narzißmus wieder herzustellen (siehe meine Arbeiten *Analytische Situation und Heilungsprozeß* und *Das phallische Bild*), was soll man dann von einer psychoanalytischen Theorie halten, die — ebenso wie die katholische Religion — den Verzicht auf diese Wiederherstellung verlangt? Die Aufwertung und die fast mystische Besetzung der »Annahme der Kastration« bekommen im Unbewußten die Bedeutung einer »phallischen Himmelfahrt«. So wird das Subjekt geködert und lebt nun im Zustand der Entfremdung. Es geht hier darum, ein grundlegendes menschliches Bedürfnis zu befriedigen, indem sich die Theorie scheinbar der Abwehr dieses Bedürfnisses verschreibt und eine Maske aufsetzt, die nur zu ihrem Erfolg beitragen kann. Die Religionen beherrschen diesen Mechanismus vollkommen, der auch das Wesen des Masochismus — wie ich ihn verstehe — ausmacht (siehe meine Arbeit *Umrisse einer psychodynamischen Theorie des Masochismus*).

Das »Akzeptieren der Kastration« als Verzicht auf Allmacht ist nichts anderes, als der Erwerb des Realitätsprinzips. Keinem Analytiker käme die Idee, die Theorie der analytischen Behandlung auf dem Erwerb des Realitätsprinzips zu begründen, aus seiner Perspektive versteht sich das von selbst. Ganz anders sieht es natürlich aus der Sicht des Patienten und der Dynamik der Behandlung aus. Diese wird niemals auf einem Prinzip fußen können, das per definitionem an den Sekundärprozeß gebunden ist und damit keinerlei

Meine Hypothese lautet also, daß die »Inzestschranke« das Subjekt sowohl äußerlich als auch innerlich gegen die narzißtische Wunde und damit gegen die Erinnerung an das Anfangstrauma schützt. Somit scheinen zwei fundamentale menschliche Charakteristika – Inzestverbot und Neotenie – miteinander verknüpft zu sein. Käme der Mensch nicht machtlos und neotenisch auf die Welt, brauchte er seine ödipalen Wünsche nicht abzuwehren. Dies erklärt gleichzeitig die Heftigkeit und die spezifische Dynamik der ödipalen Wünsche, deren Erfüllung die Auslöschung des Anfangstraumas, d. h. die Wiedereroberung der verlorenen Allmacht, bedeuten würde.

Gleichfalls schützt das an die Triebe gebundene Schuldgefühl vor der Scham, einem Affekt, der mit der narzißtischen Wunde verbunden ist[10] (ich habe an anderer Stelle gezeigt, wie der Melancholiker – im Gegensatz zum Masochisten, der die scheinbare Erniedrigung taktisch benutzt, um den bei der analen Kastration des Vaters erworbenen Phallus zu verdecken – versucht, den totalen Zusammenbruch seines Narzißmus zu verdrängen [Entzug der Ich-Besetzung durch das Ich-Ideal], indem er seine tiefe, den Narzißmus betreffende Selbstentwertung in der Form von Selbstanschuldigungen ausdrückt, die an die Triebseite gebunden sind – ein Unterfangen, das immer nur teilweise gelingen kann).

Für Jones – dessen Ansichten über das Schuldgefühl den von uns am Ödipus entwickelten Vorstellungen sehr nahestehen – ist das Schuldgefühl vor allem an die Ohnmacht und nicht an die Verbote gebunden. Das Subjekt fühlt sich für all das schuldig, wozu es *unfähig* ist; die äußeren Verbote, ihre Verinnerlichung, und schließlich die Konstitution des Überich selbst, wären demnach Projektionen, die das Subjekt vor dem Gefühl der eigenen Unfähigkeit schützen. Das mag den Doppelsinn

---

Echo auf unbewußter Ebene hervorruft, die uns hier allein interessiert. Wenn also die Formel »seine Kastration akzeptieren« ersetzt wird durch »das Realitätsprinzip erwerben«, so berührt nur die erste, die der zweiten *intellektuell* äquivalent ist, das Unbewußte, das sich nicht täuschen läßt und dort »einen Phallus erwerben« versteht, wo das Überich sich durch einen sogenannten »Verzicht« ködern läßt.

10 Ich habe diese Unterscheidung, von der ich schon früher gesprochen habe, in einem recht interessanten Artikel von Piers, der kürzlich erschien, wiedergefunden.

des Verbs »können« erklären: fähig sein/dürfen. Um im vorgegebenen Rahmen zu bleiben, werde ich diese Frage nicht weiter behandeln.

11.3

Das ödipale Verbot erstreckt sich – wie wir wissen – auf den Inzest im allgemeinen und führt zur Exogamieregel. Die verschiedenen Inzestformen haben jeweils ihre eigenen Motivationen, und das relativ geringe Ausmaß an Schuldgefühlen, das z. B. den Inzest zwischen Schwester und Bruder begleitet, steht in keinem Verhältnis zu der Rolle, die diese Inzestvariante in den Exogamievorschriften spielt. Wir werden im Folgenden mit Hilfe der Narzißmus-Theorie eine Systematisierung dieses Feldes versuchen.

Der auf seine postnatale Unreife stoßende ursprüngliche Narzißmus des Kindes wird auf die Eltern projiziert (dabei besonders auf den Vater, wahrscheinlich, weil dieses Objekt zu Beginn des Lebens keine Frustrationsquelle ist und die Versagung allein von der Mutter kommt oder ihr grundsätzlich zugeschrieben wird).

Außerdem sind *sowohl* der Junge *als auch* das Mädchen Objekt einer von der Mutter und ihrer Pflege ausgehenden Triebbefriedigung, die ihrem Wesen nach im Gegensatz zur ursprünglichen narzißtischen Befriedigung steht. Wegen seiner Unreife und der anfänglichen Schwierigkeit, die über eine gewisse Schwelle hinausgehenden Triebe zu integrieren, neigt das Kind außerdem dazu, in ihnen Feinde zu sehen, und sehnt sich gleichzeitig nach dem verlorenen erhebend-erhabenen Pränatalzustand (die Neigung des Menschen zur Regression ist also an den Zustand seiner anfänglichen Unreife gebunden). Dies läßt uns auch verstehen, warum das Bild des Vaters als narzißtische Projektionsfläche – die gleiche Position nimmt der Analytiker in der Behandlung ein – im Phantasieleben des Kindes unentbehrlich ist und sofort neben dem unmittelbaren Objekt der Mutter steht. Wir begreifen ebenfalls, warum die Vaterfigur in allen Religionen und Mythologien so wichtig ist. Im *Totemismus* kann man ebenfalls feststellen, daß der Primitive, gleich dem Kind und dem Neurotiker, dessen Narzißmus – wie wir gesagt haben – bis zur pränatalen, also animalen Periode zurückgeht, im Narzißmus vor allem die Allmacht sucht, und diesen Wunsch auf einen *tierischen Erzeuger oder eine Pflanze* projiziert, deren Macht und Stärke die seine weit übersteigt und deren Erbe er antritt.

Der Kontext dieser Projektionen (Religionen, Mythologien, Märchen) zeigt jedoch auch, daß diese nicht einfach auf die Erhaltung des erhebend-erhabenen Zustands abzielen, sondern darüber hinaus die Aufgabe haben, das Kind in ein Universum zu versetzen, in dem es vor den Ungewißheiten der »Trieblösung«, die es nicht wünscht und fernhalten möchte, geschützt ist. Das Element des Zauberhaften, an dem sich das Kind erfreut, gestattet ihm eine gewisse Identifikation mit den Göttern, die das magische Leben, aus dem das Kind vertrieben wurde, weiterleben. Götter und Heroen leben in einem permanenten Wunder, *denn sie brauchen nur zu wünschen* oder zu wollen, um zu erreichen, was ihnen genehm ist. *Der Reifungsprozeß*[11], d. h. die notwendige Überwindung einer langen Reihe verschiedener Triebkonflikte, die auf den menschlichen Narzißmus erniedrigend wirken, *ist also aus diesem Universum ausgeschlossen*[12].

Das Kind scheint die Notwendigkeit, sich auf die Realität einzustellen, niemals wirklich akzeptieren zu wollen; seine Illusion überlebt sämtliche Entwicklungsphasen bis hin zur Latenzzeit. Obwohl das Kind in dieser Phase das Realitätsprinzip endgültig übernehmen muß, sehen wir es seinen spieleri-

---

11 Die Beziehung, die ich zwischen dem Ödipuskomplex, d. h. der Inzestschranke, und der fundamentalen Unreife des Menschen aufgezeigt habe, scheint mir schon im Ödipusmythos selbst klar hervorzutreten. Nachdem Ödipus Laios getötet hat, begegnet er der Sphinx und löst das folgende Rätsel, das sie ihm stellt: »Welches Wesen läuft bald auf zwei, bald auf drei und bald auf vier Füßen, und ist im Gegensatz zum allgemeinen Gesetz am schwächsten, wenn es auf allen vieren läuft?« Ödipus antwortet: »Der Mensch«. Hat er nicht durch diesen Hinweis auf die verschiedenen Entwicklungsphasen das Schicksal des Menschen aus der Sicht der Reifung ausgedrückt?

12 Gott hat Adam und Eva aus dem Paradies vertrieben und sie zu Arbeit und Mühsal, zu Anstrengung und Geduld, mit einem Wort zur Realität verurteilt, »damit sie nicht, indem sie vom Baume der Erkenntnis essen, wie Gott werden«, d. h. allmächtig.

schen Aktivitäten mit größtem Ernst nachgehen, obwohl es weiß und auch sagt, daß »es nur zum Lachen ist«[13].

Der Inzest entspricht seinem Wesen nach dem Wunsch, den Zwängen der menschlichen Existenz zu entkommen, indem das Individuum direkt nach der Geburt – also ohne die Menschen, aus denen es hervorging, zu verlassen, und ohne in den Strudel der Triebe zu geraten – sein Glück auf primitive erhebend-erhabene Weise verwirklicht[14].

Der Inzest ist also wesentlich narzißtischen Ursprungs, während sich das postnatale Leben von nun an auf die Triebbefriedigung ausrichtet. Das Subjekt kann seine Vollkommenheit nur verwirklichen, wenn ihm die Synthese beider Faktoren gelingt (wenn man im Fall des Inzests überhaupt von Gelingen sprechen kann, weil er eine offensichtlich regressive Verhaltensweise darstellt). Innerhalb dieses regressiven Rahmens können wir jedoch verschiedene Stufen von Schuldgefühl ausmachen, je nachdem wie schwer sich der Inzest auf das psychische Gleichgewicht des Subjekts auswirkt. *Der Schweregrad des Inzests scheint proportional dem Grad der Desintegration zwischen narzißtischem Faktor und Triebfaktor bei den verschiedenen Formen des Inzestes zu sein* (und zweifellos auch innerhalb der gleichen Form, proportional dem Grad der Des-

---

13 Wir können zur Zeit beobachten, wie sich eine analytische Theorie konstituiert, die die Betrachtung von Reifungsproblemen zurückweist und sich damit von der Freudschen Auffassung einer stufenweisen Entwicklung abwendet; sie schließt *die Realität der individuellen menschlichen Entwicklung und die damit verbundenen Ungewißheiten* aus, kurz, fühlt sich damit nicht mehr der Zeit unterworfen und gerät so in den Bereich der *Magie*. Ihre Sicht entspricht genau dem kindlichen Wunsch, sofort groß zu sein, ohne den langen und schmerzlichen Weg zum Erwachsensein zurückgelegt zu haben.

14 Freud, bemerkt, als er vom Inzest — der den Gottheiten reserviert ist (*Der Mann Moses und die monotheistische Religion, Ges. Werke* 16, S. 229) — spricht, »daß die ängstliche Wahrung der Ebenbürtigkeit in unserem Hochadel noch ein Residuum dieses alten Privilegs ist«. Nun, schon der Begriff »Adel« an sich (auch die Devise des narzißtischen Ich-Ideals könnte lauten: »Adel verpflichtet«) ist typisch narzißtisch: Der Adlige ist edel, d. h. der Adel ist sein eigentliches Wesen und hängt nicht vom Handeln (Erwerb, Verdienst usw.) ab; denn selbst, wenn sein Adel »verdient« ist, wird er vom Souverän, d. h. von der Allmacht, verliehen, denn der König ist ein Gesalbter Gottes. Der Adlige arbeitet nicht (dies beträfe die anal-sadistische Komponente und nicht den Narzißmus) und entgeht damit dem göttlichen Fluch, der alle diejenigen trifft, die aus dem Paradies *vertrieben* wurden. Überhaupt strengt er sich physisch nicht an, es sei denn ohne Zweck oder mit einem narzißtischen Ziel (Ritterideale usw.).

integration dieser Faktoren bei einem bestimmten Individuum).

Untersuchen wir also die verschiedenen Fälle von Inzest: Die am wenigsten mit Schuldgefühlen belastete inzestuöse Beziehung ist zweifellos die zwischen Bruder und Schwester. Die Bedeutung des narzißtischen Elementes zwischen Bruder und Schwester ist offensichtlich; der Altersunterschied ist nicht sehr groß, beide sind einander ähnlich und einer ist des anderen Spiegelbild. Die Liebe zwischen Bruder und Schwester ist sehr häufig nur narzißtisch, d. h. asexuell und damit keineswegs als inzestuös zu betrachten, bevor sie nicht mit Triebelementen angereichert wird, die das Geschwisterpaar in ein eigentliches Inzestpaar verwandeln. Der Inzest zwischen Bruder und Schwester ist übrigens ziemlich häufig und in einem gewissen Milieu sogar alltäglich. Wie soll man aber die relativ geringe »Schädlichkeit« dieser Verbindung verstehen? Zunächst einmal tritt – im Gegensatz zum Inzest zwischen Vater und Tochter oder Mutter und Sohn – die Erinnerung an das narzißtische Anfangstrauma (der schreiende, ohnmächtige Säugling gegenüber dem Erwachsenen) in den Hintergrund, weil beide Partner ungefähr gleichaltrig sind. Die direkte Ursache der narzißtischen Wunde bleibt also verdrängt, zumal sie durch eine reale narzißtische Befriedigung ausgeglichen wird. Tatsächlich ist also die Liebe zwischen Bruder und Schwester eher ein Triumph des Narzißmus als dessen Niederlage[15].

Die Rivalitätssituation zwischen Eltern und Kindern fehlt (sonst ist sie das klassische Motiv, das für die ödipalen Schuld-

---

15 Wenn ich mich recht erinnere (ich konnte es leider nicht überprüfen), ist *Romeo und Julia* niemals als Drama des Geschwisterinzests interpretiert worden. Und dennoch erscheint mir dies sehr wahrscheinlich (das würde auch in einem gewissen Maß den außerordentlichen Erfolg dieses Werkes über die Jahrhunderte hin erklären); der Inzest wird durch Verschiebung und Verkehrung ins Gegenteil getarnt. Die Familien des Liebespaares sind verfeindet und darin besteht das zentrale Element des Dramas, das also doch immerhin eine Familienangelegenheit darzustellen scheint. Und finden nicht die Verliebten (man möchte sagen: die Kinder, denn sie sind beide noch sehr jung) im Priester und in der Amme das vereinte elterliche Paar wieder? Der Streit zwischen den Familien würde somit die anal-sadistische Komponente als Antagonisten des narzißtischen Faktors darstellen, die schließlich das Paar ins Unglück stürzt. Die Liebe triumphiert jedoch, denn die Verliebten von Verona finden sich in der tiefen Regression des ewigen Schlafes wieder vereint.

gefühle verantwortlich gemacht wird); es besteht eher eine Allianz (gegenüber den Eltern), die narzißtisch sehr befriedigend ist, weil sie die Position des Geschwisterpaares verstärkt (siehe Melanie Klein).

Der Inzest zwischen Vater und Tochter, der wesentlich konflikthafter (und damit schuldhafter) ist, erreicht jedoch noch nicht die Schwere des Inzests zwischen Mutter und Sohn. Aber hier haben wir es mit einer ganzen Reihe von Varianten zu tun, je nachdem wie stark narzißtische und triebhafte Faktoren beteiligt sind.

Wir wissen, daß die ödipale Triebregung des Mädchens dem Bewußten sehr nahe ist, zumal sie zur Idealisierung ihres väterlichen Objekts neigt und ihren Narzißmus darauf projiziert, den sie dann in der inzestuösen Vereinigung wiederfindet. In diesem Punkt hat sie also *ihr narzißtisches Ziel erreicht*. Sie ist zwar der eigentlichen ödipalen Angst vor der Rache der Mutter ausgeliefert; wenn aber der Vater die Initiative übernimmt, mit seiner Tochter sexuell zu verkehren, so fühlt sie sich doch vom Vater, der das Objekt ihrer narzißtischen Besetzung ist, geschützt (das all-mächtige Ich-Ideal hat die Mutter entthront; siehe die Arbeiten Janine Chasseguet-Smirgels), während der Sohn von der Mutter keineswegs vor den Manifestationen seines Kastrationskomplexes geschützt wird. Der Ödipus des Mädchens geht außerdem in ihre normale Entwicklung über, nur daß eine Verschiebung in der Identität ihres Objekts stattfindet, die nur geringfügig und häufig sehr durchsichtig ist.

Dem kann man noch hinzufügen, daß, weil die Mutter das erste (Pseudo-)Objekt der Tochter ist[16] (eine Beziehung ohne wirklich befriedigenden sexuellen Inhalt), die sexuellen Phantasien, die sich direkt auf den Vater beziehen, sicherlich erst später auftreten als der Inzestwunsch beim Jungen. Diese relative »Reife« bestärkt das Mädchen sowohl gegenüber der Mutter als auch gegenüber der Furcht vor den eigenen Trieben.

Der Sexualverkehr zwischen Mutter und Sohn ist zweifellos die am stärksten traumatisierende Inzestvariante: Da der Junge in dem Entwicklungsabschnitt, in dem der Inzest geschieht, seinen Narzißmus nicht auf die Mutter, sondern auf

16 Grunberger, B.: *Jalons pour une étude du narcissisme féminin,* in: *Recherches psychanalytiques nouvelles sur la sexualité féminine.*

den Vater projiziert (wir wissen, daß exzessive Liebe, d. h. eine übertriebene narzißtische Projektion des Jungen auf seine Mutter zur Homosexualität führt), so daß die ödipale Erfüllung für ihn zugleich zum Verlust des Objekts führt, das sein Ich-Ideal verkörpert (das löst Depression aus). Gleichzeitig werden die Kastrationsangst vor dem Vater und prägenitale, archaische Ängste gegenüber der Mutter geweckt; ihr gegenüber besitzt der Vater nun keinerlei Schutzfunktion mehr. Hinzu kommt, daß die frühen ödipalen Triebregungen mit einem sehr labilen Narzißmus zusammenfallen, der sich nur auf eine völlig unreife Sexualität stützen kann. Seine regressive Bewegung droht also den Jungen in den Bereich des *prätraumatischen*, d. h. vor seiner Geburt liegenden Narzißmus abzudrängen, was einem Absturz in die Psychose gleichkommt.

Was die narzißtische Position als *Abwehr* des Ödipus betrifft, so haben wir schon an anderer Stelle[17] auf die Existenz einer Urphantasie im Unbewußten hingewiesen, die wir »*narzißtische Triade*« oder »Phantasie des göttlichen Kindes« genannt haben. Dabei erlebt das Kind sich zwischen seinen Eltern als Objekt der Anbetung – eine regelrechte narzißtische Apotheose (das Gegenstück zu dieser narzißtischen Phantasie ist die »Urszene«, in der beide Eltern im Sexualverkehr vereint sind, während das Kind ausgeschlossen bleibt; diese Phantasie enthält aggressive Tötungswünsche, die sich in gleicher Weise gegen beide Elternteile richten).

Ein Aspekt der Phantasie der »narzißtischen Triade« schimmert im »Familienroman« durch, von dem Freud spricht (*Der Familienroman der Neurotiker, Ges. Werke* 7, S. 227–231). In der Phantasie stellt das Kind an die Stelle seiner wirklichen Eltern ein narzißtisch besser befriedigendes Elternpaar. Im Unbewußten hat diese Phantasie einen festen Platz; in Träumen finden wir die Darstellung der Eltern als Königspaar sehr häufig, ganz zu schweigen von den Elterngestalten in Märchen, Mythen usw.[18]

17 Grunberger, B.: *Einleitung zur topischen Untersuchung des Narzißmus.* Vgl. S. 109 ff.
18 Marthe Robert bereitet gerade eine Arbeit vor, die speziell diesem Thema gewidmet ist; in einer Untersuchung über die Grimmschen Märchen (*Contes et romans, Preuves* Nr. 185) hat sie die These aufgestellt, daß der

In beiden Phantasien (dem »Familienroman« und der »Phantasie des göttlichen Kindes«) geht es für das Kind darum:

a) den Ödipus auf konfliktlose Weise (also narzißtisch) zu bestehen, so daß

b) die narzißtische Gratifikation die Triebposition *ersetzt* und zu deren Abwehr dient.

Wir erinnern hier an das, was Freud über die Abwehr der inneren Erregung, d. h. des Triebs durch das Kind gesagt hat, und an die Arbeit Anna Freuds über die antitriebhafte Position des Ich. Fairbain nennt das Überich »antilibidinöses Ich«, und gewiß ist, daß das klassische Überich auf antitriebhafter Grundlage errichtet ist, denn die Abhängigkeit des Kindes von seinem Körper-Ich stellt es jeden Augenblick vor Konflikte, die sein verängstigtes Ich nicht lösen kann, weil es zu unreif ist. Ferenczi hat gezeigt, daß »das Kind die absolute Herrschaft der physiologischen Bedürfnisse als erniedrigenden Zwang erlebt« und zwar – so fügen wir hinzu – wegen der ungenügenden narzißtischen Besetzung seiner Triebe[19].

Der gesamte Reifungsprozeß, d. h. all das, was Sinne, Organe und Triebe betrifft, ist schon dadurch *schuldhaft*, daß das Ich des Subjekts, das vor eine quälende und niemals ganz zu erfül-

---

Roman als literarische Gattung aus dem »Familienroman«, wie Freud ihn bei seinen Kranken gefunden hat, unmittelbar hervorgeht. Das Kind als »Romanschriftsteller« und der Familienromancier sind beide von dem narzißtischen Wunsch beseelt, ihr Leben neu zu gestalten, es umzuschreiben und dabei alle Elemente nach eigenem Ermessen zu kombinieren.

19 Die Furcht vor dem Trieb kann als echte Verfolgung erlebt werden und nimmt eine besondere Ausprägung an, wenn sie in einen dialektischen Gegensatz zum Wunsch nach narzißtischer Regression gestellt wird, den das Ich unter dem Druck dieser Verfolgung entwickelt. Wir denken dabei an die gesamte Psychopathologie der späteren Entwicklungsphasen des Kindes (Latenzphase und Adoleszenz); dieses weite Feld umfaßt zwar recht unterschiedliche Erscheinungen, die darin vorkommenden nosologischen Einheiten weisen jedoch eine Gemeinsamkeit auf: eine spezifisch narzißtische Instabilität. Damit wird es möglich, ein kohärentes Ordnungsschema für das besagte Feld zu entwerfen. Darin lassen sich drei Verfahrensweisen unterscheiden, die der *Aufrechterhaltung des Narzißmus gegenüber dem Triebdrang* dienen:

a) die Projektion des Triebes (und die Verschiebung) in der *Phobie*;

b) der tiefe narzißtische Rückzug in den *Psychosen*, und schließlich

c) die narzißtische Besetzung der prägenitalen Triebe in den *Perversionen*; diese Besetzung stattet den Trieb mit narzißtischer Allmacht aus, die ihn dekonflikualisiert — und wir erinnern hier an das, was wir über das Schuldgefühl gesagt haben, das wir mit Jones auf die *Ohnmacht* zurückführen.

lende Aufgabe gestellt ist, sich kontinuierlich in Frage gestellt sieht. Da die Quelle des Schuldgefühls in der *Körperlichkeit* liegt, neigt das Kind dazu, seinen Körper zu hassen, so sehr es auch versucht, Lust aus ihm zu gewinnen. Um seine Selbständigkeit zu wahren, versucht sein Narzißmus, sich auf eine idealisierte Figur zu projizieren, deren Allmacht ihm, in der Vorstellung des Kindes, vor den Triebzwängen schützt. Die Götter der meisten Religionen essen nicht, defäzieren nicht und haben keine sexuellen Erregungen. Die Diskussion über das Geschlecht der Engel entspricht einer grundsätzlichen Sorge des Kindes, das sich die gleiche Frage häufig in bezug auf seine Eltern und die Erwachsenen überhaupt stellt[20].

Nichts also ist logischer als die Revolte, in der sich das Kind dem Triebaspekt der ödipalen Erregungen entgegenstellt. Und zeigt nicht gerade der Ödipusmythos die zwingende Kraft des Triebes, den Kampf des Individuums gegen diesen Zwang und den fatalen Ausgang dieses gewaltigen Kampfes?

Wenn das Kind lange Zeit daran festhält, die Sexualität seiner Eltern zu ignorieren, geschieht dies nicht nur, um damit die ödipale Enttäuschung zu verleugnen oder um auf diese Weise die Konfliktsituation zu verdrängen, sondern weil es das Triebleben in seiner Gesamtheit zurückweisen will, um es durch ein asexuelles narzißtisches Universum zu ersetzen; das geschieht infolge der Unreife (Neotenie) des Kindes, die es, je nachdem, welche sonstigen Faktoren noch wirksam werden, mehr oder weniger unfähig macht, die Erregungen zu ertragen. Es verteidigt sich daher in charakteristischer Weise gegenüber seinen Kameraden, die es »aufzuklären« versuchen, und entgegnet: »Das ist möglich, aber *meine* Eltern machen solche Sachen sicher nicht« – eine Antwort, deren narzißtische Nuance eindeutig ist. Man bemerkt, daß sich das Kind bei dieser Gelegenheit sicherlich nicht wegen seiner Schuldgefühle, sondern aus Scham unbehaglich fühlt. Es versucht, in seinem narzißtischen Universum zu verharren, um die

---

20 Was meiner Meinung nach nicht nur eine einfache Abwehr der Urszene und des Ödipus darstellt; hier wird vielmehr der ursprüngliche narzißtische Wunsch, sich das Triebleben vom Halse zu schaffen, auf die Eltern (auf Engel oder Götter) projiziert, und zwar nicht wegen der Schuldhaftigkeit, sondern weil die Erregungen als solche unerträglich sind.

»narzißtische Triade« mit seinen Eltern aufrechterhalten zu können[21].

Die Eifersucht zwischen Brüdern und die besondere Heftigkeit, die sie in manchen Fällen annimmt, liegen auf der gleichen Ebene. Man versteht auch den heftigen Groll des Älteren gegenüber dem Jüngeren, der kommt, um ihn aus der »narzißtischen Triade« zu vertreiben. Bei den Hebräern mußten sich die Erstgeborenen zum Teil »freikaufen«, zweifellos wegen dieses spezifischen reaktionellen Schuldgefühls. Wenn das Kind wissen will, woher die Kinder kommen, geht es ihm oft um ein ganz bestimmtes Kind, das es dorthin zurückschicken möchte, deshalb auch sein Bedürfnis nach Präzision.

Nachdem wir uns bei der Untersuchung des narzißtischen Faktors aufgehalten haben, müßten wir nun auf die Rolle, die dem anderen Glied des dialektischen Paares zufällt, zu sprechen kommen. Es geht also um den Trieb und vor allem um die anal-sadistische Komponente, die unserer Meinung nach eine wesentliche Aufgabe im Prozeß der Triebreifung erfüllt. In diesem langen und an Umwegen reichen Prozeß, der über alle Stufen der Entwicklung verfolgt werden müßte, kommt der Latenzphase und der Pubertät, die noch wenig untersucht sind, besondere Bedeutung zu. Wir müßten mit dem Auftreten der anal-sadistischen Phase beginnen und beschreiben, wie die Machtverschiebung vom Narzißmus zur anal-sadistischen Vorherrschaft vonstatten geht, die neue, der vorhergehenden Phase entgegengesetzte Verhaltensweisen mit sich bringt. Angesichts des Mißverhältnisses zwischen diesem umfangreichen

21 Bergman zeigt in seinem Film »Wilde Erdbeeren« einen alten Mann, der nach einer sehr erfolgreichen Universitätskarriere auf dem Gipfel seines Erfolgs angelangt ist. Während man gerade sein Jubiläum feiert, wird dem Helden bewußt, daß sein Leben ein Trug war, denn allem, was er erreicht hat, fehlt jene Ausstrahlung und Aufwertung, die allein die Liebe, die ihm immer verschlossen geblieben war, hätte geben können. Das letzte Bild dieses Films zeigt den Helden als kleinen Jungen am Meeresstrand zwischen seinem Vater, der angelt und seiner Mutter, die ihn beim Sticken betrachtet. Dieses Bild bleibt für einen Augenblick stehen, als ob es in eine legendäre Vergangenheit eintauchen würde, und das Licht nimmt plötzlich den Glanz einer anderen Welt an. Man versteht, daß das ganze Leben des alten Manns im Zeichen der Trauer um den Verlust dieser »narzißtischen Triade« gestanden hat, und daß sein affektives Versagen auf eine Fixierung an diese infantile Form des Glücks zurückgeht, dem keine andere narzißtische Befriedigung gleichkommen konnte.

Thema und den engen Grenzen dieses Beitrags müssen wir jedoch haltmachen, bevor wir uns weiter voranwagen, wollen aber dem bereits Gesagten noch einige Bemerkungen hinzufügen. Wir machen einen Sprung über all das, was noch hätte gesagt werden müssen, hinweg und nehmen die Schlußfolgerungen voraus. Sicherlich kann der fragmentarische Charakter dieses Berichts Kritik herausfordern. Man könnte ihm z. B. vorwerfen, einige Aspekte der beschriebenen Phänomene allzu sehr in den Vordergrund zu rücken. Das hängt aber mit der Unvollständigkeit des Berichts zusammen, und wenn manche Punkte im dunkeln bleiben, so liegt das daran, daß er in dem zur Verfügung stehenden Rahmen nicht bis an sein logisches Ende gebracht werden konnte.

Die erste Anmerkung betrifft die »Triebangst«. Natürlich gibt es keine »Triebangst« ohne Triebspannung. Triebangst ist eine Auswirkung der Triebspannung und ergänzt sie zugleich. Die Spannung kann auf die Angst überschlagen und sich sogar durch diese Angst manifestieren. Wir wollten jedoch vor allem hervorheben, daß die Furcht nicht nur Ausdruck der Abwehr ist, sondern daß sie an und für sich existiert und sich auf den Narzißmus stützt, der eigene Befriedigungsmöglichkeiten besitzt.

Beim Narzißmus müssen wir natürlich zwischen integriertem Narzißmus und jenem anderen unterscheiden, der vom globalen Ich in dialektischen Situationen genutzt wird. Dieser wird erst hier aufgrund der Konfliktualisierung oder der Unreife, was letztlich das gleiche ist, sichtbar; anders ausgedrückt: Beim Narzißmus ist es wie bei den Partialtrieben; diese bilden schließlich am Ende ihrer Entwicklung (unserer Meinung nach ebenfalls dialektisch) das unter dem Primat der Genitalität stehende Triebbündel. Der parallele dialektische Prozeß zwischen Narzißmus und Trieb führt zu einer Synthese, so daß unter dem Begriff der »Genitalität« auch ein Abschluß verstanden werden kann, der einen doppelten Reifungsprozeß umfaßt. Ein Bild für die Synthese zwischen beiden Parallelprozessen gibt uns die Fabel: Beseelt von der Idee eines Schatzes, der in der Tiefe liegen soll, arbeiten die Nachkommen des Bauern auf dem Acker. Das Übernatürliche dieses Schatzes verdoppelt ihre Kräfte. Sie graben die Erde immer wieder um und verändern damit die materielle Grundlage ihres mystischen Wunsches, so daß sie ihnen eine der Realität gemäße Befriedigung verschaffen kann. Ihre Arbeit gibt ihnen schließlich beides: die narzißtische und die Triebbefriedigung (Sublimation der anal-sadistischen Komponente, ganz zu schweigen vom Symbolismus des in den Tiefen der Erde versteckten Schatzes). Diese doppelte Entwicklung verändert einerseits den Narzißmus, der auf die Triebe trifft und sie integriert, und andererseits verleiht sie dem exkrementellen Objekt, der *Materie* (Erde, Arbeit und Produkte), narzißtische Qualitäten. Das exkrementelle Objekt wird ein Schatz, dessen Existenz jedoch nicht länger mystisch, sondern in der Realität verankert ist.

Wenn die Synthese so weit fortgeschritten ist, braucht sich der Narzißmus als solcher nicht mehr zu bestätigen, weil seine Grundlage, die in gewissem Sinne auch der Ort der Synthese ist, ihn schließlich ebenso wie die Triebe absorbiert und integriert hat. Wenn man den Phallus besitzt, braucht man ihn nicht stolz herumzuschwingen und sich noch weniger auf der Suche nach ihm zu erschöpfen.

Suhrkamp Verlag GmbH
Torstraße 44, 10119 Berlin
info@suhrkamp.de
www.suhrkamp.de